Sabine M. Grüsser
Carolin N. Thalemann

**Verhaltenssucht**
Diagnostik, Therapie, Forschung

Aus dem Programm Huber
**Klinische Praxis**

*Wissenschaftlicher Beirat:*
Prof. Dr. Dieter Frey, München
Prof. Dr. Kurt Pawlik, Hamburg
Prof. Dr. Meinrad Perrez, Freiburg (CH)
Prof. Dr. Franz Petermann, Bremen
Prof. Dr. Hans Spada, Freiburg i. Br.

D1729305

HUBER

## Weitere Bücher in der Reihe Klinische Praxis – eine Auswahl:

Maria Hofecker Fallahpour / Christine Zinkernagel / Ulrike Frisch /
Caroline Neuhofer / Rolf-Dieter Stieglitz / Anita Riecher-Rössler
**Was Mütter depressiv macht… …und wodurch sie wieder Zuversicht gewinnen**
Ein Therapie-Manual für die Behandlung von depressiven Müttern kleiner Kinder
317 Seiten (ISBN 3-456-84131-0)

Monica McGoldrick / Randy Gerson
**Genogramme in der Familienberatung**
Aus dem Englischen übersetzt von Irmela Erckenbrecht
2., durchgesehene und neu gestaltete Auflage
206 Seiten (ISBN 3-456-83488-8)

Wolfgang Lutz / Joachim Kosfelder / Jutta Joormann (Hrsg.)
**Misserfolge und Abbrüche in der Psychotherapie**
Erkennen – Vermeiden – Vorbeugen
244 Seiten (ISBN 3-456-84176-0)

Franz Moggi
**Doppeldiagnosen**
Komorbidität psychischer Störungen und Sucht
233 Seiten (ISBN 3-456-83699-6)

William J. Worden
**Beratung und Therapie in Trauerfällen**
Ein Handbuch
Aus dem Amerikanischen von T. M. Höpfner und T. Rihs
unveränderter Nachdruck der 2. erw. Aufl. 1999 mit zusätzlichen Kapiteln u. a.
über AIDS und einem Nachwort von M. Perrez
198 Seiten (ISBN 3-456-83091-2)

Informationen über unsere Neuerscheinungen finden Sie im Internet unter
www.verlag-hanshuber.com oder per E-Mail an: verlag@hanshuber.com

Sabine M. Grüsser
Carolin N. Thalemann

# Verhaltenssucht

## Diagnostik, Therapie, Forschung

Mit einem Vorwort von Prof. Dr. H. Saß

Verlag Hans Huber

Adresse der Erstautorin:
Dr. rer. nat. Sabine M. Grüsser
Interdisziplinäre Suchtforschungsgruppe Berlin (ISFB)
Institut für Medizinische Psychologie
Universitätsmedizin Berlin
Charité Campus Mitte
Tucholskystr. 2
D-10117 Berlin
E-Mail: sabine.gruesser@charite.de

Lektorat: Monika Eginger
Herstellung: Daniel Berger
Satz: Nathalie Sbicca Panarelli, Castione / Gabriella Jelmini, Bellinzona
Umschlag: Atelier Mühlberg, Basel
Druck und buchbinderische Verarbeitung: AZ Druck und Datentechnik GmbH, Kempten
Printed in Germany

Bibliografische Information der Deutschen Bibliothek
Die Deutsche Bibliothek verzeichnet diese Publikation in der Deutschen Nationalbibliografie;
detaillierte bibliografische Daten sind im Internet über http://dnb.ddb.de abrufbar.

Dieses Werk, einschließlich aller seiner Teile, ist urheberrechtlich geschützt. Jede Verwertung außerhalb
der engen Grenzen des Urheberrechtes ist ohne Zustimmung des Verlages unzulässig und strafbar.
Das gilt insbesondere für Vervielfältigungen, Übersetzungen, Mikroverfilmungen sowie die Einspeicherung
und Verarbeitung in elektronischen Systemen.

*Anregungen und Zuschriften bitte an:*
Verlag Hans Huber
Hogrefe AG
Länggass-Strasse 76
CH-3000 Bern 9
Tel:   0041 (0)31 300 45 00
Fax:  0041 (0)31 300 45 93
E-Mail: verlag@hanshuber.com
Internet: www.verlag-hanshuber.com

1. Auflage 2006
© 2006 by Verlag Hans Huber, Hogrefe AG, Bern
ISBN 3-456-84250-3

## Danksagung

Wir danken insbesondere und an erster Stelle Professor Dr. Hans-Peter Rosemeier, ohne den dieses Buch nicht möglich gewesen wäre. Für moralische und tatkräftige Unterstützung möchten wir uns weiterhin bei der Interdisziplinären Suchtforschungsgruppe Berlin (ISFB) – namentlich Chantal Mörsen, Anja Lehmann, Irena Lyssy, Ralf Thalemann, Klaus Wölfling und Ulrike Albrecht – sowie bei Brigitte Hoffmann aufs Herzlichste bedanken.

## Widmung

Unseren Lieben

# Inhaltsverzeichnis

# Vorwort

Von Gebsattel hat uns gelehrt, daß der Begriff menschlicher Süchtigkeit sehr viel weiter reicht als der Begriff der Toxikomanie. Damit in Einklang steht, daß in den letzten Jahren die Debatte über «nicht stoffgebundene Süchte» eine große Resonanz erfahren hat, dies nicht zuletzt durch das Anwachsen verschiedener Formen von «Verhaltenssüchten». Hierzu gehören nicht nur die Glücksspielsucht, sondern auch neuerdings vermehrt beobachtetes suchtartiges Verhalten in Bezug auf Arbeit, Computergebrauch, Sexualität und andere menschliche Tätigkeiten. In vergleichbarem Denkansatz, aber mit anderer Terminologie hatten bereits Pinel und Esquirol zu Beginn des 19. Jahrhunderts eine breite Palette von Monomanien mit über 100 Unterformen als selbständige Krankheiten vorgestellt, zum Beispiel Pyromanie, Kleptomanie, Poriomanie, Mordmonomanie etc. Solche Lehren sind gegen Ende des Jahrhunderts von Psychiatern, etwa Kraepelin, intensiv kritisiert worden, weil aus einer isolierten Verhaltensauffälligkeit allein wenig für die Fragen von Art und Ausmaß psychischer Störung folgt. Seither bestand bei aller terminologischen und inhaltlichen Unterschiedlichkeit über süchtiges Verhalten und Suchtformen zumindest Einigkeit darüber, daß die Aufstellung umschriebener Süchte im Sinne von Krankheitsbildern über bestimmte Verhaltensmerkmale hinaus durch Gemeinsamkeiten etwa psychopathologischer, prognostischer und/oder therapeutischer Art begründet werden muß.

Außerordentlich fruchtbare Erklärungsansätze für die Entstehung und Aufrechterhaltung von Abhängigkeit sind durch lerntheoretische sowie kognitiv-behaviorale Konzepte entstanden. Es ist ein großes Verdienst der Autoren des vorliegenden Bandes, systematisch und umfassend das heute verfügbare Wissen über die verschiedenen Erscheinungsformen von nicht stoffgebundenen Abhängigkeiten zusammen getragen zu haben. Sie liefern einen kompetenten Überblick über den aktuellen Forschungs- und Diskussionsstand bezüglich der «Verhaltenssüchte». Dieser Terminus erscheint heute trotz in der Vergangenheit geäußerter Bedenken zur «Inflation der Süchte» als geeigneter Oberbegriff für die exzessiven Verhaltensweisen unterschiedlichster Art. Kaufsucht, Sportsucht, Glücksspielsucht, Arbeitssucht, Computersucht, Sexsucht und schließlich auch Liebe und Hörigkeit werden in ihren phänomenologischen, diagnostischen, ätiopathogenetischen und therapeutischen Aspekten dargestellt, wobei nicht nur auf eigene Erfahrungen und Forschungen der Autoren, sondern vor allem auch auf die inzwischen höchst umfangreiche Literatur im angloamerikanischen Sprachraum zurückgegriffen wird.

Angesichts der Fülle des vorhandenen Materials gewinnt auch der initial vielleicht skeptische Leser ein zunehmendes Verständnis für die Bedeutung und die Eigenständigkeit dieses offenbar in moderner Zeit deutlich anwachsenden Bereiches von suchtähnlichen Verhaltensweisen, die sämtlich darin übereinstimmen, daß sie zu einer Einschränkung menschlicher Freiheitsspielräume führen. Gerade die enorm anwachsenden Erträge neurowissenschaftlicher Studien auf diesem Gebiet beleuchten das Wechselspiel zwischen Funktionsbesonderheiten im biologischen Substrat und Veränderungen von Verhalten und Erleben. Insofern stehen die neuen Forschungsergebnisse über Verhaltenssüchte prototypisch für die seit Jahrhunderten hin- und herwogenden Debatten um Willensfreiheit und Determinismus, wie sie jüngst im Anschluss an das «Manifest der Gehirnkrankheiten» wieder aufgeflammt ist. Von daher kommt den Verhaltenssüchten eine ähnliche Bedeutung zu, wie sie früher die Monoamien für die Konzeptbildung im psycho(patho)logischen über menschliches Verhalten und Erleben besagen. Damit verbunden sind zentrale Fragen unseres Menschenbildes, das implizit oder explizit nicht nur den jeweiligen psychologischen und psychopathologischen Konzeptionen, sondern auch jedem therapeutischen Handeln zugrunde liegt. Sorgfältige und auf Integration zielende Zusammenstellungen unseres Wissens, wie es das vorliegende Buch unternimmt, können diese Debatten von ideologischen Vorannahmen befreien und auf eine rationale Grundlage stellen.

Prof. Dr. H. Saß

# 1. Einleitung

Missbrauch bzw. Abhängigkeit von psychotropen Substanzen (Alkohol, Rausch-drogen und Medikamenten) stellen in Deutschland die größte Gruppe psychi-scher Störungen und einen nicht zu unterschätzenden hohen volkswirtschaft-lichen Kostenfaktor dar. So schätzt die Deutsche Hauptstelle für Suchtfragen (2005), dass derzeit etwa 1,5 Millionen Personen in Deutschland alkoholabhängig und etwa 175 000 Personen von anderen Suchtmitteln wie Heroin oder Kokain abhängig sind. Die wirtschaftlichen Folgekosten allein für alkoholbezogene Krank-heiten (ohne Kriminalität und intangible Kosten) werden auf mehr als 20,2 Mil-liarden Euro jährlich geschätzt (DHS, 2005). Bei diesen Statistiken sind noch nicht die psychischen Auswirkungen und wirtschaftlichen Folgen der nichtstoffgebun-denen Sucht bzw. der verschiedenen Formen der sogenannten Verhaltenssucht, wie z. B. der Spiel-, Arbeits-, Sex- und Sportsucht, berücksichtigt (Poppelreuter & Gross, 2000). In den letzten Jahren ist vor allem die Spielsucht, die am besten beschriebene und untersuchte Form der Verhaltenssucht, verstärkt in den Fokus der öffentlichen Aufmerksamkeit geraten (Meyer & Bachmann, 2000; J. Petry, 2003). Aktuelle Publikationen und Medienberichte deuten jedoch darauf hin, dass nun auch die anderen Formen der Verhaltenssucht (wie z. B. Sport, Arbeiten, Kaufen) immer mehr an wissenschaftlicher und gesellschaftlicher Relevanz gewinnen (Griffiths, 2005; Grüsser, Thalemann, & Albrecht, 2004; Poppelreuter, 2004).

Von den stoffgebundenen Abhängigkeitserkrankungen sowie den verschie-denen Formen der Verhaltenssucht sind weltweit nicht nur Millionen Personen direkt, sondern durch soziale und berufliche Verknüpfungen auch indirekt Mil-lionen weiterer Menschen betroffen. Während die verschiedenen Erscheinungs-formen der stoffgebundenen Abhängigkeit gut charakterisiert und die klinischen Erscheinungsbilder gut beschrieben sind und es ein breites Hilfsangebot für Betroffene und deren Angehörige gibt, mangelt es bislang an entsprechenden Beschreibungen und Hilfsangeboten für die verschiedenen Formen der Verhal-tenssucht. Ein Handlungsbedarf hierbei spiegelt sich unter anderem darin wider, dass in jüngster Zeit, am Bedarf der Betroffenen orientiert, immer mehr neue Selbsthilfegruppen für verhaltenssüchtige Betroffene und deren Angehörige ge-gründet werden.

Im Rahmen des vorliegenden Werkes werden die gängigen Modelle der Ent-stehung und Aufrechterhaltung von Substanzabhängigkeit vorgestellt und in Anlehnung an diese ein Erklärungsansatz für die Entstehung und Aufrechterhaltung von Verhaltenssucht gegeben. Grundsätzlich geht es darum, dass von den Betroffenen durch exzessives belohnendes Verhalten in seiner pathologischen Form (z. B. intensive Computer-/Internetnutzung, pathologisches (Glücks-)Spiel, exzessives Kaufen oder Sporttreiben) schnell und effektiv Gefühle im Zusammenhang mit Frustrationen, Ängsten und Unsicherheiten reguliert bzw. verdrängt werden können. Analog zum Effekt durch den Gebrauch von psychotropen Substanzen kann eine aktive Auseinandersetzung des Betroffenen mit Problemen dadurch immer mehr in den Hintergrund rücken und «verlernt» werden. Uneingeschränktes exzessives Verhalten erhält somit, wie der Gebrauch einer psychotropen Substanz, die Funktion, das Leben für den Betroffenen erträglich zu gestalten und Stress effektiv, jedoch inadäquat zu bewältigen. Dieses suchtartige Verhalten wird im Laufe einer pathologischen Verhaltensentwicklung oftmals zur letztlich noch einzig vorhandenen Strategie, sich zu belohnen (bzw. das körpereigene psychophysiologische Gleichgewicht herzustellen) und kann so auch im Sinne einer Selbstmedikation eingesetzt werden: Psychische Belastungen/Stressoren wie belastender Alltag, Ängste, Einsamkeit, Schüchternheit, Langeweile, Versagenserlebnisse, Gruppendruck oder andere schwierige Entwicklungsprozesse werden dadurch reduziert (Conger, 1956).

Verschiedene Studien der letzten zehn Jahre belegen, dass Personen, die ein exzessives belohnendes Verhalten mit klinischer Relevanz ausüben, bezogen auf dieses Verhalten die Kriterien einer Abhängigkeit erfüllen. Auch die mit diesem Störungsbild in Verbindung stehenden psychobiologischen Prozesse weisen Parallelitäten zu einer Abhängigkeitserkrankung auf. Aufgrund dieser Erkenntnisse erscheint es unbedingt notwendig, dass klare Richtlinien für eine Diagnose solcher exzessiven Verhaltensweisen als sogenannte Verhaltenssucht festgelegt werden (Rosenthal, 2003). Dieses ist insbesondere auch für ein besseres Verständnis für diese Störungsbilder und für die Anwendung von effektiven Therapiemaßnahmen aus dem Suchtbereich wichtig. Weiterhin ist eine genaue Definition des Begriffes Verhaltenssucht – auch um einem inflationären Gebrauch entgegenzuwirken – für eine Abgrenzung dieses Störungsbildes von anderen nicht-süchtigen exzessiven bzw. von der Norm abweichenden Verhaltensweisen notwendig (Böning, 1991; Meyer & Bachmann, 2000; Saß & Wiegand, 1990).

Vor diesem Hintergrund werden im Rahmen des vorliegenden Buches die diagnostischen Kriterien der Abhängigkeit, die Erklärungsmodelle und die Funktion des abhängigen Verhaltens für das Störungsbild der Verhaltenssucht diskutiert.

In einem ersten Kapitel wird zunächst auf die Definition und Klassifikation von stoffgebundener Abhängigkeit eingegangen und dann der aktuelle Diskussionsstand zu der Definition und Klassifikation von Verhaltenssucht vorgestellt. In einem zweiten Kapitel werden anschließend die derzeit aktuellen Erklärungsansätze zur Entstehung und Aufrechterhaltung von Abhängigkeit unter Einbeziehung des aktuellen Diskussions- und Forschungsstandes dargestellt. Es wird davon ausgegangen, dass abhängiges Verhalten ein erlerntes Verhalten ist und somit Lernprozesse bei der Entstehung und Aufrechterhaltung der Abhängigkeit eine entscheidende Rolle spielen, wobei vor allem dem unwiderstehlichen Verlangen nach dem Suchtmittel eine wesentliche Bedeutung beigemessen wird. Im Rahmen eines interdisziplinären – lerntheoretische, kognitive und neurobiologische Ansätze integrierenden – Erklärungsansatzes wird ein psychobiologischer Prozess diskutiert, der zur erneuten Drogeneinnahme motiviert. Dabei ist bislang noch nicht geklärt, wann das Verlangen nach dem Suchtmittel als ein bewusst wahrgenommener (verbalisierbarer) Prozess auftritt. In diesem Zusammenhang wird auch kurz auf die experimentelle Untersuchungsmethode des Verlangens und den aktuellen Forschungsstand hierzu eingegangen. Hierbei stellt sich die Frage, inwieweit das Abhängigkeitsgeschehen den Kausalgesetzen von neuronalen Prozessen unterliegt und inwieweit es durch die Fortschritte in der Hirnforschung überhaupt möglich geworden ist, das Verhalten des Menschen voraussagen zu können (Maier, Helmchen, & Saß, 2005; Tretter, 2000).

In Anlehnung an den aktuellen integrativen Erklärungsansatz zur Entstehung und Aufrechterhaltung von Abhängigkeit wird in einem dritten Kapitel ein Erklärungsansatz für die Entstehung und Aufrechterhaltung von Verhaltenssucht gegeben.

In den weiteren Kapiteln werden die verschiedenen Formen von Verhaltenssucht dargestellt und charakterisiert. Der Schwerpunkt liegt dabei vor allem auf dem aktuellen Diskussions- und Forschungsstand zur Definition und Klassifikation der Störungsbilder sowie auf deren Einbettung in die diagnostischen Kriterien einer Abhängigkeits- bzw. Suchterkrankung, was anhand von Fallbeispielen veranschaulicht werden soll.

Abschließend werden die bislang gängigen und in der Literatur beschriebenen diagnostischen Verfahren kurz dargestellt sowie Studien zu therapeutischen Ansätzen bei den verschiedenen Formen von Verhaltenssucht vorgestellt.

Damit gibt das vorliegende Buch einen Überblick über den aktuellen Forschungs- und Diskussionsstand zur Definition, Klassifikation und klinischen Erscheinungsform der bislang am häufigsten erwähnten Formen von Verhaltenssucht. Dabei werden diese exzessiven belohnenden Verhaltensweisen, die bei den Betroffenen ein Leiden hervorrufen, im Rahmen der diagnostischen Kriterien für Abhängigkeit und den aktuellen Erklärungsmodellen für abhängiges Verhalten näher betrachtet. Zur leichteren Verständlichkeit sind einige englische Begriffe übersetzt worden. Sofern nicht anders gekennzeichnet, handelt es sich hierbei um die Übersetzung der Autoren.

## 1.1 Zum Suchtbegriff

Der Begriff Sucht leitet sich ethymologisch von «siech» – gleichbedeutend mit krank – ab. Der Begriff Sucht wurde als Übersetzung für das lateinische Wort «morbus» benutzt und erst im 16. Jahrhundert durch die Begriffe Krankheit, Seuche und Siechtum ersetzt. Komposita von Sucht bezeichneten spezifische Krankheiten (Gelbsucht, Schwindsucht), aber vor allem (Fehl-)Verhaltensweisen moralisch-religiöser Art (Habsucht, Streitsucht) wie auch schließlich den Missbrauch von psychotropen Substanzen (Harten, 1991). Entgegen der Wortgeschichte wurde Sucht mit Suchen zusammengebracht; es wird daher von einer Sucht nach etwas oder einer Sucht, dieses und jenes zu tun oder zu erlangen, gesprochen (Gabriel, 1962). Ende des 19. Jahrhunderts waren die allgemeinen Merkmale stoffgebundener und auch nichtstoffgebundener Suchterkrankungen bekannt und es wurden vier besonders relevante Suchtarten unterschieden, Trunk-, Morphium-, Kokain- und Spielsucht (Erlenmeyer, 1887; vgl. auch Kellermann, 1998). Auch von Gebsattel postulierte 1954, dass «der Begriff menschlicher Süchtigkeit sehr viel weiter reicht als der Begriff der Toxikomanie es abgesteckt hat» und gab an, dass «jede Richtung des menschlichen Interesses süchtig zu entarten vermag» (S. 221). Gabriel (1962) sieht den Begriff Sucht nicht nur auf von psychotropen Substanzen induzierte Abhängigkeit reduziert, sondern unterscheidet zwischen «Suchten nach chemisch definierbaren Substanzen» und «Tätigkeitssüchten», unter die unter anderem Sexsucht, Sammelsucht und Spielsucht fallen (vgl. auch Gabriel & Kratzmann, 1936). Die in den 1980er Jahren als «neu» propagierte Trennung von nichtstoffgebundenen und stoffgebundenen Süchten ist demnach schon lange vorher beschrieben worden.

Bereits Anfang des 20. Jahrhunderts warnte Rieger (1905) vor einer Kontamination zwischen den Begriffen Suchen und Sucht und sprach sich für eine klare Abgrenzung zwischen diesen Begriffen aus. Im Jahre 1950 definierte die Weltgesundheitsorganisation (World Health Organization, WHO) den Begriff der Drogensucht, in dem sie unter anderem auf die psychische und teilweise auch physische Abhängigkeit von den Wirkungen der Droge hinwies. Im Jahre 1964 wurde der Begriff der Drogensucht von der WHO durch die Bezeichnung der Drogenabhängigkeit ersetzt. Doch auch diese festgelegte Bezeichnung der (stoffgebundenen) Abhängigkeit konnte den Suchtbegriff nicht aus der Alltagssprache verdrängen. Es lässt sich vielmehr eine Ausdehnung des Abhängigkeitsbegriffes auf nichtstoffgebundene Suchtformen feststellen (Poppelreuter, 1997). Diese Gleichsetzung von Abhängigkeit und Sucht ist aus psychologischer und medizinischer Perspektive nicht unproblematisch. Im Folgenden wird daher der Begriff Sucht (für die Verhaltenssucht) in Abgrenzung zu stoffgebundenen Abhängigkeiten verwendet (in Anlehnung an Poppelreuter, 1997, Gross, 1995, 2004; Kellermann, 1987).

Allgemein muss jedoch vor einem (sich anbietenden) inflationären Gebrauch des Begriffes Verhaltenssucht gewarnt werden, womit dann unter Umständen auch «ausufernde» Verhaltensweisen entschuldigt werden (vgl. Kapitel 1.3; Böning, 1991; Saß & Wiegand, 1990). Nicht bei jeder exzessiv oder von der Norm abweichend durchgeführten Verhaltensweise handelt es sich um ein süchtiges Verhalten. Um so wichtiger erscheint es, dass klare diagnostische Linien für dieses Störungsbild formuliert werden.

## 1.2 Definition und Klassifikation von Abhängigkeit

Seit 1965 entspricht die frühere Sucht-Definition der Weltgesundheitsorganisation (World Health Organization, WHO) einer Klassifikation nach den verschiedenen Formen der Abhängigkeit. Hierbei werden mehrere Abhängigkeitstypen nach der spezifischen Konsumform von psychoaktiven Stoffen unterschieden (Morphintyp, Barbiturat/Alkoholtyp, Kokaintyp, Cannabistyp, Amphetamintyp, usw.). Wie die rasante Zunahme des multiplen Drogenmissbrauchs unter Jugendlichen jedoch zeigt, lassen sich solche klaren Abgrenzungen in verschiedene, fest umrissene Typen nur noch selten durchführen. Der moderne Drogenkonsument ist häufig polytoxikoman, d. h. er konsumiert in Mischformen nach Stimmungslage und Verfügbarkeit verschiedene psychoaktive Substanzen gleichzeitig oder in kurzen Abständen (Schmidbauer & vom Scheidt, 1998; Sucht- und Drogenbericht der Bundesregierung, 2004). So erfolgt eine Beschreibung und Einteilung der konsumierten «modernen» psychotropen Substanzen häufig nach deren Abhängigkeitspotenzial, psychischen und sozialen Auswirkungen sowie nach der chemischen Zusammensetzung. In den internationalen Klassifikationssystemen, dem «Diagnostischen und Statistischen Manual Psychischer Störungen» («Diagnostic and Statistical Manual of Mental Disorders» der American Psychiatric Association (APA); aktuelle Version: DSM-IV-TR, Saß, Wittchen, Zaudig, & Houben, 2003) und der «Internationalen Klassifikation psychischer Störungen» («International Classification of Diseases», Chapter F; aktuelle Version: ICD-10, Dilling, Mombour, & Schmidt, 2000) wird stoffgebundene Abhängigkeit als «Abhängigkeitssyndrom» (ICD-10, F1x.2) bzw. «Substanzabhängigkeit» (DSM-IV-TR) aufgeführt. Bei dem Konsum von psychotropen Substanzen werden eine Reihe von Syndromen beschrieben, die von der Intoxikation unmittelbar nach dem Konsum bis zum schädlichen Gebrauch (Missbrauch) und zum Abhängigkeitssyndrom reichen. Beim Abhängigkeitssyndrom handelt es sich um eine Gruppe körperlicher, behavioraler (verhaltensbezogener) und kognitiver Phänomene. Während sich Missbrauch durch ein schädliches Konsummuster mit negativen sozialen oder zwischenmenschlichen Folgen auszeichnet, kann das Abhängigkeitssyndrom von Entzugssymptomen und Toleranzbildung bis hin zu erheblichen körperlichen und diversen schweren psychischen Beeinträchtigungen begleitet sein.

Nach dem «Diagnostischen und Statistischen Manual Psychischer Störungen» (DSM-IV-TR, Saß et al., 2003) wird Missbrauch einer bewusstseinsverändernden bzw. psychotropen Substanz dann diagnostiziert, wenn mindestens eines der folgenden Kriterien innerhalb eines 12-Monats-Zeitraums erfüllt ist:

- Versagen beim Erfüllen wichtiger Verpflichtungen, z. B. bezogen auf die Arbeit, Schule und Familie

- wiederholter Substanzkonsum in Situationen, in denen es deswegen zu körperlicher Gefährdung kommen kann

- wiederholte Gesetzeskonflikte wegen des Substanzkonsums

- fortgesetzter Substanzkonsum trotz ständiger sozialer oder zwischenmenschlicher Probleme, die durch den Substanzkonsum verstärkt werden.

In der «Internationalen Klassifikation psychischer Störungen» (ICD-10, Dilling et al., 2000) findet sich anstelle des Begriffes Missbrauch die Bezeichnung schädlicher Gebrauch. Die ICD-10 stellt die psychische oder physische gesundheitliche Schädigung des Konsumenten durch die Substanzeinnahme in den Vordergrund. Das Verhalten wird von anderen Personen kritisiert und zieht häufig verschiedene negative soziale Folgen nach sich. Ein zeitlicher Rahmen wird in der ICD-10 nicht festgelegt.

Um die Diagnose «Abhängigkeitssyndrom» (ICD-10, Dilling et al., 2000) bzw. «Substanzabhängigkeit» (DSM-IV-TR, Saß et al., 2003) stellen zu können, müssen mindestens drei von den in **Tabelle 1-1** aufgeführten Kriterien in einem Zeitraum von 12 Monaten erfüllt sein.

Im DSM-IV-TR (Saß et al., 2003) kann dabei noch zusätzlich eine Unterteilung in «mit körperlicher Abhängigkeit» oder «ohne körperliche Abhängigkeit» vorgenommen werden.
Folgende Hauptmerkmale der Abhängigkeit werden bei allen Klassifikationssystemen verwendet:

- Kontrollverlust im Umgang mit der Droge – eine verminderte Kontrolle über Beginn, Dauer und Beendigung des Konsums oder erfolglose Versuche, den Konsum einzuschränken

- die körperliche Abhängigkeit – Anpassung des Stoffwechsels: a) Toleranzentwicklung, d. h. Steigerung der Dosis, um die gewünschte Wirkung zu erzielen b) Entzugserscheinungen, d. h. ein substanzspezifisches Abhängigkeitssyndrom

- soziale und gesundheitliche Auswirkungen – soziale Konsequenzen/Beziehungen, Leistungsfähigkeit, Beschaffungskriminalität.

Während Gewohnheitsbildung als Kriterium für die psychische Abhängigkeit gilt, gelten Toleranz- und Entzugssymptome als Kriterien für die physische, d. h. körperliche Abhängigkeit. Kennzeichnendes Merkmal einer Abhängigkeit ist jedoch vor allem das unwiderstehliche Verlangen nach dem Suchtmittel und eine eingeschränkte Kontrolle über das Suchtverhalten, das trotz negativer Konsequenzen fortgesetzt wird (ICD-10, Dilling et al., 2000; DSM-IV-TR, Saß et al., 2003).

**Tabelle 1-1:** Diagnostische Kriterien für ein Abhängigkeitssyndrom (ICD-10) bzw. Substanzabhängigkeit (DSM-IV-TR) im Vergleich

| Abhängigkeitssyndrom (ICD-10, Dilling et al., 2000) | Substanzabhängigkeit (DSM-IV-TR, Saß et al., 2003) |
|---|---|
| der starke Wunsch bzw. Zwang, psychotrope Substanzen zu konsumieren | |
| eine verminderte Kontrollfähigkeit im Umgang mit der Substanz | anhaltender Wunsch oder erfolglose Versuche, den Substanzkonsum zu verringern oder zu kontrollieren |
| | die Substanz wird häufig in größeren Mengen oder länger als beabsichtigt eingenommen |
| ein körperliches Entzugssyndrom, nachgewiesen durch die substanzspezifischen Entzugssymptome oder durch die Aufnahme der gleichen oder einer nahe verwandten Substanz, um Entzugssymptome zu mildern oder zu vermeiden | Entzugssymptome, die sich entweder in einem charakteristischen Entzugssyndrom der jeweiligen Substanz äußern oder dieselbe (oder eine sehr ähnliche) Substanz wird eingenommen, um Entzugssymptome zu lindern oder zu vermeiden |
| Toleranzentwicklung, d. h. Dosissteigerung um den gewünschten Substanzeffekt zu verspüren | Toleranzentwicklung, definiert durch das Verlangen nach ausgeprägter Dosissteigerung oder die deutlich verminderte Wirkung bei fortgesetzter Einnahme |
| Vernachlässigung sozialer und beruflicher Aktivitäten | wichtige soziale, berufliche oder Freizeitaktivitäten werden aufgrund des Substanzkonsums aufgegeben oder eingeschränkt |
| missbräuchlicher Konsum, d. h. einen anhaltenden Substanzgebrauch trotz Nachweis eindeutiger Schäden | fortgesetzter Substanzkonsum trotz Kenntnis eines anhaltenden oder wiederkehrenden körperlichen oder psychischen Problems, das wahrscheinlich durch die Substanz verursacht oder verstärkt wurde |
| | viel Zeit für Aktivitäten, um die Substanz zu beschaffen, sie zu sich zu nehmen oder sich von ihren Wirkungen zu erholen |

## 1.3 Definition und Klassifikation von Verhaltenssucht

Bei der nichtstoffgebundenen Sucht, der Verhaltenssucht, werden keine psychotropen Substanzen von außen zugeführt bzw. eingenommen; der psychotrope Effekt stellt sich durch körpereigene biochemische Veränderungen ein, die durch bestimmte exzessive belohnende Verhaltenweisen ausgelöst werden (Böning, 1991; Grüsser & Rosemeier, 2004; Holden, 2001; Marks, 1990; Poppelreuter & Gross, 2000). Gemeinsames Merkmal der verschiedenen Formen der Verhaltenssucht ist dabei die exzessive Ausführung des Verhaltens, also eine Ausführung über das normale Maß hinaus. Von Gebsattel (1954) bemerkt hierzu, dass «jede

Sucht der Vernunft widerspricht, da die Vernunft ein Vermögen des Maßhaltens ist. Das Maß ist aber der Feind der jeweiligen Sucht. Gerade die Maßlosigkeit wird in der Sucht getätigt, und der sensationelle Verstoß gegen das Maß ist geradezu der Hauptanreiz des süchtigen Verhaltens...» (S. 224).

Bislang hat das Störungsbild der Verhaltenssucht noch keinen Eingang als eigenständiges Störungsbild in die gängigen internationalen Klassifikationssysteme psychischer Störungen, die ICD-10 (Dilling et al., 2000) und das DSM-IV-TR (Saß et al., 2003) gefunden, womit eine Diagnosestellung für diese Störungen erschwert wird (Grüsser, 2002; Grüsser, Plöntzke, & Albrecht, 2005; N. M. Petry, 2003; Poppelreuter & Gross, 2000; Rosenthal, 2003).

Derzeit ist nur eine Form der suchtartigen Verhaltensweisen, das «Pathologische (Glücks-)Spiel» (als Spielverhalten mit klinischer Relevanz), aufgenommen und unter der Kategorie der «Persönlichkeits- und Verhaltensstörungen» als «abnorme Gewohnheiten und Störungen der Impulskontrolle» (ICD-10) bzw. «Störungen der Impulskontrolle, Nicht Andernorts Klassifiziert» (DSM-IV-TR) aufgelistet (vgl. Kapitel 6). Daher ist es gegenwärtig auch nur möglich, die verschiedenen Formen der Verhaltenssucht in Anlehnung an die Einordnung des «Pathologischen (Glücks-)Spiels» als «sonstige abnorme Gewohnheiten und Störungen der Impulskontrolle» (ICD-10) bzw. «Nicht Näher Bezeichnete Störung der Impulskontrolle» (DSM-IV-TR) zu diagnostizieren.

Bei den «abnormen Gewohnheiten und Störungen der Impulskontrolle» sind Verhaltensstörungen zusammengefasst, die sich darin ähneln, dass sie einen unkontrollierbaren Impuls beschreiben. Neben dem pathologischen (Glücks-)Spiel werden in der ICD-10 und dem DSM-IV-TR die Pyromanie (pathologische Brandstiftung), die Kleptomanie (pathologisches Stehlen) und die Trichotillomanie (Haareausreißen) sowie die intermittierende explosible Störung (DSM-IV-TR) bzw. die Störung mit intermittierend auftretender Reizbarkeit (ICD-10) aufgeführt. Die Einordnung des pathologischen (Glücks-)Spiels und der anderen Formen exzessiven belohnenden Verhaltens unter die Störung der Impulskontrolle erweist sich jedoch als unzureichend und kann verhindern, dass in der Praxis geeignete Elemente aus der Behandlung suchtkranker Patienten in der Therapie angewendet werden (Albrecht & Grüsser, 2003; Meyer & Bachmann, 2000; Poppelreuter & Gross, 2000; Potenza, 2002).

Weiterhin werden seit dem DSM-III-R (Wittchen, Saß, Zaudig, & Köhler, 1989) eindeutige Parallelen zwischen den diagnostischen Kriterien für Pathologisches (Glücks-)Spiel (Kriterien vgl. Kapitel 6.1) und Substanzabhängigkeit (Kriterien vgl. Kapitel 1.2) aufgeführt, um die Entsprechung zu wichtigen Merkmalen der Abhängigkeit von psychotropen Substanzen herauszustellen. Neben dem nur schwer kontrollierbaren, intensiven Drang zu spielen, lauten die diagnostischen Merkmale für «Pathologisches (Glücks-)Spiel»: dauerndes, wiederholtes Spielen über einen Zeitraum von mindestens einem Jahr, anhaltendes und oft noch gesteigertes Spielen trotz negativer sozialer Konsequenzen wie Verarmung, gestörte Familienbeziehungen und Zerrüttung der persönlichen Verhältnisse, ständiges gedankliches und vorstellungsmäßiges Beschäftigtsein mit dem Glücksspiel sowie eine Toleranzentwicklung (muss mit immer höheren Einsätzen spielen, um die gewünschte Erregung zu erreichen). Das für die stoffgebundene Abhängigkeit zentrale Kriterium des Entzugssyndroms wird nicht genannt. Dennoch könnten Unruhe und Gereiztheit beim Versuch, das Spielen aufzugeben oder einzuschränken als Entzugssymptome interpretiert werden. Im Vordergrund steht daher das starke Verlangen zu spielen und die eingeschränkte Kontrolle über das Suchtverhalten, das trotz negativer Konsequenzen gesteigert fortgesetzt wird. Die Ausübung des exzessiven Verhaltens steht somit an oberster Stelle (von Gebsattel, 1948).

Gegenwärtig stehen in der Literatur überwiegend einheitlichen Kriterien für das Störungsbild der exzessiven belohnenden Verhaltensweisen mit klinischer Relevanz verschiedene Bezeichnungen gegenüber, die von «problematischem Verhalten» (Hand & Kaunisto, 1984) über «excessive appetites» (Orford, 1985) und «patterns of excess» (Shaffer & Hall, 2002) bis hin zu «Verhaltensexzessen» (Hand, 1998) reichen (vgl. auch Bühringer, 2004). Dabei werden gegenwärtig in der Literatur voneinander unabhängige Konzeptualisierungen diskutiert: Zum einen exzessive belohnende pathologische Verhaltensweisen als Impulskontrollstörung bzw. Zwangsspektrumsstörung (z. B. Hand, 2003; Hollander & Wong, 1995; Lesieur, 1979; Linden, Pope, & Jonas, 1986) und zum anderen exzessive belohnende Verhaltensweisen als nichtstoffgebundene Sucht bzw. Verhaltenssucht (z. B. Griffiths, 2005; Grüsser et al., 2004; Grüsser et al., 2005; Holden, 2001; Lejoyeux, McLoughlin, & Adès, 2000; Marks, 1990; J. Petry, 2003; Poppelreuter & Gross, 2000). Die Bezeichnung und damit Definition dieser Störungsbilder ist nicht nur für die Einordnung innerhalb der Klassifikationssysteme wesentlich, sondern hat, wie bereits oben erwähnt, auch einen entscheidenden Einfluss auf die Wahl psychotherapeutischer und medikamentöser Interventionsmaßnahmen (Grüsser et al., 2005; Lee & Mysyk, 2004; Meyer & Bachmann, 2000).

Als Störungen der Impulskontrolle werden Verhaltensweisen bezeichnet, bei denen der Betroffene nicht in der Lage ist, dem Impuls, Trieb oder der Versuchung zu widerstehen, eine Handlung auszuführen, die für die Person selbst oder andere schädlich ist. Meistens fühlt der Betroffene eine zunehmende Spannung oder Erregung, bevor er die Handlung durchführt, und erlebt dann Vergnügen, Befriedigung oder ein Gefühl der Entspannung während der Durchführung der Handlung. Nach der Handlung können eventuell Reue, Selbstvorwürfe oder Schuldgefühle auftreten (DSM-IV-TR, Saß et al., 2003). Die Handlung geschieht wiederholt und ohne vernünftige Motivation. Dabei wird darauf hingewiesen, dass die Ursachen dieser Störungen unbekannt sind. In dieser Kategorie werden vor allem verschiedene, nicht an anderer Stelle klassifizierbare Verhaltensstörungen zusammengefasst, während der exzessive Gebrauch von Alkohol und anderen psychotropen Substanzen explizit ausgeschlossen wird (ICD-10, Dilling et al., 2000).

Wenn auch empirische Studien der letzten Jahre zeigen, dass Impulsivität ein wesentliches Charakteristikum bei z. B. pathologischen (Glücks-)Spielern ist (Carlton & Manowitz, 1994; Steel & Blaszczynski, 1998), scheint eine Konzeptualisierung der exzessiven belohnenden Verhaltensweisen (mit Leidensdruck) als Impulskontrollstörung dennoch nicht ausreichend, da Impulsivität bzw. eine Störung der Impulskontrolle als ein Kernpunkt des grundsätzlichen Abhängigkeitsgeschehens angesehen wird (Maddux & Desmond, 2000; Volkow & Fowler, 2000) und sich ebenso z. B. bei Alkoholabhängigen nachweisen lässt (z. B. J. Petry, 2001). Nach dem DSM-IV-TR (Saß et al., 2003) können die impulsiven Handlungen auch als zwanghaft beschrieben werden, dennoch sind sie differenzialdiagnostisch von den Zwangshandlungen abzugrenzen. Einige Autoren bevorzugen daher den Begriff der Zwangsspektrumsstörungen («obsessive-compulsive spectrum disorder»). Dieser Begriff beschreibt eine Gruppe von Störungen, die durch den intensiven Drang, ein spezifisches Verhalten durchführen zu müssen, charakterisiert ist. Dieser Drang wird von unangenehmen Gefühlen begleitet, die erst nach der Durchführung des Verhaltens nachlassen (Cartwright, DeCaria, & Hollander, 1998; Hantouche & Merckaert, 1991; Hollander, Skodol, & Oldham, 1996; McElroy, Hudson, Pope, Keck, & Aizley, 1992). Es wird dabei postuliert, dass alle Störungen mit dem Charakteristikum des Impulsiven und Zwanghaften auf einer Achse liegen, wobei z. B. das pathologische (Glücks-)Spiel zwischen Zwanghaftigkeit und Impulsivität liegt, die jeweils entgegengesetzte Pole darstellen (Blaszczynski, 1999). Hierbei finden sich die eher zwanghaften Störungen, gekennzeichnet durch Risikovermeidung, exzessive Überkontrolle und Verhaltensinhibition an einem, und die mehr durch Impulsivität und damit Verhaltensdisinhibition sowie mangelnde Kontrolle gekennzeichneten Störungen am anderen Achsenende (Skodol & Oldham, 1996). Die Diagnose Zwangsstörung scheint jedoch für die Verhaltenssucht nicht zutreffend zu sein. So werden z. B. Zwangshandlungen (auch anfänglich) nicht als angenehm empfunden und gelten häufig als Vorbeugung gegen ein objektiv unwahrscheinlich eintretendes Ereignis, dass Unheil anrichten könnte. Die Zwangshandlung wird in der Regel nicht lange vorbereitet und teilweise unmittelbar mehrfach stereotyp wiederholt. So formuliert auch das ICD-10 (Dilling et al., 2000), dass die für pathologisches Glücksspiel häufig verwendete Bezeichnung zwanghaftes Glücksspiel weniger zutreffend ist, da das Verhalten weder im engeren Sinne zwanghaft sei noch mit der Zwangsneurose in Verbindung stehe.

Andere Autoren postulieren, dass die Merkmale des Störungsbildes der exzessiven belohnenden Verhaltensweisen (mit Leidensdruck) mit den Merkmalen der Abhängigkeitsstörung vergleichbar sind und formulieren den Begriff der Verhaltensabhängigkeit («behavioral dependence») bzw. sprechen von einer Verhaltenssucht (Blanco, Moreyra, Nunes, Saiz-Ruiz, & Ibáñez, 2001; Böning, 1999; Dickerson, 1993; Griffiths, 1993 a, 1993 b, 2005; Grüsser, 2002; Grüsser et al., 2004; Holden, 2001; Jacobs, 1986; Meyer & Bachmann, 2000; Orford, 2001; J. Petry, 2003; Potenza, 2002; Potenza, Kosten, & Rounsaville, 2001). Hierbei wird betont, dass sowohl das Verlangen von Verhaltenssüchtigen, ihrer Verhaltensroutine nachzugehen als auch das auftretende körperliche und psychische Unbehagen und die Nervosität, wenn die Durchführung des Verhaltens verhindert wird, die Verlangens- und Entzugssymptomatik von Substanzabhängigen widerspiegeln. Wobei, vergleichbar zu der Abhängigkeit von psychotropen Substanzen, diskutiert wird, dass die Verhaltenssucht als primäre oder im Sinne einer Selbstmedikation als sekundäre Störung (z. B. Reduktion von Ängsten bei einer Angststörung) auftreten kann (Conger, 1956; Khantzian, 1985; Sher & Levenson, 1982). Des Weiteren wird von einer homöostasegeleiteten kompensatorischen Reaktion des Organismus (Toleranzentwicklung) bei der Ausübung des Verhaltens ausgegangen. Aufgrund der Toleranzentwicklung muss ein Verhaltenssüchtiger sein Verhalten immer häufiger und intensiver ausüben, um den gewünschten Effekt bzw. die gewünschte Wirkung zu erhalten. Ein pathologischer (Glücks-)Spieler z. B. steigert im Verlauf seiner Suchtentwicklung immer weiter die Spielintensität oder der pathologische Käufer seine Einkäufe. So kann bei pathologischen (Glücks-)Spielern beobachtet werden, dass sie an mehreren Automaten bzw. Roulettetischen gleichzeitig spielen. Pathologische Käufer berichten, dass sie immer häufiger Bestellungen bei Versandhäusern aufgeben mussten, oder sich immer häufiger und länger in Kaufhäusern aufhielten und mehr Geld ausgaben, um den gewünschten Effekt zu erzielen.

Bei den verschiedenen Formen der Verhaltenssucht, wie z. B. der Arbeits-, Kauf-, Sport- und Spielsucht, wurden bereits mehrfach die diagnostischen Kriterien und das klinische Erscheinungsbild einer Abhängigkeitserkrankung beschrieben (Albrecht & Grüsser, 2003; Bachmann, 2004; Grüsser et al., 2004; Poppelreuter, 1997; Poppelreuter & Gross, 2000; Shaffer & Kidman, 2003). Vergleichbar zu dem Phasenmodell der Alkoholabhängigkeit (Jellinek, 1946) wird auch bei den Verhaltenssüchtigen im fortgeschrittenen Stadium der Sucht eine typische abhängigkeitsdynamische Entwicklung beobachtet. So wurde für die Glücksspielsucht ebenfalls ein Phasenmodell formuliert (Custer, 1987), welches in ein positives Anfangsstadium, ein kritisches Gewöhnungsstadium sowie das sogenannte Sucht- oder Verzweiflungsstadium unterteilt ist.

Ein weiterer Hinweis, dass eine Kategorisierung von exzessiven belohnenden pathologischen Verhaltensweisen als Verhaltenssucht sinnvoll ist, ist die hohe Komorbidität zwischen diesen und der Substanzabhängigkeit; umgekehrt zeigt sich bei Substanzabhängigkeit auch eine hohe Komorbidität mit der Verhaltenssucht (z. B. dem pathologischen (Glücks-)Spiel; Moreyra, Ibáñez, Saiz-Ruiz, & Blanco, 2004; Orford, Morison, & Somers, 1996). Andere Störungen, die komorbid mit der Verhaltenssucht auftreten, wie z. B. affektive Störungen, antisoziale Persönlichkeitsstörungen oder Aufmerksamkeitsdefizit-Hyperaktivitätsstörungen, treten ebenso gehäuft bei Substanzabhängigen, jedoch nicht bei Patienten mit einer Zwangsspektrumsstörung auf (Blanco et al., 2001; McElroy, Keck, Pope, Smith, & Strakowski, 1994; Steel & Blaszczynski, 1998). Auch bei der Geschlechterverteilung und neuropsychologischen und neurokognitiven Befunden wurden Übereinstimmungen zwischen der Substanzabhängigkeit und den verschiedenen Formen der Verhaltenssucht gezeigt (z. B. Bechara, 2003; Boyer & Dickerson, 2003; Moreyra et al., 2004; Rugle & Melamed, 1993).

Neuere psychophysiologische Befunde und Ergebnisse von bildgebenden Verfahren weisen ebenso auf eine Parallelität zwischen der Substanzabhängigkeit und pathologischem (Glücks-)Spiel hin (z. B. Grüsser, Plöntzke, & Albrecht, 2003; Reuter, Raedler, Rose, Hand, Glascher, & Büchel, 2005). Des Weiteren lassen auch erste molekulargenetische Ergebnisse, insbesondere der Zusammenhang zwischen dem Polymorphismus des Dopamin-D2-Rezeptors, dem Monoaminooxidase-A2-Gen und dem Serotonintransportergen, wie sie z. B. bei pathologischen (Glücks-)Spielern gefunden wurden, auf Gemeinsamkeiten von Verhaltenssucht und einer Substanzabhängigkeit schließen (Blum, Wood, Sheridan, Chen, & Commings, 1995; Perez de Castro, Ibáñez, Saiz-Ruiz, & Fernandez-Piqueras, 1999). Einige Studien deuten darauf hin, dass bei dem pathologischen (Glücks-)Spiel von mit der Substanzabhängigkeit vergleichbaren zugrundeliegenden neurobiologischen Strukturen und biochemischen Botenstoffen ausgegangen werden kann (z. B. Bechara, 2003). Bislang gibt es jedoch nur wenige neurobiologische und psychopharmakologische Untersuchungen zu den verschiedenen Formen von Verhaltenssucht. Erste Befunde, vor allem von Untersuchungen zur Glücksspielsucht, weisen auf eine Involvierung der Botenstoffe Noradrenalin, Dopamin, Serotonin sowie der Opioide hin (Bergh, Eklund, Södersten, & Nordin, 1997; Blanco, Orensanz-Munoz, Blanco-Jerez, & Saiz-Ruiz, 1996; Eber & Shaffer, 2000; Ibáñez, Blanco, & Saiz-Ruiz, 2002; Nordin & Eklund, 1999; Roy et al., 1988; Roy, De-Jong, & Linnoila, 1989; Shah, Potenza, & Eisen, 2004). Jedoch stehen hier weitere Untersuchungen und somit schlussfolgernde Erkenntnisse noch aus.

Es darf jedoch nicht außer Acht gelassen werden, dass eine Einordnung exzessiver belohnender Verhaltensweisen als Verhaltenssucht die Gefahr eines inflationären Gebrauchs des Begriffes Verhaltenssucht birgt (Böning, 1991; Saß & Wiegand, 1990). Nicht alle Verhaltensweisen, die dem Menschen Freude bereiten und exzessiv durchgeführt werden, sind gleich süchtige Verhaltensweisen. Weiterhin muss darauf geachtet werden, dass auch andere von der Norm abweichende exzessive Verhaltensweisen, die als Symptom einer bestehenden psychiatrischen Erkrankung auftreten, nicht unter dem Begriff der Verhaltenssucht als eigenständige Krankheit eingeordnet werden (Saß & Wiegand, 1990). So müssen klare diagnostische Kriterien zutreffen und ein Leidensdruck durch das exzessive Ausüben dieser Verhaltenweisen entstehen. In Anlehnung an das psychobiologische Modell von Robinson und Berridge (1993, 2001; vgl. Kap. 2.2) könnte neben dem Kontrollverlust und dem unwiderstehlichen Verlangen nach der Verhaltensausübung sowie einer Toleranzentwicklung ein weiterer Hinweis auf ein süchtiges Verhalten sein, dass das Verhalten nicht mehr so wie einst als positiv empfunden wird («liking») und trotzdem durchgeführt werden muss («wanting»). Jedoch ist hierbei auch im Hinblick auf die Frage der Schuldfähigkeit anzumerken, dass die (Dysregulation der) «Biochemie der Gefühle» vieles erklärt, jedoch nichts entschuldigt. Bislang ist noch nicht geklärt, inwieweit das Abhängigkeitsgeschehen den Kausalgesetzen von neuronalen Prozessen unterliegt. Dabei stellt sich auch die Frage, inwiefern tierexperimentelle Befunde in den Humanbereich übertragbar sind und ob es durch die Fortschritte in der Hirnforschung möglich geworden ist, das Verhalten des Menschen vorauszusagen zu können (Maier et al., 2005; Tretter, 2000).

## 1.4 Literatur

Albrecht, U., & Grüsser, S. M. (2003). Diagnose Glücksspielsucht. *Psychomed*, 15, 69–73.

Bachmann, M. (2004). Therapie der Spielsucht. *Psychomed*, 16, 154–158.

Bechara, A. (2003). Risky business: emotion, decision-making and addiction. *Journal of Gambling Studies*, 19, 23–51.

Bergh, C., Eklund, T., Södersten, P., & Nordin, C. (1997). Altered dopamine function in pathological gambling. *Psychological Medicine*, 27, 473–475.

Blanco, C., Moreyra, P., Nunes, E. V., Saiz-Ruiz, J., & Ibáñez, A. (2001). Pathological gambling: addiction or compulsion? *Seminars in Clinical Neuropsychiatry*, 6, 167–176.

Blanco, C., Orensanz-Munoz, L., Blanco-Jerez, C., & Saiz-Ruiz, J. (1996). Pathological gambling and platelet MAO activity: a psychological study. *American Journal of Psychiatry*, 153, 119–121.

Blaszczynski, A. (1999). Pathological gambling and obsessive-compulsive spectrum disorders. *Psychological Reports*, 84, 107–113.

Blum, K., Wood, R., Sheridan, P., Chen, T., & Commings, D. (1995). Dopamine D2 receptor gene variants: association and linkage studies in impulsive, addictive and compulsive disorders. *Pharmacogenetics*, 5, 121–141.

Böning, J. (1991). Glücksspielen als Krankheit? Kritische Bemerkungen zur Inflation der Süchte. *Der Nervenarzt*, 62, 706–707.

Böning, J. (1999). Psychopathologie und Neurobiologie der «Glücksspielsucht». In G. Alberti, & B. Kellermann (Hrsg.), *Psychosoziale Aspekte der Glücksspielsucht* (S. 39–50). Geesthacht: Neuland.

Boyer, M., & Dickerson, M. (2003). Attentional bias and addictive behaviour: automaticity in a gambling-specific modified stroop task. *Addiction*, 98, 61–70.

Bühringer, G. (2004). Wenn Arbeiten, Einkaufen oder Glücksspielen pathologisch eskalieren: Impulskontrollstörung, Sucht oder Zwangshandlung? *Verhaltenstherapie*, 14, 86–88.

Bundesministerium für Gesundheit. (Hrsg.). (2004). *Sucht- und Drogenbericht der Bundesregierung*. Elektronische Quelle: http://www.bundesregierung.de/Anlage641172/Drogenbericht+2004.pdf.

Carlton, P. L., & Manowitz, P. (1994). Factors determining the severity of pathological gambling in males. *Journal of Gambling Studies*, 10, 147–157.

Cartwright, C., DeCaria, C., & Hollander, E. (1998). Pathological gambling: a clinical review. *Journal of Practical Psychiatry and Behavioral Health*, 4, 277–286.

Conger, J. J. (1956). Reinforcement theory and the dynamics of alcoholism. *Quaterly Journal on Alcohol*, 17, 296–305.

Custer, R. (1987). The diagnosis and scope of pathological gambling. In T. Galski (Ed.), *The handbook of pathological gambling* (pp. 3–7). Springfield: Thomas.

Deutsche Hauptstelle für Suchtfragen. (Hrsg.). (2005). *Jahrbuch Sucht 2005*. Geesthacht: Neuland.

Dickerson, M. G. (1993). Internal and external determinants of persistent gambling: problems in generalising from one form of gambling to another. *Journal of Gambling Studies*, 9, 225–245.

Dilling, H., Mombour, W., & Schmidt, M. H. (2000). Internationale Klassifikation psychischer Störungen: ICD-10, Kapitel V (F), klinisch-diagnostische Leitlinien. Weltgesundheitsorganisation. Bern: Huber.

Eber, G. B., & Shaffer, H. J. (2000). Trends in bio-behavioral gambling studies research: quantifying citations. *Journal of Gambling Studies*, 15, 17–28.

Erlenmeyer, A. (1887). *Die Morphinsucht und ihre Behandlung* (3. Aufl.). Berlin, Leipzig: Heuser.

Gabriel, E. (1962). *Die Süchtigkeit – Psychopathologie der Suchten*. Geesthacht: Neuland.

Gabriel, E., & Kratzmann, E. (1936). *Die Süchtigkeit*. Berlin: Neuland.

Griffiths, M. (1993 a). Factors in problem adolescent fruit machine gambling. *Journal of Gambling Studies*, 9, 31–45.

Griffiths, M. (1993b). Tolerance in gambling: an objective measure using the psychophysiological analysis of male fruit machine gamblers. *Addictive Behaviors*, 18, 365–372.

Griffiths, M. (2005). A ‹components› model of addiction within a biopsychosocial framework. *Journal of Substance Use*, 10, 1–7.

Gross, W. (1995). *Was ist das Süchtige an der Sucht* (2. Aufl.)? Geesthacht: Neuland.

Gross, W. (2004). Stoffungebundene Suchtformen: Die Drogen im Kopf. *Psychomed*, 16, 136–141.

Grüsser, S. M. (2002). Glücksspielsucht. In R. Schwarzer, M. Jerusalem, & H. Weber (Hrsg.), *Gesundheitspsychologie von A – Z* (S. 230-233). Göttingen: Hogrefe.

Grüsser, S. M., Plöntzke, B., & Albrecht, U. (2003). *Event-related potentials and craving in active and abstinent pathological gamblers, casino employees and healthy controls* [abstract]. Society of Neuroscience, 33rd Annual meeting, New Orleans, 111.10.

Grüsser, S. M., Plöntzke, B., & Albrecht, U. (2005). Pathologisches Glücksspiel – eine empirische Untersuchung des Verlangens nach einem nichtstoffgebundenen Suchtmittel. *Der Nervenarzt*, 76, 592–596.

Grüsser, S. M., & Rosemeier, H. P. (2004). Exzessive belohnende Verhaltensweisen oder nichtstoffgebundene Sucht. *Psychomed*, 16, 132–135.

Grüsser, S. M., Thalemann, C., & Albrecht, U. (2004). Exzessives zwanghaftes Kaufen oder «Verhaltenssucht»? Ein Fallbeispiel. *Wiener Klinische Wochenschrift*, 116, 201–204.

Hand, I. (1998). Pathologisches Kaufen – Kaufzwang, Kaufrausch oder Kaufsucht? In G. Lenz, U. Demal, & M. Bach (Hrsg.), *Spektrum der Zwangsstörungen. Forschung und Praxis* (S. 123–132). Wien, New York: Springer.

Hand, I. (2003). Störungen der Impulskontrolle: Nichtstoffgebundene Abhängigkeiten (Süchte), Zwangsspektrums-Störungen …oder? *Suchttherapie*, 4, 51–53.

Hand, I., & Kaunisto, E. (1984). Multimodale Verhaltenstherapie bei problematischem Verhalten in Glücksspielsituationen («Spielsucht»). Eine Kritik am Suchtmodell und erste empirische Ergebnisse nach dem Neurosemodell zur Ableitung therapeutischer Interventionen. *Suchtgefahr*, 31, 1–11.

Hantouche, E., & Merckaert, P. (1991). Nosological classifications of obsessive-compulsive-disorder. *Annals of Medical Psychology*, 149, 393–408.

Harten, R. (1991). *Sucht, Begierde, Leidenschaft. Annährung an ein Phänomen.* München: Ehrenwirth.

Holden, C. (2001). «Behavioral» addictions: do they exist? *Science*, 294, 980–982.

Hollander, E., Skodol, A., & Oldham, J. (1996). *Impulsivity and compulsivity.* Washington – American Psychiatric Press.

Hollander, E., & Wong, C. M. (1995). Obsessive-compulsive spectrum disorders. *Journal of Clinical Psychiatry*, 56, 3–6.

Ibáñez, A., Blanco, C., & Saiz-Ruiz, J. (2002). Neurobiology and genetics of pathological gambling. *Psychiatric Annals*, 32, 181–185.

Jacobs, D. F. (1986). A general theory of addictions: a new theoretical model. *Journal of Gambling Behavior*, 2, 15–31.

Jellinek, E. M. (1946). Phases in the drinking history of alcoholics: analysis of a survey conducted by the official organ of the Alcoholics Anonymous. *Quarterly Journal of Studies on Alcohol*, 7, 1–88.

Kellermann, B. (1987). Pathologisches Glücksspielen und Suchtkrankheiten – aus suchtpsychiatrisch-therapeutischer Sicht. *Suchtgefahr*, 33, 110–120.

Kellermann, B. (1998). Pathologisches Glücksspielen als typische Suchtform. In I. Füchtenschnieder, & H. Witt (Hrsg.), *Sehnsucht nach dem Glück – Adoleszenz und Glücksspielsucht* (S. 87–109). Geesthacht: Neuland.

Khantzian, E. J. (1985). The self-medication hypothesis of addictive disorders: focus on heroin and cocaine dependence. *American Journal of Psychiatry*, 142, 1259–1264.

Lee, S., & Mysyk, A. (2004). The medicalization of compulsive buying. *Social Science and Medicine*, 58, 1709–1718.

Lejoyeux, M., McLoughlin, M., & Adès, J. (2000). Epidemiology of behavioral dependence: literature review and results of original studies. *European Psychiatry*, 15, 129–134.

Lesieur, H. R. (1979). The compulsive gambler's spiral of options and involvement. *Psychiatry*, 42, 79–87.

Linden, R., Pope, H., & Jonas, J. (1986). Pathological gambling and major affective disorder: preliminary findings. *Journal of Clinical Psychiatry*, 41, 201–203.

Maddux, J. F., & Desmond, D. P. (2000). Addiction or dependence. *Addiction*, 95, 661–665.

Maier, W., Helmchen, H., & Saß, H. (2005). Hirnforschung und Menschenbild im 21. Jahrhundert. *Der Nervenarzt*, 76, 543–545.

Marks, I. (1990). Behavioural (non-chemical) addictions. *British Journal of Addiction*, 85, 1389–1394.

McElroy, S., Hudson, J., Pope, H., Keck, P., & Aizley, H. (1992). The DSM-III-R impulse control disorder not elsewhere classified: clinical characteristics and relationship to other psychiatric disorders. *American Journal of Psychiatry*, 149, 318–327.

McElroy, S., Keck, P., Pope, H., Smith, J., & Strakowski, S. (1994). Compulsive buying: a report of 20 cases. *Journal of Clinical Psychiatry*, 55, 242–248.

Meyer, G., & Bachmann, M. (2000). *Spielsucht – Ursachen und Therapie*. Heidelberg: Springer.

Moreyra, P., Ibáñez, A., Saiz-Ruiz, J., & Blanco, C. (2004). Categorization. In J. E. Grant, & M. N. Potenza (Eds.), *Pathological gambling. A clinical guide to treatment* (pp. 55–68). Washington: American Psychiatric Publishing Inc.

Nordin, C., & Eklund, T. (1999). Altered CSF 5-HOAA disposition in pathological male gamblers. *CNS Spectrums*, 4, 25–33.

Orford, J. (1985). *Excessive appetites: a psychological view of addictions*. Chichester: Wiley.

Orford, J. (2001). Addiction as an excessive appetite. *Addiction*, 96, 15–31.

Orford, J., Morison, V., & Somers, M. (1996). Drinking and gambling: a comparison with implications for theories of addiction. *Drug and Alcohol Review*, 15, 47–56.

Perez de Castro, I., Ibáñez, A., Saiz-Ruiz, J., & Fernandez-Piqueras, J. (1999). Genetic contribution to pathological gambling: association between a functional DNA polymorphism at the serotonin transporter gene (5-HTT) and affected males. *Pharmacogenetics*, 9, 397–400.

Petry, J. (2001). Vergleichende Psychopathologie von stationär behandelten «Pathologischen Glücksspielern». *Zeitschrift für Klinische Psychologie*, 30, 123–135.

Petry, J. (2003). *Glücksspielsucht: Entstehung, Diagnostik und Behandlung*. Göttingen: Hogrefe.

Petry, N. M. (2003). Moving beyond a dichtomous classification for gambling disorders. Commentaries. *Addiction*, 98, 1673–1674.

Poppelreuter, S. (1997). *Arbeitssucht*. Weinheim: Beltz.

Poppelreuter, S. (2004). Tüchtig und doch süchtig? Arbeitssucht. *Psychomed*, 16, 147–153.

Poppelreuter, S., & Gross, W. (Hrsg.). (2000). *Nicht nur Drogen machen süchtig – Entstehung und Behandlung von stoffungebundenen Süchten*. Weinheim: Beltz.

Potenza, M. (2002). Gambling: an addictive behavior with health and primary care implications. *Journal of General Internal Medicine*, 17, 721–732.

Potenza, M., Kosten, T. R., & Rounsaville, B. J. (2001). Pathological gambling. *Journal of the American Medical Association*, 286, 141–144.

Rieger, K. (1905). *Über die Trunksucht und die «Suchten» überhaupt*. Festschrift zu der Feier des fünfzigjährigen Bestehens der unterfränkischen Heil- und Pflegeanstalt Werneck (1855–1905). Jena: Fischer.

Reuter, J., Raedler, T., Rose, M., Hand, I., Glascher, J., & Büchel, C. (2005). Pathological gambling is linked to reduced activation of the mesolimbic reward system. *Nature Neuroscience*, 8, 147–148.

Robinson, T. E., & Berridge, K. C. (1993). The neural basis of drug craving: an incentive-sensitization theory of addiction. *Brain Research. Brain Research Reviews*, 18, 247–291.

Robinson, T. E., & Berridge, K. C. (2001). Incentive-sensitization and addiction. *Addiction*, 96, 103–114.

Rosenthal, R. J. (2003). Distribution of the DSM-IV criteria for pathological gambling. Commentaries. *Addiction*, 98, 1674–1675.

Roy, A., Adinoff, B., Roehrich, L., Lamparski, D., Custer, R., Lorenz, V., et al. (1988). Pathological gambling: a psychobiological study. *Archives of General Psychiatry*, 45, 369–373.

Roy, A., De-Jong, J., & Linnoila, M. (1989). Extraversion in pathological gamblers. *Archives of General Psychiatry*, 46, 679–681.

Rugle, L., & Melamed, L. (1993). Neuropsychological assessments of attention problems in pathological gamblers. *The Journal of Nervous and Mental Disease*, 181, 107–112.

Saß, H., & Wiegand, C. (1990). Exzessives Glücksspiel als Krankheit? Kritische Bemerkungen zur Inflation der Süchte. *Der Nervenarzt*, 61, 435–437.

Saß, H., Wittchen, H. U., Zaudig, M., & Houben, I. (2003). *Diagnostisches und Statistisches Manual Psychischer Störungen DSM-IV-TR*. Göttingen: Hogrefe.

Schmidbauer, W., & vom Scheidt, J. (1998). *Handbuch der Rauschdrogen*. Frankfurt/M: Fischer.

Shaffer, H. J., & Hall, M. N. (2002). The natural history of gambling and drinking problems among casino employees. *The Journal of Social Psychology*, 142, 405–424.

Shaffer, H. J., & Kidman, R. (2003). Shifting perspectives on gambling and addiction. *Journal of Gambling Studies*, 19, 1–6.

Shah, K. R., Potenza, M., & Eisen, S. A. (2004). Biological basis for pathological gambling. In J. E. Grant, & M. N. Potenza (Eds.), *Pathological gambling: a clinical guide to treatment* (pp. 127–142). Washington: American Psychiatry Publishing Inc.

Sher, K. J., & Levenson, R. W. (1982). Risk for alcoholism and individual differences in the stress-response-dampening effect of alcohol. *Journal of Abnormal Psychology*, 91, 350–368.

Skodol, A. E., & Oldham, J. M. (1996). Phenomenology, differential diagnosis and comorbidity of the impulsive-compulsive spectrum disorders. In J. M. Oldham, E. Hollander, & A. Skodol (Eds.), *Impulsivity and compulsivity* (pp. 1–36). Washington: American Psychiatric Press.

Steel, Z., & Blaszczynski, A. (1998). Impulsivity, personality disorders and pathological gambling severity. *Addiction*, 93, 895–905.

Tretter, F. (2000). Anmerkungen zum Konstrukt «Suchtgedächtnis». *Sucht*, 46, 276–280.

Volkow, N. D., & Fowler, J. S. (2000). Addiction: a disease of compulsion and drive: involvement of the orbitofrontal cortex. *Cerebral Cortex*, 10, 318–325.

von Gebsattel, V. E. (1948). Zur Psychopathologie der Sucht. *Studium Generale*, 1, 258–265.

von Gebsattel, V. E. (1954). *Prolegomena einer medizinischen Anthropologie*. Berlin: Springer.

Wittchen, H. U., Saß, H., Zaudig, M., & Köhler, K. (1989). *Diagnostisches und Statistisches Manual Psychischer Störungen DSM-III-R*. Weinheim, Bern: Beltz.

# 2. Erklärungsansätze der Entstehung und Aufrechterhaltung von Abhängigkeit

Die Ursache für Missbrauch von psychotropen Substanzen und den Weg in eine Abhängigkeit kann man nicht an einem isolierten Faktor festmachen. Langjährige Untersuchungen und Analysen mit den verschiedensten Ansätzen haben gezeigt, dass die Ursache von süchtigem Verhalten durch unterschiedliche Faktoren und Voraussetzungen geprägt ist. Ebenso können sich Faktoren, die zum Einstieg in die Abhängigkeit führen, von denen des fortgesetzten Konsums/Verhaltens unterscheiden. Abgesehen von den sozioökologischen, soziostrukturellen, soziopolitischen und anthropologischen Faktoren muss den genetischen, psychischen und neurobiologischen Faktoren der Entstehung und Aufrechterhaltung von süchtigem Verhalten eine große Bedeutung zugemessen werden (Cardinal, Parkinson, Hall, & Everitt, 2002; Everitt, Dickinson, & Robbins, 2001; Grüsser, Flor, & Heinz, 1999; O'Brien, Childress, McLellan, & Ehrman, 1992). Ein lerntheoretische, kognitive und neurobiologische Befunde integrierender Ansatz wurde entwickelt, in dem die Erinnerung an die positive Suchtmittelwirkung als zentraler Motivator für das süchtige Verhalten fungiert. Der Ansatz versucht, die mit der Abhängigkeitsentstehung zusammenhängenden Mechanismen genauer zu erklären, wobei davon ausgegangen wird, dass die Ausübung von süchtigem Verhalten erlernt ist (Berridge & Robinson, 1998; Everitt et al., 2001; O'Brien et al., 1992; Robbins & Everitt, 2002; Robinson & Berridge, 1993, 2003).

Im Folgenden werden unterschiedliche Erklärungsansätze beschrieben. Auf die genauere Ausführung von Modellen zu psychosozialen Aspekten wie z. B. dem wichtigen Einfluss der Familie auf die Entstehung und Aufrechterhaltung von Abhängigkeit sowie auch auf den therapeutischen Prozess wird im Rahmen des vorliegenden Werkes nicht genauer eingegangen, da diese generell wesentliche Aspekte bei psychischen Störungen darstellen und somit nicht gezielt für die Übertragung von Abhängigkeitsmodellen auf einen Erklärungsansatz für Verhaltenssucht dienlich sind. Bislang liegen hier für die verschiedenen Formen der Verhaltenssucht bis auf wenige Ausnahmen auch kaum Erkenntnisse vor.

## 2.1 Lerntheoretische Erklärungsansätze

Abhängigkeit ist ein über einen längeren Zeitraum hinweg stabiles Phänomen. Human- und tierexperimentell wurde mehrfach nachgewiesen, dass Lernprozesse entscheidend sowohl zur Entstehung als auch zur Aufrechterhaltung beitragen (z. B. Eikelboom & Stewart, 1982; Johnson, Chen, Schmitz, Bordnick, & Shafer, 1998; O'Brien et al., 1992; Robbins & Ehrman, 1992). Eine besondere Rolle kommt dabei, neben dem Lernen am Modell (z. B. die Eltern haben ebenfalls Drogen konsumiert), den klassisch und operant konditionierten positiven Drogenerwartungen zu (Beck, Wright, Newman, & Liese, 1993/1997; Berridge & Robinson, 1998).

Das Modell der klassischen Konditionierung (vgl. **Abb.** 2-1) hat maßgeblich dazu beigetragen, die Entstehung des Abhängigkeitsverhaltens, aber auch die Mechanismen des Rückfalls zu erklären (z. B. Everitt et al., 2001; O'Brien et al., 1992). So können zuvor neutrale Reize (z. B. externale Stimuli wie der Anblick einer Bierflasche oder eines Spielautomaten und/oder internale Reize wie bestimmte Gefühlszustände oder Stresssituationen), die mit dem Abhängigkeitsverhalten und der Suchtmittelwirkung assoziiert werden, anschließend als erlernte (konditionierte) Reize eine erlernte (konditionierte) Reaktion auslösen und zur erneuten Drogeneinnahme motivieren (z. B. Robbins & Ehrman, 1992; vgl. auch Abb. 2-1).

Die Art der erlernten Reaktion kann dabei emotional positiv oder negativ gefärbt sein. Daher unterscheiden O'Brien und Kollegen (1992; vgl. z. B. auch Childress, McLellan, Ehrman, & O'Brien, 1988) zwei Kategorien von konditionierten Reaktionen, die drogengegensätzliche (konditionierte Toleranz und konditionierte Entzugserscheinungen) und die drogengleichsinnige (emotional positiv gefärbte) konditionierte Reaktion (vgl. Grüsser et al., 1999). Drogenähnliche Effekte nach Exposition des Schlüsselreizes konnten Eikelboom und Stewart (1982) tierexperimentell sowie Ludwig (1986) in Humanuntersuchungen zeigen. Dieser Mechanismus könnte auch bei dem Placebo-Effekt von als Drogen deklarierten Substanzen (Baker, Morse, & Sherman, 1987) eine Rolle spielen. Childress, McLellan und O'Brien (1986) sowie Lyvers (1998) konnten zeigen, dass konditionierte drogenähnliche Reaktionen mit Drogenverlangen einhergehen.

Wikler entwickelte 1948 die Theorie, dass an den Drogenkonsum klassisch konditionierte Umweltstimuli zu konditionierten Entzugserscheinungen («conditioned withdrawal») führen. Er postulierte, dass diese konditionierten Entzugserscheinungen («conditioned withdrawal») zur erneuten Drogenaufnahme führen können (erhöhte Rückfallgefährdung), um den unangenehmen Gefühlszustand zu beseitigen. Zahlreiche Autoren konnten das Phänomen der konditionierten Entzugssymptomatik, einer drogengegensinnigen konditionierten Reaktion, in Humanuntersuchungen bestätigen (Childress et al., 1988; Eikelboom & Stewart, 1982; O'Brien, Ehrman, & Ternes, 1986; O'Brien et al., 1992).

Im Tierexperiment konnte Siegel (1975) bei abhängigen Ratten, deren Heroinkonsum an einen Umgebungsstimulus (Käfig) konditioniert wurde, eine kondi-

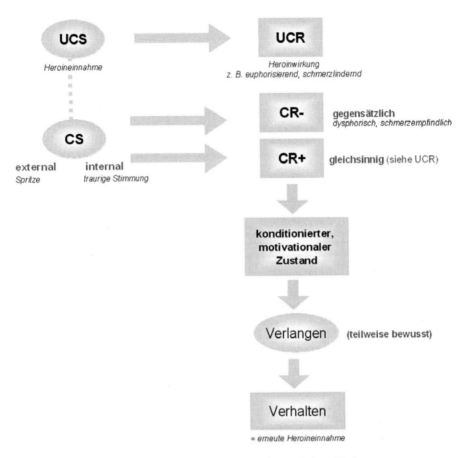

**Abbildung 2-1:** Modell der klassischen Konditionierung bei der Entstehung und Aufrechterhaltung von Abhängigkeit am Beispiel der Heroinabhängigkeit

tionierte Toleranz zeigen. Siegel (1975; vgl. auch MacRae, Scoles, & Siegel, 1987; O'Brien et al., 1992) sieht in der klassischen Konditionierung einen Mechanismus für Toleranzbildung, der zur Herstellung der körpereigenen Homöostase dient. Das Gehirn wirkt demnach der Überstimulation durch homöostatische, gegenregulatorische Mechanismen entgegen (Koob & Le Moal, 1997). Basierend auf dem Prinzip der Homöostase wurde nun von einer auf die Suchtmitteleinnahme vorbereitenden Situation ausgegangen und die konditionierten neurobiologischen Adaptationsprozesse (die drogenentgegengesetzte Wirkung) als Korrelat von Toleranz und Verlangen gesehen (Siegel, 1985).

Zur leichteren Verständlichkeit soll an dieser Stelle der Prozess auf eine Alltagssituation, das Riechen von frisch gekochtem Essen, übertragen werden: Unser Körper, d. h. unser gesamtes physiologisches System reagiert auf Umgebungsreize.

So kann bei dem Geruch von Essen der Magen knurren. Der Köper stellt sich im Rahmen einer kompensatorischen gegenregulatorischen konditionierten Reaktion darauf ein, dass ihm nun Essen zugeführt wird, um bei Nahrungsaufnahme sein biochemisches Gleichgewicht wieder herzustellen. In Abhängigkeit von der Deprivationszeit (wann das letzte Mal gegessen wurde) ist die Person nun motiviert, Nahrung aufzunehmen. Die Nahrungsaufnahme erfolgt nach willentlicher Steuerung.

Dabei stellt sich die Frage, inwieweit und in welchem Ausmaß im Falle eines pathologischen Prozesses, wie es bei der Abhängigkeit der Fall ist, neuroadaptive Vorgänge die Willensfreiheit beeinflussen können (Maier, Helmchen, & Saß, 2005).

Unabhängig von der Art der erlernten Reaktion (emotional positiv oder negativ gefärbt) wird durch suchtmittel-assoziierte Reize ein motivationaler Zustand als erlernte (konditionierte) Reaktion ausgelöst (Robinson & Berridge, 1993, 2001, 2003; vgl. Kap. 2.2). Dieser motivationale Zustand führt dann zu Suchtmittelverlangen und zum erneuten Suchtverhalten. So wird ein Zusammenhang zwischen den erlernten Stimuli (z. B. Anblick der Bierflasche, der Heroinspritze oder des Spielautomaten), dem Verlangen und einer erhöhten Rückfallgefährdung in das alte Suchtverhalten – auch noch nach längerer Abstinenzzeit – gesehen. Dabei wird in einem kognitiven Ansatz postuliert, dass das Verlangen nicht immer notwendigerweise bewusst wahrgenommen werden muss (Tiffany, 1990, 1995; vgl. Kap. 2.3). In diesem Ansatz wird davon ausgegangen, dass das durch die konditionierten Reize ausgelöste Suchtmitteleinnahmeverhalten eine Aufeinanderfolge seit langem verinnerlichter und somit automatisierter Verhaltensweisen ist (z. B. das automatische Anstecken einer Zigarette nach dem Essen, zur Tasse Kaffee oder dem Glas Wein, in Gegenwart anderer Raucher, beim Telefonieren usw.). Dabei tritt das Suchtmittelverlangen nur dann bewusst auf, wenn diese automatisierten Prozesse unterbrochen werden (z. B. die Zigarettenschachtel oder das Feuerzeug ist leer).

Ein weiterer Lernprozess, die operante Konditionierung, dient ebenfalls zur Erklärung der Abhängigkeitsentstehung. Nachdem das süchtige Verhalten ausgeführt wurde, wirkt der angenehme Suchtmitteleffekt (z. B. Euphorie, Entspannung) belohnend, also (positiv) verstärkend, auf das Verhalten. Wenn nun durch das Suchtverhalten Entzugserscheinungen oder Anspannungszustände, also unangenehme Situationen, vermieden oder beseitigt werden, wirkt dieses ebenfalls (negativ) verstärkend. Diese Verstärkungsvorgänge, die vor allem durch das mesolimbische dopaminerge Belohnungssystem mediiert werden, tragen dazu bei, dass Verhaltenssequenzen, d. h. in diesem Fall das Suchtmitteleinnahmeverhalten, wiederholt werden (vgl. z. B. Everitt et al., 2001; Grüsser et al., 1999; O'Brien et al., 1992).

Wise (1988; vgl. auch Wise & Bozarth, 1987) vermutet, dass die meisten psychotropen Substanzen psychomotorische Stimulanzien sind und postuliert, dass durch die Einnahme von Drogen neuronale Strukturen aktiviert werden, die auch der positiven Verstärkung zugrunde liegen. Die bereits mit der Droge gemachten positiven Erfahrungen sieht der Autor als Basis für psychische Abhängigkeit und Drogenverlangen. Je stärker die positive Erinnerung ist, desto stärker ist das Verlangen.

Bei einem alternativen operanten Konditionierungsmodell zur Erklärung des pathologischen Suchtmittelkonsums (Zwei-Prozess-Theorie erworbener Motivation) spielen neben den Mechanismen des instrumentellen Lernens (der operanten Konditionierung) die affektiven und motivationalen Zustände während und nach dem Konsum eine wesentliche Rolle (Solomon, 1980). Dabei wird davon ausgegangen, dass der positive Verstärker proportional zur Chronizität des Suchtmittelkonsums seine Verstärkerwirkung verliert, während die Wirkung des negativen Verstärkers zunimmt und dieser zum zentralen Motivator für die Wiedereinnahme von Suchtmitteln wird. Demnach wird bei der Entstehung einer Abhängigkeit der positiven Verstärkung (also der positiven Wirkung) und bei der Aufrechterhaltung der Abhängigkeit der negativen Verstärkung (also der Vermeidung von negativen Gefühlen oder körperlichen Zuständen) eine besondere Bedeutung beigemessen.

Bei den lerntheoretischen Ansätzen zur Erklärung der Mechanismen der Entstehung und Aufrechterhaltung von Abhängigkeit sind klassische und operante Konditionierung gemeinsam zu betrachten (vgl. **Abb. 2-2**). Somit können z. B.

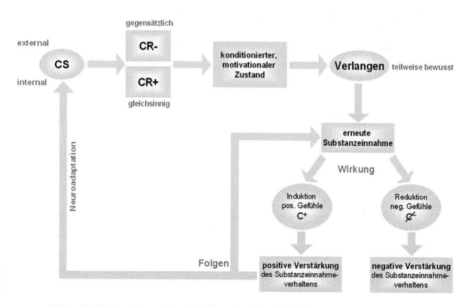

UCS = unkonditionierter Stimulus; UCR = unkonditionierte Reaktion; CS = konditionierter Stimulus; CR = konditionierte Reaktion

**Abbildung 2-2:** Modell der klassischen und operanten Konditionierung bei der Entstehung und Aufrechterhaltung von Abhängigkeit

durch klassisch konditionierte Schlüsselreize antizipierte körperliche oder psychische Entzugserscheinungen durch erneutes Suchtverhalten behoben werden, was sich negativ verstärkend auf das Verhalten auswirkt. Die Droge kann entweder deshalb verlangt werden, weil sie Entzugssymptome lindert oder weil sie angenehme Wirkungen (und den Wunsch nach mehr positiver Drogenwirkung) hervorruft (operante Verstärkung, vgl. z. B. Baker et al., 1987).

Es stellt sich nun die Frage, ob affektive, motivationale oder kognitive Faktoren im Vordergrund des Verlangens nach dem Suchtmittel und der Suchtmitteleinnahme stehen. Ist es der negative Gefühlszustand selbst oder sind es bewusste oder unbewusste an den Suchtmittelgebrauch geknüpfte Erwartungen, die zum Verlangen führen?

Es wurde beobachtet, dass unangenehme Gefühlszustände nur dann ein Verlangen nach Alkohol auslösen, wenn die Betroffenen hohe Erwartungen an die angenehmen und beruhigenden Wirkungen des Suchtmittelkonsums knüpften (Cooper, Frone, Russel, & Mudar, 1995; Marlatt, 1978). Diese Beobachtung spricht für die Bedeutung motivationaler und kognitiver Faktoren bei der Entstehung des Suchtmittelverlangens.

Bei den Theorien der Abhängigkeitsentstehung werden drei Teufelskreise, nämlich der intrapsychische (negatives Selbstbild und Defizite in der Stressverarbeitung), der somatische (Entzugserscheinungen) und der psychosoziale (suchtmittelbedingte Folgen) Teufelskreis, beschrieben. Allen gemeinsam ist, dass durch die intrapsychischen, somatischen und psychosozialen Bedingungen unangenehme (aversive) Zustände und Konflikte ausgelöst werden, die zum Verlangen und zur erneuten Suchtmitteleinnahme führen. Die Suchtmitteleinnahme wiederum verstärkt ihrerseits die auslösenden Bedingungen (Küfner, 1981; vgl. auch Lindenmeyer, 2005).

## 2.2 Integrativer psychobiologischer Erklärungsansatz

Zentrale Bedeutung für die Neurobiologie süchtigen Verhaltens hat das in verschiedenen Strukturen des menschlichen Hirns lokalisierte und für Lust-/Unlustgefühle bedeutsame «Belohnungssystem» (Feuerlein, 1989), das durch die Botenstoffe Dopamin, Noradrenalin und Serotonin sowie durch die körpereigenen Opiate moduliert wird. Verstärkend erlebte Drogenwirkung (vgl. Kap. 2.1), verbunden mit Sinneseindrücken oder Schlüsselerlebnissen, kann in Form von spezifischen Gedächtnisengrammen gespeichert werden (Böning, 2001; Everitt et al., 2001; Grüsser, Heinz, & Flor, 2000; O'Brien et al., 1992; Robbins & Everitt, 2002).

In der Abhängigkeitsliteratur ist (wie bereits in Kap. 2.1 erwähnt) gut dokumentiert, dass viele mit Drogen assoziierte Reize Drogenverlangen auslösen und die Drogeneinnahme motivieren (Johnson et al., 1998; Robbins & Ehrman, 1992). Robinson und Berridge (1993) gehen davon aus, dass nach mehrfachem Drogenkonsum durch die Sensivierung des dopaminergen Belohnungssystems drogen-assoziierte Reize einen erhöhten Anreiz erfahren und durch diese Reize ein konditionierter motivationaler Zustand ausgelöst wird, der unabhängig von der emotionalen Komponente der konditionierten Reaktion (euphorisches Gefühl, Entzugserscheinungen) Drogenverlangen («wanting») auslöst (vgl. **Abb. 2-3**).

Die Anreizmotivation («incentive motivation»), d. h. die Richtung eines Verhaltens zum Reiz hin oder von ihm weg, wird nicht nur von dem entsprechenden Trieb (z. B. Hunger), sondern auch durch weitere Faktoren bestimmt. Verstärkte Reize, d. h. Reize (z. B. Anblick einer Speise), durch die zuvor eine «Belohnung» erfahren wurde (Geschmack) und damit assoziierte Reize (z. B. gedeckter Tisch), führen zu einer Antizipation bzw. Erwartung angenehmer Effekte und bestimmen damit ebenfalls die Richtung des Verhaltens («positive-incentive theory»; Bolles, 1980; Toates, 1986). Positive Konsequenzen/Empfindungen eines jeweiligen Verhaltens lösen neuronale Substrate für positive Verstärkung aus. Diese positive Empfindung wird an einen anderen neutralen Reiz (z. B. Umgebung, Anlass, Handlung) klassisch konditioniert. Die assoziative Verbindung der Reizpräsentation mit der Aktivität des mesolimbischen Dopaminsystems (dieser Attributionsvorgang der Assoziation läuft unbewusst ab) kennzeichnet den entsprechenden ehemals neutralen – nun konditionierten – Reiz zukünftig im Verhältnis zu anderen Reizen als positiv; in der Folge wird dieser als attraktiv und erwünscht hervorgehoben. Dies wird als Anreizhervorhebung («incentive salience») bezeichnet (Robinson & Berridge, 1993, 2001).

Dabei lassen sich Anreize in zwei distinkte Gruppen aufteilen: Nahrung, Wasser, Wärme, Berührung sowie soziale oder sexuelle Partner stellen beispielsweise natürliche Anreize dar, während Drogen bzw. Suchtmittel, konditionierte (erlernte) Suchtmittelreize zur Gruppe der künstlichen Anreize zählen. Letztere fungieren lediglich als erlernte (konditionierte) oder sogenannte «sekundäre»

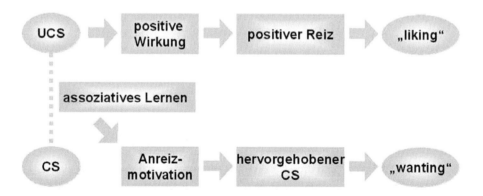

UCS = unkonditionierter Stimulus; CS = konditionierter Stimulus

**Abbildung 2-3:** Integratives Modell der Anreizhervorhebung für die Entstehung und Aufrechterhaltung von Abhängigkeit nach Robinson und Berridge (1993)

Verstärker. Während natürliche Anreize hauptsächlich über sensorische Rezeptoren wirken, umgehen künstliche Anreize eher die sensorische Verarbeitung und wirken direkter auf das Anreizsystem (Berridge & Robinson, 1998; Di Chiara & Imperato, 1988; Robinson & Berridge, 1993).

Die «Incentive Sensitization Theory of Addiction» (Modell der Anreizhervorhebung) von Robinson und Berridge (1993, vgl. auch Berridge & Robinson, 1998; Robinson & Berridge, 2000, 2001, 2003) postuliert, dass süchtiges Verhalten die Folge der persistierenden Neuroadaptation durch chronischen Drogenkonsum ist (vgl. Abb. 2-3). Durch konditionierte fortschreitende Neuroadaptation kommt es in verschiedenen Systemen zu einer zunehmenden Sensitivierung. Die Veränderungen manifestieren sich sowohl neurobiochemisch als auch im Verhalten und bilden das langfristige morphologische Korrelat von Drogenverlangen (Craving) und Rückfall. Robinson und Berridge (1993; Berridge & Robinson, 1998) nehmen eine erhöhte Dopamintransmission im Nucleus accumbens und im Striatum an. Sie bildet die Grundlage für die Anreizhervorhebung («incentive salience»), d. h. dass die Wahrnehmung für bestimmte konditionierte Stimuli sich verändert und diese als besonders attraktiv hervorgehoben werden. Dieser Attributionsvorgang zeigt sich dann in einer erhöhten Aufmerksamkeit für bzw. im bevorzugten Aufsuchen von drogenrelevanten Stimuli und der Droge selbst und stellt eine eigenständige Komponente der Motivation und Verstärkung dar, wobei das Dopaminsystem ein neuronales Korrelat für die Antizipation der Belohnungseffekte zu sein scheint (Garris, Kilpatrick, Bunin, Michael, Walker, & Wightman, 1999).

Die Sensitivierung des mesolimbischen dopaminergen Systems (insbesondere des Nucleus accumbens), die sich in einer erhöhten Reagibilität dieses Systems (Antriebssteigerung) bei Drogeneinnahme äußert, wird entscheidend durch Konditionierungsprozesse beeinflusst (Di Chiara, 1995). Wie tierexperimentelle Befunde zeigen, kommt der Sensitivierung auf neurochemischer Ebene insbesondere deshalb eine entscheidende Rolle bei der Entwicklung von Abhängigkeit zu, da es bereits nach wenigen Wiederholungen der Drogenapplikation zu langanhaltender Hyperaktivität insbesondere des mesolimbischen dopaminergen Systems kommt. Die assoziative Verbindung der Reizpräsentation mit dem mesolimbischen Dopaminsystem führt unter anderem zur Bildung eines sogenannten impliziten Gedächtnisses, welches der bewussten Verarbeitung nicht zugänglich ist. In diese Lernprozesse sind Hirnareale wie z. B. die Amygdala, der Hippokampus sowie der Frontalkortex und der inferiore Parietalkortex involviert. Diese Hirnareale beeinflussen die kortico-striatalen Regelkreise, welche an der Entstehung und Aufrechterhaltung abhängigen Verhaltens zentral beteiligt sind (Everitt et al., 2001; Robbins & Everitt, 2002). Auf Grund der neurochemischen Sensitivierung kann dieses individualspezifische Suchtgedächtnis auch nach längerer Abstinenz wieder aktiviert werden, was zur Aufmerksamkeitszuwendung zu drogenassoziierten Reizen führt und Drogenverlangen («wanting») auslöst (Robinson & Berridge, 1993) und damit entscheidend zum Rückfallrisiko beiträgt (Böning, 2001; Drummond, Tiffany, Glautier, & Remington, 1995; Grüsser et al., 1999).

Robinson und Berridge (1993) vermuten, dass dem Drogenverlangen bzw. dem zwanghaften Wunsch nach der Droge («wanting») und dem Mögen der Droge aufgrund der positiven Effekte («liking») unterschiedliche neurochemische Mechanismen zugrunde liegen. Während dem verhaltensverstärkenden Belohnungssystem eine Funktion bei der Anreizmotivation zugeschrieben wird, wird das opioide System für die zugrunde liegenden Mechanismen von Freude und Euphorie verantwortlich gemacht. So wird postuliert, dass das mesolimbische Dopaminsystem in Antizipation und lokomotorischer Ausrichtung auf motivierende Stimuli involviert und das opioide System mehr bei den konsumatorischen Prozessen beteiligt ist (Di Chiara, 1995).

Wang und Kollegen (1999) konnten bei der Vorstellung von kokainbezogenen Situationen im Vergleich zu einer neutralen Situation ein signifikant stärkeres Verlangen sowie eine signifikant erhöhte Aktivierung des orbitofrontalen Kortex und der Inselregion mit ihren Faserverbindungen zum limbischen System zeigen. Und tatsächlich konnte das Verlangen nach Kokain, das durch assoziierte Reize ausgelöst wurde, durch neuroleptische Blockade zentraler Dopaminrezeptoren aufgehoben werden (Berger et al., 1996). Eine langdauernde Blockade dieser Dopaminrezeptoren durch Neuroleptika führt zu einem Motivationsverlust, nicht jedoch zur Anhedonie (Heinz et al., 1998).

Verheul, van den Brink und Geerlings (1999; vgl. Kap. 2.4) unterscheiden in ihrer psychobiologischen Theorie zum Alkoholverlangen drei verschiedene Arten von Verlangen: das Belohnungsverlangen («reward craving»), das Erleichterungsverlangen («relief craving») und das zwanghafte Verlangen («obsessive craving»). Die Autoren sind der Auffassung, dass es für die sedierenden und aktivierenden Effekte keine spezifische Toleranzentwicklung gibt, sondern gehen von einer individuellen spezifischen Hypersensivität (Dysfunktionen im opioiden oder dopaminergen System) für diese Effekte aus. Alkohol wird konsumiert, um positive Verstärkung, wie z. B. soziale Anerkennung, zu erhalten («reward craving»). Bei den anxiolytischen und sedierenden Effekten vermuten sie eine GABAerge Dysfunktion mit einhergehender Übererregbarkeit. Die Motivation Alkohol zu konsumieren, ist in diesem Fall eine Reduktion des Erregungszustandes (wie z. B. Stress) oder antizipierter Entzugserscheinungen («relief craving»).

Es konnte gezeigt werden, dass vor der Drogeneinnahme erlebter Stress diese Sensitivierung verstärkt und andererseits diese Sensitivierung wiederum zu einer erhöhten Stressvulnerabilität führt (Kalivas & Stewart, 1991; Little et al., 2005; Piazza, Demenière, Le Moal, & Simon, 1990; Stewart, 2000). Diese Beobachtung könnte erklären, warum Drogenverlangen in Stresssituationen mit besonderer Heftigkeit auftreten kann (Goeders, 2003; Sinha, 2001). Stress-induzierte Veränderungen des körpereigenen biochemischen Gleichgewichts (vgl. Kap. 3.1, Exkurs 3.1) können den Anreizwert von Drogen sowie den verstärkenden Effekt erhöhen (Piazza & Le Moal, 1998). Es gibt Hinweise darauf, dass Drogen und Stress vergleichbare kortikale plastische Veränderungen auf zellulärer Ebene hervorrufen (Saal, Dong, Bonci, & Malenka, 2003). Weitere Annahmen zielen auf eine fehlende Hemmung aufgrund eines Serotonindefizits (verminderte Serotoninrezeptorenanzahl), die drogenaufsuchendes und -konsumierendes Verhalten erleichtert und somit einen zum Rückfall führenden Kontrollverlust (verminderte Impulskontrolle) erklären könnte (Ciccocioppo, 1999), was dem «obsessive craving» von Verheul und Kollegen (1999) entspricht (vgl. Abb. 2-7).

Die beschriebenen Konzepte zur Interaktion von Lernprozessen und neurobiologischer Adaptation können als Grundlage für die Aufrechterhaltung von abhängigen Verhaltensschemata gesehen werden. Die Mechanismen der erlernten (konditionierten) Aufmerksamkeitszuwendung könnten das neurobiologische Korrelat eines Suchtgedächtnisses sein und dazu führen, dass auch nach jahrelanger Abstinenz eine einmalige Suchtmittelexposition bzw. suchtmittel-assoziierte Stimuli eine erneute Drogeneinnahme motivieren (vgl. Abb. 2-4).

Möglicherweise wirken verhaltenstherapeutische Expositionstherapien, in denen das erlernte Suchtmittelverlangen habituiert, auf dieses neurobiologische Verstärkungssystem ein. Auch die sogenannten «Anti-Craving»-Substanzen wie Naltrexon reduzieren möglicherweise die Anreizhervorhebung drogenassoziierter Stimuli und das Verlangen, indem sie indirekt die Dopaminfreisetzung blockieren (vgl. Kap. 11.1; Grüsser, Thalemann, Platz, Gölz, & Partecke, 2005; Shah, Potenza, & Eisen, 2004; Spanagel, Herz, & Shippenberg, 1992; Tretter, 2001). Jedoch darf

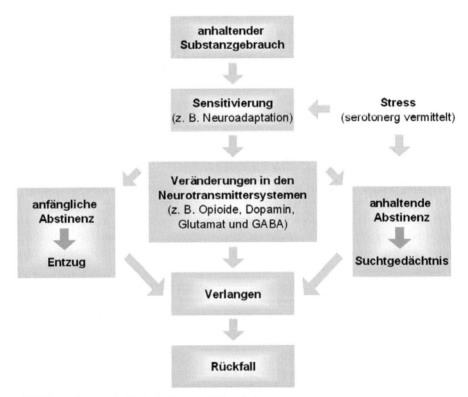

**Abbildung 2-4:** Psychobiologie des Rückfallgeschehens

bei solchen pharmakologischen Interventionen nicht unberücksichtigt bleiben, dass bislang nicht geklärt ist, inwieweit unser Denken und unsere Gefühle ausschließlich Kausalgesetzen von neuronalen Prozessen unterliegen und inwieweit dabei noch Raum für Subjektivität und Willenfreiheit gegeben ist (Maier et al., 2005; Tretter, 2001).

Die weitere Erforschung der für das Abhängigkeitsgeschehen relevanten Lernmechanismen und der damit assoziierten neurobiologischen Veränderungen sollte dazu führen, stoffgebundenes abhängiges Verhalten und nichtstoffgebundenes süchtiges Verhalten besser charakterisieren zu können und somit eine optimale Kombination von verhaltenstherapeutischen und pharmakologischen Behandlungsmöglichkeiten zu erstellen.

## 2.3 Kognitive Erklärungsansätze

Bei der Entstehung und Aufrechterhaltung von Abhängigkeit werden verschiedene kognitive Ansätze formuliert. Nach Marlatt (1985) spielen Selbstwirksamkeit, Wirkungserwartungen, Kausalattributionen und Entscheidungsprozesse in den meisten kognitiven Modellen der Entstehung und Aufrechterhaltung von Abhängigkeit eine wesentliche Rolle: Selbstwirksamkeit ist die individuelle Erwartung bezüglich der eigenen Fähigkeit, Risikosituationen adäquat bewältigen zu können. Der Autor postuliert, dass sich die Wahrscheinlichkeit eines Rückfalls bei geringer Selbstwirksamkeit erhöht. Die von einer Person antizipierten angenehmen und unangenehmen Effekte einer psychotropen Substanz werden unter dem Begriff Wirkungserwartung zusammengefasst. Je größer die antizipierten positiven Effekte und je kleiner die antizipierten negativen Effekte ausfallen, umso eher ist die Person bereit, die Substanz zu konsumieren. Kausalattributionen sind individuelle Annahmen, ob der Suchtmittelkonsum auf bestimmte Faktoren ursächlich zurückzuführen ist. Diese Faktoren können internal (innerhalb der Person) oder external (außerhalb der Person) liegen, über die Zeit stabil oder instabil sein und sich auf globale allgemein gültige oder situationsspezifische Ursachen beziehen. Problematische Attributionen im Hinblick auf die Abhängigkeitsentwicklung sind solche, die die Selbstwirksamkeit des Patienten im Hinblick auf eine Abstinenz verringern und anhaltenden bzw. erneuten Drogenkonsum unterstützen. So kann der Abhängige seine Abhängigkeit als unkontrollierbar und vorherbestimmt (external) empfinden und sieht in der Folge keinen eigenen Handlungsspielraum mehr, um etwas gegen die Abhängigkeit zu unternehmen; er kann einen Rückfall als Zeichen von mangelnder Willensstärke (internal) sehen und erwarten, dass jegliche weitere Abstinenzversuche ebenfalls daran scheitern werden. Jeder Suchtmittelkonsum und jeder Rückfall kann nach Marlatt als das Resultat eines Entscheidungsprozesses aufgefasst werden, der aus vielen einzelnen Entscheidungen besteht. Jede Entscheidung kann zur Suchtmitteleinnahme führen. Besonders problematisch für Abstinente sind Entscheidungen, die zunächst scheinbar keinen Zusammenhang mit dem Suchtmittelkonsum haben, letztlich aber zu einer Risikosituation führen, die in einem Rückfall endet. Diese Entscheidungen werden von Marlatt als «scheinbar irrelevante Entscheidungen» bezeichnet. Als Beispiel kann hier die Entscheidung dienen, bei einer Zugfahrt als erst kürzlich abstinent gewordener Nichtraucher in einem sehr vollen Zug auf der Suche nach einem Sitzplatz auch das Raucherabteil in Betracht zu ziehen und das Risiko in Kauf zu nehmen, Zigaretten angeboten zu bekommen bzw. durch andere zum Rauchen angeregt zu werden.

Es werden zwei Gruppen kognitiver Modelle unterschieden (Tiffany, 1990):

- Die erste Gruppe umfasst kognitiv-behaviorale Konzepte (z. B. soziales Lernen) und erklärt z. B. die Kontrolle des Trinkverhaltens über Konstrukte wie Erwartungen, Attributionen und Selbsteffizienz. Hierzu zählen das Modell der kognitiven Etikettierung und das Modell der positiven Erwartungen.

- Die zweite Gruppe besteht aus kognitiven Modellen, bei denen vor allem Funktionen wie Informationsverarbeitungs-, Entscheidungs- und Gedächtnisprozesse im Mittelpunkt stehen. Zu dieser Gruppe zählen das duale Affektmodell und das kognitive Prozess-Modell.

*Das Modell der kognitiven Etikettierung*

Das Modell der kognitiven Etikettierung formuliert Drogenverlangen in Anlehnung an die kognitive Erregungstheorie der Emotionen von Schachter und Singer (1962). Die Autoren postulieren, dass Emotionen das Resultat aus einer physiologischen Erregung und dessen kognitiver Bewertung sind: Der Mensch spürt eine physiologische Erregung und «sucht» kognitiv nach Erklärungen. Ein Zittern kann also, je nach kognitiver Interpretation der Situation, eine freudige positive oder eine angespannte negative Erregung sein. Bezogen auf das Drogenverlangen bedeutet dies, dass eine Emotion, die durch die Konfrontation mit einem drogenassoziierten Hinweisreiz induziert wird und zu einer physiologischen Erregung führt (z. B. Unruhe, Schwitzen), hinsichtlich emotionaler Qualität und Inhalt durch eine kognitive Bewertung (Label) beschrieben wird. Die Intensität der Erfahrung (d. h. das Ausmaß des erlebten Verlangens) wird durch die Stärke der physiologischen Erregung determiniert. Dieser Erklärungsansatz wurde jedoch bislang empirisch nicht belegt, da widersprüchliche Ergebnisse zum Zusammenhang zwischen der reizinduzierten physiologischen Erregung und dem subjektiv verbal angegebenen Verlangen gefunden wurden (Tiffany, 1990; vgl. Kap. 2.4.1).

*Das Modell der positiven Erwartungen*

Im Modell der positiven Erwartungen (Marlatt, 1985; Wise, 1988) steht die positive Wirkungserwartung im Vordergrund, die der Abhängige im Rahmen seines Verlangens erlebt. Diese Erwartung hat sowohl eine motivationale als auch eine kognitive Komponente. Dabei zeichnet sich die kognitive Komponente vor allem durch die Annahmen über die Substanzwirkung aus, während die motivationale Komponente dem Verlangen nach der antizipierten positiven Drogenwirkung entspricht. Drogenverlangen ist demnach eine notwendige, aber nicht hinreichende Bedingung für den Drogenkonsum: eine Person kann den starken Wunsch haben, Alkohol zu trinken, muss diesen Wunsch aber nicht in die Tat umsetzen. Entscheidend hinsichtlich der Realisierung des Wunsches nach dem Suchtmittelkonsum ist die individuelle Selbsteffizienz, wie sie auch im dynamischen Regulationsmodell nach Niaura, Rohsenow, Binkoff, Monti, Pedraza und Abrams (1988) angeführt wird (s. u.). In Bezug auf die Evaluation des Modells ergaben sich jedoch widersprüchliche Ergebnisse (z. B. Cooney, Gillespie, Baker, & Kaplan, 1987; Goldman, Brown, Christiansen, & Smith, 1991; Goldman & Rather, 1993). Gründe hierfür könnten in der unterschiedlichen Operationalisierung der Erwartungen liegen (Tiffany, 1995). In einigen Studien wurden die Erwartungen global erfasst, während in anderen Untersuchungen eine detaillierte Erfassung statt fand.

Marlatt (1985) zufolge führt das Verlangen zu einer Erhöhung der positiven Erwartung an die Drogenwirkung und zu einer Reduzierung der Selbstwirksamkeitserwartungen im Umgang mit schwierigen Situationen. In einer Studie von Kaplan, Meyer und Stroebel (1983) zeigte sich, dass die vorweggenommene Erwartung an eine Droge die Stärke des Verlangens signifikant beeinflussen kann. Sherman, Zinser, Sideroff und Baker (1989) stellten im Rahmen eines Reiz-Reaktions-Experiments bei Heroinabhängigen fest, dass nur beim Anblick von Heroinreizen, nicht jedoch bei neutralen Reizen, eine Verschlechterung der Stimmung angegeben und diese als Verlangen interpretiert wurde. Die Hauptdeterminanten des Drogenverlangens sind laut der Autoren die Wirkungserwartungen bezüglich der Drogeneffekte. So konnte in Untersuchungen gezeigt werden, dass die positiven Erwartungen an die Drogenwirkung der zuverlässigste Prädiktor für das Auftreten von Verlangen sind (Weinstein, Wilson, Bailey, Myles, & Nutt, 1997).

Alkoholabhängige Personen neigen aufgrund einer veränderten Organisation alkoholbezogener Gedächtnisinhalte eher dazu, positive Effekte des Alkohols überzubewerten (Rather, Goldman, Roehrich, & Brannick, 1992). Unterstützende Befunde stammen aus Untersuchungen von Stacy (1997). In einer Erinnerungsaufgabe mit alkoholrelevanten und neutralen Wörtern zeigte sich, dass alkoholrelevante Informationen bei Alkoholabhängigen besser und schneller verfügbar waren als bei sozialen Trinkern und gesunden Kontrollprobanden. Zudem war die Anzahl erinnerter alkoholrelevanter Wörter ein guter Prädiktor für die berichtete Trinkmenge (vgl. auch Stormark, Field, Hugdahl, & Horowitz, 1997).

*Das duale Affektmodell*
Das duale Affektmodell nach Baker und Kollegen (1987) basiert auf einem Informationsverarbeitungsmodell, in dem emotionale und prozedurale Informationen über ein propositionales Netzwerk parallel verfügbar sind. Drogenverlangen wird über zwei verschiedene komplexe affektive Prozesssysteme erklärt. Diese affektiven Systeme repräsentieren unterschiedliche motivationale Zustände mittels lust- oder entzugsbasierter Reaktivität. Das positiv-affektive Netzwerk wird durch

Vorwegnahme appetitiver Konsequenzen und bei einer höheren Verfügbarkeits-wahrscheinlichkeit von Suchtmitteln aktiviert. Das negativ-affektive Netzwerk hingegen wird durch Entzugserscheinungen und geringe Verfügbarkeit angesprochen. Hierdurch werden physiologische Reaktionen und Emotionen, Drogenverlangen und drogen-aufsuchendes Verhalten beeinflusst. Beide Affekt-Systeme hemmen sich gegenseitig: demnach ist es nicht möglich, gleichzeitig positiv und negativ getöntes Verlangen zu erleben. Auf kognitiver Ebene ist das Verlangenssystem in propositionalen Netzwerken strukturiert – Gedächtnisorganisationen, die relevante Informationen hinsichtlich der Reize speichern, die Verlangen induzieren.

Das Ausmaß der Aktivierung ist dabei abhängig von der Güte der Übereinstimmung von vorliegender mit propositional gespeicherter prototypischer Reizkonfiguration (dem gespeicherten Verlangensnetzwerk; Zinser, Baker, Sherman, & Cannon, 1992). Darüber hinaus ist die Kohärenz zwischen den verschiedenen Reaktionsebenen, d. h. der subjektiven, physiologischen und behavioralen Ebene, umso stärker, je genauer die Situation auf das Netzwerk passt. Subjektive Daten unterstützen die Annahme zweier sich hemmender Netzwerke jedoch nur teilweise, denn häufig erwarten alkoholabhängige Patienten sowohl positiv als auch negativ verstärkende Drogeneffekte (Sayette, 1999). Auch andere Studien erbringen widersprüchliche Ergebnisse bezüglich der empirischen Evaluation des Ansatzes (Baker et al., 1987; Brandon, Tiffany, & Baker, 1986; Tiffany, 1995; Tiffany & Drobes, 1991).

*Das dynamische Regulations-Modell*
Dieses Modell wurde von Niaura und Kollegen (1988) entwickelt und integriert die klassische Konditionierung, die Affekt-Regulation und das soziale Lernen in ein komplexes dynamisches Rückkopplungsmodell, welches die Merkmale des dualen Affekt-Modells aber auch die des Modells der positiven Erwartung beinhaltet. Es wird von der Annahme ausgegangen, dass positive bzw. negative Affekte und drogenassoziierte Reize zu auslösenden Ereignissen für einen Rückfall werden. Die Ereignisse können einzeln oder gemeinsam physiologische Reaktionen, Antriebe und positive Wirkungserwartungen aktivieren. Der Inhalt der Erwartungen und das Muster der physiologischen Erregung wird von der Richtung des vorangegangenen Affekts bestimmt. Ein wichtiges Merkmal ist abermals die Selbsteffizienz-Überzeugung des Abhängigen. Antriebe, positive Wirkungserwartungen und physiologische Erregung haben einen hemmenden Effekt auf kognitive Prozesse, die vor dem Drogenkonsum schützen. Kommt es zu negativen Attributionen, haben sie eine hemmende Wirkung auf die Anstrengungen, den Drogenkonsum zu vermeiden und reduzieren den Glauben an die Selbsteffizienz. Eine hohe Ausprägung an Selbsteffizienz, Bewältigungskognitionen und positiven Attributionen würde hingegen die Reaktion auf die affektiven und drogenassoziierten Reize reduzieren. Es wird angenommen, dass die Selbsteffizienz mit den Bewältigungsbemühungen und den Attributionen interagiert: Ein hohes Ausmaß an Selbsteffizienz bedingt eine Stärkung der Bewältigungskognitionen und der posi-

tiven Attributionen. Somit bestimmt die Selbsteffizienz die Wahrscheinlichkeit eines Rückfalls. Das Modell enthält verschiedene Rückmeldungspfade, welche die Reizreaktivität verstärken sowie den Selbsteffizienz-Glauben und die Bewältigungsanstrengungen hemmen können. In der empirischen Überprüfung des Modells erwies sich jedoch ein positiver Stimmungszustand als wenig geeignet, um eine Antriebsreaktion auszulösen (Tiffany & Drobes, 1991).

*Das kognitive Prozess-Modell*
Den bisher dargestellten kognitiven Modellen liegt die Annahme zugrunde, dass das Drogenverlangen eine notwendige Voraussetzung für den erneuten Drogenkonsum darstellt. Diese Annahme ist empirisch nicht konsolidiert. In einigen Fällen konnte sogar eine Dissoziation zwischen dem berichteten Verlangen und der Einnahme der Droge nachgewiesen werden (Tiffany, 1990, 1995). Im kognitiven Prozess-Modell nach Tiffany wird Drogenverlangen dementsprechend nicht als entscheidender motivationaler Prozess für einen Substanzkonsum betrachtet. Der Autor nimmt an, dass dem Zusammenhang zwischen Drogenreizen und dem Drogenkonsum andere Mechanismen zugrunde liegen als dem Drogenverlangen. Er definiert das Verlangen also weder als notwendiges noch als hinreichendes Element des Drogenkonsums. Tiffany unterstützt die Annahme, dass das Drogenverlangen ein motivationaler Zustand ist, der den drogenaufsuchenden Prozess aktiviert, unterscheidet aber zwischen Prozessen, die das Verlangen kontrollieren und solchen, die über Hinweisreize zum Drogenkonsum führen. Physiologische Reaktionen auf drogenassoziierte Stimuli werden dabei nicht zwangsläufig als klassisch konditionierte Reaktionen angesehen, sondern vielmehr als Reflexionen kognitiver und behavioraler Anforderungen der Drogenkonsum-Situation.

Das kognitive Prozess-Modell unterscheidet automatische und nicht-automatische kognitive Prozesse. Ein automatischer Prozess ist ein kognitiver Vorgang, der durch Wiederholung automatisiert wurde und unbewusst, effizient, reizgebunden und stereotyp abläuft. Tiffany postuliert, dass das Konsumverhalten abhängiger Patienten einen automatischen Prozess widerspiegelt, also schnell, reizgebunden und ohne Absicht initiiert und ohne die Anwendung kognitiver Ressourcen durchgeführt wird. Drogenkonsumverhalten wird demnach im zunehmenden Verlauf einer Abhängigkeit immer weiter automatisiert und im Langzeitgedächtnis in Form von Aktions-Schemata gespeichert, die Informationen hinsichtlich Auslösung und Koordination der komplexen Konsummuster beinhalten. Spezifische (drogenassoziierte) Reizkonfigurationen können somit ein automatisiertes Drogeneinnahmeverhalten auslösen. Das Ausmaß, in dem Reize dieses Schema auslösen können, ist von der Assoziationskohärenz dieser Reize mit vorangegangenen Drogenkonsumerfahrungen abhängig.

Drogenverlangen hingegen ist das Zusammenspiel behavioraler (verhaltensmäßiger), verbaler und körperlicher Reaktionen. Es handelt sich um nicht-automatische, eher langsame, intentionsabhängige, flexible und kognitiv anstrengende sowie kapazitätsbegrenzte Prozesse. Solche nicht-automatischen Prozesse werden aktiviert, wenn automatische Prozesse unterbrochen oder gehemmt werden.

Bewusst wahrgenommenes und verbalisierbares Verlangen entsteht demnach also erst dann, wenn der (gelernte) automatisierte Prozess der Suchtmitteleinnahme unterbrochen ist, d. h. äußere Umstände den Abhängigen an der Durchführung der automatischen Handlung (der Suchtmitteleinnahme) hindern.

Wird beispielsweise bei einem Raucher das automatische Konsumverhalten unterbrochen, weil die Zigarettenschachtel leer ist, dann werden flexible kognitive Ressourcen aktiviert, die die Realisierung des Konsums gewährleisten sollen. Dabei kann sich das Verlangen dann auf drei verschiedenen Ebenen manifestieren:

- auf der verbalen Ebene – in verbalen Berichten hinsichtlich des Drogenverlangens und des Wunsches und der Intention, die Droge zu konsumieren sowie der Beschreibung von Problemlösemöglichkeiten

- auf der Verhaltensebene – im offenen Verhalten, das Handlungen zur Überwindung der Hindernisse impliziert

- auf der physiologischen Ebene – in physiologischen Veränderungen, die die kognitiven und metabolischen Anforderungen der Situation und des offenen Verhaltens widerspiegeln.

Nicht-automatische Prozesse in Form eines Annäherungs-Vermeidungskonflikts können aber auch den vollständigen Ablauf einer automatischen Sequenz blockieren und dienen somit der Abstinenzerhaltung. Tiffanys kognitiver Ansatz, dass das Verlangen bei automatisierten Handlungsabläufen nicht bewusst wahrgenommen wird, unterstützt die häufig berichteten automatisiert verlaufenden Rückfälle ohne bewusstes Erleben von Verlangen. Jedoch gibt es hierzu widersprüchliche Belege, da Verlangen ebenso bei nicht unterbrochenen Prozessen der Suchtmitteleinnahme vor der Einnahme subjektiv verbal formuliert werden konnte (Turkkan, McCaul, & Stitzer, 1989; vgl. auch Kap. 2.4.1).

*Das kognitiv-behaviorale Modell des Rückfalls*
Das kognitiv-behaviorale Modell des Rückfalls nach Marlatt und Gordon (1985) fokussiert auf individuelle Reaktionsmuster in einer Risikosituation und integriert sowohl Risikofaktoren in der Person (Stimmung, Bewältigungsstrategien, Selbstwirksamkeit, Wirkungserwartungen) als auch umgebungsbedingte Risikofaktoren (soziale Einflussfaktoren, Zugänglichkeit der Substanz, Cue-Reactivity). Nach Marlatt und Gordon (1985) beginnt ein Rückfall nicht erst mit der ersten Einnahme einer Substanz nach einer Abstinenzperiode, sondern ein Rückfall umfasst auch den individuellen Entscheidungsprozess, der dieser ersten Einnahme vorausgeht. In einer Risikosituation (vgl. **Abb. 2-5**), die z. B. durch eine unausgewogene Lebenssituation oder, wie bereits oben erwähnt, durch eine «scheinbar irrelevante» Entscheidung vorbereitete soziale «Verführungssituation» entstehen kann, können mangelnde Bewältigungsstrategien oder das geringe Vertrauen in die eigenen Fähigkeiten, mit der Situation adäquat umzugehen (geringe Selbstwirksamkeit, Bandura, 1977), dazu führen, dass ein Individuum der «Versu-

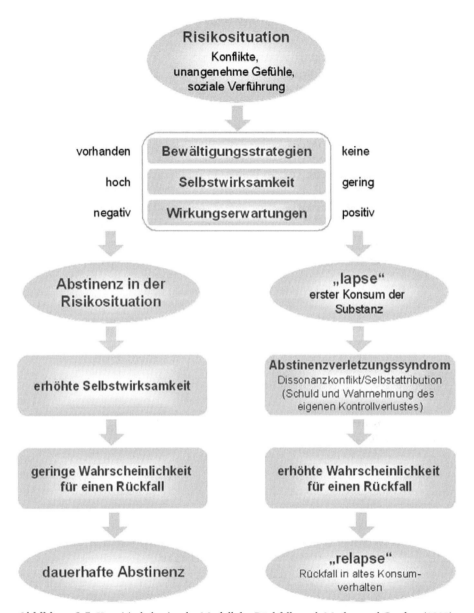

**Abbildung 2-5:** Kognitiv-behaviorales Modell des Rückfalls nach Marlatt und Gordon (1985)

chung» nicht widerstehen kann und es zur ersten erneuten Einnahme der Substanz kommt. Die Entscheidung, die Substanz einzunehmen, wird zudem durch individuelle Erwartungen an die Wirkung der Substanz vermittelt (Jones, Corbin, & Fromme, 2001). Nach dieser ersten Einnahme der Substanz, dem sogenannten «lapse» (Vorfall) oder «Ausrutscher», erfolgt in der Regel der Rückfall (sogenannter «relapse»). Dabei wird die Rückkehr zum früheren pathologischen Konsum-verhalten durch verringerte Selbstwirksamkeit hinsichtlich der eigenen Fähigkeit, abstinent zu bleiben, und dem «Abstinenzverletzungssyndrom» begünstigt. Das Abstinenzverletzungssyndrom, welches auch als Rückfallschock bezeichnet wird, beinhaltet eine affektive und eine kognitive Komponente. Die affektive Kompo-nente umfasst Gefühle der Schuld, Scham und Hoffnungslosigkeit, die häufig durch die Diskrepanz zwischen dem erwünschten Selbstkonzept des Abstinenten und dem aktuellen Ausrutscher in den Substanzgebrauch ausgelöst werden (Curry, Marlatt, & Gordon, 1987; Marlatt, 1985). Gemäß der kognitiven Komponente, die auf der Attributionstheorie von Weiner (1972) basiert, entscheidet die Art der Kausalattribution darüber, ob ein Rückfall in das pathologische Konsumverhalten wahrscheinlich wird oder nicht: Führt der Abhängige die erste Substanzeinnahme («lapse») auf internale, globale und unkontrollierbare Ursachenfaktoren zurück, so erhöht sich die Wahrscheinlichkeit eines Rückfalls («relapse»), wird sie dagegen auf externale, instabile und kontrollierbare Faktoren zurückgeführt, so verringert sich die Rückfallwahrscheinlichkeit. Eine externale, instabile und kontrollierbare Kausalattribution ermöglicht dem Betroffenen einen besseren Zugang zu alterna-tiven Bewältigungsformen und adäquatem Verhalten in Risikosituationen. Dem-gegenüber erhöht die Einhaltung des individuellen Abstinenzgebots in Risiko-situationen die Selbstwirksamkeit bezüglich der eigenen Abstinenzfähigkeit und bietet somit durch die Erweiterung des Spektrums an alternativen Bewältigungs-strategien die Möglichkeit, dauerhaft abstinent zu bleiben.

*Dysfunktionale Grundannahmen*
Als wesentliche Phänomene im Zusammenhang mit Abhängigkeit und Konsum sehen Beck und Kollegen (1993/1997) Verlangen und Drang, zwei theoretisch getrennt betrachtete Begriffe. Verlangen beschreibt den Wunsch, Drogen zu kon-sumieren und ist mit Wollen verbunden. Drang hingegen bezieht ich auf den inneren Druck, dem Verlangen durch entsprechende Handlungen zu folgen und ist daher eher mit Handeln verbunden. Somit lässt sich der Drang auch als instru-mentelle Konsequenz des Verlangens bezeichnen. Die Zeit zwischen Verlangen und Drang bietet die Möglichkeit der Anwendung von Strategien, um das Ver-langen zu kontrollieren und einen Drogenkonsum zu vermeiden. Der dem Ver-langen gegenüberstehende Wunsch, abstinent zu bleiben, soll durch die Therapie gestärkt werden, da das Verhältnis zwischen Stärke der Kontrolle und Stärke des Dranges darüber entscheidet, ob der Patient konsumiert oder nicht.

Bei der Entstehung von Drang spielen dysfunktionale Grundannahmen eine wesentliche Rolle, da sie bei der Bildung von Wirkungserwartungen an die Droge beteiligt sind und somit den Drang formen (vgl. **Abb. 2-6**). Beck und Kollegen (1993/1997) beschreiben diesen Prozess folgendermaßen: Sobald Personen anfan-gen, sich auf ihre Suchtmittel bei der Bewältigung von unangenehmen Gefühlen wie Stress oder Anspannung zu verlassen, entwickeln sie suchtspezifische Gedan-ken («ich brauche Kokain um zu funktionieren …ich kann ohne Suchtmittel nicht weitermachen» usw.). Diese Gedanken haben einen starken imperativen

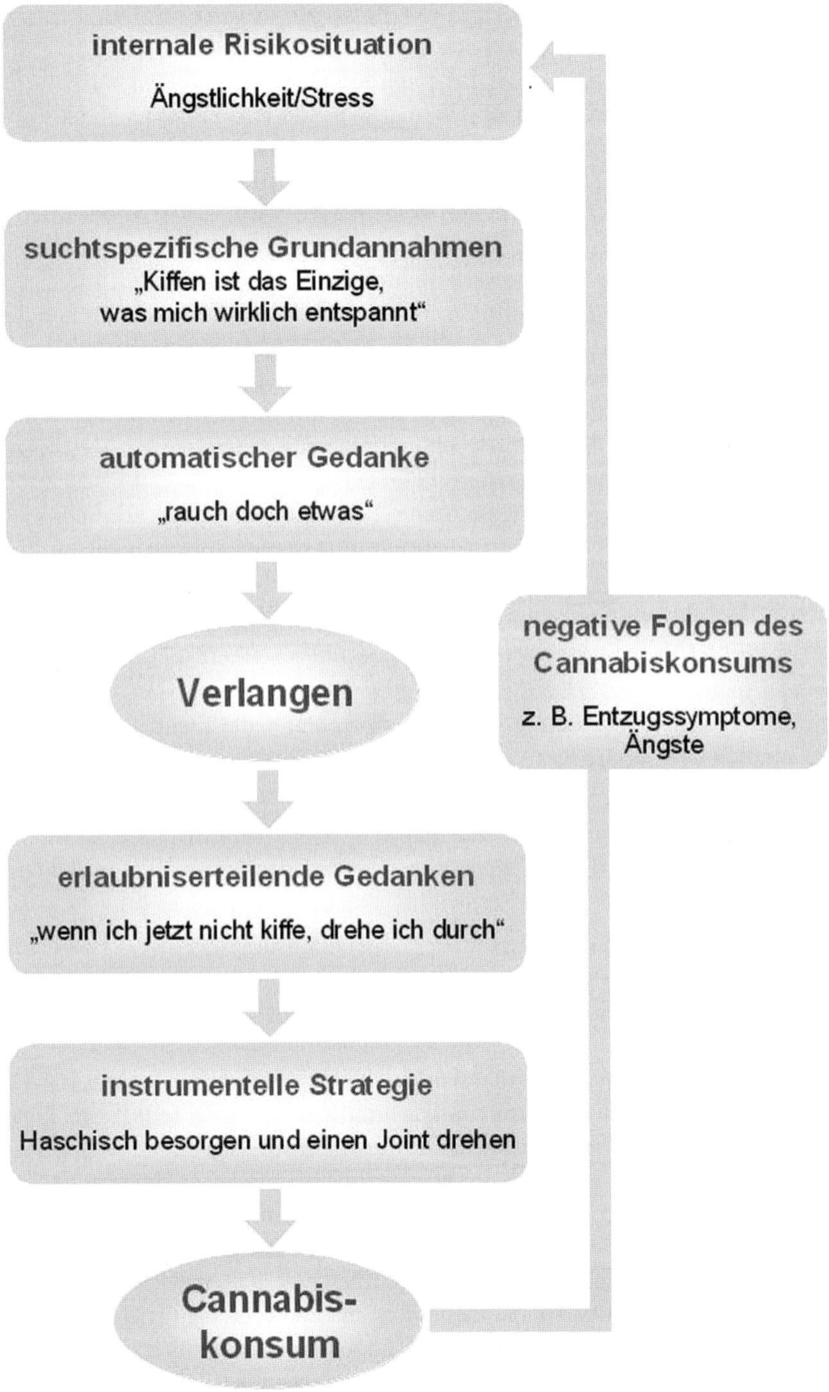

**internale Risikosituation**

Ängstlichkeit/Stress

**suchtspezifische Grundannahmen**
„Kiffen ist das Einzige,
was mich wirklich entspannt"

**automatischer Gedanke**
„rauch doch etwas"

**Verlangen**

**negative Folgen des Cannabiskonsums**
z. B. Entzugssymptome, Ängste

**erlaubniserteilende Gedanken**
„wenn ich jetzt nicht kiffe, drehe ich durch"

**instrumentelle Strategie**
Haschisch besorgen und einen Joint drehen

**Cannabis-konsum**

**Abbildung 2-6:** Modell der suchtspezifischen Grundannahmen am Beispiel einer Cannabis-abhängigkeit nach Beck, Wright, Newman und Liese (1993/1997)

Charakter, der häufig mit einer «ich muss»-Botschaft versehen ist. Eine Aktivierung solcher Gedanken führt schließlich zu starkem Verlangen.

Entzugssymptome werden nach Beck und Kollegen durch interindividuelle Unterschiede bedingt und treten in Abhängigkeit von der Substanz, die konsumiert wird, unterschiedlich (stark) auf. Entzugssymptome sind ebenfalls stark durch Kognitionen beeinflusst, wobei entscheidend ist, welche und wie viel Bedeutung ihnen von den Betroffenen beigemessen wird. Als Haupthindernis bei der Entwöhnung von Drogen betrachten die Autoren die dysfunktionalen Grundannahmen, die wie ein Netzwerk um den Konsum der Patienten aufgebaut sind. Da diese oftmals im Entwöhnungsprozess nicht geändert wurden, sehen die Autoren in ihnen einen der Hauptgründe, warum viele Süchtige auch nach längerer Abstinenzzeit immer noch starkes Verlangen verspüren. Obwohl sich die Patienten Kontrollstrategien angeeignet haben, um aufkommendes Verlangen zu beherrschen, werden die Grundannahmen, die das Auftreten von Verlangen begünstigen, oftmals nicht angepasst.

Grundannahmen sind nach den Autoren relativ rigide, überdauernde kognitive Strukturen, die kaum durch Erfahrungen beeinflusst werden können. Gleichzeitig, so Ausgangspunkt der kognitiven Therapie, haben Grundannahmen einen starken Einfluss auf Gefühle und Verhalten. Beck und Kollegen beschreiben drei verschiedene Annahmen, die bei Abhängigkeitspatienten immer wieder auftreten:

- die antizipatorischen Annahmen, die immer die Erwartung einer Belohnung beinhalten (z. B. «…ich kann es gar nicht abwarten, heute abend auf der Party endlich high zu sein und Spaß zu haben…»)

- die auf Spannungsreduktion ausgerichteten Annahmen, die auf dem Glauben beruhen, durch Suchtmittel unangenehme Gefühle verschwinden lassen zu können («…ich kann die unangenehmen Gefühle/den Stress nicht aushalten, ich brauche etwas»)

- die erlaubniserteilenden Annahmen, der Drogenkonsum bleibe trotz potenziell negativer Konsequenzen weiterhin akzeptabel («…ein wenig kann nicht schaden, nur schwache Menschen haben Suchtprobleme»).

Parallel zu suchtspezifischen Grundannahmen gibt es Abstinenzgedanken, die die Wahrscheinlichkeit des Suchtmittelkonsums und -missbrauchs reduzieren können und somit den suchtspezifischen Grundannahmen gegenüberstehen. Beispiele für solche Gedanken sind z. B. «Es ist in meinem eigenen Interesse, keine Drogen zu nehmen …Drogen sind gesundheitsgefährdend». Das Vorhandensein von sich gleichzeitig widersprechenden Annahmen führt oft zu einer ambivalenten Einstellung der Suchtpatienten zu ihrem Suchtverhalten. So wird die Entscheidung, das Suchtmittel zu nehmen oder abstinent zu bleiben, oft als ein gegenseitiges Ringen beschrieben, an dessen Ende die subjektiv überzeugenderen Gedanken das Verhalten letztendlich bestimmen. Je nachdem, welcher Gedanke stärker ist, wird sich die betroffene Person für oder gegen den Drogenkonsum entscheiden (Beck et al., 1993/1997).

Es ist somit die Aufgabe der kognitiven Suchttherapie, die suchtspezifischen Gedanken zu identifizieren, zu beseitigen und durch angemessene Abstinenzgedanken zu ersetzen. Auf dem Weg dahin ist es Ziel der kognitiven Suchttherapie, einen Prozess in Gang zu setzen, durch den Abstinenzgedanken wichtiger werden und allmählich überzeugender sind als die suchtspezifischen Annahmen. Gleichzeitig schlagen Beck und Kollegen vor, in der Suchttherapie einerseits Kontrollstrategien und -techniken zu vermitteln, andererseits dysfunktionale Grundannahmen zu thematisieren. Ebenso sollten zugrundeliegende Probleme thematisiert und aufgearbeitet werden, da eine Verbesserung in diesem Bereich das Verlangen nach Suchtmitteleinnahme mindert. Allgemeine Lebensprobleme sind daher bei der Suchttherapie von besonderer Bedeutung.

In dem Henne-Ei-Problem, also ob die Lebensprobleme eines Patienten schon da waren, bevor die Abhängigkeit bestand oder ob sie erst als Folge der Abhängigkeitserkrankung entstanden sind, sehen Beck und Kollegen die zentrale Frage der Diagnostik. Die Beantwortung dieser Frage gibt Auskunft über die Funktion des Suchtmittelkonsums und über mögliche Auslöser für das Konsumverhalten.

Oftmals befinden sich Patienten in einem Teufelskreis aus Lebensproblemen und Drogenmissbrauch (vgl. auch Küfner, 1981; Lindenmeyer, 2005). Dabei stellen Lebensprobleme oftmals wichtige Auslösesituationen für den Drogenkonsum dar, erhalten ihn aber auch aufrecht. Beck und Kollegen (1993/1997) unterscheiden zwischen chronisch belastenden Lebenssituationen und akuten Krisensituationen und Notfällen. Einige Probleme der chronisch belastenden Lebenssituationen werden bei ihnen eher als Vorläufer einer Abhängigkeitsentwicklung betrachtet, einige beziehen sich eher auf Folgeerscheinungen der Abhängigkeit. Es ist wichtig zu identifizieren, auf welche Art und Weise diese Probleme Teil des Teufelskreises aus Lebensproblemen und Drogenmissbrauch sind oder werden. Als oftmals auftretende chronisch belastende Lebensprobleme identifizieren viele Patienten Partnerschafts- und familiäre Probleme, sozioökonomische Probleme, alltägliche Stressoren, strafrechtliche Schwierigkeiten und medizinische Probleme.

Die für die Abhängigkeit von psychotropen Substanzen gültigen kognitiven Modelle lassen sich auch auf die Formen der Verhaltenssucht übertragen, wie in Kapitel 3 in Abbildung 3-1 am Beispiel der Kaufsucht verdeutlicht wird. Dabei ist der zentrale Motivator für abhängiges Verhalten die Erinnerung an die positive Wirkung des Suchtverhaltens und somit die Wirkungserwartung an das Suchtverhalten.

## 2.4 Das Konzept des Drogenverlangens

Dem sogenannten Drogenverlangen («Craving» oder «Suchtdruck») kommt eine zentrale Rolle bei der Entstehung und Aufrechterhaltung der Abhängigkeit zu (Kozlowski & Wilkinson, 1987; Wise, 1988). Bis heute gibt es jedoch kein einheitliches Konzept zum Drogenverlangen. Gegenwärtig sowie auch schon in den 1950er-Jahren wird Verlangen verstärkt im Rahmen lerntheoretischer Erklärungsansätze zur Entstehung und Aufrechterhaltung von Abhängigkeit diskutiert (Kozlowski & Wilkinson, 1987).

In den diagnostischen Leitlinien der Internationalen Klassifikationssysteme psychischer Störungen (ICD-10, Dilling, Mombour, & Schmidt, 2000; DSM-IV-TR, Saß, Wittchen, Zaudig, & Houben, 2003) wird die Diagnose der Abhängigkeit dann gestellt, wenn mindestens drei oder mehr Kriterien der Abhängigkeit vorhanden sind (vgl. Kap. 1.2). Das erste Kriterium der ICD-10 beschreibt ein starkes Verlangen oder eine Art Zwang, Substanzen oder Alkohol zu konsumieren.

Schon damals gab es zahlreiche Diskussionen zum Unterschied von «Compulsion» (Zwang) als inneren also unbewussten Prozess versus Verlangen als bewussten Vorgang (Tiebout, 1955). Die Diskussionen gehen bis hin zu einer Unterteilung in physiologisches und psychologisches Verlangen. Für Jellinek (1960) entsprach der Verlangens- bzw. «Craving»-Begriff dem zentralen Begriff zur Erklärung von Abhängigkeitsentstehung und Rückfall.

Trotz oder gerade wegen seiner zentralen Bedeutung ist das Konzept umstritten; es wird je nach Ausrichtung der Autoren meist im Kontext affektiver, motivationaler oder kognitiver Mechanismen diskutiert und mit verschiedenen Hypothesen hinsichtlich neurobiologischer Grundlagen in Verbindung gebracht (Tiffany, 1997). Unterschieden wurde zum einen zwischen nicht-bewusstem und bewusstem Verlangen (Tiffany, 1990; vgl. Kap. 2.3), zum anderen zwischen dem Drogenverlangen auf Grund der angenehmen Drogenwirkungen und dem Verlangen nach Drogen, um Entzugssymptome oder andere negative Gefühlszustände zu vermeiden (Niaura et al., 1988). So gibt es appetitive Modelle zum Drogenverlangen, die sich durch Verlangen als Antizipation von und Sehnsucht nach den positiven Drogeneffekten (Marlatt, 1978) oder Verlangen als Interpretation der konditionierten Entzugssymptome (vgl. Schachter & Singer, 1962) auszeichnen, während entzugsorientierte Modelle durch Verlangen als Komponente des Entzuges (ICD-10), Verlangen als Antizipation der Erlösung von aktuellen Entzugssymptomen (Jellinek, 1960) und Verlangen aufgrund konditionierter Entzugssymptome (Ludwig & Wikler, 1974; Wikler, 1948) gekennzeichnet sind.

Das Konzept des Drogenverlangens setzt oft implizit voraus, dass zum Beispiel die körperlichen Entzugserscheinungen, das bewusste Drogenverlangen und der tatsächliche Drogenkonsum eng miteinander verbunden sind. Diese Ebenen sind jedoch häufig dissoziiert (Tiffany, 1990). Diese Diskrepanz veranlasste Tiffany (1990) zu der Unterscheidung in einerseits automatisierte, meist nicht-bewusste Prozesse und andererseits das bewusste Erleben eines Drogenverlangens in Situationen, in denen die automatisierte Drogeneinnahme nicht möglich ist. In dieser Sichtweise tritt Drogenverlangen als bewusster und verbalisierbarer Prozess also erst dann auf, wenn die automatisierte Drogeneinnahme durch unvorhersehbare Ereignisse unterbrochen wird (z. B., wenn keine Droge in Reichweite ist). Verschiedene Autoren führen hingegen Berichte von Abhängigen an, die ein starkes Verlangen verspürten, obwohl die Verfügbarkeit der Droge sehr wahrscheinlich war (z. B. Avants, Margolin, Kosten, & Cooney, 1995; Droungas, Ehrman,

Childress, & O'Brien, 1995; Ehrman, Robbins, Childress, & O'Brien, 1992), was als Priming interpretiert wird (Rankin, Hodgson, & Stockwell, 1979).

Tiffany und Drobes (1991) postulieren einen multidimensionalen Ansatz für die Erhebung des Verlangens und unterscheiden zwischen vier verschiedenen relevanten Aspekten: Verlangen allgemein (als Sehnsucht), Verlangen aufgrund der Erwartung einer positiven Wirkung, Verlangen aufgrund der Vermeidung von Entzugssymptomen und Verlangen als Absicht, die Droge einzunehmen. In einem anderen kognitiven Ansatz gehen Marlatt und Gordon (1985) davon aus, dass kognitive Faktoren, wie z. B. Erwartungen (an die Drogenwirkung) und Grundannahmen zum Verlangen (z. B. «nur die Droge macht mich glücklich») Verlangen auslösen und somit auch zu Rückfällen beitragen. Auch Beck und Kollegen sehen in den dysfunktionalen Grundannahmen die dem Verlangen zugrundeliegenden kognitiven Mechanismen (Beck et al., 1993/1997; vgl. Kap. 2.3).

Geerlings und Lesch (1999) unterscheiden vier Konzepte des Alkoholverlangens: das emotional-motivationale Phänomen, das psychologische Phänomen, das kognitiv-behaviorale Phänomen und zuletzt die physiologischen Veränderungen als ein Phänomen. Auch Verheul und Kollegen (1999) gehen davon aus, dass Verlangen vielschichtig ist und unterscheiden in ihrer psychobiologischen Theorie zum Alkoholverlangen drei Arten von Drogenverlangen, das Belohnungsverlangen, das Erleichterungsverlangen und das zwanghafte Verlangen, denen jeweils Dysfunktionen in bestimmten Transmittersystemen zugeschrieben werden (vgl. **Abb. 2-7**). So gibt es verschiedene Autoren, die beim Drogenverlangen

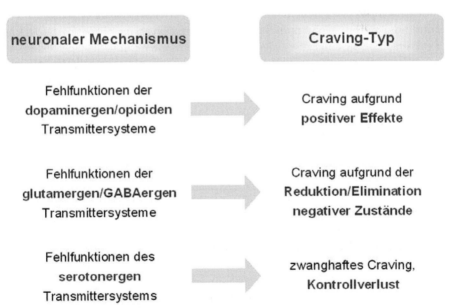

**Abbildung 2-7:** Drei-Wege-Modell des «Cravings» (Verlangens) nach Verheul, van den Brink und Geerlings (1999)

eine Beteiligung von unterschiedlichen Transmittersystemen postulieren (z.B. das 5-HT System, Ciccocioppo, 1999; das Endorphinsystem, Van Ree, 1996; das GABAerge System, Verheul et al., 1999; das dopaminerge System, Robinson & Berridge, 1993; das glutamaterge System, Cornish & Kalivas, 2000). Nach einem kybernetischen Modell von Tretter (2000; vgl. auch Kap. 3.1, Exkurs 3.1) kann Drogenverlangen als ein Antriebszustand verstanden werden, der auf einer Ist-Soll-Wert-Diskrepanz beruht und dazu dient, das Objekt der Begierde zu erreichen oder zu erlangen.

Weitgehend ungeklärt ist immer noch, ob Drogenverlangen immer, meistens oder nur manchmal bewusst wird und ob Verlangen immer von einer physiologischen Reaktivität begleitet wird bzw. ob suchtspezifische physiologische Reaktivitäten immer von Verlangen begleitet werden. Des Weiteren ist nicht klar, ob legale und illegale Drogen konsumiert werden, weil ihr Konsum Freude bereitet oder weil ihr Verzicht einen unerträglichen Entzugszustand provoziert. Die meisten Studien zum Drogenverlangen sind auf die Untersuchung des allgemeinen Verlangens limitiert (Carter & Tiffany, 1999).

### 2.4.1 Studien zum Drogenverlangen

Als experimentelle Untersuchungsmethode des Verlangens dient häufig das «Reiz-Reaktions»-Paradigma, welches auf den oben beschriebenen lerntheoretischen Überlegungen basiert (vgl. Kap. 2.1). Im Rahmen dieses Paradigmas werden abhängige Patienten und Kontrollprobanden mit suchtmittel-assoziierten und neutralen Reizen konfrontiert, um das reizinduzierte Verlangen sowie die reizinduzierten physiologischen Reaktionen zu registrieren (Niaura et al., 1988). Die konditionierte Entzugssymptomatik manifestiert sich als messbare physiologische Reaktion, z.B. in einer Veränderung der Herzfrequenz und des Speichelflusses sowie der Schreckreflexamplitude und auch in veränderten kortikalen Aktivierungen (McClernon & Gilbert, 2004; Kim et al., 2003).

Eine Meta-Analyse von Carter und Tiffany (1999) zeigte, dass es sich beim «Reiz-Reaktions-Paradigma» um eine geeignete Methode handelt, um Abhängigkeitsphänomene zu untersuchen, da das Paradigma ein stabiles Profil signifikanter Effekte erzeugt. Hierzu zählen das selbstberichtete Ansteigen des Drogenverlangens ebenso wie signifikant erhöhte physiologische Reaktionen. Selbstbeurteilungen weisen eine starke Reizspezifität und damit große Effektgrößen auf. Physiologische Parameter lassen sich willentlich kaum vom Probanden steuern und Änderungen physiologischer Parameter durch drogenspezifische Reize scheinen regelmäßig auslösbar zu sein. So gibt es humanexperimentell zahlreiche Untersuchungen, bei denen nach Exposition eines visuellen oder olfaktorischen Drogenreizes sowie nach Imagination der Droge eine erhöhte psychophysiologische «Reiz-Reaktion» gemessen wurde (z.B. Cassissi, Delehant, Tsoutsouris, & Levin, 1998; Franken, Stam, Hendriks, & van den Brink, 2003; Glautier & Drummond, 1994; Grüsser, Heinz, Raabe, Wessa, Podschus, & Flor, 2002; Mucha, Pauli, & Angrilli, 1998; Schneider et al., 2001; Stormark, Laberg, Blerland, & Hugdahl, 1993).

Es wurde jedoch auch mehrfach gezeigt, dass die Reizreaktionen auf der subjektiv-verbalen und physiologischen Ebene dissoziiert sind. So fallen die Ergebnisse in den verschiedenen Studien uneinheitlich aus (Davidson, Tiffany, Johnston, Flury, & Li, 2003). Bei Vergleichen zwischen abhängigen Personen und gesunden Kontrollprobanden konnten mit der Methode der Reizreaktivität teilweise Unterschiede zwischen diesen Gruppen bezüglich des subjektiven Drogenverlangens und den Veränderungen in physiologischen Messwerten oder auch innerhalb der Gruppen Zusammenhänge zwischen diesen Parametern gefunden werden, was sich in anderen Studien jedoch nicht replizieren ließ (z. B. Franken, Hulstijn, Stam, Hendriks, & van den Brink, 2004; Glautier & Drummond, 1994; Stormark et al., 1993; für eine Übersicht s. Carter & Tiffany, 1999).

Verschiedene Studien, bei denen der Schreckreflex als subkortikale Komponente erhoben wurde, zeigten, dass die Suchtmittelreize im Vergleich zu negativen und neutralen Reizen einen appetitiven (angenehmen) Charakter für die abstinenten Abhängigen hatten, da hier das Ausmaß des Schreckreflexes – vergleichbar zur Darbietung des positiven Reizmaterials – verringert war, obwohl sie die Suchtmittelreize subjektiv-verbal als eher unangenehm (und erregend) einstuften und kein Verlangen angaben. Auch im Vergleich zu den Kontrollprobanden war die alkoholreizinduzierte Schreckreflexamplitude bei den abstinenten Abhängigen signifikant verringert (Geier, Mucha, & Pauli, 2000; Grüsser et al., 2002; Grüsser et al. 2004; Heinz et al., 2003). Der Schreckreflex, ein polysynaptischer Reflex (z. B. gemessen als Lidschlussreflex am M. orbicularis oculi), ist ein zuverlässiges Maß, um die affektive Modulation und somit die emotionale Valenz von verschiedenen Reizen nach Darbietung eines lauten Geräusches sowie die Involvierung subkortikaler Prozesse des emotional-motivationalen Systems zu erheben. Die Schreckreflexamplitude ist bei emotional negativ getönten Bildern erhöht und bei emotional positiv gefärbten Bildern gehemmt (Cook, Davis, Hawk, Spence, & Glautier, 1992; Lang, Bradley, & Cuthbert, 1990).

In den letzten Jahren konnte mittels funktioneller Kernspintomographie (fMRI), Messung des zerebralen Blutflusses durch Positronen-Emissions-Tomographie (PET) oder SPECT (Single-Photonen-Emissions-Computertomographie) gezeigt werden, dass nach Darbietung von drogen- und alkohol-assoziierten Reizen bei Abhängigen eine verstärkte kortikale Aktivierung auftrat und mittels der bildgebenden Verfahren konnten hierbei – auch wenn in den Studien teilweise uneinheitlich – bestimmte Kernregionen ausgemacht werden (s. z. B. Wilson, Sayette, & Fiez, 2004 für eine aktuelle Übersicht zu Studie bezüglich einer Aktivierung präfrontaler Kortexareale). Zu diesen Kernregionen gehören: anteriores Cingulum und der angrenzende mediale präfrontale Kortex (motivationaler Wert des Reizes; Aufmerksamkeits- und Gedächtnisprozesse), orbitofrontaler Kortex (Einschätzung des Belohnungswertes von Reizen), basolaterale Amygdala (emotionale Bedeutung von Reizen und Annäherungsverhalten), ventrales Striatum inklusive des Nucleus accumbens (limbisch-motorische Schnittstelle), dorsales Striatum (automatisierte Handlungsweisen) sowie Hippokampus (Lernen und Gedächtnis) und Cerebellum (in Lernprozesse involviert, motorische Steuerung) (z. B.

Adinoff, 2004; Due, Huettel, Hall, & Rubin, 2002; Grüsser et al., 2004; Heinz et al., 2004; Schneider et al., 2001; Weiss, 2005; Wrase et al., 2002). Der Zusammenhang zwischen einer Aktivierung dieser Hirnregionen und dem subjektiven Verlangen bei Reizreaktionsuntersuchungen war jedoch auch hier nicht immer konsistent (Myrick et al., 2004). Weitere bildgebende Untersuchungen zeigten, dass eine Störung im Bereich der dopaminergen Neurotransmission sowohl zum akuten Verlangen nach Alkohol als auch zur verstärkten zentralnervösen Aktivierung bei Präsentation alkohol-assoziierter Reize beitragen kann (Schultz, Dayan, & Montague, 1997).

Weiterhin wurde bei abstinenten Alkoholabhängigen eine verminderte Verfügbarkeit der D2-Rezeptoren im ventralen Striatum gemessen. Diese korrelierte bei den Alkoholabhängigen mit dem Alkoholverlangen und der funktionell (im fMRI) gemessenen, erhöhten Aktivierung des anterioren Cingulums und des angrenzenden medialen präfrontalen Kortex bei Präsentation visueller alkohol-assoziierter Reize. Mittels [F-18]DOPA und PET konnte nachgewiesen werden, dass eine Verminderung der striären präsynaptischen Dopa-Aufnahmekapazität mit dem Ausmaß des Alkoholverlangens korreliert, welches wiederum mit einem erhöhten Rückfallrisiko verbunden war (Heinz et al., 2004).

Mittels Elektroenzephalographie konnte gezeigt werden, dass bei abhängigen Probanden die suchtmittelspezifischen visuellen Reize im Vergleich zu gesunden Kontrollprobanden und im Vergleich zu neutralem Reizmaterial eine signifikant größere späte positive Welle («Late Postive Complex») auslösten (Franken et al., 2003; Grüsser, Plöntzke, & Albrecht, 2003), die für Aufmerksamkeit, Motivation, Vorbereitung und Erwartung steht (Schupp, Cuthberg, Bradley, Cacioppo, Ito, & Lang, 2000). Des Weiteren konnte auch bei nicht-abhängigen starken Trinkern bereits eine alkoholreizinduzierte verstärkte elektrische kortikale Aktivierung nachgewiesen werden (Herrmann, Weijers, Böning, & Fallgatter, 2001).

Zudem konnte in zahlreichen Studien gezeigt werden, dass Variablen wie Ängstlichkeit oder Depressivität, momentane Stimmung, Stressempfinden und negative Stressverarbeitungsstrategien einen bedeutsamen Einfluss auf das Drogenverlangen und die durch Drogenreize induzierte Reizreaktivität ausüben (z. B. Franken, de-Haan, van der Meer, Haffmans, & Hendriks, 1999; Grüsser, Düffert, Jellinek, & Kroekel, 2000; Little et al., 2005; McCusker & Brown, 1991; McLellan, Childress, Ehrman, O'Brien, & Pashko, 1986; Stasiewicz, Gulliver, Bradizza, Rohsenow, Torrisi, & Monti, 1997; Swift & Stout, 1992; Willner, Field, Pitts, & Reeve, 1998). So können emotional besonders belastende Ereignisse und Stress als internale konditionierte Reize, die mit der Suchtmitteleinnahme und -wirkung assoziiert sind, ein Rückfallverhalten motivieren (Goeders, 2003; Sinha, 2001).

In einer Untersuchung von Cooney, Litt, Morse, Bauer und Gaupp (1997) konnte aus dem durch negative Stimmung hervorgerufenem Craving sogar die Zeit bis zum Rückfall vorhergesagt werden. Bislang ist jedoch der Zusammenhang zwischen dem Suchtmittelverlangen und einem nachfolgenden Rückfall empirisch unzureichend belegt. So zeigen einige Studien keinen positiven Zusammenhang zwischen subjektiv verbal angegebenem Verlangen und einem Rückfall (Margolin, Avants, & Kosten, 1994; Rohsenow et al., 1994; Niaura et al., 1988), während in anderen Studien ein solcher Zusammenhang nachweisbar war (Bottlender & Soyka, 2004; Weiss et al., 2003). Außerdem zeigen verschiedene Studien, dass etwa ein Drittel der Drogenabhängigen (sogenannte «Non-responder») nach Präsentation drogenrelevanter Reize kein Auftreten von Verlangen berichten (Monti et al., 1993). Eine erhöhte Rückfallgefahr scheint eher mit den physiologischen Veränderungen zusammenzuhängen (Braus et al., 2001; Güsser et al., 2004).

Zusammenfassend sprechen die Befunde aus experimentellen Untersuchungen zum Suchtmittelverlangen für die Vielschichtigkeit des Drogenverlangens und weisen darauf hin, wie wichtig es ist, bewusstes, auf der subjektiven verbalen Ebene beschreibbares Erleben und (un- bzw. vorbewusste) automatisierte Reaktionen nach Präsentation drogenrelevanter Reize zu unterscheiden. Weiterhin weisen sie auf die Notwendigkeit einer differenzierten Erhebung des Verlangens und den Variablen, die das Verlangen beeinflussen, hin. Eine Voraussetzung für die Messung von Basis- und reizinduziertem Verlangen und seinen verschiedenen Aspekten sowie den Variablen, die das Verlangen beeinflussen, sind standardisierte Erhebungsinstrumente z. B. in Form von Fragebögen, Skalen und Reizmaterial (Drobes & Thomas; 1999; Grüsser, Wölfling, Düffert, Mörsen, Albrecht, & Flor, 2005; Müller, Mucha, Ackermann, & Pauli, 2001).

### 2.4.1.1 Therapeutische Implikationen und diagnostische Strategien

Die Untersuchungen in Anlehnung an die psychobiologischen Erklärungsansätze zur Entstehung und Aufrechterhaltung von Abhängigkeit weisen darauf hin, dass eine gelernte Suchtmittelreaktion durch die Darbietung von suchtmittel-assoziierten Reizen auch noch nach Jahren der Abstinenz ausgelöst werden kann. Somit kann durch suchtmittel-assoziierte Reize eine erneute Suchtmitteleinnahme motiviert und die Rückfallgefahr erhöht werden, wobei das Verlangen nicht immer bewusst wahrgenommen wird.

Es hat sich in verschiedenen Studien gezeigt, dass bei abstinenten Abhängigen die subjektiv verbale Ebene und die physiologische Ebene in Bezug auf ihre Reaktionen auf suchtmittel-assoziierte Reize dissoziiert sind (Geier et al., 2000; Grüsser et al., 2002; Grüsser et al., 2004; Heinz et al., 2003). Wie Studien mit bildgebenden Verfahren gezeigt haben, kann eine Störung der dopaminergen Neurotransmission im ventralen Striatum alkoholabhängiger Patienten zum Alkoholverlangen und zur verstärkten Verarbeitung alkoholassoziierter Reize im Aufmerksamkeitsnetzwerk beitragen, während eine reizinduzierte verstärkte Aktivierung des dorsalen Striatum mit der Aktivierung automatisierter, habitueller Verhaltensweisen verbunden sein könnte, ohne dass dabei notwendigerweise ein bewusstes verbalisierbares Verlangen auftreten muss (z. B. Braus et al., 2001; Grüsser et al., 2004). Daher scheint die psychometrische Erhebung des subjektiv verbal angegebenen Verlangens vor allem bei abstinenten Abhängigen nur beschränkt aussagekräftig und eher bei aktiv konsumierenden abhängigen

Personen sinnvoll zu sein. Die Erhebung der Variablen, die das Verlangen beeinflussen, kann daher wesentlich dazu beitragen, sich dem Konstrukt Verlangen diagnostisch zu nähern. So sind die Befunde auch für therapeutische Implikationen einer effektiven Rückfallprophylaxe von Bedeutung. Nur einem bewusst wahrgenommenen Verlangen kann auch bewusst entgegen gesteuert werden.

Weiterhin muss berücksichtigt werden, dass suchtmittel-assoziierte Reize über die verschiedenen Sinnessysteme eine suchtmittelspezifische Reizreaktion induzieren können (Schneider et al., 2001; Grüsser et al., 2000), was entscheidend für die Auswahl der Modalität der Reize bei verhaltenstherapeutischen Expositionsverfahren ist. Es hat sich auch gezeigt, dass hierbei vor allem die im Vordergrund stehende Art des Verlangens (z. B. Verstärkungs- oder Erleichterungsverlangen) sowie Wirkungserwartung an das Suchtmittel ermittelt werden sollten, um die Funktion der Suchtmittelwirkung besser identifizieren zu können (Cooper et al., 1995; Marlatt, 1978).

Internale suchtmittel-assoziierte Reize (wie z. B. Stress, Ängstlichkeit) sollten in Verbindung mit den vorhandenen Stressverarbeitungsstrategien und -fertigkeiten des abhängigen Patienten betrachtet werden, da durch Stress induzierte Veränderungen der körpereigenen Homöostase den Anreizwert von Drogen und deren verstärkenden Effekt erhöhen können (Kalivas & Stewart, 1991; Piazza & Le Moal, 1998; Piazza et al., 1990; Sinha, 2001; Stewart, 2000, 2003). Dabei erweist sich in diesem Zusammenhang die Diagnostik komorbider Störungen und besonderer Lebensumstände oder belastender Lebensereignisse als sehr wichtig, da diese ebenfalls zu internalen Hinweisreizen avancieren können (Grüsser, Wölfling, Mörsen, Albrecht, & Heinz, 2005; Otto, Safren, & Pollack, 2004). Im Rahmen therapeutischer Interventionsmaßnahmen sind daher neben der Motivationsarbeit vor allem zwei Aspekte wesentlich: Zum einen die Bearbeitung der individuellen Funktion der Suchtmitteleinnahme, um auch die suchtmittel-assoziierten internalen (Stress-)Reize zu identifizieren, zum anderen das Erlernen alternativer belohnender Verhaltensweisen, die sich insbesondere in Situationen, in denen die «Biochemie der Gefühle» stark (und unerwartet) aus der Homöostase gerät, als praktikabel und effizient erweisen.

Möglicherweise wirken verhaltenstherapeutische Expositionstherapien, in denen das erlernte Suchtmittelverlangen habituiert, nach mehrmaliger Wiederholung auf das neurobiologische Verstärkungssystem ein. Auch die sogenannten «Anti-Craving»-Substanzen wie Naltrexon reduzieren möglicherweise die Anreizhervorhebung drogenassoziierter Stimuli und das Verlangen, indem sie indirekt die Dopaminfreisetzung blockieren (Grüsser, Thalemann, et al., 2005; Heinz, 2000; Kleber, 2003; O'Malley et al., 1996; Shah et al., 2004; Spanagel et al., 1992; Tretter, 2001).

Es gibt erste Hinweise darauf, dass vor allem die kombinierte Messung abhängigkeits-assoziierter psychologischer und physiologischer Reaktionen Rückschlüsse auf das Vorliegen einer Abhängigkeit und möglicher Rückfälle zulässt sowie als Maß der Effektivität therapeutischer Interventionen dienen kann. Weitere psychophysiologische Untersuchungen zu den zugrundeliegenden Mechanismen der Entstehung und Aufrechterhaltung von Abhängigkeit stehen jedoch noch aus. Die weitere Erforschung der Lernmechanismen und der damit assoziierten neurobiologischen Veränderungen sollte dazu führen, abhängiges Verhalten besser charakterisieren zu können und somit eine optimale Kombination von verhaltenstherapeutischen und pharmakologischen Behandlungsmöglichkeiten zu identifizieren. Die Forschungsergebnisse können zu höherer Transparenz und höherer Vergleichbarkeit der therapeutischen Interventionen führen und im Sinne des Konzepts der «evidence-based medicine» interpretiert werden. Des Weiteren sollte im Rahmen der Entwicklung von aussagekräftigen diagnostischen Verfahren geprüft werden, inwieweit die suchtspezifische psychologische und/oder physiologische Reizreagibilität individuelle Aussagen über den «Abhängigkeits- bzw. Suchtstatus» und die Abstinenzmotivation des Einzelnen zu einem bestimmten Zeitpunkt oder im allgemeinen zulässt, wobei sich nach wie vor die Frage stellt, inwieweit sich Verhalten durch Erkenntnisse aus psychophysiologischen Untersuchungen überhaupt vorhersagen lässt (Maier et al., 2005).

## 2.5 Exkurs 2.1 Belohnungssystem

Das mesotelenzephale Belohnungssystem spielt nach dem heutigen Stand der Forschung eine entscheidende Rolle bei Belohnung und Verstärkung. Verhalten, dass uns «gut tut», führen wir wieder durch! Aber wie merkt sich unser Gehirn, dass ein bestimmtes Verhalten «gut getan» hat?

Wenn wir ein Verhalten durchführen, dass uns belohnt, wird unser mesotelenzephales Belohnungssystem (verhaltensverstärkendes System) aktiviert und das Verhalten wird verstärkt. Dabei kann das Verhalten entweder durch seine direkte positive Auswirkung (Essen aufgrund der Schmackhaftigkeit und nicht wegen des Hungergefühls) positiv verstärkt oder durch die Beseitigung von unangenehmen Situationen/Gefühlszuständen (Hungergefühl) negativ verstärkt werden (operante Konditionierung). Die Person hat somit gelernt, was sie belohnt und die Wahrscheinlichkeit, dass dieses Verhalten wieder durchgeführt wird, ist somit erhöht.

Vor über 40 Jahren beschrieben Olds und Milner (1954) erstmalig Zentren für Lust und Freude im Gehirn, die sie mit Hilfe intrakranieller Selbstreizung bei Ratten zeigen konnten. Durch einen Hebeldruck konnten die Tiere einzelne Hirngebiete, in die Elektroden implantiert waren, selbst stimulieren. Es zeigte sich, dass bei Stimulation des medialen Vorderhirnbündels, insbesondere der dopaminergen Bahnen, die vom ventralen Tegmentum in den Nucleus accumbens ziehen, und des lateralen Hypothalamus das körpereigene Belohnungssystem aktiviert werden konnte (McBride, Murphy, & Ikemoto, 1999). Die elektrische intrakranielle Stimulation, z. B. durch den Hebeldruck ausgelöst, führte bei den Tieren zu einer Stimulationsfrequenz bis hin zur totalen Erschöpfung; lebenserhaltende Maßnahmen wurden vernachlässigt (z. B. Futteraufnahme). Dieses Verhalten der Selbststimulation hörte nach pharmakologischer Blockade der Dopaminrezeptoren im Nucleus accumbens durch Neuroleptika auf. Bei einer Blockade der Dopaminrezeptoren haben ansonsten angenehm empfundene Tätigkeiten keine verstärkende Wirkung mehr und das Verhalten kann nicht mehr z. B. durch Belohnung mittels Nahrung, operant konditioniert werden (Nowend, Arizzi, Carlson, & Salamone, 2001). Garris und Kollegen (1999) zufolge stellt die Dopaminausschüttung zwar eine notwendige Bedingung für die intrakranielle Selbstreizung dar, das Dopamin scheint jedoch eher ein neuronales Korrelat für die Antizipation (Erwartung) der Belohnungseffekte als für die Belohnung selbst zu sein. Tierexperimentelle Ergebnisse legen nahe, dass die Dopaminausschüttung aus dem Nucleus accumbens mit den konsumatorischen Verhaltensweisen natürlicher Verhaltenssequenzen korreliert ist (z. B. Pfaus et al., 1990).

Neuere Studien zur Neurobiologie appetitiven Verhaltens konnten zeigen, dass natürliche (z. B. Nahrung) und künstliche Belohnungsanreize (wie z. B. Drogen) dieselben neuronalen Schaltkreise aktivieren (Cardinal et al., 2002; Cardinal & Everitt, 2004; Kelley & Berridge, 2002). Allerdings scheinen Drogen dies in stärkerem Ausmaß zu tun als natürliche Belohnungsanreize. So konnte bei der Applikation von psychotropen Substanzen eine erhöhte dopaminerge Freisetzung im Nucleus accumbens festgestellt werden (Di Chiara, 1995, 1997; Di Chiara & Imperato, 1986), jedoch scheinen auch andere Transmittersysteme vor allem bei den der euphorisierenden Wirkung zugrundeliegenden Mechanismen involviert zu sein und als Vermittler zwischen Droge und Verstärkersystem zu wirken (Koob, 1992; LeMarquand, Pihl, & Benkelfat, 1994). So scheint das Dopaminsystem nicht nur als gemeinsame Endstrecke des «medialen Vorderhirnbündellateralen Hypothalamus-Systems», sondern ebenfalls als gemeinsame Endstrecke von Opiaten zu funktionieren (Bardo, 1998).

Auf der biochemischen Ebene üben neben dem Dopamin auch die Neurotransmitter Glutamat (Sensitivierung), γ-Aminobuttersäure (GABA; Sensitivierung, Stress, Affekt), Serotonin (Stress, Affekt, Impulsivität, zwanghaftes Verhalten) und endogene Opioide (Belohnungsprozesse, Stress, Affekt) eine entscheidende Funktion im Netzwerk des Belohnungssystems aus (Koob & Roberts, 1999).

Bildgebende Verfahren und tierexperimentelle Läsionsstudien konnten zeigen, dass verschiedene Hirnstrukturen eine wichtige Rolle bei der motivationalen Verhaltenssteuerung übernehmen und somit auch an der Entstehung süchtigen Verhaltens beteiligt sind (Everitt et al., 2001; Volkow, Fowler, & Wang, 2004; Volkow, Fowler, Wang, & Goldstein, 2002; Weiss, 2005):

- der *präfrontale Kortex*, der exekutive Funktionen und die Entscheidungsfindung steuert

- der *orbitofrontale Kortex*, der funktional mit der Erfassung des Belohnungswertes assoziiert ist (assoziatives Lernen im Zusammenhang mit belohnenden und aversiven Reizen)

- das *anteriore Cingulum*, das an Aufmerksamkeitsprozessen beteiligt ist und internalen und externalen Reizen einen emotionalen und motivationalen Wert zuschreibt (Verarbeitung von Freude und Schmerz)

- der *prälimbische Kortex*, der mit der Aufmerksamkeit, dem Arbeitsgedächtnis und der Auswahl und Bewertung von Handlungs-Ergebnis-Beziehungen assoziiert ist

- die *basolaterale Amygdala*, die im Zusammenhang mit der Verarbeitung emotional bedeutsamer Stimuli steht, die konditioniertes und unkonditioniertes Annäherungs- und Vermeidungsverhalten regulieren

- der *Hippokampus*, der Funktionen der Gedächtniskonsolidierung, des kontextuellen Lernens und des Abrufs episodischer Gedächtnisinhalte übernimmt und an der Konditionierung kontextueller Stimuli auf Angst und Belohnung beteiligt ist

- der *Nuccleus accumbens*, die limbisch-motorische Schnittstelle, die die Informationen aus den limbischen Regionen im Zusammenhang mit appetitiven und aktionalen Aspekten der Belohnung integriert und die verhaltensmäßige Reaktion initiiert und aufrechterhält (Übergang von Motivation in Handlung) (Di Chiara, 2002)

- das *dorsale Striatum*, ein Teil des extrapyramidal-motorischen Systems, das in der Feineinstellung motorischer Funktionen und der Konsolidierung von Reiz-Reaktions-Gewohnheiten involviert ist (angenommene Rolle beim Übergang von der «Handlung zur Gewohnheit» z. B. dem Übergang vom Drogenmissbrauch zur Drogenabhängigkeit)

- die *ventral-tegmentale Region* als Ursprung der mesokortikolimbischen Projektionsbahnen des Dopaminsystems.

Die **Abbildung 2-8** auf S. 60 zeigt das Netzwerk der durch Belohnungsanreize aktivierten Hirnstrukturen. Zentrale Schnittstelle dieses Netzwerks ist der N. accumbens, der auch als das Belohnungszentrum des Gehirns bezeichnet wird.

Im Modell der Anreizhervorhebung von Robinson und Berridge (1993) wird zwischen dem hedonistischen Genuss der Droge, dem sogenannten «liking» (mögen), und dem eigentlichen Verlangen nach der Droge, dem sogenannten «wanting» (wollen) unterschieden. Beiden Konstrukten liegen unterschiedliche Transmittersysteme zugrunde (vgl. Kap. 2.2; Berridge & Robinson, 1998; Robinson & Berridge, 1993, 2000, 2003). Der hedonistische Effekt oder Genuss wird demnach durch die Wirkung von Opiaten im Bereich des Nucleus accumbens und des ventralen Striatums vermittelt. Dem Verlangen, das nicht unbedingt von positiven Gefühlen begleitet wird, geht eine kortikale Analyse belohnungs-assoziierter Reize voraus, die über kortiko-subkortikale Projektionsbahnen zu einer erhöhten Dopaminfreisetzung im N. accumbens, im anterioren Cingulum und in der Amygdala führt. Diese kortikale Analyse geht mit einer Hervorhebung der Valenz spezifischer Belohnungsanreize einher, d. h. die Aufmerksamkeit wird auf die belohnungsanzeigenden Reize gelenkt (Schultz et al., 1997). Durch die reizinduzierte Dopaminfreisetzung wird dann die Suchtmitteleinnahme motiviert (Heinz, 2000; Robinson & Berridge, 2001).

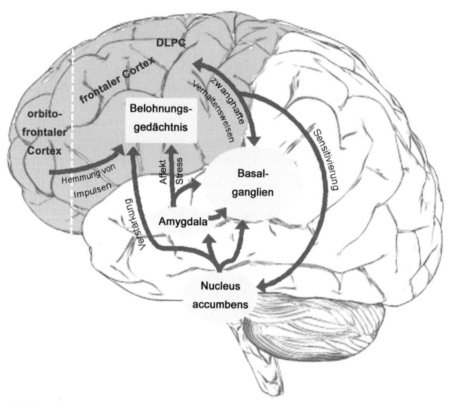

**Abbildung 2-8:** Das Belohnungssystem des Gehirns nach Anton (1999).
Der N. accumbens im Belohnungszentrum des Gehirns verfügt über Projektionen zur Amygdala, die eine Rolle bei der Modulation von Stress und Emotionen spielt, zum frontalen Kortex einschließlich dem dorsallateralen präfrontalen Kortex (DLPC), in dem der Sitz des Belohnungsgedächtnisses vermutet wird und den Basalganglien, die bei wiederholten Verhaltensmustern involviert sind. Neurone aus der Amygdala senden ihre Informationen zum DLPC und den Basalganglien. Der DLPC verfügt seinerseits über Rückkopplungen zum N. accumbens und den Basalganglien (eine Verbindung, die eine Rolle bei zwanghaftem Verhalten spielen könnte). Die Rückmeldung des DLPC an den N. accumbens könnte den N. accumbens für weitere Belohnungsanreize sensitiveren. Der DLPC selbst wird durch den orbitofrontalen Kortex kontrolliert, der die Impulskontrolle induziert.

## 2.6 Exkurs 2.2 Begriffsklärung und Definition von Impulsivität

Für die wissenschaftliche Diskussion exzessiver Verhaltensweisen als Verhaltenssucht stellt der Zusammenhang dieser mit Impulsivität eine Kernfrage dar. Die Klassifikation des pathologischen Glücksspiels als Störung der Impulskontrolle verlangt notwendigerweise auch eine kritische Auseinandersetzung mit dem Konstrukt Impulskontrollstörung im Zusammenhang mit exzessiven belohnenden Verhaltensweisen.

Herpertz (2001) definiert die Impulskontrolle als eine Hemmung von heftigen und plötzlichen Handlungsantrieben, wobei sich eine Störung der Impulskontrolle in der Unfähigkeit äußert, eine solche Hemmung aufrechtzuerhalten. Das moderne Verständnis der Impulskontrollstörung geht auf die alten Konzepte der Willensstörung («Monomanie instinctive», Esquirol, 1839) zurück. In diesem Zusammenhang spielt vor allem der subjektiv erlebte freiheitseinschränkende Drang eine zentrale Rolle (Berrios & Gili, 1995; Scharfetter, 1976). Seit Beginn des 20. Jahrhunderts wurden impulsive Handlungen zunehmend im Kontext der impulsiven Persönlichkeit, vor allem unter forensischen Gesichtspunkten (Frage der Steuerbarkeit) diskutiert; es fand eine Fokussierung auf den Zusammenhang zwischen Impulsivität und einer abnormen Persönlichkeit bzw. Persönlichkeitsstörung statt (Patridge, 1930; Craft, 1966). Impulsivität wurde z. B. als ein wesentliches Charakteristikum der Soziopathie und Psychopathie beschrieben (Cleckley, 1941).

Heute findet der Begriff der Impulsivität in zwei Bereichen Verwendung. Zum einen bezeichnet er ein Symptom im Rahmen psychiatrischer Erkrankungen, zum anderen wird Impulsivität als ein Persönlichkeitsmerkmal angesehen, d. h. es muss diagnostisch zwischen einer zeitlich umschriebenen Störung der Impulskontrolle und einer überdauernden impulsiven Persönlichkeitsstörung unterschieden werden (Barratt, 1985; Herpertz & Saß, 1997). Das Vorkommen von Impulsivität bei psychiatrischen Erkrankungen ist vielfältig und findet sich bei Störungen mit Beginn im Kindesalter, organisch bedingten Störungen, substanzinduzierten Störungen und Missbrauch oder Abhängigkeit von psychotropen Substanzen ebenso wie bei Schizophrenie, affektiven Störungen, Ess- und Impulskontrollstörungen und Persönlichkeitsstörungen (Herpertz, 2001).

Die gegenwärtige Definition der Impulskontrollstörung in den Diagnosemanualen ICD-10 (Dilling et al., 2000) und DSM-IV-TR (Saß et al., 2003) orientiert sich dabei eng an den 1896 von Kraepelin beschriebenen Kriterien für «impulsives Irresein», einer Gruppe von Störungsbildern, bei denen die Betroffenen einem unwiderstehlichen Impuls nicht widerstehen können und von dessen Ausführung sie sich Befriedigung und Erleichterung versprechen. Hinsichtlich der Prävalenz sind das pathologische Glücksspiel und das Ausreißen der Haare (Trichotillomanie) von größter klinischer Bedeutsamkeit (Herpertz, 2001). Wegen des offenkundig auftretenden Kontrollverlustes von Dauer und Häufigkeit bei den verschiedenen exzessiv ausgeführten Verhaltensweisen ist es wichtig, das Konzept der fehlenden Impulskontrolle zu diskutieren. So werden über die in den Klassifikationssystemen genannten Störungsbilder wie z. B. pathologisches (Glücks-)Spielen, pathologisches Brandstiften (Pyromanie), pathologisches Stehlen (Kleptomanie), Ausreißen der Haare (Trichotillomanie) sowie sonstige abnorme Gewohnheiten und Störungen der Impulskontrolle hinaus auch exzessives Kaufen, Arbeiten oder die exzessive Computernutzung als Impulskontrollstörung eingeordnet und diskutiert (Bühringer, 2004). Dabei steht hinter der Einteilung von solchen pathologischen Verhaltensweisen als Impulskontrollstörung der Gedanke, dass die aufgeführten pathologischen Verhaltensweisen durch das Versagen bedingt sind, sich von einem selbst- oder fremdschädigendem Handlungs-impuls zu distanzieren. Das entscheidende diagnostische Kriterium liegt hierbei im subjektiv erlebten inneren Spannungszustand vor der Handlung und in der Entlastung nach der Handlung (Herpertz, 2001). Dieser Sachverhalt ist kohärent mit der Annahme, dass eine exzessiv ausgeführte Verhaltensweise für den Betrof-fenen immer mit unwiderstehlichem Verlangen und einer antizipierten bzw. erfahrenen Belohnung einhergeht (vgl. Griffiths, 2000). Das berichtete Auftreten einer Toleranzentwicklung bei exzessiven Verhaltensweisen ist hingegen z. B. schwerer mit dem Konstrukt der Impulskontrollstörung zu vereinbaren: lediglich beim pathologischen (Glücks-)Spielen wird eine Intensivierung des Verhaltens als diagnostisches Kriterium genannt, bei den anderen Impulskontrollstörungen dagegen nicht.

Insgesamt bleibt der Eindruck, unter Impulskontrollstörungen würden empi-risch ungenügend abgesichert verschiedene Störungsbilder in einer «Restkatego-rie» mangels Alternative zusammengefasst (Bühringer, 2004).

## 2.7 Literatur

Adinoff, B. (2004). Neurobiologic processes in drug reward and addiction. *Harvard Review of Psychiatry*, 12, 305–320.

Anton, R. F. (1999). What is craving? Models and implications for treatment. *Alcohol Research and Health*, 23, 165–173.

Avants, S. K., Margolin, A., Kosten, T. R., & Cooney, N. L. (1995). Differences between respon-ders and nonresponders to cocaine cues in the laboratory. *Addictive Behaviors*, 20, 215–224.

Baker, T. B., Morse, E., & Sherman, J. E. (1987). The motivation to use drugs: a psychobiological analysis of urges. In P. C. Rivers (Ed.), *Nebraska Symposium on Motivation: Alcohol use and abuse* (pp. 232–257). Lincoln: University of Nebraska Press.

Bandura, A. (Ed.). (1977). *Social learning theory*. Inglewood Cliffs: Prentice Hall.

Bardo, M. T. (1998). Neuropharmacological mechanisms of drug reward: beyond dopamine in the nucleus accumbens. *Critical Reviews in Neurobiology*, 12, 37–67

Barratt, E. S. (1985). Impulsiveness subtraits: arousal and information processing. In J. T. Spence, & C. E. Izard (Eds.), *Motivation, emotion, and personality* (pp. 137–146). North-Holland: Esevier Science Publisher.

Beck, A. T., Wright, F. D., Newman, C. F., & Liese, B. S. (1997). *Kognitive Therapie der Sucht* (J. Lindenmeyer, Übers.). Weinheim: Beltz. (Original veröffentlicht 1993)

Berger, S. P., Hall, S., Mickalian, J. D., Reid, M. S., Crawford, C. A., Delucchi, K., Carr, K., & Hall, S. (1996). Haloperidol antagonism of cue-elicited cocaine craving. *Lancet*, 347, 504–508.

Berridge, K. C., & Robinson, T. E. (1998). What is the role of dopamine in reward: hedonic impact, reward learning, or incentive salience? *Brain Research. Brain Research Reviews*, 28, 309–369.

Berrios, G. E., & Gili, M. (1995). Abulia and impulsiveness revisited: a conceptual history. *Acta Psychiatrica Scandinavica*, 92, 161–167.

Bolles, R. C. (1980). Some functionalistic thought about regulation. In F. M. Toates, & T. R. Halliday (Eds.), *Analysis of motivational processes* (pp. 63–75). London: Academic Press.

Böning, J. (2001). Neurobiology of an addiction memory. *Journal of Neurotransmission*, 108, 755–765.

Bottlender, M., & Soyka, M. (2004). Impact of craving on alcohol relapse during, and 12 months following, outpatient treatment. *Alcohol and Alcoholism*, 39, 357–361.

Brandon, T. H., Tiffany, S. T., & Baker, T. B. (1986). The process of smoking relapse. *NIDA Research Monograph*, 72,104–117.

Braus, D., Wrase, J., Grüsser, S. M., Hermann, D., Ruf, M., Flor, H., et al. (2001). Alcohol-associated stimuli activate the ventral striatum in abstinent alcoholics. *Journal of Neural Transmission*, 108, 887–894.

Bühringer, G. (2004). Wenn Arbeiten, Einkaufen oder Glücksspielen pathologisch eskalieren: Impulskontrollstörung, Sucht oder Zwangshandlung? *Verhaltenstherapie*, 14, 86–88.

Cardinal, R. N., & Everitt, B. J. (2004). Neural and psychological mechanisms underlying appetitive learning: links to drug addiction. *Current Opinion in Neurobiology*, 14, 156–162.

Cardinal, R. N., Parkinson, J. A., Hall, J., & Everitt, B. J. (2002). Emotion and motivation: the role of the amygdala, ventral striatum, and prefrontal cortex. *Neuroscience and Biobehavioral Reviews*, 26, 321–352.

Carter, B. L., & Tiffany, S. T. (1999). Meta-analysis of cue-reactivity in addiction research. *Addiction*, 94, 327–340.

Cassissi, J. E., Delehant, M., Tsoutsouris, J. S., & Levin, J. (1998). Psychophysiological reactivity to alcohol advertising in light and moderate social drinkers. *Addictive Behaviors*, 23, 267–274.

Childress, A. R., McLellan, A. T., & O'Brien, C. P. (1986). Abstinent opiate abusers exhibit conditioned craving, conditioned withdrawal, and reductions in both through extinction. *British Journal of Addiction*, 81, 655–660.

Childress, A. R., McLellan, A. T., Ehrman, R., & O'Brien, C. P. (1988). Classically conditioned responses in opioid and cocaine dependence: a role in relapse? In B. Ray (Vol. Ed.), NIDA Research Monograph: *Learning factors in substance abuse* (Vol. 84, pp. 25–43). Rockville: U. S. Government Printing Office.

Ciccocioppo, R. (1999). The role of serotonin in craving: from basic research to human studies. *Alcohol and Alcoholism*, 34, 244–253.

Cleckley, H. M. (Ed.). (1941). *The mask of sanity: An attempt to reinterpret the so-called psychopathic personality*. St. Louis: The C. V. Mosby Company.

Cook, E. W., Davis, T. L., Hawk, L. W., Spence, E. L., & Glautier, C. H. (1992). Fearfulness and startle potentiation during aversive visual stimuli. *Psychophysiology*, 29, 633–645.

Cooney, N. L., Gillespie, R. A., Baker, L. H., & Kaplan, R. F. (1987). Cognitive changes after alcohol cue exposure. *Journal of Consulting and Clinical Psychology*, 55, 150–155.

Cooney, N. L., Litt, M. D., Morse, P. A., Bauer, L. O., & Gaupp, L. (1997). Alcohol cue reactivity, negative-mood reactivity, and relapse in treated alcoholic men. *Journal of Abnormal Psychology*, 106, 243–250.

Cooper, M. L., Frone, M. R., Russel, M., & Mudar, P. (1995). Drinking to regulate positive and negative emotions: a motivational model for alcohol use. *Journal of Personality and Social Psychology*, 69, 990–1005.

Cornish, J. L., & Kalivas, P. W. (2000). Glutamate transmission in the nucleus accumbens mediates relapse in cocaine addiction. *Journal of Neuroscience*, 20, 1–5.

Craft, M. (1966). *Psychopathic disorders and their assessment*. Oxford: Permagon Press.

Curry, S., Marlatt, G. A., & Gordon, J. R. (1987). Abstinence violation effect: validation of an attributional construct with smoking cessation. *Journal of Consulting and Clinical Psychology*, 55, 145–149.

Davidson, D., Tiffany, S. T., Johnston, W., Flury, L., & Li, T. K. (2003). Using the cue-availability paradigm to assess cue reactivity. *Alcohol Clinical and Experimental Research*, 27, 1251–1256.

Di Chiara, G. (1995). The role of dopamine in drug abuse viewed from the perspective of its role in motivation. *Drug and Alcohol Dependence*, 38, 95–137

Di Chiara, G., & Imperato, A. (1988). Drugs abused by humans preferentially increase synaptic dopamine concentrations in the mesolimbic system of freely moving rats. *Proceedings of the National Academy of Sciences of the United States of America*, 85, 5274–5278.

Di Chiara, G., & Imperato, A. (1986). Preferential stimulation of dopamine release in the nucleus accumbens by opiates, alcohol, and barbiturates: studies with transcerebral dialysis in freely moving rats. *Annals of the New York Academy of Sciences*, 473, 367–81.

Di Chiara, G. (1997). Cortical and limbic dopamine (on opiate addiction): do not mix before use! *Trends in Pharmacological Sciences*, 18, 77–78.

Di Chiara, G. (2002). Nucleus accumbens shell and core dopamine: differential role in behavior and addiction. *Behavioral Brain Research*, 137, 75–114.

Dilling, H., Mombour, W., & Schmidt, M. H. (2000). *Internationale Klassifikation psychischer Störungen, ICD-10, Kapitel V (F)*. Bern: Huber Verlag.

Drobes, D. J., & Thomas, S. E. (1999). Assessing craving for alcohol. *Alcohol research and health: The Journal of the National Institute on Alcohol Abuse and Alcoholism*, 23, 179–186.

Droungas, A., Ehrman, R. N., Childress, A. R., & O'Brien, C. P. (1995). Effect of smoking cues and cigarette availability on craving and smoking behavior. *Addictive Behaviors*, 20, 657–673.

Drummond, D. C., Tiffany, S., Glautier, S. P., & Remington, B. (1995). Cue exposure in understanding and treating addictive behaviours. In D. C. Drummond, S. T. Tiffany, S. P. Glautier, & B. Remington (Eds.), *Addictive behaviour: cue exposure theory and practice* (pp. 1–17). Chichester: Wiley.

Due, D. L., Huettel, S. A., Hall, W. G., & Rubin, D. C. (2002). Activation in mesolimbic and visuospatial neural circuits elicited by smoking cues: evidence from functional magnetic resonance imaging. *American Journal of Psychiatry*, 159, 954–960.

Ehrman, R. N., Robbins, S. J., Childress, A. R., & O'Brien, C. P. (1992). Conditioned responses to cocaine-related stimuli in cocaine abuse patients. *Psychopharmacology*, 107, 523–529.

Eikelboom, R., & Stewart, J. (1982). Conditioning of drug-induced physiological responses. *Psychological Review*, 89, 507–528.

Esquirol, E. (Hrsg.). (1839). *Des maladies mentales considérées sous les rapports médical, hygiénique et médico-legal*. Paris: Baillié.

Everitt, B. J., Dickinson, A., & Robbins, T. (2001). The neurobiological basis of addictive behaviour. *Brain Research. Brain Research Reviews*, 36, 129–138.

Feuerlein, W. (Hrsg.). (1989). *Alkoholismus – Mißbrauch und Abhängigkeit*. Thieme.

Franken, I. H., de-Haan, H. A., van der Meer, C. W., Haffmans, P. J. M., & Hendriks, V. M. (1999). Cue reactivity and the effects of cue exposure in post-treatment drug users. *Journal of Substance Abuse Treatment*, 16, 81–85.

Franken, I. H., Hulstijn, K. P., Stam, C. J., Hendriks, V. M., & van den Brink, W. (2004). Two new neurophysiological indices of cocaine craving: evoked brain potentials and cue modulated startle reflex. *Psychopharmacology*, 18, 544–552.

Franken, I. H., Stam, C. J., Hendriks, V. M., & van den Brink, W. (2003). Neurophysiological evidence for abnormal cognitive processing of drug cues in heroin dependence. *Psychopharmacology*, 170, 205–212.

Garris, P. A., Kilpatrick, M., Bunin, M. A., Michael, D., Walker, Q. D., & Wightman, R. M. (1999). Dissociation of dopamine release in the nucleus accumbens from intracranial self-stimulation. *Nature*, 398, 67–69.

Geerlings, P., & Lesch, O. M. (1999). Introduction: Craving and relapse in alcoholism: neurobio-psychosocial understanding. *Alcohol & Alcoholism*, 34, 195–196.

Geier, A., Mucha, R. F., & Pauli, P. (2000). Appetitive nature of drug cues confirmed with physiological measures in a model using pictures of smoking. *Psychopharmacology*, 150, 283–189.

Glautier, S., & Drummond, D. C. (1994). Alcohol dependence and cue reactivity. *Journal of Studies on Alcohol*, 55, 224–229.

Goeders, N. E. (2003). The impact of stress on addiction. *European Neuropsychopharmacology*, 13, 435–441.

Goldman, M. S., & Rather, B. C. (1993). Substance use disorders: cognitive models and architecture. In K. S. Dobson, & P. C. Kendall (Eds.), *Psychopathology and cognition. Personality, psychopathology, and psychotherapy series* (pp. 245–292). San Diego, CA: Academic Press.

Goldman, M. S., Brown, S. A., Christiansen, B. A., & Smith, G. T. (1991). Alcoholism and memory: broadening the scope of alcohol-expectancy research. *Psychological Bulletin*, 110, 137–146.

Griffiths, M. D., (2000). Internet addiction – time to be taken seriously? *Addiction Research*, 8, 413–418.

Grüsser, S. M., Düffert, S., Jellinek, C., & Kroekel, J. (2000). Der Einfluss von Stimmung, Stress und Ängstlichkeit auf das Verlangen nach Heroin und Substanzen des Beikonsums beim Opiatabhängigen. In B. Westermann, U. Bellmann, & C. Jellinek (Hrsg.), *Beigebrauch: Offene Grenzen der Substitution* (S. 65–69). Weinheim: Beltz.

Grüsser, S. M., Flor, H., & Heinz, A. (1999). Drogenverlangen und Drogengedächtnis. In J. Gölz (Hrsg.), *Moderne Suchtmedizin* (3. NL, 11, B2, S. 611–614), Stuttgart: Thieme.

Grüsser, S. M., Heinz, A., & Flor, H. (2000). Standardized stimuli to assess drug craving and drug memory in addicts. *Journal of Neural Transmission*, 107, 715–720.

Grüsser, S. M., Heinz, A., Raabe, A., Wessa, M., Podschus, J., & Flor, H. (2002). Stimulus-induced craving and startle potentiation in abstinent alcoholics and controls. *European Psychiatry*, 17, 188–193.

Grüsser, S. M., Plöntzke, B., & Albrecht, U. (2003). Event-related potentials and craving in active and abstinent pathological gamblers, casino employees and healthy controls [abstract]. *Society of Neuroscience*, 33rd Annual meeting, New Orleans, 111.10.

Grüsser, S. M., Thalemann, C. N., Platz, W., Gölz, J., & Partecke, G. (2005). A new approach to preventing relapse in opiate addicts: a psychometric evaluation. *Biological Psychology*, Jul 18; [Epub ahead of print].

Grüsser, S. M., Wölfling, K. Düffert, S., Mörsen, C. P., Albrecht, U., & Flor, H. (2005). *Fragebogen zur differenzierten Drogenanamnese (FDDA)*. Göttingen: Hogrefe.

Grüsser, S. M., Wölfling, K., Mörsen, C. P., Albrecht, U., & Heinz, A. (2005). Immigration-associated variables and substance dependence. *Journal of Studies on Alcohol*, 66, 98–104.

Grüsser, S. M., Wrase, J., Klein, S., Hermann, D., Smolka, M. N., Ruf, M., et al. (2004). Cue-induced activation of the striatum and medial prefrontal cortex is associated with subsequent relapse in abstinent alcoholics. *Psychopharmacology*, 175, 296–302.

Heinz, A. (2000). Das dopaminerge Verstärkungssystem – Funktion, Interaktion mit anderen Neurotransmittersystemen und psychopathologische Korrelate. In H. Hippius, H. Saß, & H. Sauer (Hrsg.), *Monographien aus dem Gesamtgebiete der Psychiatrie*. Darmstadt: Steinkopf.

Heinz, A., Siessmeier, T., Wrase, J., Hermann, D., Klein, S., Grüsser, S. M., et al. (2004). Correlation between Dopamine D2 receptors in the ventral striatum and central processing of alcohol cues and craving. *American Journal of Psychiatry*, 161, 1783–1789.

Heinz, A., Lober, S., Georgi, A., Wrase, J., Hermann, D., Rey, E. R., et al. (2003). Reward craving and withdrawal relief craving: assessment of different motivational pathways to alcohol intake. *Alcohol and Alcoholism*, 387, 35–39.

Heinz, A., Ragan, P., Jones, W., Hommer, D., Williams, W., Knable, M. B., et al. (1998). Reduced central serotonin transporters in alcoholism. *American Journal of Psychiatry*, 155, 1544–1549.

Herpertz, S. (Hrsg.). (2001). *Impulsivität und Persönlichkeit*. Stuttgart: Kohlhammer.

Herpertz, S., & Saß, H. (1997). Impulsivität und Impulskontrolle. *Der Nervenarzt*, 68, 171–183.

Herrmann, M. J., Weijers, H. G., Böning, J., & Fallgatter, A. J. (2001). Alcohol cue-reactivity in heavy and light social drinkers as revealed by event-related potentials. *Alcohol and Alcoholism*, 36, 588–593.

Jellinek, E. M. (Ed.). (1960). *The desease concept of alcoholism*. New Brunswik (NY): Hillhouse Press.

Johnson, B. A., Chen, Y. R., Schmitz, J., Bordnick, P., & Shafer, A. (1998). Cue reactivity in cocaine-dependent subjects: effects of cue type and cue modality. *Addictive Behaviors*, 23, 7–15.

Jones, B. T., Corbin, W., & Fromme, K. (2001). A review of expectancy theory and alcohol consumption. *Addiction*, 96, 57–72.

Kalivas, P. W., & Stewart, J. (1991). Dopamine transmission in the initiation and expression of drug- and stress-induced sensitization of motor activity. *Brain Research. Brain Research Reviews*, 16, 223–244.

Kaplan, R. F., Meyer, R. E., & Stroebel, C. F. (1983). Alcohol dependence and responsivity to an ethanol stimulus as predictors of alcohol consumption. *British Journal of Addiction*, 78, 259–267.

Kelley, A. E, & Berridge, K. C. (2002). The neuroscience of natural rewards: relevance to addictive drugs. *Journal of Neuroscience*, 22, 3306–3311.

Kim, D. J., Jeong, J., Kim, K. S., Chae, J. H., Jin, S. H., Ahn, K. J., et al. (2003). Complexity changes of the EEG induced by alcohol cue exposure in alcoholics and social drinkers. *Alcohol Clinical and Experimental Research*, 27, 1955–1961.

Kleber, H. D. (2003). Pharmacologic treatments for heroin and cocaine dependence. *American Journal of Addiction*, 12(Suppl. 2), 5–18.

Koob, G. F. (1992). Neural mechanisms of drug reinforcement. *Annals of the New York Academy of Sciences*, 654, 171–191.

Koob, G. F., & Roberts, A. J. (1999). Brain reward circuits in alcoholism. *CNS Spectrum*, 4, 23–38.

Koob, G. F., & Le Moal, M. (1997). Drug abuse: hedonic homeostatic dysregulation. *Science*, 278, 52–58.

Kozlowski, L. T., & Wilkinson, T. A. (1987). Use and misuse of the concept of craving by alcohol, tobacco, and drug researchers. *British Journal of Addiction*, 82, 31–36.

Kraepelin, E. (Hrsg.). (1896). *Psychiatry. Ein Lehrbuch für Studierende und Ärzte* (5. Aufl.). Leipzig: Barth.

Küfner, H. (1981). Systemwissenschaftliche orientierte Überlegungen zu einer integrativen Alkoholismustheorie. *Wiener Zeitschrift für Suchtforschung*, 4, 3–16.

Lang, P. J., Bradley, M. M., & Cuthbert, B. N. (1990). Emotion, attention, and the startle reflex. *Psychological Review*, 97, 377–395.

LeMarquand, D., Pihl, R. O., & Benkelfat, C. (1994). Serotonin and alcohol intake, abuse, and dependence: findings of animal studies. *Biological Psychiatry*, 26, 395–421.

Lindenmeyer, J. (2005). *Reihe Fortschritte der Psychotherapie. Alkoholabhängigkeit* (2. Aufl.). Göttingen: Hogrefe.

Little, H. J., Stephens, D. N., Ripley, T. L., Borlikova, G., Duka, T., Schubert, M., et al. (2005). Alcohol withdrawal and conditioning. *Alcoholism Clinical and Experimental Research*, 29, 453–464.

Ludwig, A. (1986). Pavlov's «belles» and alcohol craving. *Addictive Behaviors*, 11, 87–91.

Ludwig, A., & Wikler, A. (1974). «Craving» the relapse to drink. *Quarterly Journal of Studies on Alcohol*, 35, 108–130.

Lyvers, M. (1998). Drug addiction as a physical disease: the role of physical dependence and other chronic drug-induced neurophysiological changes in compulsive drug self-administration. *Experimental and Clinical Psychopharmacology*, 6, 107–125.

MacRae, J., Scoles, M., & Siegel, S. (1987). The contribution of Pavlovian conditioning to drug tolerance and dependence. *British Journal of Addiction*, 82, 371–380.

Maier, W., Helmchen, H., & Saß, H. (2005). Hirnforschung und Menschenbild im 21. Jahrhundert. *Der Nervenarzt*, 76, 543–545.

Margolin, A., Avants, S. K., & Kosten, T. R. (1994). Cue-elicited cocaine craving and Autogenic Relaxation Association with treatment outcome. *Journal of Substance Abuse Treatment*, 11, 549–552.

Marlatt, G. A. (1978). Craving for alcohol, loss of control, and relapse: a cognitive-behavioral analysis. In P. E. Nathan, G. A. Marlatt, & T. Loberg (Eds.), *Alcoholism. New directions in behavioral research and treatment* (pp. 271–314). New York: Plenum Press.

Marlatt, G. A. (1985). Cognitive factors in the relapse process. In G. A. Marlatt, & J. R. Gordon (Eds), *Relapse prevention: maintenance strategies in the treatment of addictive behaviors*. New York: Guilford Press.

Marlatt, G. A., & Gordon, J. R. (1985). *Relapse prevention: maintenance strategies in the treatment of addictive behaviors*. New York: Guilford Press.

McBride, W. J., Murphy, J. M., & Ikemoto, S. (1999). Localization of brain reinforcement mechanisms: intracranial self-administration and intracranial place-conditioning studies. *Behavioural Brain Research*, 101, 129–152.

McClernon, F. J., & Gilbert, D. G. (2004). Human functional neuroimaging in nicotine and tobacco research: basics, backround, and beyond. *Nicotine and Tobacco Research*, 6, 941–959.

McCusker, C. G., & Brown, K. (1991). The cue-responsivity phenomenon in dependent drinkers: personality vulnerability and anxiety as intervening variables. *British Journal of Addiction*, 86, 905–912.

McLellan, A. T., Childress, A. R., Ehrman, R., O'Brien, C. P., & Pashko, S. (1986). Extinguishing conditioned responses during opiate dependence treatment turning laboratory findings into clinical procedures. *Journal of Substance Abuse Treatment*, 3, 33–40.

Monti, P. M., Rohsenow, D. J., Rubonis, A. V., Niaura, R. S., Sirota, A. D., Colby, S. M., et al. (1993). Cue exposure with coping skills treatment for male alcoholics – a preliminary investigation. *Journal of Consulting and Clinical Psychology*, 61, 1011–1019.

Mucha, R. F., Pauli, P., & Angrilli, A. (1998). Conditioned responses elicited by experimentally produced cues for smoking. *Canadian Journal of Physiology and Pharmacology*, 76, 259–268.

Müller, V., Mucha, R. F., Ackermann, K., & Pauli, P. (2001). Die Erfassung des Cravings bei Rauchern mit einer deutschen Version des «Questionnaire in Smoking Urges» (QSU-G). *Zeitschrift für Klinische Psychologie und Psychotherapie*, 30, 164–171.

Myrick, H., Anton, R. F., Li, X. B., Henderson, S., Drobes, D., Voronin, K., & George, M. S. (2004). Differential brain activity in alcoholics and social drinkers to alcohol cues: Relationship to craving. *Neuropsychopharmacology*, 29, 393–402.

Niaura, R. S., Rohsenow, D. J., Binkoff, J. A., Monti, P. M., Pedraza, M., & Abrams, D. B. (1988). Relevance of cue reactivity to understanding alcohol and smoking relapse. *Journal of Abnormal Psychology*, 97, 133–152.

Nowend, K. L., Arizzi, M., Carlson, B. B., & Salamone, J. D. (2001). D1 or D2 antagonism in nucleus accumbens core or dorsomedial shell suppresses lever pressing for food but leads to compensatory increases in chow consumtion. *Pharmacology, Biochemistry, and Behavior*, 69, 373–382.

O'Brien, C. P., Childress, A. R., McLellan, A. T., & Ehrman, T. (1992). A learning model of addiction. In C. P. O'Brien, & J. Jaffe (Eds.), *Addictive States* (pp.157–177). New York: Raven Press Ltd.

O'Brien, C. P., Ehrman, R. N., & Ternes, J. W. (1986). Classical conditioning in human opioid dependence. In S. R. Goldberg, & J. P. Stolerman (Eds.), *Behavioral Analysis of Drug Dependence* (pp. 329–356). Orlando: Academic Press.

O'Malley, S. S., Jaffe, A. J., Chang, G., Rode, S., Schottenfeld, R., Meyer, R. E., & Rounsaville, B. (1996). Six-month follow-up of naltrexone and psychotherapy for alcohol dependence. *Archives of General Psychiatry*, 53, 217–24.

Olds, J., & Milner, P. (1954). Positive reinforcement produced by electrical stimulation of septal area and other regions of rat brain. *Journal of Comparative and Physiological Psychology*, 47, 419–427.

Otto, M. W., Safren, S. A., & Pollack, M. H. (2004). Internal cue exposure and the treatment of substance use disorders: lessons from the treatment of panic disorder. *Journal of Anxiety Disorders*, 18, 69–87.

Patridge, G. E. (1930). Current conceptions of psychopathic personality. *American Journal of Psychiatry*, 10, 53–99.

Pfaus, J. G., Damsma, G., Nomikos, G. G., Wenkstern, D. G., Blaha, C. D., Phillips, A. G., et al. (1990). Sexual behavior enhances central dopamine transmission in the male rat. *Brain Research. Brain Research Reviews*, 530, 345–348.

Piazza, P., Demenière, J., Le Moal, M., & Simon, H. (1990). Stress- and pharmacologically induced behavioral sensitization increases vulnerability to aquisition of amphetamine self-administration. *Brain Research*, 514, 22–26.

Piazza, P. V., & Le Moal, M. (1998). The role of stress in drug self-administration. *Trends in Pharmacological Sciences*, 19, 67–74.

Rankin, H., Hodgson, R. J., & Stockwell, T. (1979). The concept of craving and its measurement. *Behavior Research and Therapy*, 17, 389–396.

Rather, B. C., Goldman, M. S., Roehrich, L., & Brannick, M. (1992). Empirical modeling of an alcohol expectancy memory network using multidimensional scaling. *Journal of Abnormal Psychology*, 101, 174–183.

Robbins, S. J., & Ehrman, R. N. (1992). Designing studies of drug conditioning in humans. *Psychopharmacology*, 106, 143–153.

Robbins, T., & Everitt, B. J. (2002). Limbic-striatal memory systems and drug addiction. *Neurobiology of Learning and Memory*, 78, 625–636.

Robinson, T. E., & Berridge, K. C. (1993). The neural basis of drug craving: an incentive-sensitization theory of addiction. *Brain Research. Brain Research Reviews*, 18, 247–291.

Robinson, T. E., & Berridge, K. C. (2000). The psychology and neurobiology of addiction: an incentive-sensitization view. *Addiction*, 95 (suppl. 2), S91–S117.

Robinson, T. E., & Berridge, K. C. (2001). Incentive-sensitization and addiction. *Addiction*, 96, 103–114.

Robinson, T. E., & Berridge, K. C. (2003). Addiction. *Annual Review of Psychology*, 54, 25–53.

Rohsenow, D. J., Monti, P. M., Rubonis, A. V., Sirota, A. D., Niaura, R. S., Colby, S. M., et al. (1994). Cue reactivity as a predictor of drinking among male alcoholics. *Journal of Consulting and Clinical Psychology*, 62, 620–626.

Saal, D., Dong, Y., Bonci, A., & Malenka, R. C. (2003). Drugs of abuse and stress trigger a common synaptic adaptation in dopamine neurons. *Neuron*, 37, 577–582.

Saß, H., Wittchen, H.-U. Zaudig, M., & Houben, I. (2003). Diagnostisches und Statistisches Manual Psychischer Störungen (DSM-IV-TR). Göttingen: Hogrefe.

Sayette, M. A. (1999). Does drinking reduce stress? *Alcohol Research and Health: the Journal of the National Institute on Alcohol Abuse and Alcoholism*, 23, 250–255.

Schachter, S., & Singer, S. (1962). Cognitive, social and physiological determinants of emotional state. *Physiological Review*, 69, 379–399.

Scharfetter, C. (Hrsg.). (1976). *Allgemeine Psychopathologie*. Stuttgart.

Schneider, F., Habel, U., Wagner, M., Franke, P., Salloum, J. B., Shah, N. J., et al. (2001). Subcortical correlates of craving in recently abstinent alcoholic patients. *American Journal of Psychiatry*, 158, 1075–1083.

Schultz, W., Dayan, P., & Montague, P. R. (1997). A neural substrate of prediction and reward. *Science*, 275, 1593–1599.

Schupp, H. T., Cuthberg, B. N., Bradley, M. M., Cacioppo, J. T., Ito, T., & Lang, P. J. (2000). Affective picture processing: the late positive potential is modulated by motivational relevance. *Psychophysiology*, 37, 257–261.

Shah, K. R., Potenza, M., & Eisen, S. A. (2004). Biological basis for pathological gambling. In J. E. Grant, & M. N. Potenza (Eds.), *Pathological gambling: a clinical Guide to treatment* (pp. 127–142). Washington: American Psychiatry Publishing.

Sherman, J. E., Zinser, M. C., Sideroff, S. I., & Baker, T. B. (1989). Subjective dimensions of heroin urges: influence of heroin-related and affectively negative stimuli. *Addictive Behaviors*, 14, 611–23.

Siegel, S. (1975). Evidence from rats that morphine tolerance is a learned response. *Journal of Comparative and Physiological Psychology*, 89, 498–506.

Siegel, S. (1985). Drug-anticipatory responses in animals. In L. White, B. Tursky, & G. E. Schwartz (Eds.), *Placebo: theory, research, and mechanisms* (pp 288–305). New York: Guilford.

Sinha, R. (2001). How does stress increase risk of drug abuse and relapse? *Psychopharmacology*, 158, 343–359.

Solomon, R. L. (1980). The opponent-process theory of aquired motivation. *American Psychologist*, 35, 691–712.

Spanagel, R., Herz, A., & Shippenberg, T. S. (1992). Opposing tonically active endogeneous opioid systems modulate the mesolimbic dopaminergic pathway. *Proceedings of the National Academy of Sciences of the United States of America*, 89, 2046–2050.

Stacy, A. W. (1997). Memory activation and expectancy as prospective predictors of alcohol and marijuana use. *Journal of Abnormal Psychology*, 106, 61–73.

Stasiewicz, P. R., Gulliver, S. B., Bradizza, C. M., Rohsenow, D. J., Torrisi, R., & Monti, P. M. (1997). Exposure to negative emotional cues and alcohol cue reactivity with alcoholics: a preliminary investigation. *Behaviour Research and Therapy*, 35, 1143–1149.

Stewart, J. (2000). Pathways to relapse: the neurobiology of drug and stress-induced relapse to drug-taking. *Journal of Psychiatry and Neuroscience*, 25, 125–136.

Stewart, J. (2003). Stress and relapse to drug seeking: studies in laboratory animals sheet light on mechanisms and sources of long-term vulnerability. *The American Journal on Addiction*, 12, 1–17.

Stormark, K. M., Field, N. P, Hugdahl, K., & Horowitz, M. (1997). Selective processing of visual alcohol cues in abstinent alcoholics: an approach-avoidance conflict? *Addictive Behaviors*, 22, 509–519.

Stormark, K. M., Laberg, N., Blerland, T., & Hugdahl, K. (1993). Habituation of electrodermal reactivity to visual alcohol stimuli in alcoholics. *Addictive Behaviors*, 18, 437–443.

Swift, R. M., & Stout, R. L. (1992). The relationship between craving, anxiety, and other symptoms in opioid withdrawal. *Journal of Substance Abuse*, 4, 19–26.

Tiebout, H. (1955). Craving for alcohol. *Quarterly Journal of Studies on Alcohol*, 19, 46–47.

Tiffany, S. T. (1990). A cognitive model of drug urges and drug-use behavior: role of automatic and nonautomatic processes. *Psychological Review*, 97, 147–68.

Tiffany, S. T. (1995). The role of cognitive factors in reactivity to drug cues. In D. C. Drummond, S. T. Tiffany, S. Glautier, & B. Remington (Eds.), *Addictive behavior: cue exposure theory and practice* (pp. 137–165). Chichester: Wiley.

Tiffany, S. T. (1997). New perspectives on the measurement, manipulation, and meaning of drug craving. *Human Psychopharmacology*, 12(suppl. 2), S103–S113.

Tiffany, S. T., & Drobes, D. J. (1991). The development and initial validation of a questionnaire on smoking urges. *British Journal of Addiction*, 86, 1467–1476.

Toates, F. M. (1986). *Motivational systems*. Cambridge: Cambridge University Press.

Tretter, F. (Hrsg.). (2000). *Suchtmedizin*. Stuttgart: Schattauer.

Tretter, F. (2001). System-kybernetische Modellansätze der Psychologie der Sucht. In F. Tretter, & A. Müller (Hrsg.), *Psychologische Therapie der Sucht* (S. 165–201). Göttingen: Hogrefe.

Turkkan, J. S., McCaul, M. E., & Stitzer, M. L. (1989). Psychophysiological effects of alcohol-related stimuli: II. enhancement with alcohol availability. *Alcoholism, Clinical and Experimental Research*, 13, 392–398.

Van Ree, J. M. (1996). Endorphins and experimental addiction. *Alcohol*, 13, 25–30.

Verheul, R., van den Brink, W., & Geerlings, P. (1999). A three-pathway psychobiological model of craving for alcohol. *Alcohol & Alcoholism*, 34, 197–222.

Volkow, N. D., Fowler, J. S., & Wang, G. J. (2004). The addicted human brain viewed in the light of imaging studies: brain circuits and treatment strategies. *Neuropharmacology*, 47, 3–13

Volkow, N. D., Fowler, J. S., Wang, G. J., & Goldstein, R. Z. (2002). Role of dopamine, the frontal cortex and memory circuits in drug addiction: insight from imaging studies. *Neurobiology of Learning and Memory*, 78, 610–624.

Wang, G. J., Volkow, N. D., Fowler, J. S., Cervany, P., Hitzemann, R. J., Pappas, N. R., et al. (1999). Regional brain metabolic activation during craving elicited by recall of previous drug experiences. *Life Sciences*, 64, 775–784.

Weiner, B. (1972). *Theories of motivation. From mechanism to cognition.* Chicago: Markham.

Weinstein, A., Wilson, S., Bailey, J., Myles, J., & Nutt, D. (1997). Imagery of craving in opiate addicts undergoing detoxification. *Drug and Alcohol Dependence,* 25, 25–31.

Weiss, F. (2005). Neurobiology of craving, conditioned reward and relapse. *Current Opinion in Pharmacology,* 5, 9–19.

Weiss, R. D., Griffin, M. L., Mazurick, C., Berkman, B., Gastfriend, D. R., Frank, A., et al. (2003). The relationship between cocaine craving, psychosocial treatment, and subsequent cocaine use. *American Journal of Psychiatry,* 160, 1320–1325.

Wikler, A. (1948). Recent progress in research on the neurophysiological basis of morphine addiction. *The American Journal of Psychiatry,* 105, 329–338.

Willner, P., Field, M., Pitts, K., & Reeve, G. (1998). Mood, cue and gender influences on motivation, craving and liking for alcohol in recreational drinkers. *Behavioural Pharmacology,* 9, 631–642.

Wilson, S. J., Sayette, M. A., & Fiez, J. A. (2004). Prefrontal responses to drug cues: a neurocognitive analysis. *Nature Neuroscience,* 7, 211–214.

Wise, R. A. (1988). The neurobiology of craving: implications for the understanding and treatment of addiction. *Journal of Abnormal Psychology,* 97, 118–132.

Wise, R. A., & Bozarth, M. A. (1987). A psychomotor stimulant theory of addiction. *Psychological Review,* 94, 469–492.

Wrase, J., Grüsser, S. M., Klein, S., Diener, C., Braus, D. F., Hermann, D., et al. (2002). Development of alcohol-associated cues and cue-induced brain activation in alcoholics. *European Psychiatry,* 17, 287–291.

Zinser, M. C., Baker, T. B., Sherman, J. E., & Cannon, D. S. (1992). Relation between self-reported affect and drug urges and cravings in continuing and withdrawing smokers. *Journal of Abnormal Psychology,* 101, 617–629.

# 3. Erklärungsansatz für die Entstehung und Aufrechterhaltung von Verhaltenssucht

Der mit dem Begriff Abhängigkeit synonym genutzte Begriff der Verhaltens-abhängigkeit bzw. Verhaltenssucht impliziert, dass für das Gehirn die Erfahrung einer Belohnung unabhängig davon ist, ob es sich bei den (sekundären) Verstärkern (vgl. Kap. 2.1) um pharmakologische Substanzen handelt, die direkt auf Boten-stoffe z. b. im dopaminergen Belohnungssystem einwirken (Everitt, Dickinson, & Robbins, 2001), oder um Verhaltensweisen, die wie andere Umweltreize indirekt auf das Gehirn einwirken (Böning, 1999; Grüsser, 2005; Grüsser & Rosemeier, 2004; Holden, 2001; Marks, 1990). Analog zu der Entstehung und Aufrecht-erhaltung von Abhängigkeit wird davon ausgegangen, dass auch die süchtige Aus-übung von Verhalten erlernt ist (Berridge & Robinson, 1998; Everitt et al., 2001; Grüsser, Heinz, & Flor, 2000; O'Brien, Childress, McLellan, & Ehrmann, 1992; Robbins & Everitt, 2002). Dabei wird wie bei der Substanzabhängigkeit auch bei der Entstehung und Aufrechterhaltung von Verhaltenssucht dem verhaltens-verstärkenden Belohnungssystem eine zentrale Rolle zugeschrieben. Innerhalb dieses Belohnungssystems und den damit assoziierten Hirnstrukturen findet sich ein hochkomplexes Zusammenspiel bestimmter Botenstoffe wie Dopamin und Serotonin sowie verhaltensmodulierender Neuropeptide (z. B. aus der Gruppe der Endorphine) und für molekulares Lernen im Gehirn wichtiger Botenstoffe aus dem glutamatergen System (Böning, 1999; Everitt et al., 2001; Heinz, 2000; Robbins & Everitt, 2002). Dabei ist eine gesteigerte Dopaminaktivität im Nucleus accumbens eine wesentliche Komponente natürlicher Belohnungsprozesse im Gehirn (wie z. B. bei Essen, Sex und körperlicher Betätigung; Di Chiara, 1995). Den psychotropen Substanzen und auch abhängigen Verhaltensweisen wie Spielen, Kaufen und Arbeiten ist gemeinsam, dass sie in der Lage sind, diesen Mechanismus der Dopaminausschüttung verstärkt zu aktivieren (Berhow, Hiroi, & Nestler, 1996; Koob & Bloom, 1988; Phillips & Shen, 1996; Schultz, Dayan, & Montague, 1997; Wise & Bozarth, 1987). So sieht Böning (1991) im süchtigen Verhalten einen Schnittpunkt zwischen neurobiochemischen, individualpsychologischen und sozia-len Bereichen, wobei er die Verhaltenssucht explizit mit einbezieht.

Aufgrund der Ergebnisse von Untersuchungen zur Genese und Diagnostik von Verhaltenssucht und dem aktuellen Forschungs- und Diskussionsstand, basierend auf den in Kapitel 2 beschriebenen Erklärungsansätzen zur Entstehung und Aufrechterhaltung von Abhängigkeit, wird davon ausgegangen, dass auch der Entstehung und Aufrechterhaltung von Verhaltenssucht vergleichbare Prozesse und Mechanismen zugrunde liegen. In Anlehnung an diese Annahme ist im Folgenden ein Erklärungsansatz für die Entstehung und Aufrechterhaltung einer Verhaltenssucht erstellt.

Der Mensch strebt nach Ausgleich und Wohlbefinden und der Köper nach einem biochemischen Gleichgewicht. Wenn (stark) belohnendes Verhalten ausgeführt und als positiv empfunden wird (sogenannte positive Verstärkung), wird das Belohnungssystem im Hirn aktiviert (vgl. Kap. 2.5, Exkurs 2.1). Wenn das Verhalten bei einem evtl. bereits vorhandenen biochemischen Ungleichgewicht der Botenstoffe (Transmitterimbalance, z. B. aufgrund einer psychischen Störung wie einer Depression oder Angststörung) unangenehme Gefühlzustände beseitigt, dann wirkt dieses ebenfalls belohnend (negative Verstärkung, vgl. Kap. 2.1) und das Belohnungssystem wird aktiviert. Insbesondere in (negativen, aber auch positiven) Stresssituationen, wenn die «Biochemie der Gefühle» aus dem Gleichgewicht geraten ist, wird gerne zu entspannungsfördernden, also belohnenden Verhaltenweisen/Mitteln gegriffen. Hierbei kann dann von einer sich potenzierenden Wirkung des Belohnungseffektes ausgegangen werden.

Bei mehrfacher Wiederholung des belohnenden Verhaltens werden durch assoziative Vorgänge ehemals neutrale (kurz zuvor dargebotene) internale und externale Reize an das belohnende Verhalten gekoppelt und avancieren zu erlernten verhaltensassoziierten Reizen (klassische Konditionierung). Diese Reize (z. B. Stresssituation, Langeweile, ein Geldbündel, Computer) können dann einen konditionierten motivationalen Zustand auslösen, der zu einem erneuten Verhalten führt (vgl. Abb. 3-2). Der Betroffene reagiert nun auf die mit dem süchtigen Verhalten assoziierten Reize mit psychophysiologischen Prozessen (vgl. Kap. 2.2).

Im Laufe einer Suchtentwicklung bekommt das belohnende Verhalten immer mehr die Funktion, Stresssituationen oder Situationen, in denen die Biochemie der Gefühle aus dem Gleichgewicht gekommen ist (in negativen, aber auch in besonders freudig erregenden Situationen), inadäquat zu bewältigen bzw. zu verarbeiten (vgl. Kap. 3.1, Exkurs 3.1). Somit wird das belohnende süchtige Verhalten immer weiter – nun vor allem negativ – verstärkt. Das Verhalten wird dann i. d. R. zweckentfremdet ausgeführt (z. B. braucht der pathologische Käufer seine siebte Badematte nicht) und im Mittelpunkt steht nun die Wirkung bzw. der psychische Effekt, der durch das Verhalten ausgelöst bzw. bezweckt wird. Das sind z. B. bei der exzessiven Computer- bzw. Internetnutzung die positiv empfundenen psychischen Effekte des Abschaltens und das Eintauchen in eine «heile» bzw. «selbstwertstärkende» virtuelle Welt oder ein verändertes Erregungsniveau. Der Betroffene hat gelernt, dass er durch sein exzessives belohnendes Verhalten schnell und effektiv Gefühle im Zusammenhang mit Frustrationen, Ängsten und Unsicherheiten regulieren bzw. verdrängen und Stress bewältigen kann. Das süchtige Verhalten wird nun im Vergleich zu anderen belohnenden Verhaltensweisen vorrangig, da es zu dem einzigen noch wirkungsvollen Verhalten geworden ist, um ein Wohlbefinden herzustellen und das dopaminerge Belohnungssystem noch entsprechend zu aktivieren. Daher wird es nun zu Ungunsten anderer Verhaltensweisen, bei deren Durchführung das Belohnungssystem nicht mehr so stark aktiviert wird, immer und immer wieder durchgeführt.

Das exzessive belohnende Verhalten ist nun in der Hierarchie der Verhaltensweisen an oberste Stelle gerückt und über die anderen homöostatischen und nicht-homöostatischen Triebe gestellt. So werden z. B. Nahrungsaufnahme und sexuelle Aktivitäten, aber auch andere belohnende Verhaltensweisen und adäquate Stressverarbeitungsstrategien, zugunsten des süchtigen Verhaltens vernachlässigt. Eine aktive angemessene Auseinandersetzung mit den Problemen wird dabei «verlernt». Das suchtartige Verhalten wird dann im Laufe einer pathologischen Verhaltensentwicklung oftmals zur noch einzig vorhandenen Verarbeitungsstrategie, um psychische Belastungen/Stressoren (z. B. Ängste, Einsamkeit) oder andere schwierige Entwicklungsprozesse zu bewältigen.

Der zentrale Motivator für abhängiges Verhalten ist die Erinnerung an die positive Wirkung des Suchtverhaltens und somit die Wirkungserwartung an das Suchtverhalten (Marlatt & Gordon, 1985; Wise, 1988), wobei die Reaktionen auf der kognitiven Ebene, der Verhaltensebene und der physiologischen Ebene ablaufen können. So lassen sich auch die für die Abhängigkeit von psychotropen Substanzen gültigen kognitiven Modelle auch auf die verschiedenen Formen der Verhaltenssucht übertragen (s. **Abb. 3-1** auf S. 74).

Das exzessive Verhalten dient z. B. zur Stimmungsveränderung, Selbstverwirklichung, zum Aufbau einer Selbstidentität und zur Spannungsreduktion (Orford, 1985). Schon von Gebsattel (1954) bemerkte, dass «die Dedublierung der Akte für alles süchtige Verhalten charakteristisch ist. Immer wird man finden, dass der Süchtige nicht in erster Linie die Verwirklichung von Aufgaben oder Zielen, oder die Lebensbedingungen von beiden sucht, sondern die Befriedigung, die mit den sogenannten Akten verknüpft ist …So sei [der Kaufsüchtige] auf Erwerb aus, nicht um in den Genuss der erworbenen Güter zu gelangen, sondern eben um zu erwerben» (S. 224). Letztendlich wird das pathologische exzessive Verhalten dann bei den Ursachen, aber auch Folgen süchtigen Verhaltens im Sinne einer Selbstmedikation eingesetzt: Belastungen im Alltag, Ängste, Einsamkeit, Schüchternheit, Langeweile, Versagenserlebnisse oder Gruppendruck werden durch das Verhalten unterdrückt bzw. reduziert; diese können ihrerseits jedoch, da kurz vorher präsent und an das Verhalten assoziiert, wiederum als konditionierte Reize das Suchtverhalten auslösen.

Die Tatsache, dass bei Verhaltenssüchtigen andere belohnende Verhaltensweisen nicht mehr so effektiv (belohnend) wirken, erschwert es den Betroffenen, alternative Verhaltensweisen zu lernen. Daher ist es besonders wichtig, für diesen Schritt im Rahmen von therapeutischen Interventionsmaßnahmen kontinuierliche Motivationsarbeit zu leisten. Erst wenn das süchtige Verhalten bzw. die damit assoziierten Reize an Anreiz verloren haben (und somit die positive Wirkungserwartung seitens des Betroffenen reduziert ist) und alternative Verhaltens-

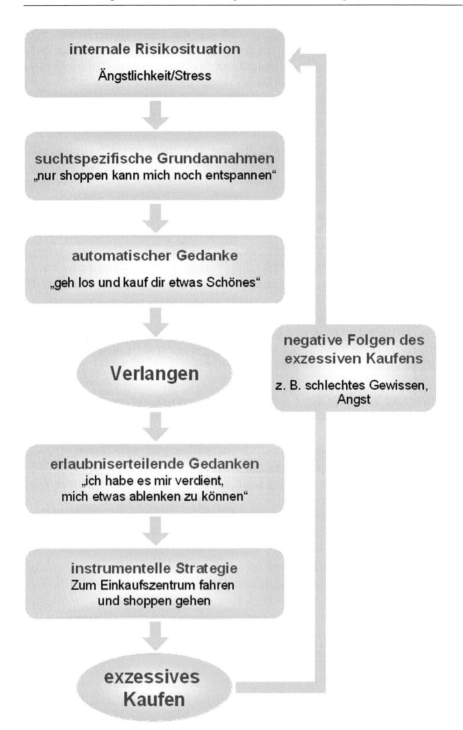

**Abbildung 3-1:** Modell der suchtspezifischen Grundannahmen nach Beck, Wright, Newman und Liese (1993/1997) am Beispiel der Kaufsucht

weisen an Anreiz und Belohnungseffekten gewonnen haben, kann der betroffene Verhaltenssüchtige sich effektiv langfristig davor bewahren, in Stresssituationen wieder in sein altes süchtiges «wirkungsvolles» Verhaltensmuster (oder ein anderes neues Suchtverhalten im Sinne einer Suchtverlagerung) zurückzufallen.

Am Beispiel von Herrn C. S., einem pathologischen Computerspieler, soll der Verlauf einer Verhaltenssucht kurz skizziert werden.

*Herr C. S., 28 Jahre, Student, ledig, erzählt:*
«Am Anfang habe ich nur ab und zu mal am Abend und selten auch mal am Wochenende am Computer gesessen, doch dann fing ich an, auch am Wochenende mehrere Stunden am Stück zu spielen. Schon der Anblick meines Computers machte mich unruhig und ich verspürte das unwiderstehliche Verlangen zu spielen. Dieses Gefühl wurde immer stärker und so fing ich an, in der Woche auch tagsüber zu spielen. Die Kurse in der Uni habe ich ausfallen lassen und meinen Job bei dem Veranstaltungsservice, bei dem ich an den Wochenenden gearbeitet hatte, habe ich ebenfalls aufgegeben. Meine Gedanken kreisten immer mehr um das Computerspiel. Da ich den Anschluss in der Uni mehr und mehr verlor und auch kaum Geld hatte auszugehen, hatte ich mit der Zeit auch immer weniger Kontakte. Teilweise habe ich tagelang mit niemanden gesprochen – nur über meinen Computer stand ich mit verschiedenen Mitspielern in Kontakt. Wenn ich dann doch das Haus verlassen musste, fühlte ich mich zunehmend unwohl, schließlich sagte ich auch die Besuche bei meinen Eltern ab. Ich merkte, dass ich mich nur noch bei mir zu Hause an meinem Computer bzw. in meinen virtuellen Welten sicher und entspannt fühlte. Hier konnte ich einfach in eine andere Realität springen und alle Ängste und Sorgen vergessen. Mit der Zeit habe ich mein Geld zunehmend nur noch für meine Internetrechnungen, Spiele und das Equipment ausgegeben. Jedoch wollte ich das Computerspielen nicht einstellen, denn immer, wenn ich versuchte, weniger zu spielen, wurde ich nervös und mir wurde übel. Als ich meine Eltern mehrfach um Geld gebeten hatte, wurden diese auf mein exzessives Computerspielen aufmerksam und verlangten von mir, dass ich eine Beratungsstelle aufsuche.»

Es zeigt sich, dass Herr C. S. neben Kriterien für das pathologische (Glücks-)Spiel die Kriterien der Abhängigkeit nach den internationalen Klassifikationssystemen psychischer Störungen (ICD-10, Dilling, Mombour, & Schmidt, 2000; DSM-IV-TR, Saß, Wittchen, Zaudig, & Houben, 2003) in Bezug auf sein exzessives pathologisches Computerspielverhalten (z. B. Verlangen, Entzugserscheinungen, Toleranzentwicklung, Vernachlässigung von Verpflichtungen) erfüllt (s. **Abb. 3-2** auf S. 76).

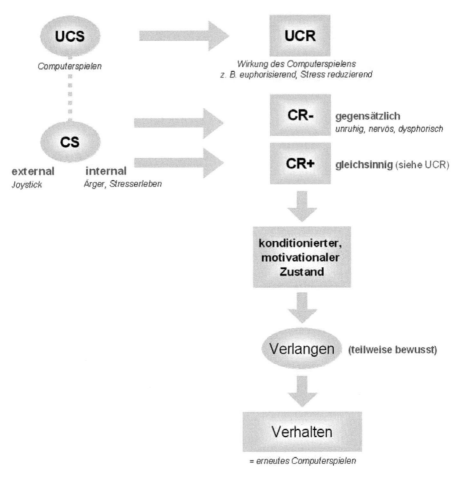

UCS = unkonditionierter Stimulus; UCR = unkonditionierte Reaktion
CS = konditionierter Stimulus; CR = konditionierte Reaktion

**Abbildung 3-2:** Modell der klassischen Konditionierung bei der Entstehung und Aufrechterhaltung der Verhaltenssucht am Beispiel der Computerspielsucht

## 3.1 Exkurs 3.1 Begriffsklärung Trieb und Homöostasemodell des süchtigen Verhaltens

Motivation soll die Gesamtheit der Beweggründe und Einflüsse für eine Handlung oder Entscheidung als die Variabilität von Verhaltensreaktionen erklären. Die inneren Bedürfnisse eines Menschen stehen beim motivierten Handeln im Vordergrund. So kontrollieren beispielsweise homöostatische Regelungsvorgänge, also Vorgänge, die für die Herstellung eines physiologischen Gleichgewichts verantwortlich und für das Überleben unabdingbar sind (z. B. die Nahrungsaufnahme), den motivationalen Zustand eines Organismus. Ist der innere Zustand eines Organismus gegenüber dem Sollwert des entsprechenden Regelungsprozesses verändert, beispielsweise durch Deprivation (z. B. Nahrungsmangel), variiert der Motivationszustand (z. B. für das Nahrungsaufnahmeverhalten). So wird bei Abweichung eines körperlichen homöostatischen Gleichgewichts (z. B. verringertes Glukoseniveau im Blut) die Stellung des für den Ausgleich der Abweichung zuständigen Triebes vorrangig vor anderen Trieben (Triebkonkurrenz). Der nun in der Triebhierarchie am weitesten oben stehende oder stärkste Trieb löst bestimmte zielgerichtete Verhaltenskomponenten (z. B. Nahrungsaufnahme) aus. Triebe regulieren die Intensität von bestimmten Verhaltensweisen bei Ausgrenzung anderer Verhaltensweisen. Die Stärke eines Triebes bzw. das Ausmaß der Abweichung vom homöostatischen Gleichgewicht wird neben zirkadianen Schwankungen vor allem durch die Deprivationszeit bestimmt, d. h. die Zeit, die seit dem letzten Ausgleich des homöostatischen Ungleichgewichts vergangen ist (z. B. die letzte Nahrungsaufnahme). Hunger ist demnach ein physiologisches Konstrukt, das operational direkt proportional zur Deprivationszeit definiert wird, also der Zeit seit der letzten Nahrungsaufnahme. Während Hunger und Durst zu den wichtigsten homöostatischen Trieben gehören, werden sexuelle Aktivität bzw. Reproduktion und süchtiges Verhalten zu den nicht-homöostatischen Trieben gezählt, die sich durch einen variablen Sollwert und variable Deprivationszeit auszeichnen und stärker von Lernprozessen und Umgebungsbedingungen beeinflusst werden (Birbaumer & Schmidt, 2003).

Bei dem Homöostasemodell der Sucht wird nun davon ausgegangen, dass, wenn durch einen positiven oder negativen Stressor im körpereigenen biochemischen Gleichgewicht (Sollwert-)Abweichungen entstehen, vom Individuum i. d. R. Verhaltensstrategien eingesetzt werden, um das Gleichgewicht (Homöostase) wieder herzustellen. Bei einer chronischen Abweichung des Erregungsniveaus oder der Stimmung in den Minusbereich und auch in den positiven Bereich – wie es z. B. bei einer psychischen Störung oder bei einer dauerhaft gestressten Person der Fall ist – werden dann therapeutisch Psychopharmaka bzw. wirkungsvolle Stressverarbeitungsstrategien für die Wiederherstellung bzw. Stabilisierung des biochemischen Gleichgewichts eingesetzt.

Bei einer süchtigen Person dient das süchtige Verhalten als die entsprechende effektive Maßnahme, um das köpereigene biochemische Gleichgewicht wieder herzustellen. Dieses trifft für negative stressige (z. B. traurige Stimmung, Zeitdruck, Ärger), aber auch für positive stressige Situationen (freudige Erregung, bestandene Prüfung, Feier) zu. Ist der Körper dem süchtigem Verhalten gegenüber tolerant geworden (eine Gegenregulation hat stattgefunden) und weist nun ein durch das süchtige Verhalten induziertes verändertes biochemisches Gleichgewicht auf, muss die betroffene Person das süchtige Verhalten exzessiver ausüben, um das Gleichgicht wieder herzustellen und den nun auch stärkeren Entzugserscheinungen auszuweichen (s. **Abb. 3-3** auf S. 78)

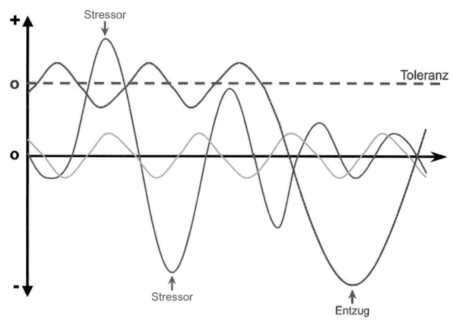

**Abbildung 3-3:** Homöostasemodell des süchtigen Verhaltens.

## 3.2 Literatur

Beck, A. T., Wright, F. D., Newman, C. F., & Liese, B. S. (1997). *Kognitive Therapie der Sucht* (J. Lindenmeyer, Übers.). Weinheim: Beltz (Original veröffentlicht 1993)

Berhow, M. T., Hiroi, N., & Nestler, E. J. (1996). Regulation of ERK (extracellular signal regulated kinase), part of the neurotrophin signal transduction cascade, in the rat mesolimbic dopamine system by chronic exposure to morphine or cocaine. *Journal of Neuroscience*, 16, 4707–4715.

Berridge, K. C., & Robinson, T. E. (1998). What is the role of dopamine in reward: hedonic impact, reward learning, or incentive salience? *Brain Research. Brain Research Reviews*, 28, 309–369.

Birbaumer, N., & Schmidt, R. F. (2003). *Biologische Psychologie* (5.Aufl.). Berlin: Springer.

Böning, J. (1991). Glücksspielen als Krankheit? Kritische Bemerkungen zur Inflation der Süchte. *Der Nervenarzt*, 62, 706–707.

Böning, J. (1999). Psychopathologie und Neurobiologie der «Glücksspielsucht». In G. Alberti, & B. Kellermann (Hrsg.), *Psychosoziale Aspekte der Glücksspielsucht* (S. 39–50). Geesthacht: Neuland.

Di Chiara, G. D. (1995). The role of dopamine in drug abuse viewed from the perspective of its role in motivation. *Drug and Alcohol Dependence*, 38, 95–137.

Dilling, H., Mombour, W., & Schmidt, M. H. (2000). *Internationale Klassifikation psychischer Störungen: ICD-10, Kapitel V (F), klinisch-diagnostische Leitlinien*. Weltgesundheitsorganisation. Bern: Huber.

Everitt, B. J., Dickinson, A., & Robbins, T. (2001). The neurobiological basis of addictive behaviour. *Brain Research. Brain Research Reviews*, 36, 129–138.

Grüsser, S. M. (2005). Extrem und exzessiv: Wenn Verhalten süchtig macht. In A. Kuhlmey, M. Rauchfuß, & H. P. Rosemeier (Hrsg.), *Tabuthemen in Medizin und Pflege* (185–198). Bern: Peter Lang.

Grüsser, S. M., Heinz, A., & Flor, H. (2000). Standardized stimuli to assess drug craving and drug memory in addicts. *Journal of Neural Transmission, 107,* 715–720.

Grüsser, S. M., & Rosemeier, H. P. (2004). Exzessive belohnende Verhaltensweisen oder nicht-stoffgebundene Sucht. *Psychomed, 16,* 132–135.

Heinz, A. (2000). Das dopaminerge Verstärkungssystem – Funktion, Interaktion mit anderen Neurotransmittersystemen und psychopathologische Korrelate. In H. Hippius, H. Saß, & H. Sauer (Hrsg.), *Monographien aus dem Gesamtgebiet der Psychiatrie.* Darmstadt: Steinkopf.

Holden, C. (2001). «Behavioral» addictions: do they exist? *Science, 294,* 980–982.

Koob, G. F., & Bloom, F. E. (1988). Cellular and molecular mechanisms of drug dependence. *Science, 242,* 715–723.

Marks, I. (1990). Behavioural (non-chemical) addictions. *British Journal of Addiction, 85,* 1389–1394.

Marlatt, G. A., & Gordon, J. R. (1985). *Relapse prevention.* New York: Guilford Press.

O'Brien, C. P., Childress, A. R., McLellan, A. T., & Ehrman, T. (1992). A learning model of addiction. In C. P. O' Brien, & J. Jaffe (Eds.), *Addictive states* (pp.157–177). New York: Raven Press Ltd.

Orford, J. (1985). *Excessive appetites: a psychological view of addictions.* Chichester: Wiley.

Phillips, T. J., & Shen, E. H. (1996). Neurochemical bases of locomotion and ethanol stimulant effects. *International Review of Neurobiology, 39,* 243–282.

Robbins, T., & Everitt, B. J. (2002). Limbic-striatal memory systems and drug addiction. *Neurobiology of Learning and Memory, 78,* 625–636.

Saß, H., Wittchen, H. U., Zaudig, M., & Houben, I. (2003). *Diagnostisches und Statistisches Manual Psychischer Störungen DSM-IV-TR.* Göttingen: Hogrefe.

Schultz, W., Dayan, P., & Montague, P. R. (1997). A neural substrate of prediction and reward. *Science, 275,* 1593–1599.

von Gebsattel, V. E. (1954). *Prolegomena einer medizinischen Anthropologie.* Berlin: Springer.

Wise, R. A. (1988). The neurobiology of craving: implications for the understanding and treatment of addiction. *Journal of Abnormal Psychology, 97,* 118–132.

Wise, R. A., & Bozarth, M. A. (1987). A psychomotor stimulant theory of addiction. *Psychological Review, 94,* 469–492.

# 4. Kaufsucht

## 4.1 Definition und Phänomenologie

Das Phänomen des exzessiven pathologischen Kaufens wurde erstmalig zu Beginn des 20. Jahrhunderts unter dem Begriff der Oniomanie (krankhafter Kauftrieb) beschrieben (Bleuler, 1924; Kraepelin, 1915). Berühmten Persönlichkeiten wie Mary Todd Lincoln und Jackie Kennedy Onassis wird nachgesagt, unter Kaufsucht gelitten zu haben (Black, 1996). Erst Ende der 1980er-Jahre rückte das Störungsbild Kaufsucht verstärkt in das Interesse wissenschaftlicher Studien.

Das Störungsbild Kaufsucht wird in der Literatur unterschiedlich benannt. So nutzen z. B. Dittmar und Drury (2000) den Begriff «excessive buying». Andere Autoren verwenden den Begriff des «compulsive buying» (z. B. Faber & O'Guinn, 1989; Kuzma & Black, 2004; McElroy, Keck, Pope, Smith, & Strakowski, 1994). Auch im deutschen Sprachraum gibt es bislang keine einheitliche Bezeichnung und Definition dieses Störungsbildes. Für die Art der therapeutischen Maßnahme ist jedoch die Diagnose entscheidend. Müller und de Zwaan (2004) nennen dieses Fehlverhalten pathologisches Kaufen und umgehen dadurch eine diagnostische Einordnung des Störungsbildes. Scherhorn, Reisch und Raab (2001; Reisch, Neuner, & Raab, 2004; Scherhorn, 1990) sowie Poppelreuter und Gross (2000) und Grüsser, Thalemann und Albrecht (2004) benutzen den Begriff Kaufsucht und gehen davon aus, dass dieses pathologische Verhalten ein süchtiges Verhalten ist, da es mit einer Abhängigkeitserkrankung in Entstehungsgeschichte, Beschreibungsmerkmalen und in der Effektivität spezieller Therapieformen vergleichbar ist.

Kaufsucht ist von kompensatorischem Kaufen abzugrenzen. Kompensatorische Käufe (sogenannte Frustkäufe) haben die Funktion, Frustrationen und kleine Probleme des Alltags kurzfristig auszugleichen. Kommt es jedoch regelmäßig zu kompensatorischen Frustkäufen, dann wird der Frustkauf zur Gewohnheit und im Laufe der Zeit zu der einzigen, noch «belohnenden» Verhaltensstrategie, somit kann es zur Kaufsucht kommen.

Kaufsucht ist definiert durch wiederholt auftretendes, impulsives und exzessives Kaufen von Dingen, die nicht unbedingt gebraucht werden. Schon von Gebsattel (1954, S. 224) bemerkte, dass «die Dedublierung der Akte für alles süchtige Verhalten charakteristisch ist. Man wird immer finden, dass der Süchtige nicht in erster Linie die Verwirklichung von Aufgaben oder Zielen oder die Lebensbedingungen von beiden sucht, sondern die Befriedigung, die mit den sogenannten Akten verknüpft ist …So sei [der Kaufsüchtige] auf Erwerb aus, nicht um in den Genuss der erworbenen Güter zu gelangen, sondern eben um zu erwerben.»

Dieses zweckentfremdete Verhalten führt zu persönlichem und familiärem Stress (Black, Repertinger, Gaffney, & Gabel, 1998; Bongers, 2000). Das Kaufverhalten ist dabei durch einen wachsenden inneren Druck gekennzeichnet, der erst beim Kauf der Ware endet. Weitere Merkmale sind vergebliche Versuche, dem Kaufimpuls zu widerstehen sowie kurzzeitige Gefühle der Entlastung oder Glücksgefühle nach dem Kauf (Gross, 1995). O'Guinn und Faber (1989) beschrieben das Phänomen als chronisches, sich wiederholendes Erstehen (Kaufen), welches als primäre Antwort auf negative Erlebnisse oder Gefühle zu sehen ist (vgl. auch Faber & O'Guinn, 1992).

McElroy und Kollegen (1994) haben das Störungsbild des pathologischen Kaufverhaltens für Klinik und Forschung (vgl. **Kasten 4-1**) definiert. Die Kriterien wurden von McElroy und Kollegen in Anlehnung an die Kriterien für Zwangsstörungen, Impulskontrollstörungen und Substanzmissbrauch im «Diagnostischen und Statistischen Manual Psychischer Störungen» (DSM-III-R, American Psychiatric Association (APA), 1987) formuliert. Die Definition von McElroy und Kollegen hat in Fachkreisen eine breite Akzeptanz gefunden (Black, 2001).

---

**Kasten 4-1: Kriterien für die Operationalisierung von pathologischem Kaufen (McElroy et al., 1994)**

Krankhafte Beschäftigung mit Kaufen oder «shoppen» oder krankhafte Beschäftigung mit Kauf- oder «Shopping»impulsen, was sich durch die Erfüllung mindestens eines der folgenden zwei Punkte zeigt:

- ständige Beschäftigung mit dem Kaufen oder den Impulsen zu kaufen, was als unwiderstehlich, störend und sinnlos empfunden wird
- ständiges Kaufen von Sachen, die man sich nicht leisten kann bzw. mehr kaufen, als man sich leisten kann und Kaufen von Sachen, die man nicht braucht sowie länger einkaufen als beabsichtigt.

Die gedankliche Beschäftigung mit dem Kaufen verursacht Unbehagen, ist zeitraubend, steht im Konflikt zu sozialen und anderen Freizeitfunktionen und kann in finanziellen Problemen resultieren.
Dieses Verhalten tritt nicht als Symptom einer Manie oder Hypomanie auf.

---

Es wird postuliert, dass die gekauften Dinge vor allem dazu dienen, sowohl das Fremd- als auch das Selbstbild aufzuwerten (O'Guinn & Faber, 1989; Scherhorn, Reisch, & Raab, 1990). Das Kaufen kann z. B. auch der Kompensation innerer Leere bzw. eines niedrigen Selbstwertes dienen (Black, 1996; D'Astou, 1990; Elliott, 1994; O'Guinn & Faber, 1989; Scherhorn et al., 2001). Die Betroffenen sind also nicht nach dem Gekauften süchtig, sondern nach der Funktion des Kaufens, also dem, was das Kaufen an «Erleben» verschafft: Es kann sowohl zur Beruhigung beitragen, innere Unruhe, aufsteigende Depression oder Ängstlichkeit betäuben als auch aufgrund der erregenden Wirkung als Aufputschmittel dienen. Kaufen steht als Symbol für selbständiges, kompetentes Entscheiden, Überfluss und ein intensives Leben. Diese Aspekte werden auch mit Macht in Verbindung gebracht. Kaufen kann als emotionale Unterstützung und als Bestärker bei einem niedrigen Selbstwert, als Ersatz für Anerkennung, als Belohnung oder Trost fungieren (Scherhorn et al., 2001). In einer Untersuchung von Miltenberger und Kollegen (2003) konnte gezeigt werden, dass es eine hohe Wahrscheinlichkeit impulsiver «Kaufanfälle» gibt, wenn negative Gefühle vorherrschend sind. Die kurzfristige Kompensation der negativen Gefühle durch das Kaufen verstärkt dieses Verhalten (ein unangenehmer Zustand wird beseitigt). Dieses Ergebnis steht im Einklang mit Studienergebnissen zur stoffgebundenen Sucht, wo das Suchtmittel oft im Sinne einer Selbstmedikation eingesetzt wird, d. h. um unangenehme Gefühle zu reduzieren (vgl. z. B. Childress, Hole, Ehrman, Robbins, McLellan, & O'Brien, 1993; George, Nutt, Dwyer, & Linnoila, 1990; Tyssen, Vaglum, Aasland, Gronvold, & Ekeberg, 1998). Des Weiteren ist davon auszugehen, dass das Kaufverhalten nicht nur durch die Beseitigung der negativen Gefühle (negative Verstärkung), sondern auch allein durch die positiven Gefühle (positive Verstärkung) während des Kaufaktes aufrechterhalten wird (operante Konditionierung, vgl. Kap. 2.1).

Von einigen Autoren wird wiederholtes Kaufen als Antwort auf negative Ereignisse oder Gefühle gesehen (z. B. O'Guinn & Faber, 1989; Scherhorn et al., 2001). Die Betroffen berichten von einem unwiderstehlichen Verlangen zu kaufen und einer Anspannung, die nur durch den Kaufakt reduziert werden kann. Der kurzfristigen Erleichterung durch den Kauf folgt jedoch schnell ein schlechtes Gewissen, das wiederum als Motivator für weitere «Kaufattacken» fungieren kann (Scherhorn et al., 2001). Als langfristige Folgen werden Schuldgefühle sowie finanzielle und soziale Probleme beschrieben (Gross, 1995).

## 4.2 Epidemiologie

Zur Prävalenz existieren in der Literatur unterschiedliche Angaben. Eine amerikanische Studie berichtet von Prävalenzzahlen zwischen 1,8 bis 8 % (Faber & O'Guinn, 1992). Die großen Schwankungen dieser Angabe erklären sich durch die unterschiedlich streng verwendeten Kriterien bei der Ermittlung der Zahlen. Die Autoren selbst gehen in ihrer Diskussion von einer konservativ geschätzten Prävalenz von 1 bis 2 % für die US-amerikanische Bevölkerung aus. Die bislang umfangreichste Studie zur Epidemiologie von Kaufsucht wurde 1990 von der Universität Hohenheim in Deutschland durchgeführt (Scherhorn et al., 1990). Zehn Jahre später führte die Arbeitsgruppe eine Wiederholungsstudie durch. 1990 fanden sich in den neuen Bundesländern etwa 1 % und in den alten Bundesländern ca. 5 % kaufsüchtige Konsumenten. Für das Jahr 2001 beschreiben die Autoren einen Anteil von 6,5 % süchtigen Käufern in den neuen Bundesländern und 8 % in den alten Bundesländern. Diese Zahlen deuten auf eine Zunahme von süchtigem Kaufverhalten in Deutschland hin (Neuner & Reisch, 2002; Reisch et al., 2004; Scherhorn et al., 2001).

Ungefähr 85 bis 92 % der betroffen Kaufsüchtigen sind Frauen (Black, 1996; D'Astou, 1990; Lejoyeux, McLoughlin, & Adès, 2000; O'Guinn & Faber, 1989). Diese geschlechtsspezifischen Prävalenzzahlen werden von Neuner und Reisch (2002) jedoch in Frage gestellt. Die Autoren vermuten hier eine Verzerrung der Ergebnisse durch die Erhebungsmethoden. Die gekauften Gegenstände unterscheiden sich je nach Geschlecht: Während Männer hauptsächlich technische Sachen kaufen, bevorzugen Frauen Sachen, die das äußere Erscheinungsbild betreffen, wie Schmuck, Schminke, Kleidung und Schuhe (Faber, O'Guinn, & Krych, 1987; Krueger, 1988). Dittmar, Beattie und Friese (1995) konnten zeigen, dass Männer vor allem Waren kaufen, die ihre persönliche Identität betreffen; also Waren, die einzigartige Eigenschaften, Werte und Ansichten sowie die persönliche Geschichte widerspiegeln. Frauen hingegen kaufen bevorzugt Dinge, die ihre soziale Identität betreffen, also den sozialen Standard und die Gruppenzugehörigkeit betonen. Manche Betroffene kaufen nur reduzierte Ware (sogenannte «Schnäppchenjäger») und andere entscheiden je nach Gemütslage, welche Dinge gekauft werden (Scherhorn et al., 2001).

## 4.3 Stellenwert des Geldes für Kaufsüchtige

Anscheinend besteht ein Unterschied zwischen Kaufsüchtigen und gesunden Kontrollpersonen bezüglich des Stellenwertes von Geld in der Sozialisationsgeschichte. Faber und O'Guinn (1988) konnten in einer Studie zeigen, dass kompensatorische Käufer in ihrer Kindheit häufiger mit Geld belohnt wurden. In einer Studie von Scherhorn und Kollegen (2001) zeigte sich, dass Personen mit einem pathologischen Kaufverhalten in der Kindheit das Gefühl vermittelt bekommen haben, Geld sei wichtiger als die eigenen Bedürfnisse nach Beachtung und Zuwendung. Hanley und Wilhelm (1992) konnten in einer Untersuchung zeigen, dass Geld für Kaufsüchtige einen höheren Stellenwert besitzt. Kaufsüchtige sind der Meinung, dass mit Geld alle Probleme gelöst werden können. Des Weiteren sehen sie Geld als ein probates Mittel, Annerkennung und Beachtung zu erlangen sowie Macht auszuüben. Die Autoren konnten zeigen, dass Kaufsüchtige keine konservativen Sparideen haben.

## 4.4 Komorbiditäten

In den bislang nur wenigen Studien, die das Auftreten von komorbiden Störungen bei Kaufsucht untersuchen, zeigt sich, dass Personen mit pathologischem Kaufverhalten auch häufig Kriterien der Achse I und II des «Diagnostischen und Statistischen Manuals Psychischer Störungen» (Diagnostic and Statistical Manual of Mental Disorders; aktuelle Version: DSM-V-TR; Saß, Wittchen, Zaudig, & Houben, 2003) erfüllen. Auf der Achse I werden klinische Störungen, wie z.B. Angst, affektive Störungen, Schizophrenie und Abhängigkeit, beschrieben und auf der Achse II unter anderem die Persönlichkeitsstörungen aufgelistet.

Christenson und Kollegen (1994) untersuchten komorbide Störungen bei Kaufsüchtigen und nicht-pathologischen Käufern. Die Autoren fanden keine erhöhte Lebenszeitprävalenz für Depressionen und betonen, dass dies an der ungewöhnlich hohen Zahl der Lebenszeitprävalenz für Depression in der Kontrollgruppe gelegen haben könnte. Es zeigte sich bei den Kaufsüchtigen jedoch eine erhöhte Lebenszeitprävalenz für Impulskontrollstörungen, Essstörungen, Substanzmissbrauch und Angststörungen sowie erhöhte Werte im State-Trait-Angstinventar (Laux, Glanzmann, Schaffner, & Spielberger, 1981). Black und Kollegen (1998) beschreiben ein erhöhtes Auftreten von affektiven Störungen und anderen psychiatrischen Erkrankungen bei Personen mit pathologischem Kaufverhalten.

McElroy und Kollegen (1994) fanden in einer Stichprobe von Kaufsüchtigen Depression, Ängstlichkeit, Alkoholmissbrauch, Essstörungen und Impulskontrollstörungen als komorbide Störungen. Diese Studie hat allerdings eine begrenzte Aussagekraft, da es sich um eine klinische Stichprobe handelt, die nicht aus der Allgemeinbevölkerung rekrutiert wurde. Zudem wurde keine Kontrollstichprobe erhoben. Lejoyeux, Bailly, Moula, Loi und Adès (2005) untersuchten in ihrer Studie die Prävalenz von pathologischem Kaufen bei Zwangspatienten und verglichen die Ergebnisse mit Prävalenzzahlen bei einer Vergleichsstichprobe von anderen psychiatrischen Patienten. Sie konnten bei den Zwangspatienten eine Prävalenzrate für pathologisches Kaufen von 23 % und bei den anderen Patienten von 4 % finden. Des Weiteren konnten die Autoren zeigen, dass bei Zwangspatienten pathologisches Kaufverhalten, Depressivität und verstärkter Alkoholkonsum assoziiert waren. Roberts und Tanner (2000) untersuchten pathologisches Kaufverhalten bei Jugendlichen und konnten zeigen, dass das pathologische Kaufverhalten signifikant positiv mit Zigarettenkonsum, Alkohol- und Drogenkonsum und der Wahrscheinlichkeit des Praktizierens von vorehelichem Sex korreliert war. In einer Folgestudie (2002) konnten die Autoren immer noch einen Zusammenhang mit einer erhöhten Bereitschaft zu vorehelichem Sex nachweisen, die allerdings nicht mit der allgemeinen Einstellung bezüglich Sex oder sexuellem Verhalten zusammenhing.

In mehreren Studien wurde ein erhöhtes Risiko für Essstörungen bei Kaufsüchtigen beschrieben (Black, 1996; Christenson et al., 1994; Faber, Christenson, de Zwaan, & Mitchell, 1995; Lejoyeux, Haberman, Solomon, & Adès, 1999; McElroy et al., 1994). Mitchell und Kollegen (2002) hingegen konnten kein erhöhtes Risiko für Essstörungen bei Kaufsüchtigen im Vergleich zu Kontrollprobanden zeigen. Die Autoren fanden in ihrer Stichprobe jedoch ein erhöhtes Risiko für Substanzmissbrauch und pathologische Persönlichkeitszüge (z. B. Borderline), betonen aber die relativ geringe Stichprobengröße und ebenfalls die hohe Lebenszeitprävalenz von affektiven Störungen in der Kontrollgruppe. Schlosser, Black, Repertinger und Freet (1994) zeigten in ihrer Untersuchung, dass 60 % der Stichprobe die Kriterien mindestens einer Persönlichkeitsstörung erfüllten (hauptsächlich einer zwanghaften Persönlichkeitsstörung, einer Borderline-Persönlichkeitsstörung oder einer vermeidenden Persönlichkeitsstörung). In einer Studie von Brook und Boaz (2005) an Jugendlichen, die unter einer Aufmerksamkeitsdefizit-

und Hyperaktivitätsstörung litten, zeigte sich, dass 44 % der Stichprobe die Kriterien einer Kaufsucht erfüllten.

Bei Kaufsucht scheinen vor allem komorbide Störungen wie Depression, Ängstlichkeit, Alkoholmissbrauch, Essstörungen und Impulskontrollstörungen gehäuft aufzutreten. Jedoch mangelt es für das Phänomen Kaufsucht an repräsentativen Studien in der Allgemeinbevölkerung, um verlässliche Angaben zu der Prävalenz komorbider Störungen bei Kaufsucht zu erhalten. Bisherige Studien sind bislang nur an kleinen klinischen Stichproben durchgeführt worden.

## 4.5 Fallbeispiel

Frau S. ist eine 32-jährige, schlanke Frau. Sie ist modisch gekleidet, sehr chic frisiert und trägt künstliche Fingernägel. Als Vorstellungsgrund gibt die Patientin an, Probleme mit impulsiven Kaufanfällen zu haben.

Die Patientin ist die einzige Tochter einer Lehrerin und eines Bürokaufmannes. Als die Patientin 15 Jahre alt war, verließ der Vater die Mutter wegen einer jüngeren, sehr attraktiven Frau. Seitdem hat die Patientin keinen Kontakt mehr zu ihrem Vater. Er habe zwar versucht, den Kontakt aufrechtzuerhalten, die Mutter hätte dies jedoch unterbunden. Ihre ohnehin enge Bindung zur Mutter sei nach der Trennung noch stärker geworden. Die Mutter habe schon immer viel Wert auf Leistung und ein gepflegtes Äußeres gelegt. Durch die Trennung wurde dies noch verstärkt. Oft «predigte» sie ihrer Tochter, wie wichtig es sei, «zu den Schönsten und Besten zu gehören». Das Geld der Unterhaltszahlungen bekam Frau S. von ihrer Mutter zur freien Verfügung, da die Mutter fand, es stände ihrer Tochter zu. Sie selbst war zu stolz, das Geld von ihrem Ex-Mann zu nehmen. Sie ermutigte ihre Tochter, sich mit dem Geld schöne und teure Sachen zu kaufen. Hinzu kam, dass die Mutter somit ihr schlechtes Gewissen beruhigte, weil sie so wenig Zeit für ihre Tochter hatte.

Mit 16 Jahren erkrankte die Patientin an Essstörungen, zunächst an Anorexie und später an Bulimie. Zu Beginn kommentierte die Mutter den Gewichtsverlust ihrer Tochter positiv, reagierte aber, als sie die Ernsthaftigkeit der Erkrankung erkannte, sehr ungehalten. Sie empfand die Essstörung ihrer Tochter als Angriff auf sich und ihre Erziehung und warf ihrer Tochter vor, sie genau wie ihr «Vater systematisch fertig machen zu wollen». In dieser Zeit fing die Beziehung zu ihrer Mutter an «zu bröckeln». Die Patientin bestand ihr Abitur mit sehr guten Noten. Nach dem Abitur fing Frau S. an, Jura zu studieren. Sie lernte ihren ersten Freund kennen, der sie überredete, wegen ihrer Essstörungen eine Therapie zu machen. Trotz erfolgreich verlaufender Therapie wurde die Patientin während ihres Studiums zunehmend unglücklicher. Sie hatte Angst, ihre Mutter zu enttäuschen und auch die hohen Anforderungen, die sie an sich selbst stellte, nicht zu erfüllen. So brach sie mit 23 Jahren das Studium kurz nach dem ersten Staatsexamen trotz guter Noten ab. Durch diese Entscheidung kam es zum Bruch mit ihrem Freund. Auch die Mutter konnte die Entscheidung nicht verstehen und strich Frau S.

umgehend die finanzielle Unterstützung. Frau S. begann eine Ausbildung zur Anwaltsgehilfin, schloss diese erfolgreich ab und wurde von ihrer Ausbildungskanzlei übernommen. Die Mutter war über die nicht-akademische Laufbahn ihrer Tochter zwar nicht glücklich, das Verhältnis entspannte sich aber durch die Berufstätigkeit der Patientin.

Frau S. hatte zwei weitere Partnerschaften, die aber schnell «in die Brüche gingen». Die Schuld daran gibt die Patientin ihrer Mutter, die sich «immer eingemischt» und ständig versucht habe, eine enge und vertrauensvolle Bindung ihrer Tochter an die Partner zu verhindern, damit ihr Kind nicht so enttäuscht werde wie sie selbst. Freunde habe Frau S. eigentlich nie gehabt. Oberflächlich hätte sie sich mit allen gut verstanden, aber zu engerem Kontakt sei es weder mit ihren Schulkameraden noch mit Kommilitonen oder Arbeitskollegen gekommen. Frau S. hatte immer Angst, andere Menschen würden sie nicht mehr mögen, wenn diese sie «wirklich» kennen würden, «da hinter der schönen Fassade ein Versager» stecke. Wenn sie sich zurück erinnere, komme es Frau S. so vor, als habe sie sich eigentlich immer nur beim Einkaufen wohlgefühlt. Sie erinnere sich noch gut an die Zeit, in der sie manchmal nach der Schule ins Einkaufszentrum gegangen war und dort z. B. für 20 DM einen «schönen» Lippenstift erstanden hatte. Danach hatte sie sich immer zufrieden und «richtig glücklich» gefühlt. Sie hatte das Gefühl, sie bekäme in den Geschäften beim Kaufen von den Verkäuferinnen die Anerkennung, die sie bei ihrer Mutter mit gutem Aussehen und guten Leistungen in Schule und Beruf habe hart erkämpfen müssen. Dabei habe sie ihre «Wertlosigkeit vergessen». Es kam ihr so vor, als «steigerten die schönen Dinge den Wert» ihrer eigenen Person. Mit der Zeit geschah es immer häufiger, dass sie sich gezielt hübsche Kleidung und Kosmetik kaufte, wenn sie sich unsicher oder unglücklich fühlte. Das Einkaufen wurde zu ihrem «Trostpflaster», wenn sie Fehlschläge erlitt oder in Anbetracht kommender Aufgaben nervös oder unsicher wurde. Diese kompensatorischen Kaufakte wurden dann später in der Zeit des Studiums immer häufiger.

Seit der Streichung der finanziellen Unterstützung ihrer Mutter habe sich ihr Kaufverhalten geändert: Früher habe sie teure Dinge gekauft, nun falle ihre Wahl aber immer häufiger auf «Schnäppchen». Während sie es früher genossen habe, sich teure Dinge zu kaufen, erlebe sie nun «einen Kick», wenn sie viele Dinge für wenig Geld erstehe. Die Befriedigung durch das Kaufen wäre umso größer, je mehr Dinge sie für wenig Geld bekäme. Dabei ginge es ihr vor allem um das Machtgefühl, dass sie verspüre, wenn sie «clever genug» wäre, Dinge unter ihrem eigentlichen Wert zu erstehen. Zu Beginn hätten diese Einkäufe regelmäßig am Wochenende stattgefunden. Die Patientin freute sich die ganze Woche über auf ihre «Schnäppchenjagd» am Samstag. Im Laufe der Zeit ging Frau S. aber immer häufiger auch nach der Arbeit und am Wochenende los und hätte sich so «einen Ausgleich für die anstrengende und zugleich langweilige Arbeit» verschafft. (**Toleranzentwicklung**) Während sie die gekauften Dinge zunächst noch alle verwenden konnte, passierte es ihr immer häufiger, dass sie sich zu Hause fragte, warum sie all diese Sachen gekauft hatte. Oftmals hatte sie beim «Schnäppchenjagen» das

▶ Gefühl, sich «in einem richtigen Rauschzustand zu befinden» und sich nicht mehr bezüglich ihres Kaufverhaltens unter Kontrolle zu haben. (**Kontrollverlust**) In letzter Zeit sei es ihr dann öfter passiert, dass sie während der Arbeitszeit einen so starken Drang verspüre, «Schnäppchen» zu erstehen, dass sie sich sogar krank
▶ meldete. (**unwiderstehliches Verlangen/Vernachlässigung beruflicher Verpflichtungen**) Dabei müsse sie «nicht einmal simulieren». Wenn ihr während der Arbeitszeit der Gedanke ans «Schnäppchenjagen» käme, dann würde sie unruhig, gereizt
▶ und nervös werden und Kopfschmerzen bekommen. (**Entzugserscheinungen**) Das Wohlgefühl, dass sie jedoch früher bei ihren Kaufanfällen verspürt habe, sei nun verschwunden. Zwar befriedige sie das Kaufen noch kurzfristig, unmittelbar nach dem Kaufakt bzw. manchmal schon an der Kasse werde sie aber von Schuldgefühlen und Minderwertigkeitskomplexen geplagt. Dann sähe sie oft keinen anderen Ausweg als erneut kaufen zu gehen, um die schlechten Gefühle zu unter-
▶ drücken. (**Fortführung des Verhaltens trotz negativer Konsequenzen**) Dieser «Teufelskreis» mache sie noch «wahnsinnig». Zu der psychischen Belastung kämen außerdem Schulden: Obwohl sie «eigentlich nur Schnäppchen» kaufen würde, hätte Frau S. mittlerweile 14 000 Euro Schulden. Dies habe sie so beunruhigt, dass sie beschlossen habe, eine Beratungsstelle aufzusuchen.

Die Kriterien für das Störungsbild «sonstige abnorme Gewohnheiten und Störungen der Impulskontrolle» (ICD-10, F63.8, Dilling, Mombour, & Schmidt, 2000) bzw. «Nicht Näher Bezeichnete Störung der Impulskontrolle» (DSM-IV-TR, 312.30, Saß et al., 2003) werden von der Patientin Frau S. erfüllt. Es lassen sich jedoch auch Merkmale finden, die vor allem den Kriterien eines Abhängigkeitssyndroms der internationalen Klassifikationssysteme psychischer Störungen entsprechen.

So erfüllt Frau S. die diagnostischen Kriterien einer Abhängigkeitserkrankung:

- Die Patientin verspürt einen starken Wunsch bzw. Zwang, einkaufen zu gehen (*Verlangen*). Sie zeigt eine eingeschränkte Kontrollfähigkeit bezüglich ihres Kaufverhaltens.

- Sie berichtet von *Entzugserscheinungen*, z.B. würde sie, wenn sie nicht einkaufen gehen könnte, unruhig und nervös werden sowie Kopfschmerzen bekommen.

- Sie verspürt die Notwendigkeit, ihr Kaufverhalten immer exzessiver und intensiver auszuführen, um die gleiche Wirkung wie zu Beginn zu verspüren (*Toleranzentwicklung*).

- Sie berichtet von einem Arbeitsausfall und Schulden aufgrund ihres Kaufverhaltens (*Vernachlässigung beruflicher Pflichten, Fortführung des Verhaltens trotz eindeutiger negativer Folgen*).

- Des Weiteren erlebt sie «Kaufräusche» und gibt an, keine Kontrolle mehr über ihr Kaufverhalten zu haben (*Kontrollverlust*).

Das Verhalten wurde anfänglich überwiegend positiv (Wohlbefinden, Glück) und im Verlauf vor allem negativ (Vermeidung von negativen Gefühlen) verstärkt. So lösen bestimmte Reize (Stresssituationen) das Verlangen bei der Patientin aus, einkaufen zu gehen (klassische Konditionierung, vgl. Kap. 2.1). Der Akt des Einkaufens fungiert dann als Belohnung. Je nachdem, ob durch das Kaufen ein positives Gefühl ausgelöst oder ein negatives Gefühl (z. B. Stress bzw. Erregung) verdrängt bzw. abgebaut wird, kommt es zu einer positiven Verstärkung bzw. negativen Verstärkung (operante Konditionierung; Everitt, Dickinson, & Robbins, 2001; Grüsser, Wölfling, & Heinz, 2002, vgl. Kap. 2.1).

## 4.6 Exkurs 4.1 Horten

Frost, Kim, Morris, Bloss, Murray-Close und Steketee (1998) legen einen Zusammenhang zwischen pathologischem Kaufen und pathologischem Horten nahe. In einer Studie untersuchten sie pathologische Horter in Bezug auf ihr Kaufverhalten und verglichen die Ergebnisse mit denen von gesunden Kontrollen (Frost et al., 1998). In ihrer Argumentation beziehen sich die Autoren auf McElroy und Kollegen (1994), für die pathologisches Kaufen zum «compulsive-impulsive spectrum» (Zwangsspektrumsstörung, vgl. Kap. 1.3) gehört. Die Autoren stützen ihre Aussage auf drei Fallstudien, in denen die Betroffenen von einem wiederholten und störenden Drang zum Kaufen berichten, der von ansteigender Angst begleitet ist. Diese Merkmale spiegeln nach Frost und Kollegen (1998) die Gedanken und Verhaltensweisen einer Zwangsstörung wider, bei der ein Verhalten gezeigt wird, um Zwangsgedanken zu neutralisieren. In ihrer Studie konnten die Autoren zeigen, dass pathologische Horter signifikant häufiger pathologisches Kaufverhalten zeigen als Nicht-Horter.

Was aber ist nun eigentlich pathologisches Horten? Nach Frost und Gross (1993) ist Horten das Sammeln von wertlosen Gegenständen und die Unfähigkeit dazu, diese zu entsorgen, selbst wenn diese Gegenstände (für andere Personen) keinen Wert oder Nutzen haben (vgl. auch Maier, 2004). Diese Definition zeigte sich jedoch als ungeeignet, um zwischen Menschen, die einfach nur Dinge horten/sammeln und der klinisch bedeutsamen Form dieses Verhaltens, dem pathologischen Horten, zu unterscheiden. Daher ergänzten Frost und Hartl (1996) die Definition um folgende Zusätze:

- Der Lebensraum ist so mit den gehorteten Gegenständen vollgepackt, dass die Aktivitäten, für die diese Räume ursprünglich gedacht waren, nicht mehr möglich sind und

- es kommt zu einem beträchtlichen Leiden oder einer Verletzung des Funktionsniveaus.

Das Phänomen des Hortens tritt gehäuft (18–42 %) bei Personen mit einer Zwangsstörung (Hanna, 1995; Rasmussen, & Eisen, 1992) und anderen psychischen Störungen (Greenberg, 1987; Stein, Seedat, & Potocnik, 1999), aber auch in der gesunden Allgemeinbevölkerung auf (Frost, Krause, & Steketee, 1996). Horten ist von einer starken Furcht begleitet, wichtige Gegenstände zu verlieren, von denen die Betroffenen meinen, dass sie diese später noch einmal brauchen könnten (Stein et al., 1999). Des Weiteren sind verzerrte Vorstellungen über die Wichtigkeit dieser Gegenstände und die exzessive emotionale Bindung an diese Gegenstände bei diesem Störungsbild vorherrschend (Frost & Gross, 1993). Die Betroffenen haben Angst davor, die falsche Entscheidung darüber zu treffen, was sie behalten und was sie entsorgen sollen; aus diesem Grunde heben sie jeden Gegenstand auf. Zu den Gegenständen, die am häufigsten gehortet werden, zählen unter anderem Zeitungen und Zeitschriften, alte Kleidung, Taschen, Bücher, Briefe, Nachrichten und Listen (Frost & Gross, 1993; Winsberg, Cassic, & Koran, 1999).

Frost und Gross (1993) untersuchten in der Allgemeinbevölkerung Personen, die sich selbst als «pack rats» bezeichneten und verglichen diese mit Personen, die angaben, keine Gegenstände zu horten. Die Autoren konnten zeigen, dass bei den pathologischen Hortern das Horten vor dem 24. Lebensjahr begann. Bei pathologischen Hortern zeigte sich im engeren Familienkreis ein höherer Prozentsatz an pathologischen Hortern als bei der gesunden Vergleichsstichprobe. Die Mehrzahl der pathologischen Horter gab an, Essen und Haushaltswaren auf Vorrat zu kaufen, damit diese Dinge ihnen nie ausgehen würden. Im Vergleich zu der Kontrollstichprobe hatten sie häufiger immer Gegenstände «für alle Fälle» dabei. Pathologische Horter wiesen signifikant höhere Werte auf der «Multidimensional Perfectionism Scale» (Multidimensionale Perfektionismusskala; Frost, Marten, Lahart, & Rosenblate, 1990) auf, vor allem bei den Subskalen «Sorgen über eigene Fehler» («concern over mistakes») und «Unentschiedenheitsskala» («indecisiveness scale»). In einer späteren Studie konnten Frost, Hartl, Christian und Williams (1995) zeigen, das pathologische Horter die gehorteten Gegenstände weniger häufig benutzten als Personen einer gesunden Kontrollgruppe, aber sehr darauf bedacht waren, über ihre gehorteten Gegenstände die Kontrolle zu behalten. Das pathologische Horten ist mit einem größeren Verantwortungsgefühl assoziiert, d. h. pathologischen Hortern ist es wichtig, immer vorbereitet zu sein. Des Weiteren sind pathologische Horter sehr auf das «well-being» (den guten Zustand) der gehorteten Gegenstände bedacht.

Gemeinhin gilt, dass pathologische Horter hauptsächlich Gegenstände horten, die keinen sentimentalen/emotionalen Wert haben. Sowohl die im DSM-IV unter der zwanghaften Persönlichkeitsstörung beschriebenen Hortsymptome als auch die Konzeptualisierung des Hortens in der «Yale-Brown Obsessive Compulsive Scale» (Goodman et al., 1989) (vgl. Kap. 10.1) implizieren, dass es sich beim pathologischen Horten um das Sammeln von Dingen ohne sentimentalen Wert handelt. Dennoch zeigen Studien, dass die gehorteten Gegenstände für pathologische Horter einen großen emotionalen Wert haben («hypersentimentality»; Frost et al., 1995). Dabei ist es jedoch nicht so, dass diese Dinge einen reellen oder Erinnerungswert haben. Vielmehr erhalten sie für den Betroffenen einen emotionalen

Wert, der weit über dem echten Wert liegt (Frost & Hartl, 1996). Frost und Hartl (1996) gehen in ihrem «Cognitive-Behavioral Model of Compulsive Hoarding» davon aus, dass es sich beim pathologischen Horten um eine Störung handelt, bei der im großen Maße Defizite in der Informationsverarbeitung der betroffenen Person vorhanden sind. In Übereinstimmung mit Warren und Ostrom (1988) postulieren die Autoren, dass der pathologische Horter die Tendenz zeigt, Entscheidungen nicht zu treffen oder die Entscheidung zu verschieben. Dies geschieht aus der Angst heraus, die falsche Entscheidung zu treffen (vgl. auch Frost & Gross, 1993; Frost & Shows, 1993). Die Entscheidung darüber, einen Gegenstand zu entsorgen oder zu behalten, wird durch den Wert des Objektes bestimmt. Dabei kann der Wert entweder von praktischem Nutzen, von finanziellem oder von sentimentalem Wert sein. Der praktische Nutzen wird über die Nützlichkeit des Objektes für die Zukunft bestimmt, während der sentimentale Wert die emotionale Bindung an den Besitz des Gegenstandes beschreibt (Furby, 1978). Pathologische Horter gaben in einer Studie von Frost und Gross (1993) an, dass ihr Hauptbeweggrund, Gegenstände zu horten, der praktische Nutzen sei, jedoch war auch der sentimentale Wert ausschlaggebend.

Frost und Kollegen (1995) konnten in einer Untersuchung zeigen, dass pathologische Horter ein übertriebenes Verantwortungsgefühl im Bezug auf die Vermeidung von Schäden haben. Dies äußert sich in zwei Aspekten: zum einen dem Schaden, der einem durch den Verlust des Objektes entsteht und zum anderen der übertriebenen Sorge um das Objekt selbst. Die Entscheidung, ein Objekt zu entsorgen, wird dadurch erschwert, dass sich pathologische Horter primär mit den negativen Konsequenzen beschäftigen, die aus dem Verlust des Objektes entstehen können anstatt mit dem möglichen Gewinn durch die Entsorgung.

Ein weiterer Aspekt des Informationsdefizits von pathologischen Hortern liegt im Bereich der Kategorisierung. Eine Studie von Frost, Lahart, Dugas und Sher (1988) konnte zeigen, dass Personen mit einer Zwangsstörung komplexere Konzepte der Kategorisierung haben als gesunde Kontrollen (vgl. auch Persons & Foa, 1984; Reed, 1969a, 1969b). Die Konzepte von Personen mit Zwangsstörungen sind detaillierter, es werden mehr Informationen zur Kategorisierung von Dingen benötigt als bei Gesunden. Das führt zu einer Vielzahl von Kategorien, die allerdings nur über eine geringe Anzahl von Objekten verfügen. In der Konsequenz müssen bei der Kategorisierung alle Attribute des Objektes beachtet werden, bevor eine Zuordnung zu einer Kategorie getroffen werden kann. Damit kann keine Kategorienklasse (z.B. Stapel alter Zeitungen) entsorgt werden, sondern jede einzelne alte Zeitung ist eine eigene Kategorie und somit wird die Entscheidung über das Horten oder Entsorgen für jede alte Zeitung einzeln getroffen. Zudem scheint der Wert eines Objektes in dem Moment zu steigen, in dem das Objekt in das Blickfeld des pathologischen Horters fällt. Insofern ist keine Kategorisierung der Gegenstände in «sehr wichtig» und «weniger wichtig» möglich, da jeder Gegenstand in dem Moment, in dem er gesehen wird, als «sehr wichtig» kategorisiert wird. Der dritte Aspekt betrifft die Einschätzung der eigenen Gedächtnisleistung pathologischer Horter. Sie haben kein Vertrauen in die eigene

Fähigkeit, sich Informationen zu merken und sie überschätzen die Wichtigkeit, sich Dinge zu merken.

Des Weiteren konnten zwei wesentliche Aspekte des sentimentalen Wertes von gehorteten Gegenständen ermittelt werden. Zum einen werden die gehorteten Gegenstände als Teil des Selbst empfunden, das Entsorgen gleicht dem Verlust eines guten Freundes. Zum zweiten dienen die gehorteten Gegenstände als Beruhigungs- bzw. Sicherheitsspender (Rachman, 1983; Sartory, Master, & Rachman, 1989).

Pathologisches Horten wird mit verschiedenen psychischen Störungen assoziiert (Greenberg, Witztum, & Levy, 1990). Dabei werden unter anderem Psychosen (Luchins, Goldman, Lieb, & Hanrahan, 1992), Essstörungen (Frankenburg, 1984), zwanghafte Persönlichkeitsstörungen (APA, DSM-IV, 1994) und Zwangsstörungen beschrieben (Rasmussen & Eisen, 1989). Frost und Kollegen (1998) zeigten einen Zusammenhang zwischen Kaufen und Horten. Dennoch lässt dieses Ergebnis nicht den Schluss zu, dass es sich beim pathologischen Kaufen ebenfalls (wie bei dem Phänomen des pathologischen Hortens) um eine Zwangsstörung handelt. Die Ergebnisse bisheriger Studien zum pathologischen Horten machen deutlich, dass es sich beim pathologischen Horten und beim pathologischen Kaufen um zwei verschiedene Störungsbilder handelt. Während der pathologische Horter an den gehorteten Gegenständen hängt und ihnen sowohl einen praktischen als auch einen sentimentalen Wert beimisst, kauft der Kaufsüchtige nicht wegen des Besitzes der Güter, sondern wegen des Kaufaktes per se. Der Kaufsüchtige empfindet keinerlei emotionale Bindung an die gekauften Dinge, häufig werden die gekauften Waren sogar versteckt oder weggeworfen (Neuner & Reisch, 2002).

## 4.7 Literatur

American Psychiatric Association. (1987). *Diagnostic and statistical manual of mental disorders* (3$^{rd}$ ed. rev.). Washington: Author.

American Psychiatric Association. (1994). *Diagnostic and statistical manual of mental disorders* (4$^{th}$ ed). Washington: Author.

Black, D. W. (1996). Compulsive buying: a review. *Journal of Clinical Psychiatry*, 57, 50–54.

Black, D. W. (2001). Compulsive buying disorder. *CNS Drugs*, 15, 17–27.

Black, D. W., Repertinger, S., Gaffney, G. R., & Gabel, J. (1998). Family history and psychiatric comorbidity in persons with compulsive buying: preliminary findings. *American Journal of Psychiatry*, 155, 960–963.

Bleuler, E. (1924). *Textbook of Psychiatry* (pp. 538–540). New York, NY: Macmillan.

Bongers, A. (2000). Fallbeschreibung einer verhaltenstherapeutisch orientierten Behandlung von Kaufsucht. In S. Poppelreuter, & W. Gross (Hrsg.), *Nicht nur Drogen machen süchtig – Entstehung und Behandlung von stoffungebundenen Süchten* (S. 165–180). Weinheim: Beltz.

Brook, U., & Boaz, M. (2005). Attention deficit and hyperactivity disorder/learning disabilities (ADHD/LD): parental characterization and perception. *Patient Education and Counseling*, 57, 96–100.

Childress, A. R., Hole, A. V., Ehrman, R. N., Robbins, S. J., McLellan, A. T., & O'Brien, C. P. (1993). Cue reactivity and cue reactivity interventions in drug dependence. In L. S. Onken,

J. D. Blaine, & J. J. Boren (Eds.), *Behavioral treatment for drug abuse and dependence.* National Institute of Drug Abuse Research Monograph, No. 137 (pp. 73–79). Rockville: US Government Printing Of.

Christenson, G. A., Faber, R. J., de Zwaan, M., Raymond, N. C., Specker, S. M., Ekern, M. D., et al. (1994). Compulsive buying: descriptive characteristics and psychiatric comorbidity. *Journal of Clinical Psychiatry,* 55, 5–11.

D'Astou, A. (1990). An inquiry into the compulsive side of «normal» consumers. *Journal of Consumer Policy,* 13, 15–31.

Dilling, H., Mombour, W., & Schmidt, M. H. (2000). *Internationale Klassifikation psychischer Störungen: ICD-10, Kapitel V (F), klinisch-diagnostische Leitlinien.* Weltgesundheitsorganisation. Bern: Huber.

Dittmar, H., & Drury, J. (2000). Self-image – is it in the bag? A qualitative comparison between «ordinary» and «excessive» consumers. *Journal of Economic Psychology,* 21, 109–142.

Dittmar, H., Beattie, J., & Friese, S. (1995). Gender identity and material symbols: objects and decision considerations in impulse purchases. *Journal of Economic Psychology,* 16, 491–511.

Elliott, R. (1994). Addictive consumption: function and fragmentation in postmodernity. *Journal of Consumer Policy,* 17, 159–179.

Everitt, B. J., Dickinson, A., & Robbins, T. (2001). The neuropsychological basis of addictive behaviour. *Brain Research. Brain Research Reviews,* 36, 129–138.

Faber, R. J., Christenson, G. A., de Zwaan, M., & Mitchell, J. E. (1995). Two forms of compulsive consumption: comorbidity of compulsive buying and binge eating. *Journal of Consumer Research,* 22, 296–394.

Faber, R. J., & O'Guinn, T. C. (1988). Compulsive consumption and credit abuse. *Journal of Consumer Policy,* 11, 97–109.

Faber, R. J., & O'Guinn, T. C. (1989). Classifying compulsive consumers: advances in the development of a diagnostic tool. *Advances in Consumer Research,* 16, 147–157.

Faber, R. J., & O'Guinn, T. C. (1992). A clinical screener for compulsive buying. *Journal of Consumer Research,* 19, 459–469.

Faber, R. J., O'Guinn, T. C., & Krych, R. (1987). Compulsive consumption. In M. Wallendorf, & P. Anderson (Eds.), *Advances in consumer research* (pp. 132–135). Association for Consumer Research. UT: Provo.

Frankenburg, F. R. (1984). Hoarding in anorexia nervosa. *British Journal of Medical Psychology,* 57, 57–60.

Frost, R. O., & Gross, R. C. (1993). The hoarding of possessions. *Behaviour Research and Therapy,* 31, 367–381.

Frost, R. O., & Hartl, T. L. (1996). A cognitive-behavioral model of compulsive hoarding. *Behaviour Research and Therapy,* 34, 341–350.

Frost, R. O., Hartl, T. L., Christian, R., & Williams, N. (1995). The value of possessions in compulsive hoarding: patterns of use and attachment. *Behaviour Research and Therapy,* 33, 897–902.

Frost, R. O., Kim, H.-J., Morris, C., Bloss, C., Murray-Close, M., & Steketee, G. (1998). Hoarding, compulsive buying and reasons for saving. *Behaviour Research and Therapy,* 36, 657–664.

Frost, R. O., Krause, M. S., & Steketee, G. (1996). Hoarding and obsessive-compulsive symptoms. *Behavior Modification,* 20, 116–132.

Frost, R. O., Lahart, C. M., Dugas, K. M., & Sher, K. J. (1988) Information processing among non-clinical compulsives. *Behaviour Research and Therapy,* 26, 275–277.

Frost, R. O., Marten, P., Lahart, C., & Rosenblate, R. (1990). The dimensions of perfectionism. *Cognitive Therapy and Research,* 14, 449–468.

Frost, R. O., & Shows, D. L. (1993). The nature and measurement of compulsive indecisiveness. *Behaviour Research and Therapy,* 31, 683–692.

Furby, L. (1978). Possessions: toward a theory of their meaning and functioning throughout the life cycle. In P. B. Bates (Ed.), *Life Span Development and Behavior,* (Vol.1). New York: Academic Press.

George, D. T., Nutt, D. J., Dwyer, B. A., & Linnoila, M. (1990). Alcoholism and panic disorder: is the comorbidity more than coincidence? *Acta Psychiatrica Scandinavica*, 81, 97–107.

Goodman, W. K., Price, L. H., Rasmussen, S., Mazure, C., Fleischmann, R. L., Hill, C. L., et al. (1989). The Yale-Brown Obsessive Compulsive Scale. I. Development, use, and reliability. *Archives of General Psychiatry*, 46, 1006–1011.

Greenberg, D. (1987). Compulsive hoarding. *American Journal of Psychotherapy*, 41, 409–416.

Greenberg, D., Witztum, E., & Levy, A. (1990). Hoarding as a psychiatric symptom. *Journal of Clinical Psychiatry*, 51, 417–421.

Gross, W. (1995). Sucht ohne Drogen. Frankfurt: Fischer.

Grüsser, S. M., Thalemann, C., & Albrecht, U. (2004). Exzessives, zwanghaftes Kaufen oder Verhaltenssucht? *Wiener Klinische Wochenschrift*, 116, 201–204.

Grüsser, S. M., Wölfling, K., & Heinz, A. (2002). Sucht, Verlangen und lerntheoretische Erklärungsansätze zur Entstehung und Aufrechterhaltung von süchtigem Verhalten. *Psychomed*, 14, 74–79.

Hanley, A., & Wilhelm, M. S. (1992). Compulsive buying: an exploration into self-esteem and money attitutes. *Journal of Economic Psychology*, 13, 5–18.

Hanna, G. L. (1995). Demographic and clinical features of obsessive-compulsive disorder in children and adolescents. *Journal of the American Academy of Child and Adolescent Psychiatry*, 34, 19–27.

Kraepelin, E. (1915). *Psychiatrie*. Leipzig: Johann Ambrosius Barth.

Krueger, D. W. (1988). On compulsive shopping and spending: a psychodynamic inquiry. *American Journal of Psychotherapy*, 42, 574–584.

Kuzma, J., & Black, D. W. (2004). Compulsive disorders. *Current Psychiatry Reports*, 6, 58–65.

Laux, L., Glanzmann, P., Schaffner, P., & Spielberger, C. D. (1981). *Das State-Trait-Angst-Inventar (STAI)*. Weinheim: Beltz.

Lejoyeux, M., Bailly, F., Moula, H., Loi, S., & Adès, J. (2005). Study of compulsive buying in patients presenting obsessive-compulsive disorder. *Comprehensive Psychiatry*, 46, 105–110.

Lejoyeux, M., Haberman, N., Solomon, J., & Adès, J. (1999). Comparison of buying behavior in depressed patients presenting with or without compulsive buying. *Comprehensive Psychiatry*, 40, 51–56.

Lejoyeux, M., McLoughlin, M., & Adès, J. (2000). Epidemiology of behavioral dependence: literature review and results of original studies. *European Psychiatry*, 15, 129–134.

Luchins, D. J., Goldman, M. B., Lieb, M., & Hanrahan, P. (1992). Repetitive behaviors in chronically institutionalized schizophrenic patients. *Schizophrenia Research*, 8, 119–123.

Maier, T. (2004). On phenomenology and classification of hoarding: a review. *Acta Psychiatrica Scandinavica*, 110, 323–337.

McElroy, S., Keck, P., Pope, H., Smith, J., & Strakowski, S. (1994). Compulsive buying: a report of 20 cases. *Journal of Clinical Psychiatry*, 55, 242–248.

Miltenberger, R., Redlin, J., Crosby, R., Stickney, M., Mitchell, J., Wonderlich, S., et al. (2003). Direct and retrospective assessment of factors contributing to compulsive buying. *Journal of Behavior Therapy and Experimental Psychiatry*, 34, 1–9.

Mitchell, J. E., Redlin, J., Wonderlich, S., Crosby, R., Faber, R., Miltenberger, R., et al. (2002). The relationship between compulsive buying and eating disorders. *International Journal of Eating Disorders*, 32, 107–111.

Müller, A., & de Zwaan, M. (2004). Aktueller Stand der Therapieforschung bei pathologischem Kaufen. *Verhaltenstherapie*, 14, 112–119.

Neuner, M., & Reisch, L. (2002). Zur Entwicklung der Kaufsucht in Deutschland: Bericht über eine laufende Studie. *Die Sparkasse*, 1, 40–43.

O'Guinn, T. C., & Faber, R. J. (1989). Compulsive buying: a phenomenological exploration. *Journal of Consumer Research*, 16, 147–157.

Persons, J. B., & Foa, E. B. (1984). Processing of fearful and neutral information by obsessive-compulsives. *Behaviour Research and Therapy*, 22, 259–265.

Poppelreuter, S., & Gross, W. (Hrsg.). (2000). *Nicht nur Drogen machen süchtig – Entstehung und Behandlung von stoffungebundenen Süchten.* Weinheim: Beltz.

Rachman, S. (1983). The modification of agoraphobic avoidance behaviour: some fresh possibilities. *Behaviour Research and Therapy*, 21, 567–574.

Rasmussen, S., & Eisen, J. (1989). Clinical features and phenomenology of obsessive compulsive disorder. *Psychiatric Annals*, 19, 67–73.

Rasmussen, S., & Eisen, J. (1992). The epidemiology and clinical features of obsessive compulsive disorder. *The Psychiatric Clinics of North America*, 15, 743–758.

Reed, G. F. (1969 a). «Under-inclusion» – a characteristic of obsessional personality disorder: I. *British Journal of Psychiatry*, 115, 781–785.

Reed, G. F. (1969 b). «Under-inclusion» – a characteristic of obsessional personality disorder: II. *British Journal of Psychiatry*, 115, 787–790.

Reisch, L. A., Neuner, M., & Raab, G. (2004). Zur Entstehung und Verbreitung der «Kaufsucht» in Deutschland. *Parlament – Aus Politik und Zeitgeschichte*, B 1–2, 16–22.

Roberts, J. A., & Tanner, J. F. (2000). Compulsive buying and risky behavior among adolescents. *Psychological Reports*, 86, 763–770.

Roberts, J. A., & Tanner, J. F. (2002). Compulsive buying and sexual attitudes, intentions, and activity among adolescents: an extension of Roberts and Tanner (2000). *Psychological Reports*, 90, 1259–1260.

Sartory, G., Master, D., & Rachman, S. (1989). Safety-signal therapy in agoraphobics: a preliminary test. *Behaviour Research and Therapy*, 27, 205–209.

Saß, H., Wittchen, H. U., Zaudig, M., & Houben, I. (2003). *Diagnostisches und Statistisches Manual Psychischer Störungen DSM-IV-TR.* Göttingen: Hogrefe.

Scherhorn, G. (1990). The addictive trait in buying behavior. *Journal of Consumer Policy*, 13, 33–51.

Scherhorn, G., Reisch, L. A., & Raab, G. (1990). Addictive buying in West Germany: An empirical study. *Journal of Consumer Policy*, 13, 699–705.

Scherhorn, G., Reisch, L. A., & Raab, G (2001). *Kaufsucht. Bericht über eine empirische Studie.* Stuttgart: Universität Hohenheim, Institut für Haushalts- und Konsumökonomik, Arbeitspapier 50.

Schlosser, S., Black, D. W., Repertinger, S., & Freet, D. (1994). Compulsive Buying. demography, phenomenology, and comorbidity in 46 subjects. *General Hospital Psychiatry*, 16, 205–212.

Stein, D. J., Seedat, S., & Potocnik, F. (1999). Hoarding: a review. *Israel Journal of Psychiatry*, 36, 35–46.

Tyssen, R., Vaglum, P., Aasland, O. G., Gronvold, N. T., & Ekeberg, O. (1998). Use of alcohol to cope with tension, and its relation to gender, years in medical school and hazardous drinking: a study of two nation-wide Norwegian samples of medical students. *Addiction*, 93, 1341–1349.

von Gebsattel, V. E. (1954). *Prolegomena einer medizinischen Anthropologie.* Berlin: Springer.

Warren, L. W., & Ostrom, J. C. (1988). Pack rats: world class savers. *Psychology Today*, 22, 58–62.

Winsberg, M. E., Cassic, K. S., & Koran, L. M. (1999). Hoarding in obsessive-compulsive disorder: a report of 20 cases. *Journal of Clinical Psychiatry*, 60, 591–597.

# 5. Sportsucht

## 5.1 Definition und Phänomenologie

Das Phänomen der Sportsucht wurde durch Zufall von Baekelund (1970) im Rahmen seiner Untersuchungen zu den Effekten von Sportdeprivation («exercise deprivation») auf das Schlafverhalten entdeckt. Der Autor stellte fest, dass viele Sportler trotz finanzieller Entschädigung nicht an der Studie teilnehmen wollten, da sie nicht bereit waren, auf ihren Sport zu verzichten. Aus diesen Beobachtungen schloss Baekelund, dass exzessives Sporttreiben die Kriterien einer Abhängigkeit erfüllt und in Form einer Sportsucht auftreten kann. Auch andere Autoren vertreten die Meinung, dass exzessives Sporttreiben eine Form der Abhängigkeit darstellen kann (z. B. Griffiths, 1997; Sachs & Pargman, 1979). Die ersten Definitionen von Sportsucht bezogen sich nur auf das (Langstrecken-)Laufen. Mit der Zeit entwickelten verschiedene Autoren unterschiedliche Definitionen von Sportsucht, die sich auch in unterschiedlichen Begrifflichkeiten widerspiegelten.

Die erste Definition von Sportsucht wurde von Glasser (1976) formuliert. Der Autor unterscheidet zwischen einer positiven und einer negativen Sucht. Positive Sucht entsteht z. B. durch Aktivitäten wie Laufen, die gut für den Menschen sind, während negative Sucht durch schädliche Stoffe wie Drogen entsteht. Für Glasser ist positive Sucht eine Aktivität, welche die mentale Stärke steigert und die, wenn sie nicht ausgeführt werden kann, in einer Art Schmerz oder psychischem oder physiologischem Unbehagen mündet. Eine positive Sucht macht Spaß, dominiert jedoch nicht das Leben der betroffenen Person, wie es bei einer negativen Sucht der Fall ist. Seine Theorie basiert auf der Annahme, dass Verhaltensweisen, die extremen Spaß machen können, oft euphorische mentale Effekte hervorrufen, wodurch diese Verhaltensweisen dann als so angenehm empfunden werden, dass sie suchterzeugend wirken. Die positive Sucht wird dann von einem Zustand begleitet, den Glasser «spinning free» nennt, ein tranceähnlicher, transzendentaler mentaler Zustand. Nach Glasser erlaubt dieser entspannte Zustand dem Gehirn zu wachsen, stärker zu werden und eine psychische Expansion zuzulassen. Aus diesen Gründen geht die positive Sucht mit einem Wohlgefühl einher. Wenn positiv süchtige Läufer am Laufen gehindert werden, so werden sie davon abgehalten, dieses positive Gefühl empfinden zu können und entwickeln in der Folge eine negative Stimmung, Entzugsschmerzen oder Schuldgefühle (Glasser, 1976).

Morgan (1979) widerspricht Glassers Konzept von der Einteilung in positive und negative Sucht und verweist auf das Fortführen der sportlichen Betätigung trotz negativer Folgen für die Gesundheit. Er postuliert, dass es sich bei der Sportsucht auch um eine negative Sucht handeln kann. Nach Morgan liegt eine Sportsucht dann vor, wenn zwei Voraussetzungen erfüllt werden: Erstens muss die Person das Gefühl haben, dass der Sport notwendig ist, um mit den täglichen Lebensanforderungen klarzukommen. Zweitens muss die Person unter Entzugserscheinungen (z. B. Depression, Ängstlichkeit, Gereiztheit) leiden, wenn sie den Sport nicht ausüben kann. Ein Sportsüchtiger wird auch dann die Ausübung von Sport fortsetzen, wenn diese mit anderen Aspekten seines Lebens interferiert (soziale und berufliche Beziehungen und Verpflichtungen, Gesundheit).

Sachs und Pargman (1979, 1984) definieren einen Sportsüchtigen als eine Person, die eine psychische und/oder physische Abhängigkeit von einem regulären Lauftraining zeigt und bei der der unerfüllte Wunsch oder das unerfüllte Bedürfnis zu rennen zu Entzugserscheinungen führt. Das Störungsbild ist durch Entzugserscheinungen, wie z. B. Ängstlichkeit, Unruhe, Gereiztheit und Unbehagen charakterisiert, die nach 24 bis 36 Stunden ohne körperliche Ertüchtigung auftreten.

Zusätzlich entwickelten Sachs und Pargman (1984) eine Läufertypologie mit vier verschiedenen Lauftypen, die durch ihre Ausprägungen auf den Dimensionen Bindung (mit den Polen hohe und geringe Bindung) und Sucht (mit den Polen starke und geringe Süchtigkeit) gekennzeichnet sind. Dabei handelt es sich bei der Sucht um ein psychobiologisches Phänomen, während Bindung ein kognitiv-intellektuelles Phänomen darstellt. Die im Folgenden dargestellten Typen sind in inhaltlich sinnvoller Reihenfolge dargestellt und daher nicht alphabetisch sortiert. Die alphabetische Zuordnung entstammt der ursprünglichen mehrdimensionalen Graphik von Sachs und Pargman (1984). Der erste Lauftypus (Typ C), zu dem alle Läufer zu Beginn ihrer Laufkarriere zählen, hat seine Ausprägungen bei geringer Süchtigkeit und geringer Bindung. Steigt die Bindung im Laufe der Zeit, entwickeln sich die Läufer zum Typ D. Nur bei hoher Bindung kann es zu einer ebenfalls starken Sucht kommen (Typ A). Kommt es zu Beeinträchtigungen des Lebensstils durch den Sport, kann es trotz noch vorhandener starker Sucht dazu kommen, dass die Bindung an den Sport sinkt (Typ B). Das Modell besagt, dass es zu einer Abnahme der Bindung kommen muss, bevor die Süchtigkeit sinken kann.

Andere Autoren konzentrieren sich bei ihrer Definition von Sportsucht stärker auf die psychischen Charakteristika von Sucht, wie z. B. die psychischen Entzugs- und Folgeerscheinungen in Form von Depressionen und Ängsten (De Coverly Veale, 1987; Morgan, 1979; Veale, 1995). So wird «exercise dependence» (Sportsucht) als ein prozesshaftes Geschehen definiert, das Individuen motiviert, trotz Hindernissen Sport zu treiben und das in psychischen und physischen Entzugssymptomen resultiert, wenn der Sport entzogen wird (Pierce, 1994).

De la Torre (1995) postuliert, dass Sporttreiben (auch intensives Sporttreiben) zwischen einer gesunden und sozialen Tätigkeit und einer pathologischen und abhängigen Tätigkeit schwanken kann. Er beschreibt 3 unterschiedliche Sportprofile:

1. den «gesunden Neurotiker» – der durch den Sport eine positive und anhaltende Verbesserung im Leben erreichen möchte und bei dem häufig Leistung eine Rolle spielt

2. den «Zwanghaften» – bei dem der Sport nur eine andere Möglichkeit ist, seine rigiden zwanghaften Bedürfnisse mit der präzisen Routine und isolierenden Struktur zu befriedigen, während er gleichzeitig ein Gefühl der Kontrolle und moralischen Überlegenheit bekommt

3. der «Süchtige» – bei dem der Sport ein potenter Selbstregulator der Gefühle und internalen Ungleichgewichtszustände ist und bei dem der Sport in ansteigender Art und Weise das Leben kontrolliert.

De Coverly Veale (1987) bezeichnet Sportsucht als einen Zustand, bei dem eine Person exzessiv Sport treibt. Der Autor orientiert sich mit seinen Kriterien für Sportsucht an den Kernmerkmalen eines Abhängigkeitssyndroms (Edwards, Gross, Keller, Moser, & Room, 1977), wie sie auch im DSM-III-R (APA, 1987) zu finden sind. Sportsüchtige sind nur schwer in der Lage, einen Tag lang auf körperliche Betätigung zu verzichten. Sie treiben mindestens einmal pro Tag Sport, auch wenn dies mit gesundheitlichen Schäden oder Risiken verbunden ist. Sie beschäftigen sich gedanklich mit dem Sport und zeigen psychische Entzugssymptome, wenn sie nicht in der Lage sind, ihre körperliche Betätigung auszuüben (De Coverly Veale, 1987). In der Literatur wurde beschrieben (Brewerton, Stellefson, Hibbs, Hodges, & Cochrane, 1995; Davis et al., 1995; Touyz, Beumont, & Hook, 1987), dass Essstörungen gehäuft im Zusammenhang mit Sportsucht auftreten (vgl. Kap. 5.6); daher wurden die Begriffe «primäre Sportsucht» und «sekundäre Sportsucht» geprägt, um zwischen der Sportsucht als einem eigenständigem Störungsbild und der Sportsucht als eine mit einer bestehenden Essstörung assoziierten Störung zu unterscheiden (Veale, 1995) (s. **Kasten 5-1** auf S. 100).

Weiterhin werden folgende zu seinen Kriterien dazugehörige Merkmale von Veale formuliert: Entweder fährt das Individuum mit seinem Training fort, obwohl es eine physische Verletzung hat, von der bekannt ist, dass sie entweder durch den Sport verursacht, verschlimmert oder aufrechterhalten wird und dies auch von einem Arzt festgestellt wurde, oder das Individuum hat Probleme oder Streitigkeiten mit dem Partner, der Familie, Freunden oder im Beruf. Weiterhin gilt der selbstverursachte Gewichtsverlust durch Diäthalten als ein Mittel, um die Leistungsfähigkeit zu steigern.

Bamber, Cockerill, Rodgers und Carroll (2000, 2003) bevorzugen den Begriff der «exercise dependence», um eine ungesunde ständige gedankliche Beschäftigung mit Sport zu beschreiben. Die Autoren bezweifeln aufgrund der von ihnen durchgeführten Studien die Existenz einer primären Sportsucht, schließen sie jedoch nicht völlig aus. Sie untersuchten Frauen bezüglich ihres Sport- und Essverhaltens und konnten zeigen, dass der Anteil ihrer Stichprobe, bei dem sie eine Sportsucht

---

**Kasten 5-1: Diagnostische Kriterien für primäre und sekundäre Sportsucht nach Veale (1995)**

primäre Sportsucht:

- ständige gedankliche Beschäftigung mit dem Sport, die stereotypisiert abläuft und zur Routine geworden ist
- starke Entzugserscheinungen, wenn kein Sport getrieben werden kann (z. B. Stimmungsschwankungen, Gereiztheit, Schlaflosigkeit)
- Die ständige gedankliche Beschäftigung verursacht klinisch relevantes Leiden oder Beeinträchtigungen in physischen, sozialen, beruflichen oder anderen wichtigen Bereichen.
- Die ständige gedankliche Beschäftigung mit dem Sport lässt sich nicht besser durch eine andere psychische Störung beschreiben (z. B. als Mittel um Gewicht zu verlieren oder die Kalorienaufnahme bei einer Essstörung zu kontrollieren).

sekundäre Sportsucht:

- Einengung des Verhaltensrepertoires führt zu einem stereotypisierten Verhalten bezüglich des Sporttreibens mit einem geregelten Trainingsplan mit einem oder mehr Trainingseinheiten pro Tag
- Das Individuum stellt andere Aktivitäten zurück, um den Trainingsplan erfüllen zu können.
- Toleranzentwicklung bezüglich des Ausmaßes des Sporttreibens über die Jahre
- Entzugserscheinungen im Sinne von Stimmungsschwankungen, wenn der Trainingsplan beendet wird
- Erleichterung oder Vermeidung von Entzugserscheinungen durch mehr Sporttreiben (s. auch Toleranzentwicklung)
- subjektives Bewusstsein, dass ein Drang/Zwang zum Sporttreiben besteht.

Schnelle Wiederaufnahme der alten Trainingsgewohnheiten und Entzugssymptome nach einer Abstinenzperiode.

---

diagnostizierten, ebenfalls die diagnostischen Kriterien einer Essstörung aufwics. Die Autoren gehen somit davon aus, dass exzessives Sporttreiben in seiner pathologischen Form im Zusammenhang mit Essstörungen auftritt. Für das exzessive Sporttreiben formulierten sie dann Kriterien, die den von Veale (1995) publizierten Kriterien ähnelten und bezeichnen das Phänomen ebenfalls als Sportsucht. Zu den in ihrer Studie gefundenen Hauptkriterien gehören Beeinträchtigungen und Entzugserscheinungen. Dabei weisen die Autoren darauf hin, dass leichte Entzugserscheinungen bei Sportlern normal seien und daher nur beim Vorliegen schwerer Entzugssymptome eine (sekundäre) Sportsucht diagnostiziert werden sollte.

Des Weiteren gaben die Autoren zu bedenken, dass es schwierig ist, Entzugssymptome zu erfassen, da echte Sportsüchtige nicht in der Lage und auch nicht bereit sind, für diagnostische, Forschungs- oder medizinische Zwecke auf ihren Sport zu verzichten. Wie auch Veale (1995) sind die Autoren der Meinung, dass Toleranzentwicklung als diagnostisches Kriterium nicht verwendet werden sollte, da es ein pharmakologisches Konzept ist und dieses sich nicht ohne weiteres auf Sportsucht übertragen lässt. Dennoch wird Toleranzentwicklung als ein Hinweis betrachtet.

Diskriminative Merkmale für Sportsucht können Kognitionen, wie z. B. das Grübeln über den Sport oder unflexible Einstellungen zum Sporttreiben oder Verhaltensmerkmale wie Rigidität und Stereotypie sein, mit der die Übungen durchgeführt werden (müssen). Hingegen gibt es keine signifikanten Zusammenhänge zwischen dem Trainingsausmaß und der Sportsucht.

Bamber und Kollegen (2003) kritisieren, dass sich die Definition der Sportsucht über die Häufigkeit und Menge des getriebenen Sportes (z. B. Anshel, 1992; Ogles, Masters, & Richardson, 1995) nur auf die Verhaltenskriterien bezieht und Einstellungen sowie emotionale und motivationale Faktoren vernachlässigt (s. **Kasten 5-2**). So definiert Anshel (1992) z. B. einen Läufer als abhängig, wenn er an mindestens 5 Tagen in der Woche und mindestens 15 Stunden pro Woche während der letzten 20 Wochen an strukturierten und unstrukturierten Sportprogrammen teilgenommen hat.

---

**Kasten 5-2: Die folgenden 3 Kriterien sind für die Diagnosestellung einer sekundären Sportsucht nach Bamber und Kollegen (2003) notwendig:**

1. Beeinträchtigungen
   Das Sporttreiben ist übermäßig hervorstechend und/oder stereotypisiert, selbst wenn man es in einem angemessenen Kontext betrachtet – z. B. bei Leistungssportlern. Das Individuum zeigt Ausprägungen auf mindestens zwei der folgenden Ebenen:

   a) psychische Ebene – z. B. Grübeln oder störende Gedanken über Sport, dominante Gedanken über Sport, Vorhandensein einer Ängstlichkeit oder Depression
   b) soziale und berufliche Ebene – z. B. herausragende Bedeutung des Sports über alle anderen sozialen Aktivitäten, Unfähigkeit zu arbeiten
   c) physische Ebene – z. B. verursacht oder verschlimmert der Sport Gesundheitsschäden und wird gegen ärztlichen Rat fortgesetzt
   d) Verhaltensebene – z. B. stereotypisiertes und unflexibles Verhalten

2. Entzugserscheinungen
   Das Individuum zeigt mindestens einen der zwei folgenden Punkte:

   a) klinisch relevante negative Reaktionen auf Änderungen oder Unterbrechungen der sportlichen Gewohnheiten. Diese Reaktionen können physischer, psychischer oder sozialer Natur sein oder sich auf der Verhaltensebene niederschlagen (z. B. stark ausgeprägte Ängstlichkeit oder Depression, sozialer Rückzug und selbstverletzendes Verhalten).
   b) anhaltender Wunsch und/oder erfolglose Versuche, den Sport zu reduzieren

3. Vorhandensein einer Essstörung
   Dazugehörige Merkmale:
   Die folgenden Merkmale sind Hinweise, aber keine eindeutigen diagnostischen Kennzeichen

   a) Toleranzentwicklung – es werden immer längere Trainingseinheiten benötigt
   b) viele Trainingseinheiten und/oder mindestens täglich einmal trainieren
   c) Sporttreiben außerhalb einer Gruppe/alleine Sporttreiben.
   d) Täuschungsmanöver – z. B. lügen über das Ausmaß des Sporttreibens, heimlich trainieren
   e) fehlende Einsicht – z. B. verleugnen, dass das Sporttreiben ein Problem ist.

Für die Diagnose einer primären Sportsucht muss eine Essstörung ausgeschlossen sein.

## 5.2 Begrifflichkeiten

Neben den verschiedenen Definitionen für Sportsucht existieren im englischen Sprachraum auch verschiedene Begrifflichkeiten, um das Störungsbild zu beschreiben. So führt De Coverly Veale (1987) als Synonyme für «compulsive behaviour exercise» z. B. «running addiction» (Glasser, 1976; Sachs & Pargman, 1984); «negative addiction» (Morgan, 1979), «obligatory runners» (Yates, Leehey, & Shisslak, 1983); «running anorectics» (Norval, 1980) und «morbid exercising» (Chalmers, Catalan, Day, & Fairburn, 1985) auf, während er selbst den Begriff der «exercise dependence» verwendet, da sich diese Bezeichnung nicht auf eine bestimmte Sportart festlegt und das Phänomen zusammen mit anderen «compulsive behaviors» (zwanghaften Verhaltensweisen) klassifiziert werden kann (De Coverly Veale, 1987).

## 5.3 Ätiologie

Exzessive körperliche Betätigung kann in ein süchtiges Verhalten münden (Adams & Kirkby, 1998). Bezüglich der Ätiologie der Sportsucht werden in der Literatur verschiedene Hypothesen postuliert (z. B. Adams & Kirkby, 1998; Davis, 2000; Murphy, 1994).

Generell wird postuliert, dass körperliche Betätigung eine Belohnung darstellt, die sich unter anderem in einer verbesserten Stimmung, einer besseren Gesundheit und gesteigerten Möglichkeiten zur sozialen Interaktion widerspiegelt (Pierce, McGowan, & Lynn, 1993). So wurde auch nachgewiesen, dass Sporttreiben einen anxiolytischen Effekt hat (Disham, 1985). Diese positiven Effekte sind möglicherweise, neben der veränderten Aktivierung von Botenstoffen (s. u. Wagemaker & Goldstein, 1980), durch die Erhöhung der Körpertemperatur und der damit verbundenen Entspannung der tonischen Muskelaktivität begründet (de Vries, 1981; Morgan & O'Connor, 1988). Vor diesem Hintergrund wird die sportliche Betätigung von einigen Autoren auch als eine effektive Methode der Depressionsbehandlung diskutiert. Auch Henderson (1976) geht von belohnenden psychischen Effekten des meditativen Laufens aus. Ein verstärkender Aspekt beim Sport ist somit die Stimmungsregulation durch das Sporttreiben.

Wagemaker und Goldstein (1980) postulieren, dass die wahrgenommene Euphorie während intensiver sportlicher Betätigung das Resultat von physischen Veränderungen im Gehirn ist. Sportliche Betätigung verändert sowohl den Endorphin- und Katecholamin- als auch den Dopaminhaushalt. Aus diesen Überlegungen ergeben sich drei Ätiologiemodelle.

*1. Die Endorphinhypothese*
Die Endorphinhypothese besagt, dass Sport endogene Opiate (Endorphine) produziert und diese dann zu einer Verbesserung der Stimmung führen. Endorphine sind vom Körper produzierte Opiate. Sie wirken schmerzlindernd bzw. schmerz-

unterdrückend. Endorphine stehen in Verbindung mit der Produktion von Sexualhormonen und greifen regulierend in Empfindungen wie Hunger und Schmerz ein. Obwohl sie häufig als Glückshormone bezeichnet werden, ist diese Benennung falsch. Bei Endorphinen handelt es sich nicht um Hormone, sondern um Neuropeptide. Es gibt viele Studien mit Hinweisen auf signifikante Anstiege des β-Endorphins (sowohl peripher im Blut als auch zentral im Gehirn) nach anstrengenden Aerobic-Übungen (Aravich, 1996; Goldfarb & Jamurtas, 1997; Kjaer, 1992; McMurray, Forsythe, Mar, & Hardy, 1987; Pierce et al., 1993). Demgegenüber finden jedoch Davis und Kollegen (1995), dass der Spaß am Sport häufig das zuletzt genannte Motiv für sportliche Betätigung ist. Möglicherweise liegt der Grund für diesen Widerspruch darin, dass man sich beim Sport sehr anstrengen muss, um das β-Endorphinniveau zu erhöhen. So ist ein Großteil der sporttreibenden Personen vermutlich konditionell nicht fit genug, um sich bis zum Einstellen der positiven Effekte sportlich zu betätigen. Kostrubala (1977) beschreibt z. B., dass es erst nach einem 40 bis 60 Minuten langen Lauf zu einem veränderten psychischen Zustand kommt, den der Läufer als ein euphorisches Gefühl (sogenannten «Runners High») erlebt. Gegenwärtig wird postuliert, dass Opiatrezeptoren sowohl im ventralen tegmentalen Gebiet als auch im Nucleus accumbens bei verhaltensverstärkenden Prozessen eine wichtige Rolle spielen (Belke, 1996). In diesem Zusammenhang könnte Sport als eine Art «drug delivery device» (Drogenlieferant) – analog zum Injizieren oder Einnehmen psychotroper Substanzen – gesehen werden. Wie bei dem Effekt durch exogene Opiate kann eine chronische hohe Verfügbarkeit dieser körpereigenen Opiate theoretisch zu einer Sucht führen (Davis, 2000). Für diese Hypothese gibt es bislang kaum empirische Belege. Trotz mangelnder Untersuchungen zu den zugrundeliegenden Mechanismen der Sportsucht ist die Endorphinhypothese die am besten untersuchte und in der Bevölkerung akzeptierte Hypothese. Somit wird Sportsucht auch eher – im Gegensatz zu Spielen, Fernsehen und Sex, die als psychische Sucht bezeichnet werden – als eine physische Abhängigkeit angesehen (Davis, 2000).

## 2. Die Katecholaminhypothese

Unter dem Begriff Katecholamine werden die Neurotransmitter Adrenalin, Noradrenalin und Dopamin zusammengefasst, die aus der Aminosäure Tyrosin in einem gemeinsamen Biosyntheseweg synthetisiert werden (Schwartz, 1996). Adrenalin und Noradrenalin wirken an den sympathischen α- und β-Rezeptoren des Herz-Kreislaufsystems anregend. Die Katecholaminhypothese postuliert, dass Sport Katecholamine freisetzt, die sehr stark an der Regulation von Aufmerksamkeit, Stimmung, Bewegung sowie an endokrinologischer, kardiovaskulärer und Stressreaktion des Körpers beteiligt sind. Weiterhin werden Katecholamine mit Euphorie und positiver Stimmung in Zusammenhang gebracht (Kety, 1966; Schwartz, 1996).

*3. Die Dopaminhypothese*

Dopamin spielt eine wichtige Rolle bei Verstärkungsprozessen im dopaminergen mesolimbischen System (vgl. Kap. 2.5, Exkurs 2.1). Die Dopaminhypothese postuliert, dass exzessive sportliche Betätigung durch die Verstärkung dopaminerger Aktivität im mesolimbischen verhaltensverstärkenden Belohnungssystem aufrechterhalten wird (Lambert, 1992). Weiterhin wird in diesem Zusammenhang postuliert, dass die Gabe von Dopaminagonisten mit einer Steigerung des Aktivitätsniveaus zusammenhängt (Davis, 2000).

## 5.4 Entzugssymptome

Bislang stand im Mittelpunkt bisheriger Studien zu Sportsucht meistens die Frage nach der Existenz von psychischen und physischen Entzugssymptomen, da ihr Auftreten als ein wesentliches Kriterium für das Bestehen einer Sucht oder Abhängigkeit angesehen wird. Im Folgenden werden verschiedene Studien zusammengefasst, bei denen psychische (wie z. B. Stimmungsschwankungen, Depressivität und Ängstlichkeit) und physische (wie z. B. Schlafstörungen und Erschöpfung) Entzugserscheinungen bei exzessiv und weniger exzessiv sporttreibenden Probanden untersucht wurden.

Thaxton (1982) untersuchte bei Läufern die Effekte einer eintägigen Trainingspause. Im Vergleich zu einer Kontrollgruppe von Sportlern, die weiter ihr Lauftraining absolvierte, wies die inaktive Versuchsgruppe eine signifikant depressivere Stimmung und einen signifikant erhöhten Hautleitwert auf, was von den Autoren als eine erhöhte «somatische» Ängstlichkeit interpretiert wurde. Thaxton folgerte daraus, dass schon eine kleine Abweichung vom üblichen Sportstundenplan bei Sportsüchtigen zu einem Anstieg von Depression und «somatischer» Ängstlichkeit führen kann.

Ihre Ergebnisse werden von Mondin und Kollegen (1996) unterstützt. Die Autoren zeigten, dass eine akute Trainingsunterbrechung bei gewohnheitsmäßigen Sportlern innerhalb von 24 bis 48 Stunden zu Entzugserscheinungen wie Depression, Anspannung, Ängstlichkeit, Stimmungsstörungen sowie Verwirrtheit führt. Nach der Wiederaufnahme des normalen Trainingspensums normalisierten sich die Werte wieder. Auch Chan und Grossman (1988) konnten bei aktiven Läufern im Vergleich zu verletzungsbedingt inaktiven Läufern signifikant niedrigere Werte bezüglich Depressivität, Ängstlichkeit und Verwirrtheit nachweisen. Des Weiteren wiesen die inaktiven Läufer einen geringeren Selbstwert auf. In einer weiteren Studie von Robbins und Joseph (1985) wurden aktive Läufer bezüglich ihrer Gefühle befragt, wenn sie nicht Laufen konnten. Ein Großteil der Läufer berichtete über ausgeprägte negative Emotionen wie z. B. Gereiztheit, Unruhe, Frustration, Schuldgefühle und Depression, die als Folge des ausgesetzten Trainings auftraten. Diese Läufer gaben ebenfalls an, dass sie länger laufen würden, um diese negativen Gefühle zu vermeiden. Hieraus schließen die Autoren, dass die Läufer mit dem Laufen fortfahren, um Entzugserscheinungen zu vermeiden – es sich also um eine Art präventive (vorbeugende) Maßnahme handelt. Zusätzlich zu den oben berichteten psychischen Entzugserscheinungen konnten eine Studie von Morris, Steinberg, Sykes und Salmon (1990) auch Entzugserscheinungen im physischen Bereich nachweisen. So zeigten ihre exzessiv sporttreibenden Probanden nach einer zweiwöchigen Trainingspause Schlafstörungen und körperliche Erschöpfung.

Während bei den bisher genannten Studien die Effekte einer völligen Trainingsabstinenz auf die Stimmung untersucht wurden, wählten Wittig, McConell, Costill und Schurr (1992) einen anderen Ansatz. Die Autoren reduzierten sowohl die Trainingsintensität als auch die Trainingsdauer und konnten zeigen, dass die Stimmung sich während und auch nach der reduzierten Phase signifikant verschlechterte. Hieraus schlossen die Autoren, dass bei Sportsüchtigen bereits eine Reduktion sowohl der Trainingsintensität als auch der Trainingsdauer zu einer negativeren Stimmung führt.

Im Widerspruch zu den oben vorgestellten Studien, die alle einen Zusammenhang zwischen ausgesetztem oder reduziertem Training und negativen Folgeerscheinungen im psychischen und physischen Bereich nachweisen konnten, stehen Studien, die keine (Crossman, Jamieson, & Henderson, 1987; DeVaney, Hughey, & Osborne, 1994) oder sogar positive Effekte (Wittig, Houmard, & Costill, 1989) nach dem Aussetzen der sportlichen Betätigung beschreiben. In einer Metaanalyse von 22 Studien zeigt Szabo (1995), dass jedoch in den meisten Studien Entzugserscheinungen und eine Reduktion im allgemeinen Wohlgefühl die Folgen von Trainingsunterbrechungen sind. Der Autor kritisiert dabei, dass die meisten Studien erhebliche methodische Einschränkungen, wie z. B. die einseitige Konzentration auf bestimmte Sportarten wie das Laufen, die verwendeten Instrumente (vgl. Kap. 10) oder die Einschlusskriterien, aufweisen. So könnten die berichteten Störungen im Wohlbefinden unter Umständen nicht unmittelbar auf die Trainingsunterbrechung zurückzuführen sein. Gründe hierfür könnten ebenfalls mittelbare Faktoren wie der Verlust von Sport als Stressbewältigungsstrategie sowie der Verlust von sozialen Kontakten oder Zeit für sich selbst sein. Weiterhin kann es durch eine Reduktion oder Einstellung der sportlichen Betätigung zu einer Gewichtszunahme kommen. Szabo hält es für wahrscheinlich, dass sportsüchtige Personen nicht bereit sind, an Studien teilzunehmen, im Rahmen derer sie gezwungen sind, ihr Training einzuschränken. So fasst der Autor in seiner Metaanalyse zusammen, dass ein Konsens darüber herrscht, dass eine Trainingsunterbrechung negative Einflüsse auf das Wohlgefühl hat, die Gründe oder Faktoren hierfür jedoch noch ungeklärt sind und einer genaueren Untersuchung bedürfen. Auch Adams und Kirkby (2002) bemerken, dass trotz aller methodischen Mängel der Großteil der Studien Hinweise darauf liefert, dass eine Unterbrechung des Trainings zu psychischen und physischen Entzugssymptomen führen kann.

## 5.5 Epidemiologie

Die Prävalenz von Sportsucht ist unbekannt. Es scheinen nur sehr wenige sporttreibende Männer und Frauen betroffen zu sein. So wird vermutet, dass einige Sporttreibende ein partielles Syndrom aufweisen, das eher durch ständige gedankliche Beschäftigung mit körperlicher Fitness gekennzeichnet ist und sich in exzessivem Trainieren, Schuldgefühlen bei Trainingsausfall, Diäthalten zur Verbesserung der sportlichen Leistung und dem Fortfahren des Sporttreibens trotz kleinerer Verletzungen manifestieren könnte (De Coverly Veale, 1987).

Auch zur Geschlechterverteilung lassen sich keine genauen Angaben machen. Jedoch scheint es geschlechtsspezifische Unterschiede in der Motivation zum Sporttreiben zu geben: Frauen legen mehr Wert auf das Aussehen (Striegel-Moore, Silberstein, & Rodin, 1986) und Männer auf die physische Leistungsfähigkeit (Lerner, Orlos, & Knapp, 1976). Hieraus lässt sich ableiten, dass die verschiedenen Sportarten bei den beiden Geschlechtern unterschiedlich stark genutzt werden und sich daher auch geschlechtsspezifische Unterschiede in der Prävalenz der Sportsucht bezüglich der verschiedenen Sportarten vermuten lassen.

## 5.6 Komorbiditäten

Bislang gibt es nur wenige Untersuchungen zu den Komorbiditäten bei Sportsucht. In den vorhandenen Studien wird vor allem ein gemeinsames Auftreten von Sportsucht und Essstörungen diskutiert (Brewerton et al., 1995; Davis et al., 1995; Touyz et al., 1987). Einige Autoren bezeichnen die Laufsucht auch als männliches Pendant von anorektischen Essstörungen (Katz, 1986; Yates et al., 1983) oder sprechen von «running anorectics» (Norval, 1980).

Das Konzept der primären (Sportsucht ohne Essstörung) und sekundären Sportsucht (Sportsucht mit Essstörung) hat vor allem im Bereich der Komorbiditäten einen hohen Stellenwert. Während Autoren wie Bamber und Kollegen (2003) die Existenz einer primären Sportsucht generell bezweifeln, gehen andere Autoren davon aus, dass die primäre Sportsucht zumindest bei Frauen ein sehr seltenes Phänomen ist (Anderson, Basson, & Geils, 1997; Slay, Hayaki, Napolitano, & Brownell, 1998).

## 5.7 Fallbeispiel

Frau V. vereinbart telefonisch einen Beratungstermin und fügt hinzu, es gehe im Grunde nicht um sie, sondern um ihren Partner. Frau V., sportlich gekleidet, 28 Jahre alt und sehr schlank, berichtet, dass sie auf Druck ihres Partners zur Beratung erscheine, der ihr vorwerfe, sportsüchtig zu sein. Sie selbst halte das für «vollkommen absurd», habe sich aber darauf eingelassen, um ihm zu zeigen, dass er falsch liege.

Frau V. wurde in einem kleinen Ort als zweite Tochter geboren. Sie beschreibt ihre Eltern, die beide bei einem großen Betrieb angestellt waren, als sehr sportlich. Gesunde Ernährung und Sport hätten seit jeher eine große Rolle im Leben der Familie gespielt. Die Kinder hätten nur wenig Süßigkeiten bekommen und die Eltern hätten schon früh darauf geachtet, dass die Kinder nicht zu dick werden. Das Verhältnis zwischen den beiden Schwestern – so erinnert sich Frau V. – war seit Anbeginn sehr wechselhaft und in der Pubertät dann überwiegend angespannt und von Rivalität geprägt. Diese wurde von den Geschwistern häufig in sportlichen Zweikämpfen ausgetragen, was als sportliche Betätigung von der Mutter wohlwollend unterstützt wurde. Das Verhältnis zu ihren Eltern beschreibt Frau V. als gut, auch wenn sie anmerkt, dass der Kontakt, vor allem zu ihrem Vater, häufig nur über den Sport zustande kam. So erinnert sich Frau V., dass sie mit jedem Elternteil eine Sportart teilte: Mit dem Vater genoss sie zuerst das zwei-wöchentliche Badmintonspielen und später, als sie älter wurde, wechselten sie zu Squash. Mit der Mutter ging sie morgens immer Joggen. Im Nachhinein hatte Frau V. das Gefühl, dass für ihre Eltern sportliche Leistungen mehr zählten als schulischer Erfolg. So erinnert sie sich an verschiedene Situationen, in denen der Vater insbesondere ihre Erfolge und Selbstdisziplin in Bezug auf ihre sportlichen Aktivitäten und ihre Mutter eine gesunde kalorienreduzierte Ernährungsweise lobte. Sie hatte die gesamte Kinder- und Jugendzeit mit irgendwelchen sport-lichen Betätigungen verbracht, wobei Joggen und Squashspielen zu den regel-mäßigen Terminen gehörten und der Rest der Freizeit «mit allem, was sonst irgendwie sportlich war, gefüllt wurde». Frau V. berichtet von vielen guten Bekanntschaften, jedoch, abgesehen von einer Ausnahme, keiner weiteren beson-ders tiefgehenden Freundschaft während ihrer Kindheit und Jugend.

Nach dem Abschluss des Gymnasiums zog Frau V. in eine Großstadt, um Medizin zu studieren. Sie erinnere sich, dass ihr die Um- und Eingewöhnung nicht leicht gefallen sei und sie auch nur schwer Anschluss fand. In dieser Zeit habe sie vor allem das Joggen als Trost empfunden, «eine gleichbleibende, tröst-liche morgendliche Routine.» Dadurch fand sie dann Anschluss an eine Gruppe Jogger aus der Nachbarschaft. Sie schaute sich oft «die schlaffen Typen an und fragte [sich], wie man sich und seinen Körper nur so vernachlässigen könne». In der Universität gewöhnte sie sich langsam ein, und trotz der hohen zeitlichen Belastung durch das Studium suchte sich Frau V. bald weitere sportliche Betä-tigungen. Sie meldete sich in einem Fitnessstudio an. «Mir reichte das normale Joggen nicht mehr aus. (**Toleranzentwicklung**) Ich war den ganzen Tag so ange-spannt …nur beim Sport konnte ich mich entspannen und wohl fühlen.» Morgens ging sie weiterhin regelmäßig joggen und abends besuchte sie verschiedene Kurse im Fitnessstudio. Sie empfand es «als angemessen, den Tag mit Sport zu beginnen und mit Sport zu beenden». Freundschaftliche Kontakte zu anderen Menschen hatte sie außerhalb ihrer Sportaktivitäten kaum: «Andere haben sich abends zum Essen gehen oder zum gemeinsamen Kochen getroffen, ich bin ins Sportstudio gegangen.» Mit der Zeit verlor sie aber auch das Interesse an den wenigen Kon-takten, die sie während ihrer sportlichen Tätigkeiten geknüpft hatte.

Im Fitnessstudio schloss sie eine engere Freundschaft mit einer Frau, die ebenso häufig wie sie dorthin ging. Die beiden Frauen fingen an, ihre Sporttermine gemeinsam zu legen und so seien sie dann täglich zusammen morgens eine Stunde joggen und abends zwei Stunden ins Fitnessstudio gegangen. Frau V. war «total glücklich, endlich einen Menschen gefunden zu haben», der ähnlich wie sie empfand und «genauso ein starkes Verlangen nach Sport und den-Körper-

▶ auspowern» hatte wie sie. (**Verlangen**) Auch am Wochenende unternahmen die beiden Freundinnen viel zusammen, jedoch überwiegend Aktivitäten im sportlichen Bereich. Den Rest der Zeit verbrachte Frau V. mit ihrem Studium, merkte aber, dass sie im Grunde genommen mit den Gedanken immer beim Sport war

▶ und diese Gedanken sie zuweilen beim Lernen behinderten. (**Vernachlässigung von beruflichen und sozialen Pflichten**)

Dann lernte Frau V. einen Kommilitonen kennen, in den sie sich verliebte, und die beiden fingen an, sich zu verabreden. Anfangs ließ Frau V. für diese Verabredungen auch mal das Training ausfallen, merkte dann aber schnell, dass sie sehr

▶ unausgeglichen und unruhig wurde. (**Entzugserscheinungen**) Ihr Freund hatte am Sport kein großes Interesse, was ihre Beziehung von Anfang an belastete. Die von dem Freund als übermäßig bezeichnete sportliche Betätigung von Frau V. wurde zu einem ständigen Streitthema. Als ihr Freund sie einmal fragte, ob sie sich vorstellen könne, mit ihm Kinder zu haben, sei sie völlig entsetzt gewesen und habe gleich abgewehrt. Es wäre ihr sofort klar gewesen, dass sie während einer Schwangerschaft nicht in der Lage gewesen wäre, so viel Sport zu treiben. «Zum Eklat» kam es, als Frau V. beim Joggen umknickte und eine Kapselverletzung erlitt. Ihr behandelnder Arzt riet zur Kühlung und Schonung, Frau V. ignorierte seinen Rat und ging weiterhin ins Sportstudio und versuchte zu joggen, «auch wenn

▶ lange Strecken erst mal nicht mehr drin waren.» (**Fortführung des Verhaltens trotz schädlicher Folgen**) Ihr Freund machte ihr deswegen Vorwürfe und sie stritten sich ständig. Frau V. kam mit dem angespannten Verhältnis immer weniger zurecht und flüchtete sich in immer exzessiveres Sporttreiben; für sie «die einzige Möglichkeit, wieder entspannt und gut drauf zu sein». Sie versäume zunehmend Termine, um länger Sport treiben zu können, weswegen es auch ständig zum erneuten Streit mit ihrem Freund kommen würde. Neulich habe er sie als «sportsüchtig» bezeichnet. Frau V. sei nun in die Beratung gekommen, um ihm zu beweisen, dass sie nicht sportsüchtig sei.

Bei Frau V. wurde eine «sonstige abnorme Gewohnheiten und Störungen der Impulskontrolle» (ICD-10, F63.8, Dilling, Mombour, & Schmidt, 2000) bzw. «Nicht Näher Bezeichnete Störung der Impulskontrolle» (DSM-IV-TR, 312.30, Saß, Wittchen, Zaudig, & Houben 2003) diagnostiziert.

Weiterhin erfüllt Frau V. die Kriterien einer Sportsucht nach De Coverly Veale (1987) bzw. Bamber und Kollegen (2003). Sie ist gedanklich ständig mit dem Sport beschäftigt und treibt gegen ärztlichen Rat weiter Sport. Bezüglich ihrer Trainingszeiten zeigt sie ein unflexibles und stereotypisiertes Verhalten und stellt den Sport über soziale Aktivitäten. Sie berichtet über Stimmungsschwankungen und Unwohlsein, wenn sie nicht in der Lage ist, ihren Sport auszuüben, zudem fand in den letzten Jahren eine Steigerung des Ausmaßes des Sporttreibens statt. Sie hat einen geregelten Trainingsplan mit mehreren Trainingseinheiten pro Tag und stellt andere Aktivitäten zurück, um diesen erfüllen zu können.

Unklar ist, ob es sich bei der vorliegenden Sportsucht von Frau V. um eine primäre oder sekundäre Sportsucht nach Bamber und Kollegen (2003) handelt. Die Patientin beschreibt ein kontrolliertes Essverhalten in der Kindheit und Jugend. Ihr augenscheinlich geringes Gewicht könnte ein Hinweis auf eine aktuell vorliegende Essstörung sein. Dennoch lässt sich aus dem Erstgespräch nicht auf das Vorhandensein einer Essstörung schließen, da die Patientin ein normales Essverhalten angibt.

Mit ihrer exzessiven sportlichen Betätigung erfüllt Frau V. nach den internationalen Klassifikationssystemen psychischer Störungen (DSM-IV-TR, Saß et al., 2003; ICD-10, Dilling et al., 2000) fünf diagnostische Kriterien einer Abhängigkeit.

- Sie berichtet von einem unwiderstehlichen Drang danach, Sport zu treiben *(Verlangen)*.

- Frau V. zeigt starke Stimmungsschwankungen und Unwohlsein, wenn sie keinen Sport treiben kann *(Entzugserscheinungen)*.

- Im Laufe der Jahre kam es zu einer Steigerung der Trainingseinheiten *(Toleranzentwicklung)*.

- Frau V. *vernachlässigt berufliche und soziale Pflichten*.

- Sie führt das Verhalten trotz ihrer Verletzung fort *(Fortführung des Verhaltens trotz schädlicher Folgen)*.

Somit ist für das Störungsbild des exzessiven Sporttreibens bei Frau V. die Diagnose einer Sportsucht gerechtfertigt.

## 5.8 Literatur

Adams, J., & Kirkby, R. J. (1998). Exercise dependence: a review of its manifestation, theory and measurement. *Sports Medicine Training and Rehabilitation*, 8, 265–276.

Adams, J., & Kirkby, R. J. (2002). Excessive exercise as an addiction: a review. *Addicition Research and Theory*, 10, 413–437.

Anderson, S. J., Basson, C. J., & Geils, C. (1997). Personality style and mood states associated with a negative addiction to running. *Sports Medicine*, 4, 6–11.

Anshel, M. H. (1992). A psycho-behavioral analysis of addicted versus non-addicted male and female exercisers. *Journal of Sport Behavior*, 14, 145–159.

American Psychiatric Association. (1987). *Diagnostic and statistical manual of mental disorders* (3rd ed. rev.). Washington: Author.

Aravich, P. F. (1996). Adverse effects of exercise stress and restricted feeding in the rat: theoretical and neurobiological considerations. In W. F. Epling, & W. D. Pierce (Eds.), *Activity anorexia theory, research, and treatment* (pp. 81–97). New Jersey: Lawrence Erlbaum Associates.

Baekelund, F. (1970). Exercise deprivation. *Archives of General Psychiatry*, 22, 365–369.

Bamber, D., Cockerill, I. M., Rodgers, S., & Carroll, D. (2000). «It's exercise or nothing»: a qualtitative analysis of exercise dependence. *British Journal of Sports Medicine*, 34, 423–430.

Bamber, D., Cockerill, I. M., Rodgers, S., & Carroll, D. (2003). Diagnostic criteria for exercise dependence in women. *British Journal of Sports Medicine*, 37, 393–400.

Belke, T. W. (1996). Investigating the reinforcing properties of running: or, running is its own reward. In W. F. Epling, & W. D. Pierce (Eds.), *Activity anorexia theory, research, and treatment* (pp. 45–57). New Jersey: Lawrence Erlbaum Associates.

Brewerton, T. D., Stellefson, E. J., Hibbs, N., Hodges, E. L., & Cochrane, C. E. (1995). Comparison of eating disorder patients with and without compulsive exercising. *International Journal of Eating Disorders*, 17, 413–416.

Chalmers, J., Catalan, J., Day, A., & Fairburn, C. (1985). Anorexia nervosa as morbid exercising. *Lancet*, 1, 286–287.

Chan, C. S., & Grossman, H. Y. (1988). Psychological effects of running loss on consistent runners. *Perceptual and Motor Skills*, 66, 875–883.

Crossman, J., Jamieson, J., & Henderson, L. (1987). Responses from competitive athletes to layoffs in training: exercise addiction or psychological relief? *Journal of Sport Behavior*, 10, 28–38.

Davis, C. (2000). Exercise abuse. *International Journal of Sport Psychology*, 31, 278–289.

Davis, C., Kennedy, S. H., Ralevski, E., Dionne, M., Brewer, H., Neitzert, C., et al. (1995). Obsessive compulsiveness and physical activity in anorexia nervosa and high-level exercising. *Journal of Psychosomatic Research*, 39, 967–976.

De Coverley Veale, D. M. W. (1987). Exercise dependence. *British Journal of Addiction*, 82, 735–740.

De la Torre, J. (1995 ). Mens sana in corpore sano, or exercise abuse? Clinical considerations. *Bulletin of the Menninger Clinic*, 59, 15–31.

De Vries, H. A. (1981). Tranquilizer effects of exercise: a critical review. *The Physician and Sportsmedicine*, 9, 45–55.

DeVaney, S., Hughey, A., & Osborne, W. L. (1994). Comparative effects of exercise reduction and relaxation training on mood states and type A scores in habitual aerobic exercisers. *Perceptual and Motor Skills*, 79, 1635–1644.

Dilling, H., Mombour, W., & Schmidt, M. H. (2000). *Internationale Klassifikation psychischer Störungen: ICD-10, Kapitel V (F), klinisch-diagnostische Leitlinien*. Weltgesundheitsorganisation. Bern: Huber.

Disham, R. K. (1985). Medical psychology in exercise and sport. *Medical Clinics of North America*, 69, 123–143.

Edwards, G., Gross, M. M., Keller, M., Moser, J., & Room, R. (1977). *Alcohol related disabilities*. WHO Offset Publication No. 32. Geneva: WHO.

Glasser, W. (1976). *Positive addiction*. New York: Harper & Row.

Goldfarb, A. H., & Jamurtas, A. Z. (1997). β-endorphin response to exercise – an update. *Sports Medicine*, 24, 8–16.

Griffiths, M. (1997). Exercise addiction: a case study. *Addiction Research*, 5, 161–168.

Henderson, J. (1976). *The long run solution*. Mountain View, CA: World Publications.

Katz, J. L. (1986). Long-distance running, anorexia nervosa, and bulimia: a report of two cases. *Comprehensive Psychiatry*, 27, 74–78.

Kety, S. S. (1966). Catecholamines in neuropsychiatric states. *Pharmacological Review*, 18, 787–789.

Kjaer, M. (1992). Regulation of hormonal and metabolic responses during exercise in humans. In J. O. Holloszy (Ed.), *Exercise and sports sciences reviews*, Vol. 20. (pp. 161–164). Baltimore: Williams & Wilkins.

Kostrubala, T. (1977). *The joy of running*. New York: Simon & Schuster.

Lambert, K. G. (1992). The activity-stress paradigm: possible mechanisms of drug dependence. *Science*, 242, 715–723.

Lerner, R. M., Orlos, J. B., & Knapp, J. R. (1976). Physical attractiveness, physical effectiveness, and self-concept in late adolescents. *Adolescence*, 11, 313–326.

McMurray, R. G., Forsythe, W. A., Mar, M. H., & Hardy, C. J. (1987). Exercise intensity-related responses of Beta-endorphin and catecholamines. *Medicine and Science in Sports and Exercise*, 19, 570–574.

Mondin, G. W., Morgan, W. P., Piering, P. N., Stegner, A. J. Stotesbery, C. L., Trine, M., et al. (1996). Psychological consequences of exercise deprivation in habitual exercisers. *Medicine and Science in Sports and Exercise*, 28, 1199–1203.

Morgan, W. P. (1979). Negative addiction in runners. *Physician and Sports Medicine*, 7, 57–70.

Morgan, W. P., & O'Connor, P. J. (1988). Exercise and mental health. In R. K. Disham (Ed.), *Exercise adherence: its impact on public health* (pp. 91–121). Champaign, IL: Human Kinetics.

Morris, M., Steinberg, H., Sykes, E. A., & Salmon, P. (1990). Effects of temporary withdrawal from regular running. *Journal of Psychosomatic Research*, 34, 493–500.

Murphy, M. H. (1994). Sport and drugs and runner's high (Psychophysiology). In J. Kremer, & D. Scully (Eds.), *Psychology in sport*. London: Taylor & Francis.

Norval, J. D. (1980). Running anorexia. *South African Medical Journal*, 27 Dec, 1024.

Ogles, B. M., Masters, K. S., & Richardson, S. A. (1995). Obligatory running and gender: An analysis of participative motives and training habits. *International Journal of Sports Psychology*, 26, 233–248.

Pierce, E. F. (1994). Exercise dependence syndrome in runners. *Sports Medicine*, 18, 149–155.

Pierce, E. F., McGowan, R. W., & Lynn, T. D. (1993). Exercise dependence in relation to competitive orientation of runners. *Journal of Sports Medicine and Physical Fitness*, 33, 189–193.

Robbins, J. M., & Joseph, P. (1985). Experiencing exercise withdrawal: possible consequences of therapeutic and mastery running. *Journal of Sport Psychology*, 7, 23–39.

Sachs, M. L., & Pargman, D. (1979). A depth interview examination. *Journal of Sport Behavior*, 2, 143–155.

Sachs, M. L., & Pargman, D. (1984). Running addiction. In M. L. Sachs, & G. W. Buffone (Eds.), *Running as therapy: an integrated approach* (pp. 231–353). Lincoln, NE: University of Nebraska Press.

Saß, H., Wittchen, H. U., Zaudig, M., & Houben, I. (2003). *Diagnostisches und Statistisches Manual Psychischer Störungen DSM-IV-TR*. Göttingen: Hogrefe.

Schwartz, J. H. (1996). Neurotransmitter. In E. R. Kandel, J. H. Schwartz, & T. M. Jessel (Hrsg.), *Neurowissenschaften – eine Einführung* (S. 299–312). Heidelberg: Spektrum Akademischer Verlag.

Slay, H. A., Hayaki, J., Napolitano, M. A., & Brownell, K. D. (1998). Motivations for running and eating attitudes in obligatory versus nonobligatory runners. *International Journal of Eating Disorders*, 23, 267–275.

Striegel-Moore, R. H., Silberstein, R. L., & Rodin, J. (1986). Toward an understanding of risk factors for bulimia. *American Psychologist*, 41, 246–263.

Szabo, A. (1995). The impact of exercise deprivation on well being of habitual exercisers. *The Australian Journal of Science and Medicine in Sport*, 27, 68–75.

Thaxton, L. (1982). Physiological and psychological effects of short-term exercise addiction on habitual runners. *Journal of Sport Psychology*, 4, 73–80.

Touyz, S. W., Beumont, P. J. V., & Hook, S. (1987). Exercise anorexia: a new dimension in anorexia nervosa? *Handbook of Eating Disorders*, 1, 143–157.

Veale, D. M. W. (1995). Does primary exercise dependence really exist? In J. Annett, B. Cripps, & H. Steinberg (Eds.), *Exercise addiction: motivation for participation in sport and exercise* (pp. 1–5). Leicester: The British Psychological Society.

Wagemaker, H., & Goldstein, L. (1980). The runner's high. *Journal of Sports Medicine*, 20, 227–229.

Wittig, A. F., Houmard, J. A., & Costill, D. L. (1989). Psychological effects during reduced training in distance runners. *International Journal of Sports Medicine*, 10, 97–100.

Wittig, A. F., McConell, G. K., Costill, D. L., & Schurr, K. T. (1992). Psychological effects during reduced training volume and intensity in distance runners. *International Journal of Sports Medicine*, 13, 497–499.

Yates, A., Leehey, K., & Shisslak, C. M. (1983). Running – an analogue of anorexia? *The New England Journal of Medicine*, 308, 251–255.

# 6. Glücksspielsucht

Glücksspiele stehen schon seit Menschengedenken im Spannungsfeld zwischen der Bewertung als faszinierendes Unterhaltungs- und Freizeitvergnügen und der Einschätzung als psychisch, finanziell und sozial ruinöses Unterfangen. Aktuelle Schätzungen gehen davon aus, dass zwischen 70 bis 90 % der erwachsenen Bevölkerung mindestens einmal in ihrem Leben Glücksspiele gespielt haben (Ladouceur, 1991). Diese Zahlen unterstreichen die Faszination des Glücksspiels, das vor allem mit spannendem Vergnügen, Zeitvertreib und geselligem Beisammensein assoziiert wird. Während die Mehrheit der Bevölkerung Glücksspiele als Freizeitaktivität nutzt, entwickelt ein Teil ein pathologisches Glücksspielverhalten mit gravierenden psychosozialen und materiellen Folgen für sich und seine Angehörigen (Potenza, 2002; Sharpe, 2002). Bereits im 15. Jahrhundert wurde das Suchtpotenzial des Glücksspiels, insbesondere des zu der damaligen Zeit beliebten Würfelspiels, beschrieben (Wykes, 1967). Seitdem und insbesondere wieder verstärkt in den letzten Jahren sind weitere wissenschaftliche Beiträge zum pathologischen Glücksspiel vor allem im angelsächsischen Sprachraum publiziert worden. In Deutschland ist bislang die empirische Forschung zu dieser Thematik deutlich unterrepräsentiert.

## 6.1 Definition und Phänomenologie

Glücksspiele sind als Spiele um Werte mit ungewissem, vom Zufall bestimmten Ergebnis definiert (Bolen & Boyd, 1968). Als risikoreiches Spielen erfolgen Glücksspiele anfangs nicht zweckfrei, sondern sind auf den Gewinn ausgerichtet – im Laufe einer pathologischen Entwicklung jedoch geraten diese zum Selbstzweck, d. h. Glücksspiele werden nicht wegen erwarteter Gewinne, sondern aufgrund ihrer erregenden bzw. sedierenden Wirkung gespielt (Abrams & Kushner, 2004; Albrecht & Grüsser, 2003; Sharpe, 2002).

Untersuchungen zum Glücksspielverhalten haben gezeigt, dass die Glücksspielerfahrungen in der deutschen Bevölkerung seit 1994 kontinuierlich zunehmen (Bühringer, Augustin, & Welsch, 2003). Neben einer großen Anzahl von illegalen Glücksspielen werden in Deutschland derzeit verschiedene Formen des legalen Glücksspiels angeboten: gewerbliche Geldspielautomaten, Glücksspiele in den staatlich konzessionierten Spielbanken (Roulette, Black Jack, Baccara, Glücksspielautomaten), Lotto (z. B. 6 aus 49, Spiel 77, Keno), Toto (Toto-Ergebnis- und

Auswahlwetten) und Oddset (Sportwetten) vom deutschen Lotto- und Totoblock sowie Sportwetten privater Anbieter (Bet and Win, Sportwetten Gera).

Die Inanspruchnahme des in den letzten Jahren boomenden Glücksspielangebotes im Internet als auch die Börsenspekulationen sind, vergleichbar zum illegalen Glücksspiel, unmöglich zu überblicken.

Die derzeitigen Veränderungen in der europäischen Spielbankgesetzgebung, z. B. die erstmalige Konzessionsvergabe für Spielbanken in der Schweiz 1999, schaffen einen erweiterten Zugang zu legalen Glücksspielen. Auch der deutsche Glücksspielmarkt verändert sich deutlich. Während seit den 1980er-Jahren vor allem Geldspielautomaten das bevorzugte Glücksspielmedium waren, bedingen erweiterte Angebote bzw. Zulassungen neuer Glücksspielkonzessionen teilweise Verlagerungen in der Nutzungshäufigkeit zwischen den einzelnen Glücksspielformen. Rückläufigen Umsätzen in den Spielbanken stehen exponenziell steigende Umsätze im Lotto- und Sportwettenspiel gegenüber (Meyer, 2003).

Das pathologische Glücksspiel ist – auch wenn es hierzu im deutschsprachigen Raum an umfangreichen Studien mangelt – die bislang am besten beschriebene Form der Verhaltenssucht. So gibt es neben verschiedenen Ansätzen und älteren wie neueren Diskussionen zur Klassifikation des Störungsbildes (Albrecht & Grüsser, 2003; Böning, 1991; Bühringer, 2004; Griffiths, 2005; Grüsser, Plöntzke, & Albrecht, 2005; Hand, 1998, 2003; N. M. Petry, 2003 a; Rosenthal, 2003; Saß & Wiegand, 1990, Shaffer & Kidman, 2003) auch Untersuchungen zu verschiedenen Aspekten der Entstehung und Aufrechterhaltung sowie deutschsprachige Werke, die sich umfassend mit den verschiedenen Bereichen zum pathologischen (Glücks-)Spiel bzw. der Glücksspielsucht beschäftigen (z. B. Meyer & Bachmann, 2000; J. Petry, 2003 für den deutschsprachigen Raum; z. B. Grant & Potenza, 2004 für den englischsprachigen Raum; vgl. auch Kap. 11.2.3).

Bei der Entwicklung von pathologischem Glücksspielverhalten werden in Anlehnung an die stoffgebundene Abhängigkeitsentwicklung (Jellinek, 1946) drei verschiedene Phasen beschrieben (Custer, 1987). Dabei gehen die Phasen fließend in einander über:

1. das positive Anfangsstadium (Einstiegsphase)
   - erste Kontakte mit dem Glücksspiel
   - im Vordergrund stehen die anfänglich erzielten Gewinne (die eher auf die eigenen Fähigkeiten als den Zufall attribuiert werden) und die erregenden, euphorisierenden und selbstwertsteigernden Effekte des Glücksspiels (Argo & Black, 2004)
   - der Freizeitspieler sucht immer regelmäßiger die Spielstätte auf, wird im Zuge von Gewinnfantasien risikofreudiger und verliert zunehmend

2. das kritische Gewöhnungsstadium
   - «Chasing» (den Verlusten hinterher jagen) gewinnt an Bedeutung (Argo & Black, 2004), der Spieler setzt immer mehr Geld ein, um zunehmende Verluste auszugleichen

- die Spielintensität steigt, es wird länger und/oder gleichzeitig an mehreren Automaten/Roulettetischen etc. gespielt, um das angenehme «Kickerleben» zu erfahren – Toleranzentwicklung
- Lügen werden notwendig, um finanzielle Verluste erklären zu können bzw. zu verdecken
- das Spielverhalten verläuft bereits eigendynamisch
- Abstinenzphasen sind jedoch noch möglich; damit ist zumindest eine zeitweilige Kontrolle über das Glücksspielverhalten gegeben.

3. das Suchtstadium – die Glücksspiele dienen nun direkt dazu, entstandene bzw. bereits vorhandene psychische Probleme «wegzuspielen».
   - Kontroll- und Abstinenzverlust
   - kognitive Verzerrungsmuster in Form irrationaler Annahmen. Diese beziehen sich z. B. darauf, die Spielergebnisse beeinflussen oder systematisch vorhersagen zu können, und führen zur Fortsetzung des Glücksspielens.
   - um das expansive Glücksspielen weiterhin zu finanzieren, kann ein pathologischer Glücksspieler beschaffungsdelinquent werden
   - starke Schuld- und Panikgefühle, insbesondere nach Totalverlusten
   - Verzerrungen des Denkens (z. B. Verleugnen, Misstrauen, übertriebene Zuversicht oder ein Gefühl von Macht und Kontrolle)
   - Persönlichkeitsveränderungen (Stimmungslabilität, Selbstverachtung, Antriebsverlust bis hin zu Depression)
   - sozialer und beruflicher Abstieg (Verstricken in ein Lügengeflecht, emotionale Entfremdung von der Familie, Isolation)
   - erhöhte Suizidgefahr oder Suchtverlagerung z. B. zum Alkoholismus hin.

Diese das Suchtstadium kennzeichnenden Punkte ergänzen das von potenziellen Grundstörungen weitgehend unabhängige Störungsbild eines pathologischen Glücksspielers (Lesieur & Rosenthal, 1991; Meyer & Bachmann, 2000; J. Petry, 2003; Poppelreuter & Gross, 2000; Rosenthal, 1992).

Die Entwicklung des pathologischen Glücksspielverhaltens ist analog zur Abhängigkeitsentwicklung von psychotropen Substanzen ein jahrelanger Prozess. Meyer (1989) stützt sich auf Angaben von Betroffenen aus Selbsthilfegruppen und gibt die Dauer der Phase des gelegentlichen Glücksspielens mit 2,5 Jahren an, gefolgt von einer durchschnittlich ca. 5,5 Jahre andauernden Phase häufigen und intensiven Glücksspielens. Nach ca. 3,5 Jahren erleben die Glücksspieler ihr exzessives Glücksspielverhalten das erste Mal als Problem, jedoch dauert es danach – wie es auch von anderen Suchterkrankungen bekannt ist – noch eine längere Zeit, bis der Weg in die Abstinenz angetreten bzw. Hilfe in Anspruch genommen wird. Grant und Kim (2001) stellten im Rahmen ihrer Untersuchung an einer klinischen Stichprobe fest, dass von der Anfangsphase bis zur pathologischen Phase des Glücksspiels durchschnittlich 6 Jahre vergehen. Fast die Hälfte der behandlungssuchenden pathologischen Glücksspieler entwickelte bereits ein Jahr nach Beginn des Glücksspiels ein pathologisches Glücksspielverhalten, wobei ein späterer Beginn im Lebensverlauf und das Erleben von unwiderstehlichem (durch Werbung ausgelöstem) Glücksspielverlangen schneller zu einer stärkeren Pathologieentwicklung führte. Die Betroffen spielten mehr als 16 Stunden in der Woche und hatten im davor liegenden Jahr fast 45 % ihres Einkommens beim Glücksspiel verloren. Von den pathologischen Glücksspielern gaben 87 % an, die Jagd nach dem Verlustausgleich zu kennen, 80 % gaben an, mittels Glücksspiel dysphorischen Stimmungen zu entfliehen, 44 % hatten die Familie und Freunde belogen, 30 % mussten sich Geld leihen, um Rechnungen bezahlen oder Lebensmittel kaufen zu können und 64 % hatten bereits ihre maximale Kreditgrenze erreicht (Grant & Kim, 2001).

Dennoch zeigt nicht jeder Glücksspieler ein pathologisches Glücksspielverhalten. Im Gegenteil, die größte Gruppe der Glücksspieler sind die Gelegenheits- oder sozialen Spieler, die ab und zu in ihrer Freizeit im Glücksspiel Abwechslung, Vergnügen und Unterhaltung finden (Meyer & Bachmann, 2000). So wurden von verschiedenen Autoren Klassifikationen bzw. Spielertypologien und Subgruppen von pathologischen Spielern beschrieben. Beispielhaft sind im Folgenden die von Meyer und Bachmann (2000) beschriebenen verschiedenen Subgruppen von Spielern aufgeführt:

- der intensive soziale Spieler – Spielen ist wesentliche Quelle für Entspannung, Spaß und Anregung, der Spieler spielt häufig und gerne in seiner Freizeit ohne dabei andere (berufliche/soziale) Bereiche zu vernachlässigen

- der problematische Spieler – weist Persönlichkeitsdefizite auf. Glücksspielen ist eine Problemlösestrategie, jedoch zeigt sich weder ein Kontrollverlust noch ein «Chasingverhalten» (den Verlusten hinterher jagen), der Spieler ist gegenüber Verlusten tolerant

- der Gewohnheitsspieler – spielt dauerhaft, um eine hedonistische (positive) Wirkung zu erhalten oder «Geld zu machen», hat Kontrolle über sein Spielverhalten und kann dieses längerfristig im Falle von finanziellen und psychosozialen Problemen einschränken

- der professionelle Spieler – gehört zu einer kleinen Gruppe und dürfte vornehmlich im illegalen Bereich anzutreffen sein, das Spiel dient vorrangig dazu, den Lebensunterhalt zu verdienen und übt ansonsten keinen Reiz aus

- der pathologische Spieler – hier führen Meyer und Bachmann die ursachenbezogene Klassifizierung von Moran (1970a, 1970b) an: subkulturelles Glücksspiel (soziales Umfeld), neurotisches Glücksspiel (Stressverarbeitungsstrategie), impulsives Glücksspiel (Kontrollverlust, spontane Reaktionen, ambivalente Einstellungen), psychopathisches Glücksspiel (zugrunde liegende Persönlichkeitsstörung) und symptomatisches Glücksspiel (psychische Störungen).

Nach der «Internationalen Klassifikation psychischer Störungen» (ICD-10, Dilling, Mombour, & Schmidt, 2000) wird das pathologische Glücksspiel im Kapitel «Abnorme Gewohnheiten und Störungen der Impulskontrolle» aufgeführt. Hier sind andernorts nicht klassifizierbare Verhaltensstörungen zusammengefasst. Diese Störungen ähneln sich in der Beschreibung eines unkontrollierbaren Impulses, unterscheiden sich jedoch in wesentlichen Merkmalen. Die Störungsursache(n) sind unbekannt (vgl. Kap. 1.3; vgl. Kap. 2.6, Exkurs 2.2).

Als diagnostische Kriterien für pathologisches Glücksspiel werden in Anlehnung an die Kriterien der Substanzabhängigkeit (mit Ausnahme des Merkmals des körperlichen Entzugssyndroms) folgende Kriterien genannt: der intensive, nur schwer kontrollierbare Drang zu Spielen; das dauernde, wiederholte Spielen über einen Zeitraum von mindestens einem Jahr; anhaltendes, oft noch gesteigertes Spielen trotz negativer sozialer Konsequenzen und das ständige gedankliche Beschäftigtsein mit dem Glücksspiel. Während die ICD-10 vom «pathologischen Glücksspiel» spricht, schreibt das «Diagnostische und Statistische Manual Psychischer Störungen» (aktuelle Version DSM-IV-TR, Saß, Wittchen, Zaudig, & Houben, 2003) vom «pathologischen Spielen». Im Folgenden wird der Einfachheit halber der Begriff «pathologisches Glücksspiel» verwendet.

Nach der American Psychiatric Association (APA) wird die Störung bereits seit 1987 (DSM-III, APA) in Anlehnung an die Kriterien der Merkmale stoffgebundener Abhängigkeiten diagnostiziert und im Kapitel «Störungen der Impulskontrolle, nicht andernorts klassifiziert» aufgeführt. Von den 10 Kriterien müssen mindestens 5 erfüllt sein, um die entsprechende Diagnose stellen zu können:

1. ist stark eingenommen vom Glücksspiel (z. B. starkes Beschäftigtsein mit gedanklichem Nacherleben vergangener Spielerfahrungen, mit Verhindern oder Planen nächster Spielunternehmungen, Nachdenken über Wege, Geld zum Spielen zu beschaffen)

2. muss mit immer höheren Einsätzen spielen, um die gewünschte Erregung zu erreichen

3. hat wiederholt erfolglose Versuche unternommen, das Spielen zu kontrollieren, einzuschränken oder aufzugeben

4. ist unruhig und gereizt beim Versuch, das Spielen einzuschränken oder aufzugeben

5. spielt, um Problemen zu entkommen oder um eine dysphorische Stimmung (z. B. Gefühle von Hilflosigkeit, Schuld, Angst, Depression) zu erleichtern

6. kehrt, nachdem er beim Glücksspiel Geld verloren hat, oft am nächsten Tag zurück, um den Verlust auszugleichen (dem Verlust hinterher jagen)

7. belügt Familienmitglieder, den Therapeuten oder andere, um das Ausmaß seiner Verstrickung in das Spielen zu vertuschen

8. hat illegale Handlungen wie Fälschung, Betrug, Diebstahl oder Unterschlagung begangen, um das Spielen zu finanzieren

9. hat eine wichtige Beziehung, seinen Arbeitsplatz, Ausbildungs- oder Aufstiegschancen wegen des Spielens gefährdet oder verloren

10. verlässt sich darauf, dass andere ihm Geld bereitstellen, um die durch das Spielen verursachte hoffnungslose finanzielle Situation zu überwinden.

Differenzialdiagnostisch ist das Störungsbild «pathologisches Glücksspiel» abzugrenzen vom:

- gewohnheitsmäßigen Spielen, d. h. häufigen Spielen wegen der aufregenden Spannung oder um damit Geld zu verdienen bei vorhandener Kontrolle über das Spielverhalten

- exzessiven Spielen in einer manischen Phase

- Spielen bei Vorliegen einer dissozialen bzw. soziopathischen Persönlichkeitsstörung

Bei der Diagnosestellung muss darauf geachtet werden, dass pathologisches Glücksspiel auch als Symptom einer bestehenden psychiatrischen Erkrankung auftreten kann (Saß & Wiegand, 1990).

Die Zugehörigkeit des pathologischen Glücksspiels zu den Impulskontrollstörungen bzw. zur symptomatischen Zwangsspektrumsstörung einerseits (z. B. Black & Moyer, 1998; Hollander & Wong, 1995; Lesieur, 1979; Linden, Pope, & Jonas, 1986) und den Abhängigkeitserkrankungen andererseits (z. B. Blanco, Moreyra, Nunes, Saiz-Ruiz, & Ibáñez, 2001; Böning, 1999; Castellani & Rugle, 1995; Dickerson, 1989; Griffiths, 1993 a; Grüsser, 2002; Holden, 2001; Meyer & Bachmann, 2000; Kellermann, 1998; N. M. Petry, 2002; Potenza, 2002) wird nach wie vor kontrovers diskutiert (Bühringer, 2004; vgl. Kap. 1.3).

Verschiedene Autoren gehen davon aus, dass das Gehirn nicht zwischen einer belohnenden Erfahrung durch psychotrope Substanzen (die direkt auf Neurotransmitter wie das dopaminerge Belohnungssystem einwirken) und einer belohnenden Erfahrung durch Verhaltensweisen (die wie andere Umweltreize indirekt auf das Gehirn einwirken) unterscheidet (z. B. Böning, 1999, 2001; Everitt, Dickinson, & Robbins, 2001; Holden, 2001; Marks, 1990; vgl. Kap. 2.2). So konnten einige Autoren zeigen, dass die Merkmale des pathologischen Glücksspiels mit den Merkmalen der Abhängigkeitsstörung vergleichbar sind. Hierbei wird betont, dass sowohl das Verlangen von Verhaltenssüchtigen, ihrer Verhaltensroutine nachzugehen, als auch das auftretende körperliche und psychische Unbehagen und die Nervosität, sobald die Durchführung des Verhaltens verhindert wird, die Verlangens- und Entzugssymptomatik von Substanzabhängigen widerspiegeln (Blanco et al., 2001; Böning, 1999; Dickerson, 1989, 1993; Griffiths, 1993 a, 1993 b; 2005; Grüsser, 2002; Grüsser et al., 2005; Holden, 2001; Jacobs, 1986; Meyer &

Bachmann, 2000; Orford, 2001; J. Petry, 2003; Potenza, 2002; Potenza, Kosten, & Rounsaville, 2001).

Die hohe Komorbidität zwischen pathologischem Glücksspiel und Substanzabhängigkeit verweist ebenfalls auf die Schlüssigkeit einer Einordnung des pathologischen Glücksspiels bei den Abhängigkeitserkrankungen (Moreyra, Ibáñez, Saiz-Ruiz, & Blanco, 2004; Orford, Morison, & Somers, 1996). Weitere komorbide Störungen des pathologischen Glücksspiels wie z. B. affektive Störungen, antisoziale Persönlichkeitsstörungen oder Aufmerksamkeitsdefizit-Hyperaktivitätsstörungen lassen sich wiederum bei Abhängigen von psychotropen Substanzen, jedoch nicht so häufig bei Patienten mit einer Zwangsspektrumsstörung diagnostizieren (Blanco et al., 2001; McElroy, Keck, Pope, Smith, & Strakowski, 1994; Steel & Blaszczynski, 1998; zu Zwangsspektrumsstörung vgl. Kap. 1.3).

Auch bei der Geschlechterverteilung wurden vergleichbare Ergebnisse zwischen der Substanzabhängigkeit und dem pathologischen Glücksspiel nachgewiesen, wobei sich in amerikanischen Studien zeigte, dass 32 % der pathologischen Spieler weiblichen Geschlechts waren (Shaffer, Hall, & Vander Bilt, 1999; Volberg, 1994).

Vergleichbar zu Ergebnissen in Studien mit Substanzabhängigen zeigen pathologische Glücksspieler bei der Konfrontation mit spiel-assoziierten Inhalten eine erhöhte Erregung, d. h. erhöhte Werte bei den entsprechenden physiologischen und biochemischen Parametern (z. B. Hautleitwert, Herzrate, Adrenalinkonzentration), die in Abhängigkeit von der Spielphase bzw. dem Spielstadium (z. B. hohe versus niedrige Spielfrequenz) variieren (Coventry & Norman, 1997; Leary & Dickerson, 1985; Meyer & Bachmann, 2000; Sharpe Tarrier, Schotte, & Spence, 1995; Shinohara et al., 1999).

Weiterhin zeigen neuropsychologische und neurokognitive Befunde Übereinstimmungen zwischen der Substanzabhängigkeit und dem pathologischen Glücksspiel (z. B. Bechara, 2003; Boyer & Dickerson, 2003; Moreyra et al., 2004; Rugle & Melamed, 1993). So deuten einige Studien darauf hin, dass dem pathologischen Glücksspiel und der Substanzabhängigkeit vergleichbare neurobiologische Strukturen und biochemische Botenstoffe zugrunde liegen (z. B. Bechara, 2003; vgl. Kap. 1.3). Aktuelle psychophysiologische Befunde und Ergebnisse von bildgebenden Verfahren weisen ebenfalls auf eine Parallelität zwischen Substanzabhängigkeit und pathologischem Glücksspiel hin (Grüsser, Plöntzke, & Albrecht, 2003; Reuter, Raedler, Rose, Hand, Glascher, & Büchel, 2005).

Des Weiteren lassen auch erste molekulargenetische Ergebnisse auf Gemeinsamkeiten von pathologischem Glücksspiel und Substanzabhängigkeit schließen, von denen hier beispielhaft der Zusammenhang zwischen dem Polymorphismus des Dopamin-D2-Rezeptors, dem Monoaminooxidase-A2-Gen und dem Serotonintransportergen genannt werden soll (Blum, Wood, Sheridan, Chen, & Commings, 1995; Perez de Castro, Ibáñez, Saiz-Ruiz, & Fernandez-Piqueras, 1999; Ibáñez, Blanco, de Castro, Fernandez-Piqueras, & Saiz-Ruiz, 2003). Untersuchungen zur Glücksspielsucht weisen auf eine Involvierung der Botenstoffe Dopamin und Serotonin sowie des Noradrenalins und der Opioide hin (Bergh, Eklund, Södersten & Nordin, 1997; Blanco, Orensanz-Munoz, Blanco-Jerez &

Saiz-Ruiz, 1996; Eber & Shaffer, 2000; Ibáñez et al., 2003; Ibáñez, Blanco & Saiz-Ruiz, 2002; Kim, Grant, Adson, & Shin, 2001; Nordin & Eklund, 1999; Roy et al., 1988, Roy, De-Jong, & Linnoila, 1989; Shah, Potenza, & Eisen, 2004). Dabei wird dem Serotonin eine Rolle bei der Impulskontrolle (z. B. Ibáñez et al., 2003), dem Noradrenalin eine Rolle bei der Regulierung des Erregungsniveaus (z. B. Bergh et al., 1997), dem Dopamin eine Rolle bei der Verhaltensverstärkung (z. B. Kim et al., 2001) und dem opioiden System eine Rolle bei Freude und dem «Mögen» (z. B. Ibáñez et al., 2003) zugeschrieben. So wird z. B. postuliert, dass Veränderungen im dopaminergen und serotonergen (5-HT) System die Vulnerabilität für pathologisches Glücksspiel in der Adoleszenz erhöht (Chambers & Potenza, 2003). Jedoch sind die Befunde in den neurobiologischen Studien zum pathologischen Glücksspiel – ebenso wie in den Studien zur pharmakologischen Intervention bei pathologischem Glücksspiel – häufig widersprüchlich und überschneiden sich an einigen Stellen mit den Befunden zu Störungen der Impulskontrolle (für eine aktuelle Übersicht s. Shah et al., 2004). Daher stehen hier weitere Untersuchungen und somit schlussfolgernde Erkenntnisse noch aus.

Die Einordnung des pathologischen Glücksspiels in den Klassifikationssystemen als Impulskontrollstörung erschwert unter anderem die inhaltliche Ableitung eines klaren Behandlungskonzeptes für das Störungsbild (Grüsser et al., 2005; Meyer & Bachmann, 2000; Rosenthal, 2003). Aufgrund der Empfehlungen der Spitzenverbände der Krankenkassen und Rentenversicherungsträger für die Medizinische Rehabilitation bei pathologischem Glücksspiel ist es seit 2001 möglich, Rehabilitanten mit einer zusätzlichen Abhängigkeitserkrankung und/oder Persönlichkeitsstörung (insbesondere vom narzisstischen Typ) einer Einrichtung für Abhängigkeitserkrankungen mit einem spezifischen Konzept für pathologisches Glücksspiel sowie Rehabilitanten mit einer zusätzlichen psychischen Störung und/oder mit Merkmalen einer depressiv-neurotischen Störung oder einer Persönlichkeitsstörung vom selbstunsicher-vermeidendem Typ einer geeigneten psychosomatisch-psychotherapeutischen Rehabilitationseinrichtung zuzuweisen (vgl. Kap. 11.2.3). Die Bewilligungsdauer umfasst dabei in der Regel 12 Wochen im Rahmen stationärer Rehabilitation und 26 Wochen im Rahmen eines ambulanten Rehabilitationssettings (BfA, 2005). Die genannte Typisierung der pathologischen Spieler erfolgte entsprechend den Ergebnissen einer Studie von J. Petry und Jahrreiss (1999). Im Gegensatz zu Roulette-/Black Jack-Spielern bilden die Automatenspieler die größte Gruppe der behandlungsbedürftigen Glücksspieler in den Institutionen des Hilfesystems (Meyer & Bachmann, 2000).

## 6.2 Epidemiologie

Da umfangreiche epidemiologische Studien für Deutschland bisher fehlen, sind derzeit nur geschätzte Aussagen über die Zahl betroffener pathologischer Glücksspieler möglich. Laut der Deutschen Hauptstelle für Suchtfragen (DHS, 2005) wird derzeit von ca. 80 000 bis 140 000 beratungs- und behandlungsbedürftigen pathologischen Spielern ausgegangen. Meyer (2004) schätzt auf Grundlage eines Vergleichs der Behandlungsnachfrage von Alkoholabhängigen mit der Therapienachfrage von Glücksspielern die Zahl der beratungs- und behandlungsbedürftigen Glücksspieler auf 90 000 bis 150 000, was einem Bevölkerungsanteil von 0,1 bis 0,2 % entspricht.

Bühringer und Türk (1999; vgl. auch Bühringer & Konstanty, 1989) konnten bei ihren umfangreichen Bevölkerungsumfragen zum Automatenspielverhalten bei 18 bis 59-jährigen zeigen, dass ca. 7 bis 8 % aktiv (in den letzten drei Monaten) spielten, hiervon spielten 80 bis 90 % weniger als eine Stunde pro Woche. Etwa 10 bis 15 % der aktiven Spieler spielten wöchentlich bis zu 5 Stunden und ca. 1 % der aktiven Spieler spielte wöchentlich mehr als 5 Stunden. Letztere waren überwiegend in den Spielhallen anzutreffen.

Für die verschiedenen Länder liegen zum Teil differierende Prävalenzzahlen für das pathologische Glücksspiel vor. Eine Übersicht zu verschiedenen Studien hierzu geben Meyer und Bachmann (2000): In Australien beträgt die Prävalenz 0,25 bis 1,73 %, in Kanada 0,42 bis 1,9 %, in Großbritannien 1 bis 4 %, in Spanien 1,4 bis 1,7 %, in Neuseeland 1,2 bis 2,7 % und in den USA 0,1 bis 3,4 %. Eine Untergliederung in problematisches und pathologisches Glücksspiel führt zu aktuellen Prävalenzschätzungen für Schweden von 1,4 % problematischen und 0,6 % pathologischen Glücksspielern (Volberg, Abbott, Ronnberg, & Munck, 2001), für die Schweiz von 2,2 % problematischen und 0,8 % pathologischen Glücksspielern (Bondolfi, Osiek, & Ferrero, 2000) und für Großbritannien von 0,7 % pathologischen Glücksspielern (Sproston, Erens, & Orford, 2000). Shaffer und Hall (1996) finden in den USA und Kanada Prävalenzen von 1,46 % für pathologisches Glücksspiel und von 2,54 % für problematisches Glücksspiel. Nach N. M. Petry (1999) ergibt sich für das pathologische Glücksspiel eine Lebenszeitprävalenz von 5,1 % für die amerikanische Bevölkerung. Insgesamt scheinen die Prävalenzraten international einigermaßen stabil zu bleiben. Während Mitte der 1970er-Jahre die Prävalenz pathologischen Glücksspiels in den USA auf 0,7 % geschätzt wurde (Kallick, Suits, Dielman, & Hybees, 1979), ging man 20 Jahre später von einer Prävalenz von 0,9 % (National Opinion Research Center, 1999) bzw. 0,6 % (Gerstein et al., 1999) aus (Shaffer & Kidman, 2003). Cunningham-Williams, Cottler und Womack (2004) gehen von einer weltweit durchschnittlichen Prävalenzrate von 1,0 % für das pathologische Glücksspiel aus.

Welte, Barnes, Wieczorek, Tidwell und Parker (2002) konnten in einer repräsentativen Studie feststellen, dass 82,2 % der Erwachsenen (18 Jahre und älter) an Glücksspielen teilnehmen, wobei Lotto und Casino-Glücksspiele die höchsten Teilnahmeraten hatten. Für die gesamte Stichprobe dieser Untersuchung betrug die Lebenszeitprävalenz pathologischen Glücksspiels (5 und mehr diagnostische Kriterien des DSM-IV waren erfüllt) 2,0 %. Für die 82,2 % aktive Glücksspieler lag die Lebenszeitprävalenz für pathologisches Glücksspiel bei 2,4 %. Für das problematische Glücksspiel (drei oder vier diagnostische Kriterien des DSM-IV waren erfüllt) betrug die Lebenszeitprävalenz der Gesamtstichprobe 2,77 % und für die aktiven Spieler 3,19 %.

Die Schlussfolgerung, dass die Auftrittswahrscheinlichkeit pathologischen Glücksspiels der von anderen psychischen Störungen ähnelt, legt nahe, dass das pathologische Glücksspiel die gleiche Aufmerksamkeit erfahren sollte (Shaffer & Kidman, 2003).

In den vergangenen Jahren musste festgestellt werden, dass auch immer mehr Kinder und Jugendliche Glücksspiele nutzen. Shaffer und Hall (1996) schätzten eine Prävalenz zwischen 4,4 und 7,4 %, die auch in anderen Studien (z. B. Westphal, Rush, Stevens, & Johnson, 2000) sowie in weiteren Ländern (Großbritannien: Fisher, 1999; Kanada: Poulin, 2000; Neuseeland: Clarke & Rossen, 2000) bestätigt werden konnte. So konnten Hardoon, Gupta und Derevensky (2004) in einer Untersuchung von 2.336 Schülern der Klassenstufen 7 bis 13 bei 4,9 % ein pathologisches Glücksspielverhalten nachweisen. Weitere 8 % der befragten Jugendlichen sind nach Einschätzung der Autoren gefährdet. Dabei war das pathologische Spielverhalten vor allem mit psychosozialen Problemen assoziiert.

Bisher mangelt es vor allem an Untersuchungen zur Prävalenz unterschiedlicher Glücksspielformen. Lediglich in einer Studie von N. M. Petry (2003 b) wurden die nach der Glücksspielform unterschiedenen Häufigkeiten erhoben. Dabei zeigte sich, dass in einer Stichprobe von 340 pathologischen Glücksspielern 39 % das Automatenspiel, 24 % Kartenspiele, 15 % Lotto, 9 % Sportwetten und 8 % Pferde- und Hundewetten bevorzugten.

Prävalenzdaten zur Nutzung der Glücksspiele im Internet sowie von Börsenspekulationen sind schwer bzw. nicht zu erfassen. Ebenso ist es unmöglich, zuverlässige Daten aus dem Bereich des illegalen Glücksspiels zu erhalten. So ist bei allen Statistiken – insbesondere bezüglich der Angaben zum pathologischen Glücksspiel – die hohe Dunkelziffer nicht berücksichtigt.

## 6.3 Komorbiditäten und Aspekte der Entstehung und Aufrechterhaltung von Glücksspielsucht

Als komorbide Merkmale pathologischer Spieler bzw. prädisponierende Faktoren werden in der Forschung neben genetischen Anlagen (bei ca. 20 % der pathologischen Glücksspieler zeigen die biologischen Eltern ebenfalls ein pathologisches Spielverhalten; Ibáñez et al., 2002), dem Geschlecht (überwiegend männlich; Shaffer et al., 1999) und soziodemographischen Merkmalen vor allem bestimmte Persönlichkeitsmerkmale bzw. -störungen, affektive Störungen und Angststörungen sowie eine Abhängigkeit von psychotropen Substanzen genannt (Argo & Black, 2004; Crockford & el-Guebaly, 1998; Grüsser, 2002; Müller-Spahn & Markgraf, 2003; J. Petry, 2003; Vitaro, Arseneault, & Tremblay, 1997).

Verschiedene Autoren (z. B. N. M. Petry & Casarella, 1999; Steel & Blaszczynski, 1996) gehen davon aus, dass Impulsivität als Persönlichkeitsmerkmal mit pathologischem Glücksspielverhalten einhergeht. Allerdings sind die bisherigen Befunde zur geringen Impulskontrolle bei pathologischen Glücksspielern inkonsistent. So konnten z. B. Allcock und Grace (1988) in ihrer Untersuchung keine signifikanten Unterschiede zwischen pathologischen Glücksspielern und Kontrollpersonen bezüglich der Impulsivität nachweisen. Im Gegensatz dazu konnte in zahlreichen anderen Studien ein Zusammenhang zwischen Impulsivität bzw. mangelnder Impulskontrolle und dem pathologischen Glücksspiel aufgezeigt werden (Blaszczynski, Steel, & McConaghy, 1997; Carlton & Manowitz, 1994; Castellani & Rugle, 1995; Specker, Carlson, Christenson, & Marcotte, 1995; Steel & Blaszczynski, 1998; Vitaro et al., 1997). Ein solcher Zusammenhang lässt sich analog bei Abhängigen von psychotropen Substanzen beobachten (z. B. N. M. Petry & Casarella, 1999; Vitaro, Ferland, Jacques, & Ladouceur, 1998). In einer Untersuchung von Bechara, Dolan, Dengurg, Hindes, Anderson und Nathan (2001) konnte gezeigt werden, dass die Impulsivität der pathologischen Glücksspieler mit entsprechenden Veränderungen im ventromedialen präfrontalen Kortex einhergeht. Diese Dysfunktion ließ sich auch für andere Störungen wie z. B. zwanghaft-impulsives Verhalten nachweisen (Bechara et al., 2001; Rogers, 1999).

So ist die Rate von Impulskontrollstörungen bei pathologischen Glücksspielern im Vergleich zur Normalbevölkerung erhöht. Dabei schwanken die Angaben für das Auftreten einer oder mehrerer Impulskontrollstörungen in den Studien zwischen 18 % und 43 % (Black & Moyer, 1998; Grant & Kim, 2001; Specker et al., 1995). Nach Specker und Kollegen (1995) scheint das zwanghafte Kaufen die unter pathologischen Glücksspielern am häufigsten auftretende komorbide Impulskontrollstörung zu sein. Die Autoren vermuten, dass beide Störungen bestimmte Charakteristika wie fokussierte Aufmerksamkeit, monetäre Belohnung und Geldaustausch gemeinsam haben. Grant und Kim (2003) berichten in ihrer Studie mit 96 pathologischen Glücksspielern, dass 22,9 % der Stichprobe komorbide Störungen in Form von Impulskontrollstörungen aufwiesen, wobei impulsives sexuelles Verhalten und Kaufen am häufigsten auftraten. Zusammengefasst ist davon auszugehen, dass sich eine fehlende Impulskontrolle bei einer Person in mehreren exzessiven Verhaltensweisen manifestieren kann (Black, Kehrberg, Flumerfelt, & Schlosser, 1997; McElroy, Hudson, Pope, & Keck, 1991; Schlosser, Black, Repertinger, & Freet, 1994).

Die Studien zur Komorbidität von Persönlichkeitsstörungen und pathologischem Glücksspiel lassen derzeit keine eindeutigen Schlüsse zu. Während manche Autoren bei der Mehrzahl (87 % und 93 %) der pathologischen Glücksspieler Persönlichkeitsstörungen, insbesondere Borderline, antisoziale, histrionische und narzisstische Persönlichkeitsstörung diagnostizierten (Black & Moyer, 1998; Blaszczynski & Steel, 1998), konnten andere Autoren wesentlich geringere Häufungen von Persönlichkeitsstörungen feststellen (Specker, Carlson, Edmonson, Johnson, & Marcotte, 1996). Die Rate der antisozialen Persönlichkeitsstörung bei pathologischen Glücksspielern schwankt in den unterschiedlichen Studien zwischen 15 % (Bellaire & Caspari, 1992) und 40 % im Vergleich zu 3 % bei Männern und 1 % bei Frauen der Normalbevölkerung (Bland, Newman, Orn, & Stebelsky, 1993).

Obwohl auch andere Persönlichkeitsstörungen bei pathologischen Glücksspielern beobachtbar sind, unterscheiden sich die Auftrittsraten nicht von denen in der Normalbevölkerung (Argo & Black, 2004). In einer Studie von J. Petry und Jahrreiss (1999), die von den Rentenversicherungsträgern in Auftrag gegeben wurde, konnten die Autoren zwei Subgruppen beobachten. Zum einen pathologische Glücksspieler mit narzisstischer Persönlichkeitsstruktur und zum anderen pathologische Glücksspieler mit depressiv-neurotischer Persönlichkeitsstruktur (vgl. Kap. 11.2.3).

Blaszczynski und McConaghy (1989) nehmen an, dass Angststörungen sowie affektive Störungen für die Entstehung pathologischen Glücksspiels bedeutsam sind. Die in einigen Studien beobachtete erhöhte Prävalenz von Phobien, Panikstörung oder generalisierter Angststörung scheint zunächst dafür zu sprechen (Bland et al., 1993; Cunningham-Williams, Cottler, Compton, & Spitznagel, 1998; Linden et al., 1986; Roy et al., 1989). In einer Untersuchung von Specker und Kollegen (1996) wurde gezeigt, dass pathologische Glücksspieler erhöhte Raten an Angststörungen (38 %) im Lebensverlauf angaben. Ebenso konnten auch Grant und Kim (2001) in ihrer Untersuchung zeigen, dass bei 9 % von 131 untersuchten pathologischen Glücksspielern eine Angststörung diagnostiziert wurde. Grüsser und Kollegen (2005) konnten in ihrer Studie ebenfalls nachweisen, dass im Vergleich zu Kontrollprobanden die pathologischen Glücksspieler signifikant ängstlicher und auch depressiver waren. Blaszczynski, McConaghy und Frankova (1991) zeigten, dass nach erfolgreichem Behandlungsabschluss die Angstwerte der abstinenten pathologischen Glücksspieler im Vergleich zu weiterhin aktiven Glücksspielern abnahmen.

Black, Goldstein, Noyes und Blum (1994) fanden andererseits keine familiäre Häufung pathologischen Glücksspiels innerhalb einer klinischen Stichprobe von Angstpatienten.

In mehreren Studien konnte zudem gezeigt werden, dass die pathologischen Glücksspieler im Vergleich zur Normalbevölkerung erhöhte Depressionswerte aufwiesen (Blaszczynski & McConaghy, 1989; McCormick, 1993; Roy et al., 1989). Andere Untersuchungen geben Komorbiditäten von Depression und pathologischem Glücksspiel zwischen 21 % und 75 % an (Bergh & Kuhlhorn, 1994; Linden et al., 1986). Insgesamt schätzen z. B. Argo und Black (2004), dass 13 bis 78 % der pathologischen Glücksspieler von einer affektiven Störung betroffen sind. Im Gegensatz dazu konnten z. B. Becoña, Del-Carmen-Lorenz und Fuentes (1996) sowie Thorson, Powell und Hilt (1994) keinen Zusammenhang zwischen Depressionen und pathologischem Glücksspiel nachweisen. Auch Lesieur und Blume (1991) zeigten, dass innerhalb einer Gruppe depressiver Patienten keine größere Auftrittswahrscheinlichkeit pathologischen Glücksspiels zu beobachten war. Bezüglich des Auftretens bipolarer Störungen (Lebenszeitprävalenz von 24 %) sowie hypomanischer (Lebenszeitprävalenz von 38 %) und manischer Episoden konnten einige Autoren erhöhte Erkrankungsraten unter pathologischen Glücksspielern beobachten (Linden et al., 1986; McCormick, Russo, Ramirez, & Taber, 1984).

Die bisherigen Befunde zur Komorbidität von pathologischem Glücksspiel und affektiven Störungen, Angststörungen und Stresserleben sind zum Teil widersprüchlich und erlauben keine Aussagen darüber, ob diese komorbiden Störungen Ursache oder Folge des pathologischen Glücksspiels darstellen (Raylu & Oei, 2002). Analog zur Substanzabhängigkeit wird diskutiert, dass pathologisches Glücksspiel als primäre oder im Sinne einer Selbstmedikation als sekundäre Störung (z. B. Reduktion von Ängsten bei einer Angststörung) auftreten kann (Conger, 1956; Khantzian, 1985; Sher & Levenson, 1982). So können komorbide Störungen als Ursache das Glücksspiel bedingen und in der Folge des Glücksspiels dann als internaler (Stress-)Reiz ein erneutes Glücksspielverlangen auslösen. Vergleichbar zur Substanzabhängigkeit werden durch die intrapsychischen, somatischen und psychosozialen Bedingungen unangenehme (aversive) Zustände und Konflikte ausgelöst, die zum Verlangen und zum erneuten Suchtverhalten führen. Das Sucht- bzw. Glücksspielverhalten wiederum verstärkt seinerseits die auslösenden Bedingungen (Teufelskreis der Abhängigkeit, Küfner, 1981; vgl. Kap. 2.1). So gehen einige Autoren davon aus, dass das pathologische Glücksspiel im Umgang mit diesen Belastungen als effektive dysfunktionale Verarbeitungsstrategie fungiert (z. B. Blaszczynski, Winters, & McConaghy, 1986; Coman, Burrows, & Evans, 1997; Ferrioli & Ciminero, 1981; Friedland, Keinan, & Regev, 1992; Griffiths, 1995; Grüsser et al., 2005; Lyons, 1985; McCormick et al., 1984; Raghunathan & Pham, 1999; Sharpe, 2002; Taber, McCormick, & Ramirez, 1987; Toerne & Konstanty, 1992). Verschiedene Autoren weisen jedoch darauf hin, dass diese komorbiden Störungen evtl. nur für eine Subpopulation der pathologischen Glücksspieler von Bedeutung sind (Crockford & el-Guebaly, 1998; Sharpe, 2002).

Die wenigen Untersuchungen zum Zusammenhang zwischen Stress bzw. Stresserleben und pathologischem Glücksspiel (Coman et al., 1997; Friedland et al., 1992; Griffiths, 1995; Grüsser et al., 2005; McCartney, 1995; Sharpe, 2002; Taber et al., 1987; Toerne & Konstanty, 1992) belegen bisher die Analogie zu entsprechenden Zusammenhängen zwischen stoffgebundener Abhängigkeit und dem Stresserleben (Goeders, 2003; Sinha, 2001; vgl. Kap. 2.2; vgl. Kap. 2.4.1). In einer Studie von Grüsser und Kollegen (2005) konnte gezeigt werden, dass pathologische Glücksspieler signifikant häufiger negative Stressverarbeitungsstrategien einsetzen als die Kontrollprobanden.

Wie bereits erwähnt, konnte in vielen Studien die hohe Komorbidität zwischen pathologischem Glücksspiel und der Abhängigkeit von psychotropen Substanzen nachgewiesen werden (z. B. Crockford & el-Guebaly, 1998; Cunningham-Williams & Cottler, 2001; De Pablo, Pollan, & Varo, 2003; Moreyra et al., 2004; Orford et al., 1996). So konnten Welte und Kollegen (2002) z. B. bei ihrer Stichprobe nachweisen, dass 28 % der pathologischen Glücksspieler auch eine aktuelle Alkoholabhängigkeit aufwiesen. Im Vergleich dazu wurde lediglich bei 1 % der nicht-pathologischen Glücksspieler eine Alkoholabhängigkeit diagnostiziert. Bei Substanzabhängigen wiederum ist die Zahl pathologischer Glücksspieler höher. Spunt, Dupont, Lesieur, Liberty und Hunt (1998) konnten bei Patienten, die an einem Methadon-Programm teilnahmen, zeigen, dass 21 % der Stichprobe komorbid ein pathologisches Glücksspielverhalten aufwies. Auch molekulargenetische Studien, insbesondere zum Dopamin-D2-Rezeptor, dem Monoaminooxidase-A2-Gen und dem Serotonintransportergen, lassen auf Gemeinsamkeiten dieser beiden Störungsbilder schließen (Perez de Castro et al., 1999; Blum et al., 1995). Hier lässt sich vermuten, dass bei den Betroffenen von einer generellen Prädisposition zur Abhängigkeitsentwicklung im Sinne dysfunktionaler Stressverarbeitungsstrategien zur Herstellung des körpereigenen biochemischen Gleichgewichts (vgl. Kap. 3.1, Exkurs 3.1) ausgegangen werden muss.

Trotz der zum Teil widersprüchlichen Befunde zu den komorbiden Störungen ließ sich in einer Studie von Grant und Kim (2003) belegen, dass pathologische Glücksspieler mit komorbiden Störungen eine schwerere Symptomatik aufwiesen, die mit stärkerem Verlangen und damit zusammenhängendem Stress einherging. Auch Grüsser und Kollegen (2005) zeigten, dass vor allem die pathologischen Glücksspieler, die erhöhte Werte von Ängstlichkeit, Depressivität und negativen Stressverarbeitungsstrategien aufwiesen, im Vergleich zu psychisch unauffälligen pathologischen Glücksspielern ein signifikant größeres glücksspielreiz-induziertes Verlangen angaben (vgl. auch Greeley, Swift, & Heather, 1992). Die Autoren schlussfolgern aus ihren Ergebnissen, dass das Glücksspiel in seiner individuellen Funktion und der mit ihm assoziierten verstärkenden Wirkung z. B. als Selbstmedikation, vor allem bei den ängstlichen Glücksspielern als effektiver Stressverarbeitungsmechanismus fungiert.

Im Rahmen der Mechanismen zur Entstehung und Aufrechterhaltung von pathologischem Glücksspiel bzw. der Glücksspielsucht werden die lerntheoretischen Ansätze der klassischen und operanten Konditionierung diskutiert, wie sie in Kapitel 2.1 beschrieben werden (Abrams & Kushner, 2004; vgl. auch Kap. 3 und Abb. 6-1). Auf biologischer Ebene wird weiterhin die physiologische Erregung (Arousal) als ein Zustand, der in bestimmte kortikale, vegetative und motorische Prozesse steuernd eingreift, als wesentlich bei der Entstehung von pathologischem Glücksspiel angesehen (Arousal-Hypothese; Anderson & Brown, 1984; Leary & Dickerson, 1985). Im Gegensatz zu einem längerfristigen Erregungszustand (Aktivierungszustand) beschreibt der Begriff «Arousal» eher eine kurzfristige Zustandsänderung, die in Zusammenhang mit Sinneseindrücken und dem Prozess der Informationsaufnahme gesehen wird (Pribram & McGuiness, 1975). So wird vermutet, dass bei einer bestimmten Gruppe von pathologischen Glücksspielern eine gesteigerte, verstärkend wirkende physiologische Erregung während des Glücksspielens wirksam ist. Eine erhöhte physiologische Reaktion (Herzrate, Hautleitwert) konnte, wie bereits oben in Kapitel 6,1 beschrieben, auch empirisch belegt werden.

Nach dem Diathese-Stress-Modell von Sharpe (2002), das kognitive, lerntheoretische und physiologische Ansätze integriert (vgl. Kap. 2.1–2.3), läuft ein einmal etabliertes Glücksspielmuster mit zunehmender Glücksspielfrequenz automatisiert und eigendynamisch ab. Somit erhöht sich das Risiko, dass der Spieler die Kontrolle über sein Glücksspielverhalten verliert. Individuelle problematische Lebensbedingungen (z. B. affektive Störung, Ängstlichkeit, Stress) können diesen Kontrollverlust begünstigen, da hier das Glücksspiel als effektives «Fluchtmittel» funktionalisiert wird. Die mit dem durch die Probleme ausgelösten Stress in Verbindung stehende, auftretende autonome Erregung («Arousal») kann als mit dem Glücksspiel in Zusammenhang stehend interpretiert werden. So wird die unangenehme stressinduzierte Erregung neu als positiv interpretiert, was wiederum das Glücksspielverhalten verstärkt.

Es wird davon ausgegangen, dass klassisch konditionierte internale und/oder externale Reize eine erhöhte Erregung erzeugen und somit ein Verlangen nach dem Glücksspiel auslösen. Dabei sind die zur Verfügung stehenden Bewältigungsmechanismen und die Kontrollfähigkeit wiederum von den individuellen psychischen Bedingungen (wie z. B. Impulsivität, gelernte Kompetenzen) abhängig (s. **Abb. 6-1**).

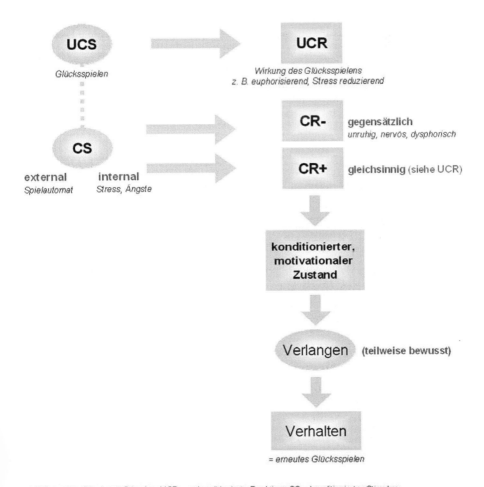

UCS = unkonditionierter Stimulus; UCR = unkonditionierte Reaktion; CS = konditionierter Stimulus; CR = konditionierte Reaktion

**Abbildung 6-1:** Modell der klassischen Konditionierung für die Entstehung und Aufrechterhaltung von Abhängigkeit am Beispiel der Glücksspielsucht

## 6.4 Fallbeispiel

In der psychotherapeutischen Ambulanz stellt sich ein 42-jähriger, lediger Mann, Herr F., vor. Er ist groß, athletisch-schlank, wirkt insgesamt dynamisch und daher jünger. Seine Erscheinung ist gepflegt und er ist sportlich-leger gekleidet.

Herr F. schildert als Vorstellungsgrund, dass er es nicht mehr ertrage, sein Automatenspiel nicht mehr unter Kontrolle zu bekommen. Das Spiel bestimme sein ganzes Leben, mache ihn unruhig, setze ihn unter Druck und Stress. Er könne dem unwiderstehlichen Drang zu spielen einfach nicht widerstehen.

Herr F. kam als unerwünschter Nachzügler auf die Welt und wuchs bis zum Alter von 3 Jahren bei Pflegeeltern auf. Er verstehe die damals beruflich bedingten Beweggründe seiner leiblichen Eltern, ihn für eine Zeit lang fort zu geben. Die Beziehung zu seinen Eltern schildert er als normal. Heute besuche er seine Mutter in großen Abständen. Allerdings sei ihr Verhältnis zueinander nicht sehr emotional. Aktuell führt er seit 3 Monaten eine gut funktionierende Partnerschaft, lebt jedoch nicht mit der Partnerin in einem Haushalt zusammen. Er möchte diese Beziehung nicht durch sein Spielen belasten. Derzeit arbeitet Herr F. als selbständiger Taxifahrer und sein Unternehmen läuft sehr gut.

Vor einigen Jahren besuchte Herr F. zusammen mit Freunden das örtliche Spielcasino und andere Spielstätten. Dort spielte er Roulette und Black Jack sowie an Geldspielautomaten und habe dabei gleich am Anfang mehrmals gewonnen, was ihm viel Freude bereitete. Seine Einsätze steigerte er schnell um das 300-fache pro Spiel, ebenso seine vorwiegend abendlichen Besuche auf 3 bis 4 mal pro
▶ Woche. (**Toleranzentwicklung**)

Bereits nach 6 Monaten hatte Herr F. so hohe Verluste erlitten, dass er bei seiner damaligen Arbeitsstelle Kassengeld entwendet habe. Dieser Diebstahl sei unbemerkt geblieben, da er das Geld am nächsten Tag zurückgelegt habe. Er begann, sich Geld bei Freunden und seiner Mutter zu borgen. Wenn er mal gewonnen habe, habe er die gewonnenen Gelder auch sofort wieder verspielt. Während er zunächst noch tagelange «Spielpausen» einlegen konnte und vor allem sportlich aktiv oder mit Freunden auf Reisen war, besuchte er später selbst während der Urlaube, die er gemeinsam mit der Freundin verbrachte, verschie-
▶ dene Spielstätten. (**Vernachlässigung sozialer Pflichten**)

Nachdem er seinen Wohnort in eine andere Stadt verlegt habe und zunächst arbeitslos gewesen sei, sei er dort täglich in Automatenspielhallen gegangen.
▶ (**Toleranzentwicklung**)

Herr F. merkte, dass das Spielen ihm half, seine Probleme und Sorgen zu vergessen bzw. für eine Weile zu verdrängen. Er habe sich dann als Taxifahrer selbständig gemacht. Dieses Unternehmen florierte so gut, dass er auch mal ohne Probleme bis zu ein paar tausend Euro täglich als Spielkapital im Casino- und Automatenspiel einsetzen konnte. Allerdings habe er immer alles restlos verspielt und immer mehr Verluste gemacht. Innerhalb von 4 Jahren hatte er insgesamt ca. 80 000 Euro verspielt. Vor 2 Jahren sei ihm bewusst geworden, dass er sich auf diese Art und Weise finanziell ruinieren statt absichern würde, außerdem hätte ihn das zunehmende Gedankenkreisen um das vergangene und das nächste Spiel gequält. Er fühlte sich unruhig und nervös, wenn er nicht spielen konnte. (**Entzugserscheinungen**)

Nach Spielverlusten sei er total verzweifelt gewesen. Während er zunächst wütend auf die Automaten und die Spielbank gewesen sei und auch mal auf die Automaten einhieb, ergriff ihn von Verlust zu Verlust die panische Furcht, dass er alles und sich selbst, sein Leben sowie seine Freunde verlieren könne. Er schwor sich, so Herr F.: «…wenn ich das nächste Mal wieder Geld verspiele, wenn ich wieder nur das absolut leere Portemonnaie anstarre, wenn ich nicht wieder zur Vernunft komme, dann nehme ich mir den Strick…». Nachdem er gespielt habe, habe er kaum noch Wut empfunden, sondern habe, sich selbst beschimpfend, immer öfter weinen müssen. Herr F: «…ich kann mir selbst nicht mehr trauen, fühle mich völlig wertlos und schaffe es nicht einmal, meinem Leben ein Ende zu setzen.»

Deshalb ließ er sich auf eigenen Wunsch bei der Stamm-Spielbank für das Spiel sperren, ging jedoch – weil er mit seinen Taxifahrten stets bares Geld zur Verfügung hatte und den Spieldruck nicht aushalten konnte – zu den anderen Glücksspielanbietern, weil es z. B. in den Automatenhallen keine Einlasskontrollen gab. Da auch dieser Abstinenzversuch fehl schlug, empfand er sich zunehmend wie zweigeteilt, ohne Kraft, den «Spielteufel» in sich kontrollieren zu können. (**Kontrollverlust**)

Seit einem Jahr habe er jedoch längere Abstinenzphasen von bis zu 3 Monaten eingehalten, er spekuliere statt dessen lieber an der Börse. Er habe sogar einen Kredit aufgenommen, um gewinnbringend zu spekulieren. So setzte er bisher ca. 15 000 Euro an der Börse ein. Das Automatenspiel gerate darüber jedoch nicht in den Hintergrund. Das Verlangen danach sei am größten, wenn die Einnahmen durch die Taxifahrten hoch seien bzw. Touren ihn an Spielstätten vorbeiführten. (**Verlangen**)

Herr F. glaube daran, dass er schicksalhaft ein «glückliches Händchen» habe und deshalb stets durch seine Arbeit zu Geld kommen würde bzw. sich auch seine Börsenspekulationen als sichere Geldquelle erweisen würden. Zum Vorstellungszeitpunkt bestimmen der Blick auf die Börsenkurse per Fernseher, Zeitung und Handy den Tag des Patienten im 5-Minuten-Rhythmus. Ohne diese Informationen fühlt sich Herr F. unwohl.

So wurde Herr F. auch während des am Vormittag statt findenden Vorstellungsgespräches zunehmend unruhiger und fing an – insbesondere als er von den Börsenkursen berichtete – auf seinem Stuhl hin und her zu rutschen.

Die Kriterien für das Störungsbild «Pathologisches Glücksspiel» (F63.0, ICD-10, Dilling et al., 2000) bzw. «Pathologisches Spielen» (312.31, DSM-IV-TR, Saß et al., 2003) werden von dem Patienten Herrn F. erfüllt. Es lassen sich jedoch auch Merkmale finden, die vor allem den Kriterien einer Abhängigkeit entsprechen.

So erfüllt Herr F. ebenfalls die diagnostischen Kriterien einer Abhängigkeitserkrankung:

- Der Patient verspürt ein starkes *Verlangen,* spielen zu gehen (bzw. die Börsenkurse abzurufen)

- er berichtet von *Entzugserscheinungen,* z. B. wurde er unruhig und nervös, wenn er nicht spielen gehen konnte

- er führt sein Spielverhalten immer häufiger und intensiver aus *(Toleranzentwicklung),*

- er berichtet von der Fortsetzung seines Spielverhaltens im Urlaub *(Vernachlässigung sozialer Bereiche)*

- des Weiteren berichtet er von gescheiterten Abstinenzversuchen und gibt an, keine Kontrolle mehr über sein Spielverhalten zu haben *(Kontrollverlust).*

Das Spielverhalten von Herrn F. wurde anfänglich überwiegend positiv (Freude) und im Verlauf vor allem negativ (Probleme verdrängen) verstärkt (operante Konditionierung, vgl. Kap. 2.1). Das Glücksspiel (vor allem das Automatenspiel und später die Börsenspekulationen) ist nun zu einer dysfunktionalen Stressverarbeitungsstrategie geworden. Auch lösen bestimmte Reize (Anblick von Spielstätten, Geld) das Verlangen bei Herrn F. aus, spielen zu gehen (klassische Konditionierung, vgl. Kap. 2.1).

## 6.5 Exkurs 6.1 Lotto und Wetten

Neben den Angeboten von Glücksspielen in Automatenhallen und Casinos existieren weitere Formen des legalen Glücksspiels, wie z. B. Lotto und Wetten; die Nachfrage in der Bevölkerung ist groß (vgl. Meyer & Bachmann, 2000).

Das Lottospiel, das in der Bevölkerung am meisten verbreitete Glücksspiel, wird allgemein als moderates Glücksspiel eingeschätzt (Brenner & Brenner, 1990; Wolfson & Briggs, 2002; Wood & Griffiths, 2004). So spielen z. B. 65 % der erwachsenen britischen Bevölkerung Lotto (Reid, Woodforst, Roberts, Golding, & Towell, 1999) und auch in Norwegen ist Lotto das populärste Glücksspiel (Götestam & Johansson, 2003). Lottospiele sind die sozial am meisten akzeptierte Form des Glücksspiels (Hill & Williamson, 1998; Rogers, 1998). Die Illusion vom großen Glück und die Vorstellung, bei einem relativ geringen Einsatz viel Geld zu gewinnen und sorgenlos leben zu können, führt bei jeder Losung – getriggert durch ansteigende Jackpotzahlen – vielfältigste Bevölkerungsschichten in die Annahmestellen bzw. in das Internet. Dabei realisiert kaum jemand die geringen Gewinnaussichten. Griffiths (2005) gibt als aufrechterhaltende Faktoren des Lottospiels die sehr erfolgreiche Werbung und mediale Berichterstattung, die generelle Nichtbeachtung der Wahrscheinlichkeitstheorie, Verführung und Erzeugung von Glaubwürdigkeit sowie das Nutzen von Heuristiken (z. B. Kontrollillusionen, flexible Attribution) an.

Lotto als Glücksspielvariante wurde bisher bezüglich seines Suchtpotenzials und einer Pathologieentwicklung in wenigen Studien, vor allem aus dem englischen Sprachraum, untersucht (z. B. Blanco et al., 2001; Grant, Kim, & Potenza, 2003; Lesieur & Rosenthal, 1991; N. M. Petry, 2003 a; Potenza, 2001; Potenza, Fiellin, Heininger, Rounsaville, & Mazure, 2002; Shaffer & Kidman, 2003; Wood & Griffiths, 1998, 2004). Darüber hinaus wurde Lottospielen als pathologisches Lottospielverhalten im Rahmen umfassender empirischer Studien untersucht (Browne & Brown, 1994; Doiron & Mazer, 2001; Frost, Meagher, & Riskind, 2001; Grun & McKeigue, 2000; Hendriks, Meerkerk, Van Oers, & Garretsen, 1997; Kindt, 2001; Miyazaki, Langenderfer, & Sprott, 1999; N. M. Petry, 2003 b; Reid et al., 1999; Rogers, 1998; Welte, Barnes, Wieczorek, & Tidwell, 2004; Welte et al, 2002; Wolfson & Briggs, 2002; Wood, Griffiths, Derevensky, & Gupta, 2002).

Im Vergleich zu anderen Glücksspielformen liegt das Lottospiel bezüglich der Entwicklung problematischen und pathologischen Glücksspiels weit vorn (Johansson & Götestam, 2003). N. M. Petry (2003 b) zeigte in ihrer Untersuchung verschiedener Glücksspielformen, dass pathologische Lottospieler im Vergleich zu Geldautomatenspielern, Pferde- und Hundewettern, Sportwettern und Kartenspielern am häufigsten spielten und zusätzlich ernsthafte Alkoholprobleme sowie psychiatrische Störungen aufwiesen (vgl. Shaffer & Kidman, 2003).

Europäische Untersuchungen zum Lottospielverhalten und seinem Suchtpotenzial existierten bisher in äußerst geringem Umfang (De Vos, Lambeck, & Op et Veld, 1997). Bislang mangelt es vor allem auch an deutschen Studien. In einer aktuellen Untersuchung aus dem deutschsprachigen Raum von Albrecht, Mörsen, Plöntzke und Grüsser (2004) wurde das Lottospielverhalten von 171 Lotto spielenden Personen analysiert. Dabei wurden sowohl die abhängigkeitsrelevanten diagnostischen Kriterien und diese beeinflussende Variablen als auch kognitive Faktoren untersucht. Es zeigte sich, dass 15,2 % der Stichprobe mindestens 5 Kriterien pathologischen Glücksspiels und damit die entsprechende Diagnose erfüllten. Des Weiteren zeigte sich, dass sich die pathologischen Lottospieler in verschiedener Hinsicht von den nicht-pathologischen Lottospielern unterschieden: wöchentliche Spielzeit, Anzahl der Lotteriescheine, Involvierung in das Lottospiel, Versuche, verlorenes Geld zurückzugewinnen, monatliche Schulden, Geld borgen, Erregung während der Ziehung der Zahlen oder bei dem «darüber Nachdenken». Während sich beide Gruppen nicht in der Tendenz unterschieden, bestimmte Zahlensysteme zu nutzen, zeigten sich signifikante Unterschiede in den glücksspielbezogenen Kognitionen. Die pathologischen Lottospieler glaubten an «Glückszahlen» sowie bessere Gewinnchancen und hielten Lotto im Vergleich zu anderen Glücksspielen für harmlos.

Bezogen auf die Abhängigkeitskriterien erfüllten die pathologischen Lottospieler mindestens drei der diagnostischen Kriterien. Im Vergleich zu den nicht-pathologischen Lottospielern zeigten sie erhöhte Werte beim Verlangen nach dem Lottospiel, und wiesen weiterhin Kontrollverlust über das Spielverhalten (Zeit, Geld), Toleranzentwicklung, Vernachlässigung sozialer und beruflicher Pflichten, negative soziale Konsequenzen sowie zwei oder mehr Entzugssymptome (z. B. Unruhe, Unkonzentriertheit) auf, wenn das Lottospielverhalten reduziert wurde. Das Verlangen der pathologischen Lottospieler war signifikant stärker als das der nicht-pathologischen Lottospieler und war vor allem durch die Erwartung positiver Effekte und die Vermeidung von negativen Gefühlen und Entzugssymptomen gekennzeichnet. Des Weiteren zeigte sich, dass 14,3 % der Gruppe der nicht-pathologischen Lottospieler zwar nicht die Kriterien für pathologisches Glücksspiel, jedoch aber die Abhängigkeitskriterien in Bezug auf ihr Lottospielverhalten erfüllten. Die Autoren schlussfolgern in ihrer Studie, dass das Lottospielen von den pathologischen Lottospielern als inadäquate Stressverarbeitungsstrategie genutzt wird. Infolge neuroadaptiver Prozesse des mesolimbischen Belohnungssystems wird das belohnend wirkende Lottospielverhalten zu einem gelernten süchtigen Verhalten.

Wetten stellen in Deutschland eine weitere Form des Glücksspiels dar (Ladouceur, Sylvain, Letarte, Giroux, & Jacques, 1998; Meyer & Bachmann, 2000). Zu den in Deutschland angebotenen Wetten zählen die Pferdewette, Toto-Fussballwette und die erst 1999 bzw. 2000 von der staatlichen Lotterie eingeführte Oddset-Sportwette. Neben den Wettangeboten in den entsprechenden Vermittlungsbüros bzw. Lottoannahmestellen bieten die Lottogesellschaft und auch die privaten Sportwettenveranstalter aus dem europäischen Raum Sportwetten im Internet an (Schweer & Zdun, 2005). Wie bereits erwähnt, haben sich in den ca. 10 letzten Jahren vor allem auch die Nutzungsmuster im Lottospiel- und Wettbetrieb grundlegend geändert. Rückläufigen Umsätzen in den Spielbanken stehen exponenziell steigende Umsätze im Lotto- und Sportwettenspiel gegenüber (Meyer, 2003). Zu dieser Entwicklung kann unter anderem die Einführung der staatlich konzessionierten Oddset-Wette mit dem geringen Mindestspielbetrag von 1,00 Euro zuzüglich 0,50 Euro Bearbeitungsgebühr (seit Anfang 2004; vorher 2,50 Euro) maßgeblich beigetragen haben. Trümper (2004) weist darauf hin, dass damit bereits 7-jährige aufgrund des Taschengeldparagrafen in der Lage sind, an Sportwetten teilzunehmen, weil es für die Oddset-Wette keine Altersbeschränkung gibt. Oddset-Wetten als Wetten mit vorher festgelegter Gewinnquote sind in der Bevölkerung äußerst beliebt. Sie ermöglichen es dem Spieler, täglich auf nationale wie internationale Sportereignisse und die verschiedensten Sportarten, wie Fußball sowie Eishockey, Handball, Radrennen, American Football und Formel 1 zu wetten. Die Einsatzgrenze von 5 000 Euro kann zumindest bei der herkömmlich abgegebenen Wette in der Lottoannahmestelle leicht umgangen werden, da aufgrund der dabei gewahrten Anonymität der gleiche Tipp mehrmals abgegeben werden kann.

Die Schilderungen zur Unkontrollierbarkeit der Einsatzhöhe, den täglichen Spielmöglichkeiten und dem geringen Mindesteinsatz verdeutlichen, dass auch bei den Sportwetten ein Suchtpotenzial vermutet werden kann. Bisher gibt es kaum empirische Studien, die das entsprechende Nutzungsverhalten von Sportwettern sowie das Suchtpotenzial von Wetten untersuchten. Auch im englischen Sprachraum gibt es kaum Studien, die sich explizit mit der Sportwette beschäftigen. In den wenigen Untersuchungen wurden Sportwetten als Glücksspielform meistens im Zusammenhang mit Pferdewetten und Sportlern empirisch betrachtet (Miller et al., 2001; N. M. Petry, 2003 b; Wann & Ensor, 1999).

In einer aktuellen Untersuchung von Plöntzke, Albrecht, Thalemann und Grüsser (2004) wurden 108 aktive Sportwetter in Wettlokalen zu ihrem Wett- und Lottospielverhalten befragt. Im Rahmen dieser Studie ergab sich, dass 33,3 % der Wetter die auf das Wetten bezogenen Kriterien des pathologischen Glücksspiels erfüllten, dass sie also als pathologische Wetter zu bezeichnen sind. Von den 47 Probanden der Gesamtstichprobe, die zusätzlich Lotto spielten, erfüllten, bezogen auf das Lottospielverhalten, 23,3 % die Kriterien pathologischen Glücksspiels. Die Komorbidität von pathologischem Wetten und pathologischem Lottospielverhalten betrug in dieser Studie 12,0 %. Aufgrund der ebenfalls erfüllten Abhängigkeitskriterien (Toleranzentwicklung, Kontrollverlust, Verlangen, Vernachlässigung beruflicher und sozialer Pflichten, Entzugserscheinungen) schlussfolgern die Autoren, dass sowohl Sportwetten als auch Lottospielen (ebenso wie auch das Glücksspiel an Geldspielautomaten und am Roulettetisch) in Analogie zur Abhängigkeit von psychotropen Substanzen ein Suchtpotenzial bergen (vgl. auch Grüsser, 2002; Holden, 2001; Ladouceur, Sevigny, Blaszczynski, O'Connor, & Lavoie, 2003; Marks, 1990; Meyer & Bachmann, 2000; J. Petry, 2003). Jedoch weisen die Autoren darauf hin, dass ihre Studie keine repräsentativen Ergebnisse zeigen, da alleine schon die Auswahl des Rekrutierungsortes, vergleichbar zu einer Befragung zum Alkoholismus in einer Kneipe, zu einer erhöhten Anzahl von pathologischen Sportwettern führt.

## 6.6 Literatur

Abrams, K., & Kushner, M.G. (2004). Behavioral understanding. In J.E. Grant, & M.N. Potenza (Eds.), *Pathological gambling. A clinical guide to treatment* (pp. 113–126). Washington: American Psychiatric Publishing.

Albrecht, U., & Grüsser, S.M. (2003). Diagnose Glücksspielsucht? *Psychomed*, 15, 96–99.

Albrecht, U., Mörsen, C.P., Plöntzke, B., & Grüsser, S.M. (2004). Lotto – pathologisches Glücksspiel oder stoffungebundene Sucht? Deutsche Gesellschaft für Psychiatrie, Psychotherapie und Nervenheilkunde, Kongress 2004, Berlin, *Der Nervenarzt*, 75 (suppl.2), S. 186.

Allcock, C.C., & Grace, D.M. (1988). Pathological gamblers are neither impulsive nor sensation-seekers. *Australian and New Zealand Journal of Psychiatry*, 22, 307–311.

American Psychiatric Association. (1987). *Diagnostic and statistical manual of mental disorders* (3rd ed. rev.). Washington: Author.

Anderson, G., & Brown, R.I.F. (1984). Real and laboratory gambling, sensation seeking and arousal. *British Journal of Psychology*, 75, 401–410.

Argo, T.R., & Black, D.W. (2004). Clinical characteristics. In J.E. Grant, & M.N. Potenza (Eds.), *Pathological gambling. A clinical guide to treatment* (pp. 39–55). Washington: American Psychiatric Publishing.

Bechara, A. (2003). Risky business: emotion, decision-making and addiction. *Journal of Gambling Studies*, 19, 23–51.

Bechara, A., Dolan, S., Dengurg, N., Hindes, A., Anderson, S.W., & Nathan, P.E. (2001). Decision-making deficits, linked to a dysfunctional ventromedial prefrontal cortex, revealed in alcohol and stimulant abusers. *Neuropsychologia*, 39, 376–389.

Becoña, E., Del-Carmen-Lorenz, M., & Fuentes, M. (1996). Pathological gambling and depression. *Psychological Reports*, 78, 635–640.

Bellaire, W., & Caspari, D. (1992). Diagnosis and therapy of male gamblers in a University Psychiatric Hospital. *Journal of Gambling Studies*, 8, 143–151.

Bergh, C., Eklund, T., Södersten, P., & Nordin, C. (1997). Altered dopamine function in pathological gambling. *Psychological Medicine*, 27, 473–475.

Bergh, C., & Kuhlhorn, E. (1994). Social, psychological and physical consequences of pathological gambling in Sweden. *Journal of Gambling Studies*, 10, 275–285.

Bundesversicherungsanstalt für Angestellte. (2005). *Leitlinien für den beratungsärztlichen Dienst. Rehabilitationsbedarf - Psychische Störung* (2. Aufl.). BfA.

Black, D. W., Goldstein, R. B., Noyes, R. Jr., & Blum, N. (1994). Compulsive behaviours and obsessive-compulsive disorder (OCD): lack of relationship between OCD, eating disorder and gambling. *Comprehensive Psychiatry*, 35, 145–148.

Black, D. W., Kehrberg, L. L., Flumerfelt, D. L., & Schlosser, S. S. (1997). Characteristics of 36 subjects reporting compulsive sexual behavior. *American Journal of Psychiatry*, 154, 243–249.

Black, D. W., & Moyer, T. (1998). Clinical features and psychiatric comorbidity of subjects with pathological gambling behavior. *Psychiatric Service*, 49, 1434–1439.

Blanco, C., Moreyra, P., Nunes, E. V., Saiz-Ruiz, J., & Ibáñez, A. (2001). Pathological gambling: addiction or compulsion? *Seminars in Clinical Neuropsychiatry*, 6, 167–176.

Blanco, C., Orensanz-Munoz, L., Blanco-Jerez, C., & Saiz-Ruiz, J. (1996). Pathological gambling and platelet MAO activity: a psychobiological study. *American Journal of Psychiatry*, 153, 119–121.

Bland, R. C., Newman, S. C., Orn, H., & Stebelsky, G. (1993). Epidemiology of pathological gambling in Edmonton. *Canadian Journal of Psychiatry*, 38, 108–112.

Blaszczynski, A., & McConaghy, N. (1989). Anxiety and/or depression in the pathogenesis of addictive gambling. *International Journal of the Addictions*, 24, 337–350.

Blaszczynski, A., McConaghy, N., & Frankova, A. (1991). Control versus abstinence of pathological gambling: a two to nine year follow-up. *British Journal of Addiction*, 86, 299–306.

Blaszczynski, A., & Steel, Z. (1998). Personality disorder among pathological gamblers. *Journal of Gambling Studies*, 14, 51–71.

Blaszczynski, A., Steel, Z., & McConaghy, N. (1997). Impulsivity in pathological gambling: the antisocial impulsivist. *Addiction*, 92, 75–87.

Blasczczynski, A., Winters, S. W., & McConaghy, N. (1986). Plasma endorphin levels in pathological gambling. *Journal of Gambling Behavior*, 21, 3–14.

Blum, K., Wood, R., Sheridan, P., Chen, T., & Commings, D. (1995). Dopamine D2 receptor gene variants: association and linkage studies in impulsive, addictive and compulsive disorders. *Pharmacogenetics*, 5, 121–141.

Böning, J. (1991). Glücksspielen als Krankheit? Kritische Bemerkungen zur Inflation der Süchte. *Der Nervenarzt*, 62, 706–707.

Böning, J. (1999). Psychopathologie und Neurobiologie der «Glücksspielsucht». In G. Alberti, & B. Kellermann (Hrsg.), *Psychosoziale Aspekte der Glücksspielsucht* (S. 39–50). Geesthacht: Neuland.

Böning, J. (2001). Neurobiology of an addiction memory. *Journal of Neurotransmission*, 108, 755–765.

Bolen, D. W., & Boyd, W. H. (1968). Gambling and the gambler: a review and preliminary findings. *Archives of General Psychiatry*, 18, 617–630.

Bondolfi, G., Osiek, C., & Ferrero, F. (2000). Prevalence estimates of pathological gambling in Switzerland. *Acta Psychiatrica Scandinavica*, 101, 473–475.

Boyer, M., & Dickerson, M. (2003). Attentional bias and addictive behaviour: automaticity in a gambling-specific modified Stroop task. *Addiction*, 98, 61–70.

Brenner, R., & Brenner, G. A. (1990). *Gambling and speculations: a theory, history and future of some humans decisions*. New York: Cambridge University Press.

Browne, B. A., & Brown, D. J. (1994). Predictors of lottery gambling among american college students. *The Journal of Social Psychology*, 134, 339–347.

Bühringer, G. (2004). Wenn Arbeiten, Einkaufen oder Glücksspielen pathologisch eskalieren: Impulskontrollstörung, Sucht oder Zwangshandlung? *Verhaltenstherapie*, 14, 86–88.

Bühringer, G., Augustin, R., & Welsch, K. (2003). Slot machine gambling behaviour in East Germany 1990-2000. *Gesundheitswesen*, 65, 55–63.

Bühringer, G., & Konstanty, R. (1989). Vielspieler an Geldspielautomaten in der Bundesrepublik Deutschland. *Suchtgefahr*, 35, 1–13.

Bühringer, G., & Türk, D. (Hrsg.). (1999). *Geldspielautomaten – Freizeitvergnügen oder Krankheitsverursacher?* Göttingen: Hogrefe.

Carlton, P. L., & Manowitz, P. (1994). Factors determining the severity of pathological gambling in males. *Journal of Gambling Studies*, 10, 147–157.

Castellani, B., & Rugle, L. (1995). A comparison of pathological gamblers to alcoholics and cocaine misusers on impulsivity, sensation seeking, and craving. *The International Journal of Addictions*, 30, 275–289.

Chambers, R. A., & Potenza, M. N. (2003). Neurodevelopment, impulsivity, and adolescent gambling. *Journal of Gambling Studies*, 19, 53–84.

Clarke, D., & Rossen, F. (2000). Adolescent gambling and problem gambling: a New Zealand study. *New Zealand Journal of Psychology*, 29, 10–16.

Coman, G. J., Burrows, G. D., & Evans, B. J. (1997). Stress and anxiety as factors in the onset of problem gambling: implications for treatment. *Stress Medicine*, 13, 235–244.

Conger, J. J. (1956). Reinforcement theory and the dynamics of alcoholism. *Quarterly Journal of Studies on Alcohol*, 17, 296–305.

Coventry, K. R., & Norman, A. C. (1997). Arousal, sensation seeking and frequency of gambling in off-course horse racing betters. *British Journal of Psychology*, 88, 671–681.

Crockford, D. N., & el-Guebaly, N. (1998). Psychiatric comorbidity in pathological gambling: a critical review. *Canadian Journal of Psychiatry*, 43, 43–50.

Cunningham-Williams, R. M., & Cottler, L. B. (2001). The epidemiology of pathological gambling. *Seminars in Clinical Neuropsychiatry*, 6, 155–166.

Cunningham-Williams, R. M., Cottler, L. B., Compton, W. M., & Spitznagel, E. L. (1998). Taking chances: problem gamblers and mental health disorders – results from the St. Louis Epidemiologic Catchment Area Study. *American Journal of Public Health*, 88, 1093–1096.

Cunningham-Williams, R. M., Cottler, L. B., & Womack, S. B. (2004). Epidemiology. In J. E. Grant, & M. N. Potenza (Eds.), *Pathological gambling. A clinical guide to treatment* (pp. 25–36). Washington: American Psychiatric Publishing.

Custer R. (1987). The diagnosis and scope of pathological gambling. In T. Galski (Ed.), *The handbook of pathological gambling* (pp. 3–7). Springfield: Thomas.

De Pablo, J., Pollan, M., & Varo, J. (2003). Analysis of comorbidity between alcohol dependence syndrom and pathological gambling in patients receiving treatment in mental health centres. *Anales Del Sistema Sanitario de Navarra*, 25, 31–36.

Deutsche Hauptstelle für Suchtfragen. (Hrsg.). (2005). *Jahrbuch Sucht 2005*. Geesthacht: Neuland.

De Vos, T., Lambeck, S., & Op et Veld, G. (Eds.). (1997). *Gambling in Europe: a comparative study among eight European countries*. Brabant: Dineke Grundel.

Dickerson, M. (1989). Gambling – a dependence without drug. *International Review of Psychiatry*, 1, 157–172.

Dickerson, M. (1993). Internal and external determinants of persistent gambling: problems in generalising from one form of gambling to another. *Journal of Gambling Studies*, 9, 225–245.

Dilling, H., Mombour, W., & Schmidt, M. H. (2000). *Internationale Klassifikation psychischer Störungen ICD-10, Klinisch-diagnostische Leitlinien*, Weltgesundheitsorganisation. Bern: Huber.

Doiron, J. P., & Mazer, D. B. (2001). Gambling with video lottery terminals. *Qualitative Health Research*, 11, 631–646.

Eber, G. B., & Shaffer, H. J. (2000). Trends in bio-behavioral gambling studies research: quantifying citations. *Journal of Gambling Studies*, 16, 461–467.

Everitt, B. J., Dickinson, A., & Robbins, T. (2001). The neuropsychological basis of addictive behavior. *Brain Research. Brain Research Reviews*, 36, 129–138.

Ferrioli, M., & Ciminero, A. R. (1981). The treatment of pathological gambling as an addictive behavior. In W. R. Eadington (Ed.), *The proceedings of 6th national Conference on Gambling and Risk tasking*. University of Nevada: Bureau Business and Economic Research.

Fisher, S. (1999). A prevalence study of gambling and problem gambling in British adolescents. *Addiction Research*, 7, 509–538.

Friedland, N., Keinan, G., & Regev, Y. (1992). Controlling the uncontrollable: effects of stress on illusory perceptions of controllability. *Journal of Personality and Social Psychology*, 63, 923–931.

Frost, R. O., Meagher, B. M., & Riskind, J. H. (2001). Obsessive-compulsive features in pathological lottery and scratch-ticket gamblers. *Journal of Gambling Studies*, 17, 5–19.

Gerstein, D., Hoffmann, J., Larison, C., Engelmann, L., Murphy, S., Chuchro, L., et al., (1999). *Gambling impact and behavior study*. National Opinion Research Center, University of Chicago. Elektronische Quelle: http://www.norc.edu/new/gamb-fin.htm.

Goeders, N. E. (2003). The impact of stress on addiction. *European Psychopharmacology*, 13, 435–441.

Götestam, K. G., & Johansson, A. (2003). Characteristics of gambling and problematic gambling in the Norwegian context: a DSM-IV-based telephone interview study. *Addictive Behaviors*, 28, 189–197.

Grant J. E., & Kim, S. W. (2001). Demographic and clinical features of 131 adult pathological gamblers. *Journal of Clinical Psychiatry*, 62, 957–962.

Grant, J. E., & Kim, S. W. (2003). Comorbidity of impulse control disorders in pathological gambling. *Acta Psychiatrica Scandinavica*, 108, 203–207.

Grant, J. E., Kim, S. W., & Potenza, M. (2003). Advances in the pharmacological treatment of pathological gambling. *Journal of Gambling Studies*, 19, 85–109.

Grant J. E., & Potenza, M. (Eds.). (2004). *Pathological gambling. A clinical guide to treatment*. Washington: American Psychiatric Publishing.

Greeley, J. D., Swift, W., & Heather, N. (1992). Depressed affect as a predictor of increased desire for alcohol in current drinkers of alcohol. *British Journal of Addiction*, 87, 1005–1012.

Griffiths, M. D. (1993 a). Factors in problem adolescent fruit machine gambling. *Journal of Gambling Studies*, 9, 31–45.

Griffiths, M. D. (1993 b). Tolerance in gambling: an objective measure using the psychophysiological analysis of male fruit machine gamblers. *Addictive Behaviors*, 18, 365–372.

Griffiths, M. D. (1995). The role of subjective mood states in the maintenance of fruit machine gambling behaviour. *Journal of Gambling Studies*, 11, 123–135.

Griffiths, M. D. (2005). A ‹components› model of addiction within a biopsychological framework. *Journal of Substance Use*, 10, 1–7.

Grun, L., & McKeigue, P. (2000). Prevalence of excessive gambling before and after introduction of national lottery in the United Kingdom: another example of the single distribution theory. *Addiction*, 95, 959–966.

Grüsser S. M. (2002). Glücksspielsucht. In R. Schwarzer, M. Jerusalem, & H. Weber (Hrsg.), *Gesundheitspsychologie von A–Z* (S. 230–233). Göttingen: Hogrefe.

Grüsser, S. M., Plöntzke, B., & Albrecht, U. (2003). Event-related potentials and craving in active and abstinent pathological gamblers, casino employees and healthy controls [abstract]. *Society of Neuroscience*, 33rd Annual meeting, New Orleans, 111.10.

Grüsser, S. M., Plöntzke, B., & Albrecht, U. (2005). Pathologisches Glücksspiel – eine empirische Untersuchung des Verlangens nach einem stoffungebundenen Suchtmittel. *Der Nervenarzt*, 76, 592–596.

Hand, I. (1998). Zwangs-Spektrum- Störung oder Nicht-Stoffgebundene-Abhängigkeit. In C. Mundt, M. Linden, & W. Barnett (Hrsg.), *Psychotherapie in der Psychiatrie* (S. 209–219). Wien: Springer.

Hand, I. (2003). Störungen der Impulskontrolle: Nichtstoffgebundene Abhängigkeiten (Süchte), Zwangsspektrum-Störungen ...oder? *Suchttherapie,* 4, 51–53.

Hardoon, K. K., Gupta, R., & Derevensky, J. L. (2004). Psychosocial variables associated with adolescent gambling. *Psychology of Addictive Behaviors,* 18, 170–179.

Hendriks, V. M., Meerkerk, G. J., Van Oers, H. A., & Garretsen, H. F. (1997). The Dutch instant lottery prevalence and correlates of at-risk playing. *Addiction,* 92, 325–346.

Hill, E., & Williamson, J. (1998). Choose six numbers, any numbers. *The Psychologist,* 11, 17–21.

Holden, C. (2001). «Behavioral» addictions: do they exist? *Science,* 294, 980–982.

Hollander, E., & Wong, C. M. (1995). Obsessive-compulsive spectrum disorders. *Journal of Clinical Psychiatry,* 56, 3–6.

Ibáñez, A., Blanco, C, de Castro, I. P., Fernandez-Piqueras, J., & Saiz-Ruiz, J. (2003). Genetics of pathological gambling. *Journal of Gambling Studies,* 19, 11–22.

Ibáñez, A., Blanco, C., & Saiz-Ruiz, J. (2002). Neurobiology and genetics of pathological gambling. *Psychiatric Annals,* 32, 181–185.

Jacobs, D. F. (1986). A general theory of addictions: a new theoretical model. *Journal of Gambling Behavior,* 2, 15–31.

Jellinek, E. M. (1946). Phases in the drinking history of alcoholics: analysis of a survey conducted by the official organ of the Alcoholics Anonymous. *Quarterly Journal of Studies on Alcohol,* 7, 1–88.

Johansson, A., & Götestam, K. G. (2003). Gambling and problematic gambling with money among Norwegian youth (12–18 years). *Nordic Journal of Psychiatry,* 57, 317–321.

Kallick, M., Suits, D., Dielman, T., & Hybees, J. (1979). *A survey of American gambling attitudes and behavior.* Ann Arbor, MI: Institute for Social Research, University of Michigan.

Kellermann, B. (1998). Pathologisches Glücksspielen als typische Suchtform. In I. Füchtenschnieder, & H. Witt (Hrsg.), *Sehnsucht nach dem Glück – Adoleszenz und Glücksspielsucht* (S. 87–109). Geesthacht: Neuland.

Khantzian, E. J. (1985). The self-medication hypothesis of addictive disorders: focus on heroin and cocaine dependence. *American Journal of Psychiatry,* 142, 1259–1264.

Kim, S. W., Grant, J. E., Adson, D. E., & Shin, Y. C. (2001). Double-blind naltrexone and placebo comparison study in the treatment of pathological gambling. *Biological Psychiatry,* 49, 914–921.

Kindt, J. W. (2001). The costs of addicted gamblers: should the states initiate mega-lawsuits similar to the tobacco cases? *Managerial and Decision Economics,* 22, 17–63.

Küfner, H. (1981). Zur Persönlichkeit von Alkoholabhängigen. In E. Knischewski (Hrsg.), *Alkoholismustherapie* (S. 23–40). Kassel: Nicol.

Ladouceur, R. (1991). Prevalence estimates of pathological gamblers in Quebec, Canada. *Canadian Journal of Psychiatry,* 36, 732–734.

Ladouceur, R., Sevigny, S., Blaszczynski, A., O'Connor, K., & Lavoie, M. E. (2003). Video lottery: winning expectancies and arousal. *Addiction,* 98, 733–738.

Ladouceur, R., Sylvain, C., Letarte, H., Giroux, I., & Jacques, C. (1998). Cognitive treatment of pathological gamblers. *Behaviour Research and Therapy,* 36, 1111–1119.

Leary, K., & Dickerson, M. (1985). Levels of arousal in high- and low-frequency gamblers. *Behaviour Research and Therapy,* 23, 635–640.

Lesieur, H. R. (1979). The compulsive gambler's spiral of options and involvement. *Psychiatry,* 42, 79–87.

Lesieur, H. R., & Blume, S. B. (1991). Evaluation of patients treated for pathological gambling in a combined alcohol, substance abuse and pathological gambling treatment unit using the Addiction Severity Index. *British Journal of Addiction,* 86, 1017–1028.

Lesieur, H. R., & Rosenthal, R. J. (1991). Pathological gambling: a review of the literature. (Prepared for the APA Task Force on DSM-IV Committee on Disorders of Impulse Control Not Elsewhere Classified). *Journal of Gambling Studies*, 7, 5–37.

Linden, R., Pope, H., & Jonas, J. (1986). Pathological gambling and major affective disorder: preliminary findings. *Journal of Clinical Psychiatry*, 41, 201–203.

Lyons, J. C. (1985). Differences in sensation seeking and depression levels between male social gamblers and male compulsive gamblers. In W. R. Eadington (Ed.), *The proceedings of 6*[th] *national Conference on Gambling and Risk tasking*. University of Nevada: Bureau Business and Economic Research.

Marks, I. (1990). Behavioural (non-chemical) addictions. *British Journal of Addiction*, 85, 389.

McCartney, J. (1995). Addictive behaviors: relationship factors and their perceived influence on change. *Genetic, Social and General Psychology Monographs*, 121, 39–64.

McCormick, R. A. (1993). Disinhibition and negative affectivity on substance abusers with and without a gambling problem. *Addictive Behavior*, 18, 331–336.

McCormick, R. A., Russo, A. M., Ramirez, L., & Taber, J. I. (1984). Affective disorders among pathological gamblers seeking treatment. *American Journal of Psychiatry*, 141, 215–218.

McElroy, S., Hudson, J. I., Pope, H. G., & Keck, P. E. (1991). Kleptomania: clinical characteristics and associated psychopathology. *Psychological Medicine*, 21, 93–108.

McElroy, S., Keck, P., Pope, H., Smith, J., & Strakowski, S. (1994). Compulsive buying: a report of 20 cases. *Journal of Clinical Psychiatry*, 55, 242–248.

Meyer, G. (1989). Glücksspieler in Selbsthilfegruppen – erste Ergebnisse einer empirischen Untersuchung. *Suchtgefahren*, 35, 217–234.

Meyer, G. (2003). Glücksspiel: Zahlen und Fakten. In Deutsche Hauptstelle gegen die Suchtgefahren (Hrsg.), *Jahrbuch Sucht 2003*. Geesthacht: Neuland.

Meyer, G. (2004). Glücksspiel – Zahlen und Fakten. In Deutsche Hauptstelle gegen die Suchtgefahren (Hrsg.), *Jahrbuch Sucht 2004*. Geesthacht: Neuland.

Meyer, G., & Bachmann, M. (2000). *Spielsucht – Ursachen und Therapie*. Heidelberg: Springer.

Miller, T. W., Adams, J., Kraus, R. F., Clayton, R, Miller, J. M., Anderson, J., et al. (2001). Gambling as an addictive disorder among athletes: clinical issues in sports medicine. *Sports Medicine*, 31, 145–152.

Miyazaki, A. Langenderfer, J., & Sprott, D. (1999). Government-sponsored lotteries: exploring purchase and nonpurchase motivations. *Psychology and Marketing*, 16, 1–20.

Moran, E. (1970 a). Pathological gambling. *British Journal of Hospital Medicine*, 4, 59–70.

Moran, E. (1970 b). Varieties of pathological gambling. *British Journal of Psychiatry*, 116, 593–597.

Moreyra, P., Ibáñez, A., Saiz-Ruiz, J., & Blanco, C. (2004). Categorization. In J. E. Grant, & M. N. Potenza (Eds.), *Pathological gambling. A clinical guide to treatment* (pp. 55–68). Washington: American Psychiatric Publishing Inc.

Müller-Spahn, F., & Markgraf, J. (Hrsg.). (2003). *Wenn Spielen pathologisch wird*. Basel: Karger.

National Opinion Research Center (1999). *Gambling impact and behavior study*. Chicago, IL: National Opinion Research Center.

Nordin, C., & Eklund, T. (1999). Altered CSF 5-HOAA disposition in pathological male gamblers. *CNS Spectrums*, 4, 25–33.

Orford, J. (Ed.). (2001). *Excessive appetites: a psychological view of addictions* (2nd ed.). Chichester: Wiley.

Orford, J., Morison, V., & Somers, M. (1996). Drinking and gambling: a comparison with implications for theories of addiction. *Drug and Alcohol Review*, 15, 47–56.

Perez de Castro, I., Ibáñez, A., Saiz-Ruiz, J. & Fernandez-Piqueras, J. (1999). Genetic contribution to pathological gambling: association between a functional DNA polymorphism at the serotonin transporter gene (5-HTT) and affected males. *Pharmacogenetics*, 9, 397–400.

Petry, J. (Hrsg.). (2003). *Pathologisches Glücksspielverhalten. Ätiologische, psychopathologische und psychotherapeutische Aspekte*. Geesthacht: Neuland.

Petry, J., & Jahrreiss, R. (1999). Stationäre medizinische Rehabilitation von «Pathologischen Glücksspielern»: Differentialdiagnostik und Behandlungsindikation. *Deutsche Rentenversicherung*, 4, 196-218.

Petry, N. M. (1999). Prevalence, assessment and treatment of pathological gambling: a review. *Psychiatric Services*, 50, 1021–1027.

Petry, N. M. (2002). How treatments for pathological gambling can be informed by treatments for substance use disorders. *Experimental and Clinical Psychopharmacology*, 10, 184–192.

Petry, N.M. (2003 a). Moving beyond a dichotomous classification for gambling disorders. *Addiction*, 98, 1673–1974.

Petry, N. M. (2003 b). A comparison of treatment-seeking pathological gamblers based on preferred gambling activity. *Addiction*, 98, 645–655.

Petry, N. M., & Casarella, T. (1999). Excessive discounting of delayed rewards in substance abusers with gambling problems. *Drug and Alcohol Dependence*, 56, 25–32.

Plöntzke, B., Albrecht, U., Thalemann, C., & Grüsser, S. M. (2004). Formen des pathologischen Glücksspiels: eine empirische Erhebung zum Konsumverhalten von Sportwettern und Lottospielern. *Wiener Medizinische Wochenschrift*, 154, 372–377.

Poppelreuter, S., & Gross, W. (Hrsg.). (2000). *Nicht nur Drogen machen süchtig – Entstehung und Behandlung von stoffungebundenen Süchten*. Weinheim: Beltz.

Potenza, M. (2001). The neuropsychology of pathological gambling. *Seminars in Clinical Neuropsychiatry*, 6, 217–226.

Potenza, M. (2002). Gambling: an addictive behavior with health and primary care implications. *Journal of General Internal Medicine*, 17, 721–732.

Potenza, M., Fiellin, D. A., Heininger, G. R., Rounsaville, B. J., & Mazure, C. M. (2002). Gambling: an addictive behavior with health and primary care implications. *Journal of General Internal Medicine*, 17, 721–732.

Potenza, M. , Kosten, T. R., & Rounsaville, B. J. (2001). Pathological gambling. *The Journal of the American Medical Association*, 286, 141–144.

Poulin, C. (2000). Problem gambling among adolescent students in the Atlantic provinces of Canada. *Journal of Gambling Studies*, 16, 53–78.

Pribram, K. H., & McGuiness, D. (1975). Arousal, activation, and effort in the control of attention. *Psychological Review*, 82, 116–149.

Raghunathan, R., & Pham, M. T. (1999). All negative moods are not equal: motivational influences of anxiety and sadness on decision making. *Organizational Behavior and Human Decision Processes*, 79, 56–77.

Raylu, N., & Oei, T. P. S. (2002). Pathological gambling: a comprehensive review. *Clinical Psychology Review*, 22, 1009–1061.

Reid, S., Woodforst, S. J., Roberts, R., Golding, J. F., & Towell, A. D. (1999). Health-related correlates of gambling on the British National Lottery. *Psychological Reports*, 84, 247–254.

Reuter, J., Raedler, T., Rose, M., Hand, Y., Glascher, J., & Büchel, C. (2005). Pathological gambling is linked to reduced activation of the mesolimbic reward system. *Nature Neuroscience*, 8, 147–148.

Rogers, B. (1999). Choosing between small, likely rewards and large, unlikely rewards activates inferior and orbital prefrontal cortex. *Journal of Neuroscience*, 20, 9029–9038.

Rogers, P. (1998). The cognitive psychology of lottery gambling: a theoretical review. *Journal of Gambling Studies*, 14, 11–134.

Rosenthal, R. J. (1992). Pathological gambling. *Psychiatric Annals*, 22, 72–78.

Rosenthal, R. J. (2003). Distribution of the DSM-IV criteria for pathological gambling. Commentaries. *Addiction*, 98, 1674–1675.

Roy, A., Adinoff, B., Roehrich, L., Lamparski, D., Custer, R., Lorenz, V., et al. (1988). Pathological gambling: a psychobiological study. Archives of General Psychiatry, 45, 369-373.

Roy, A., De-Jong, J., & Linnoila, M. (1989). Extraversion in pathological gamblers. *Archives of General Psychiatry*, 46, 679–681.

Rugle, L.J., & Melamed, L. (1993). Neuropsychological assessment of attention problems in pathological gamblers. *Journal of Nervous and Mental Disorders*, 181, 107–112.

Saß, H., & Wiegand, C. (1990). Exzessives Glücksspielen als Krankheit? Kritische Bemerkungen zur Inflation der Süchte. *Der Nervenarzt*, 61, 435–437.

Saß, H., Wittchen, H.-U. Zaudig, M., & Houben, I. (2003). *Diagnostisches und Statistisches Manual Psychischer Störungen* (DSM-IV-TR). Göttingen: Hogrefe.

Schlosser, S., Black, D.W., Repertinger, S., & Freet, D. (1994). Compulsive buying. Demography, phenomenology, and comorbidity in 46 subjects. *General Hospital Psychiatry*, 16, 205–212.

Schweer, T., & Zdun, S. (2005). *«Sind Sportwetten Glücksspiele?» Eine wissenschaftliche Untersuchung am Beispiel der Wettlandschaft in NRW im Auftrag des Interessenverbandes europäischer Buchmacher.* RISP-Texte 2/2005, Schriftenreihe des Rhein-Ruhr-Institutes für Sozialforschung und Politikberatung (RISP) an der Universität Duisburg-Essen.

Shah, K.R., Potenza, M., & Eisen, S.A. (2004). Biological basis for pathological gambling. In J.E. Grant, & M.N. Potenza (Eds.), *Pathological gambling. A clinical guide to treatment* (pp. 127–139). Washington: American Psychiatric Publishing.

Shaffer, H.J., & Hall, M.N. (1996). Estimating the prevalence of adolescent gambling disorders: a quantitative synthesis and guide toward standard gambling nomenclature. *Journal of Gambling Studies*, 12, 193–214.

Shaffer, H.J., Hall, M.N., & Vander Bilt, J. (1999). Estimating the prevalence of disordered gambling behavior in the United States and Canada: a research synthesis. *American Journal of Public Health*, 89, 1369–1376.

Shaffer, H.J., & Kidman, R. (2003). Shifting perspectives on gambling and addiction. *Journal of Gambling Studies*, 19, 1–6.

Sharpe, L. (2002). A reformulated cognitive-behavioral model of problem gambling: a biopsychosocial perspective. *Clinical Psychology Review*, 22, 1–25.

Sharpe, L., Tarrier, N., Schotte, D., & Spence, S.H. (1995). The role of autonomic arousal in problem gambling. *Addiction*, 90,1529–1540.

Sher, K.J., & Levenson, R.W. (1982). Risk for alcoholism and individual differences in the stress-response-dampening effect of alcohol. *Journal of Abnormal Psychology*, 91, 350–367.

Shinohara, K., Yanagisawa, A., Kagota, Y., Gomi, A., Nemoto, K., Moriya, E., et al. (1999). Physiological changes in pachinko players: beta-endorphin, catecholamines, immune system substances and heart rate. *Applied Human Science*, 18, 37–42.

Sinha, R. (2001). How does stress increase risk of drug abuse and relapse? *Psychopharmacology*, 158, 343–359.

Specker, S.M., Carlson, G.A., Christenson, G.A., & Marcotte, M. (1995). Impulse control disorders and attention deficit disorder in pathological gamblers. *Annals of Clinical Psychiatry*, 7, 175–179.

Specker, S.M., Carlson, G.A., Edmonson, K.M., Johnson, P.E., & Marcotte, M. (1996). Psychopathology in pathological gamblers seeking treatment. *Journal of Gambling Studies*, 12, 67–81.

Sproston, K., Erens, B., & Orford, J. (2000). The future of gambling in Britain. *BMJ (Clinical Research Ed.)*, 321, 1291–1292.

Spunt, B., Dupont, I., Lesieur, H., Liberty, H.J., & Hunt, D. (1998). Pathological gambling and substance misuse: a review of the literature. *Substance Use and Misuse*, 33, 2535–2560.

Steel, Z., & Blaszczynski, A. (1996). The factorial structure of pathological gambling. *Journal of Gambling Studies*, 12, 3–20.

Steel, Z., & Blaszczynski, A. (1998). Impulsivity, personality disorders and pathological gambling severity. *Addiction*, 93, 895–905.

Taber, J.I., McCormick, R.A., & Ramirez, L. (1987). The prevalence and impact of major stressors among pathological gamblers. *International Journal of the Addiction*, 22, 71–79.

Thorson, J. A., Powell, F. C., & Hilt, M. (1994). Epidemiology of gambling and depression in an adult sample. *Psychological Reports*, 74, 987–994.

Toerne, I. V., & Konstanty, R. (1992). Gambling behavior and psychological disorders of gamblers on German-style slot-machines. *Journal of Gambling Studies*, 8, 39–59.

Trümper, J. (2004). Spielsucht. WDR Online. Elektronische Quelle: http://www.wdr.de/tv/westpol/archiv/2004/05/02_1.html.

Vitaro, F., Arseneault, L., & Tremblay, RE. (1997). Dispositional predictors of problem gambling in male adolescents. *American Journal of Psychiatry*, 154, 1769–1770.

Vitaro, F., Ferland, F., Jacques, C., & Ladouceur, R. (1998). Gambling, substance use and impulsivity during adolescence. *Psychology of Addictive Behaviors*, 12, 185–194.

Volberg, R. A. (1994). The prevalence and demographics of pathological gamblers: implication for public health. *American Journal of Public Health*, 84, 237–241.

Volberg, R. A., Abbott, M. W., Ronnberg, S., & Munck, I. M. (2001). Prevalence and risks of pathological gambling in Sweden. *Acta Psychiatrica Scandinavica*, 104, 250–256.

Wann, D. L., & Ensor, C. L. (1999). Further validation of the economic subscale of the sport fan motivational scale. *Perceptual and Motor Skills*, 8, 659–660.

Welte, J. W., Barnes, G. M., Wieczorek, W. F., & Tidwell, M. C. (2004). Gambling participation and pathology in the United States – a sociodemographic analysis using classification trees. *Addictive Behaviors*, 29, 323–335.

Welte, J. W., Barnes, G. M., Wieczorek, W. F., Tidwell, M. C., & Parker, J. (2002). Gambling participation in the U. S. – results from a national survey. *Journal of Gambling Studies*, 18, 313–327.

Westphal, J. R., Rush, J. A., Stevens, L., & Johnson, L. (2000). Gambling behavior of Louisiana students grades 6 through 12. *Psychiatry Services*, 51, 96–99.

Wolfson, S., & Briggs, P. (2002). Locked into gambling: anticipatory regret as a motivator for playing the National Lottery. *Journal of Gambling Studies*, 18, 1–17.

Wood, R., & Griffiths, M. D. (1998). The acquisition, development and maintenance of lottery and scratchcard gambling in adolescence. *Journal of Adolescence*, 21, 265–273.

Wood, R., & Griffiths, M. D. (2004). Adolescent lottery and scratchcard players: do their attitutes influence their gambling behaviour? *Journal of Adolescence*, 27, 467–475.

Wood, R., Griffiths, M., Derevensky, J., & Gupta, R. (2002). Adolescent accounts of the UK National Lottery and scratchcards: an analysis using Q-Sorts. *Journal of Gambling Studies*, 18, 161–183.

Wykes, A. (Hrsg.). (1967). *Glücksspiele*. München: Moderne Verlagsgesellschaft.

# 7. Arbeitssucht

## 7.1 Einleitung

Der Begriff der Arbeitssucht («workaholism») wurde von Oates (1968) im Rahmen seines Artikels «On being a workaholic (a serious jest)» («Aus dem Leben eines Arbeitssüchtigen, ein ernstgemeinter Scherz») selbstironisch formuliert. Oates prägte den Neologismus «Arbeitssucht» für das schon früher beschriebene Phänomen des exzessiven Arbeitens (z. B. «Sonntagsneurosen», Ferenczi, 1919; «Arbeitswut», von Gebsattel, 1954) und wies somit auch auf die Parallelen in der Ätiologie und Symptomatologie von Alkoholismus und Arbeitssucht hin. Seitdem ist der Begriff «workaholism» für das Störungsbild des exzessiven Arbeitens etabliert. So werden in der Literatur von vielen Autoren die Begriffe «workaholism» und «work addiction» in Analogie zu dem deutschen Begriff Arbeitssucht verwendet. Jedoch wird für exzessives Arbeiten die Bezeichnung Arbeitssucht auch kritisiert. So führt der Begriff «workaholism» für Pietropinto (1986) zur Verharmlosung des Störungsbildes und Robinson (1989) unterscheidet z. B. zwischen den Begriffen «workaholism» und «work addiction». Nach seiner Unterscheidung ist «workaholism» eine Störung, die sich in selbstauferlegtem, zwanghaftem Arbeitsverhalten und einer Verhaltenseinengung zugunsten des Arbeitens manifestiert, wohingegen «work addiction» eine Abhängigkeit vom Arbeiten ist.

Bonebright, Clay und Ankenmann (2000) stellten fest, dass die charakteristischen Verhaltensweisen eines Arbeitssüchtigen vor allem durch die 3 im Folgenden beschriebenen Kriterien der international gültigen Kriterien für eine Abhängigkeitserkrankung (Diagnostisches und Statistisches Manual Psychischer Störungen, DSM-IV-TR, Saß, Wittchen, Zaudig, & Houben, 2003) beschrieben werden können:

1. der erhöhte Zeitaufwand, um der Arbeit nachgehen zu können

2. das Aufgeben wichtiger sozialer Kontakte oder Freizeitaktivitäten

3. die Aufrechterhaltung des Arbeitsverhaltens trotz Nachweises körperlicher oder psychischer Schäden infolge des Arbeitens.

Neben der Arbeits- und Organisationspsychologie haben sich auch andere Disziplinen mit dem Thema der Arbeitssucht wissenschaftlich beschäftigt (z. B. Burke, 1999 a, 1999 b, 1999 c, 2000 a, 2000 b, 2001; Robinson, 1996, 1998, 2000 a, 2000 b,

2001; Robinson, Carroll, & Flowers, 2001; Robinson & Kelley, 1998). Obwohl ein Großteil der Studien den Begriff der Arbeitssucht («workaholism» bzw. «work addiction») verwendet, gibt es jedoch unterschiedliche Auffassungen über die diagnostische Einordnung des Phänomens; eine einheitliche Definition des Störungsbildes fehlt bislang. Aufgrund der uneinheitlichen Datenlage bei Studien zur Arbeitssucht (uneinheitliche Definition, Anwendung unterschiedlicher Instrumente) gibt es bislang auch keine einheitlichen Schlussfolgerungen (Burke, 1999 a).

## 7.2 Definition

Oates (1971) bezeichnet Arbeitssucht als ein exzessives Bedürfnis nach Arbeit, welches ein solches Ausmaß erreicht hat, dass es zu unübersehbaren Beeinträchtigungen körperlicher Gesundheit, des persönlichen Wohlbefindens, der interpersonalen Beziehungen und/oder des allgemeinen sozialen Funktionierens kommt. Mit dem von ihm gewählten Begriff weist der Autor auf die Parallelen zum Alkoholismus hin. Er versteht Arbeitssucht als Antwort auf eine ökonomische, kulturelle und emotionale Deprivation während der Kindheit, die im zweiten und dritten Lebensjahrzehnt verstärkt wird, wenn institutionelle Anerkennung und Wertschätzung ausbleiben. In der vierten und fünften Lebensdekade führt arbeitssüchtiges Verhalten zu gesundheitlichen und interpersonellen Krisen. Der Betroffene ist süchtig nach der Arbeit und verspürt den Zwang oder das unkontrollierbare Bedürfnis, unaufhörlich zu arbeiten. Es kommt zu auffälligen Störungen oder Beeinträchtigungen der Gesundheit, der persönlichen Zufriedenheit, der zwischenmenschlichen Beziehungen und des sozialen Zusammenlebens («social functioning»). Fehlendes oder unzureichendes Gegensteuern in dieser Situation bringt eine Chronifizierung des Arbeitssuchtverhaltens mit sich, was im Extremfall zum vorzeitigen Tod führen kann (Oates, 1971).

In seinem Modell der Entwicklung der Arbeitssucht postuliert Oates 3 Phasen:

1. frühe Prodromalphase: der Arbeitssüchtige spricht über sein erhöhtes Arbeitspensum und kritisiert mangelnde Arbeitseinstellungen anderer, weist eine kontinuierliche Steigerung des Arbeitsumfanges oder -aufwandes auf, physische oder psychische Beschränkungen bleiben unberücksichtigt

2. kritische Phase: beginnt mit dem ersten psychischen und/oder physischen Zusammenbruch des Betroffenen

3. chronische Phase: gesamter Lebensstil wird an das Arbeitsverhalten angepasst, nur drei Verhaltensbereiche dominieren (Arbeiten, Essen und Schlafen).

Die Einstellungs- und Verhaltensmuster zum Arbeiten bilden sich bei dem Arbeitssüchtigen insbesondere im zweiten und dritten Lebensjahrzehnt heraus. In dieser

Zeit ist die psychische und physische Leistungsfähigkeit besonders ausgeprägt und Grenzen werden nur schwer erkannt. Nach Oates wäre in der kritischen Phase ein grundlegender Wandel des Lebensstils nötig, um den Eintritt in die chronische Phase der Arbeitssucht zu verhindern (vgl. auch Poppelreuter, 1997).

McLean (1979) postuliert, dass ein Arbeitssüchtiger ein Individuum ist, dessen Arbeit zu einem für ihn alles bestimmenden Lebensfaktor geworden ist. Die Arbeit hat im Leben eines Arbeitssüchtigen eine Dominanz erlangt, welche sich in einem von der Norm abweichenden Verhalten und einer unausgeglichenen Lebensführung widerspiegelt. Als weitere kennzeichnende Merkmale bei Arbeitssüchtigen werden innerliches Angetriebensein, Suche nach Anerkennung, Unfähigkeit zur Grenzsetzung, Überschätzung der Bedeutung der eigenen Person, Angst vor Kritik und ein überdurchschnittliches Talent genannt (Helldorfer, 1987). Cherrington (1980) betont bei der Arbeitssucht die irrationale Bindung («commitment») an das exzessive Arbeiten. Arbeitssüchtige sind nach Cherrington nicht in der Lage, sich von der Arbeit freizumachen und alternativen Interessen nachzugehen. Auch Machlowitz (1978) definiert Arbeitssüchtige als Personen, die ihrer Arbeit mehr Zeit und Gedanken widmen als diese benötigt. Sie postuliert jedoch, dass der Unterschied zwischen Arbeitssüchtigen und normalen Personen nicht in der Anzahl der Arbeitsstunden liegt, sondern in der Haltung von Arbeitssüchtigen gegenüber ihrer Arbeit. Mosier (1982) hingegen definiert Arbeitssüchtige als Personen, die mindestens 50 Stunden in der Woche arbeiten.

Die Problematik der Definition über den Zeitaspekt spricht auch Poppelreuter (1997, 2004 a) an. Er hält die rein quantitative Bestimmung der Arbeitssucht (also eine Bestimmung über die Dauer der gearbeiteten Stunden) für wenig sinnvoll, da es in den letzten Jahrzehnten zu einem erheblichen Wandel der durchschnittlichen Wochenarbeitszeit gekommen ist. So kann die momentane durchschnittliche Arbeitszeit pro Woche höchstens als eine Orientierungshilfe gelten. Offen bliebe damit jedoch immer noch die Frage, ab wann eine Abweichung von der durchschnittlichen Arbeitszeit als unnormal gilt (Poppelreuter, 1997, 2004 a). Gross (1990 a, 1990 b) betont ebenfalls, dass bei Arbeitssucht nicht das Ausmaß der geleisteten Arbeit, sondern vor allem der Arbeitsstil und die Einstellung zur Arbeit im Vordergrund stehen.

Steinmann, Richter und Goßmann (1984) bezeichnen Arbeitssucht als ein Bedürfnis nach Arbeit, welches pathologisch und relativ überdauernd ist. Nach den Autoren gibt es keine Beschränkungen auf bestimmte Berufsgruppen oder das Geschlecht. Symonds und Symonds (1988) präzisieren, dass der Arbeitssüchtige gewöhnlich seine Fähigkeiten und die Qualität seiner Arbeit überschätzt; gleichzeitig unterschätzt er andere und ist nicht zugänglich für Kritik. Hinsichtlich der eigenen Kreativität und Begabung gibt es für den Arbeitssüchtigen keine Grenzen, da Grenzen und Hindernisse von ihm als Niederlage und Schwäche interpretiert werden. Er fängt vieles an, verliert meist schnell das Interesse und führt seine Arbeit nicht zu Ende. Handelt es sich um einen Perfektionisten, ist er schnell überarbeitet und erschöpft. Auch Haymon (1992) sieht Einstellungs- und

Verhaltensmerkmale als kennzeichnende Merkmale von Arbeitssucht. Er postuliert, dass Arbeitssucht auf 5 grundlegenden Faktoren beruht: Angst, Zwanghaftigkeit/Besessenheit, Sucht, Intoleranz und Selbstzweifel.

Puschmann und Wegener (1992) konzentrieren sich in ihrer Definition auf eine gesellschaftliche Einbettung des Störungsbildes und bezeichnen Arbeitssucht als ein gesamtgesellschaftliches sozialpathologisches Phänomen. Die Autoren begreifen Arbeitssucht als eine Ausdrucksform einer auf Besitz und Konsum ausgerichteten Gesellschaft. Damit handelt es sich nach den Autoren um eine kollektive Verhaltensform; sie halten es für fraglich, ob es in der heutigen Gesellschaft möglich sei, dass jemand nicht arbeitssüchtig ist. Die Einteilung in arbeitssüchtig versus nicht-arbeitssüchtig ist nach Meinung der Autoren kaum zu bewerkstelligen (vgl. dazu auch Herwig-Lempp, 1987).

Eine weitere Definition von Arbeitssucht stellen Scott, Moore und Micelli (1997) auf. Die Autoren benutzten zur Erstellung ihrer Definition ein dreistufiges Vorgehen. Als Erstes sammelten sie typische Charakteristika von Arbeitssüchtigen aus der verfügbaren Literatur. Zweitens suchten sie nach konzeptionellen Gemeinsamkeiten zwischen diesen Charakteristika und drittens differenzierten sie zwischen Arbeitssucht und ähnlichen Konstrukten (z. B. hohes Engagement bei der Arbeit). Auf diese Art und Weise identifizierten sie 3 Elemente des arbeitssüchtigen Verhaltens:

1. arbeiten in der Freizeit

2. starke gedankliche Beschäftigung mit Arbeit außerhalb der Arbeitszeit

3. arbeiten über die beruflich gestellten Anforderungen hinaus.


McMillan, O'Driscoll, Marsh und Brady (2001) definieren Arbeitssucht global als ein Widerstreben, Abstand von der Arbeit zu gewinnen und deshalb überall und immer zu arbeiten oder sich zumindest gedanklich mit Arbeit zu beschäftigen und unterteilen darüber hinaus die bisherigen Definitionen von Arbeitssucht in 3 verschiedene Ansätze:

1. der dynamische Ansatz – spezialisiert sich auf den Effekt bzw. die Funktion einer Verhaltensweise und impliziert generell, dass Arbeitssucht eine Methode ist, um einerseits der persönlichen Verantwortung für Familie und Freunde aus dem Weg zu gehen und andererseits von Kollegen und Vorgesetzten Anerkennung zu erhalten

2. der beschreibende Ansatz – konzentriert sich auf die Struktur und individuelle Bedeutsamkeit einer Verhaltensweise und beinhaltet oft wertende Urteile, wie z. B. irrational, exzessiv oder vernachlässigend

3. der operationalisierte Ansatz – hat den Anspruch, die exakten Komponenten oder Verhaltensweisen, die essenziell für das Auftreten einer Arbeitssucht sind, genau zu beschreiben.

Die bislang in der Literatur und Forschung zur Arbeitssucht am häufigsten gebrauchte operationalisierte Definition wurde 1992 von Spence und Robbins publiziert. Sie ist die erste akademische und zur Verwendung in der Forschung geeignete Definition und detailliert genug beschrieben, um den Anforderungen der Gütekriterien für ein angemessenes Verfahren gerecht zu werden (Burke, 2000 a). Spence und Robbins (1992) gehen in ihrem Modell der «workaholic triad» (Arbeitssuchttriade) davon aus, dass Arbeitssüchtige durch ein bestimmtes Arbeitsverhalten und eine bestimmte Einstellung zur Arbeit gekennzeichnet sind. In ihrer Definition legen sie 3 spezielle Merkmale fest, über die der Arbeitssüchtige verfügt:

1. starke Arbeitsbezogenheit

2. ein innerer Druck oder Drang zu arbeiten

3. wenig Spaß an der Arbeit.

Die Autorinnen postulieren, dass diese Eigenschaften unabhängig voneinander sind. Das bedeutet, dass eine Person, die stark arbeitsbezogen ist, nicht unbedingt auch einen inneren Zwang zur Arbeit verspüren muss. Aufgrund der Unabhängigkeit der 3 Eigenschaften ist es den Autorinnen möglich, verschiedene Typen von Arbeitssüchtigen zu beschreiben. So grenzen sie z.B. den Arbeitsenthusiasten vom Arbeitssüchtigen ab. Beide sind hochgradig in ihre Arbeit involviert, aber im Gegensatz zum Arbeitssüchtigen erlebt der Arbeitsenthusiast seine Arbeit als erfreulich und er verspürt keinen inneren Drang zum Arbeiten. Das Konzept der Arbeitsbezogenheit ist durch eine vollkommene Hingabe in produktive Projekte und eine Präferenz für konstruktive Zeitausnutzung gekennzeichnet. Spence und Robbins (1992) unterscheiden zwischen Arbeitsbezogenheit und Berufsbezogenheit, um zu verdeutlichen, dass sich Arbeitsbezogenheit nicht unbedingt auf berufsbezogene Aktivitäten beziehen muss, sondern sich auch bei in der Freizeit ausgeübten Tätigkeiten zeigen kann. Unterschiede zwischen Arbeitssüchtigen und Arbeitsenthusiasten liegen vor allem darin, dass Arbeitssüchtige stärker perfektionistisch und weniger bereit sind zu delegieren, mehr beruflichen Stress erleben und stärker unter körperlichem Unbehagen bzw. Krankheiten leiden. Arbeitssüchtige sind bei der Erledigung ihrer Arbeitsaufgaben den Arbeitsenthusiasten qualitativ unterlegen.

Die Autorinnen leiteten aus ihren empirischen Daten 6 Cluster von Arbeitstypen ab (s. **Abb. 7-1** auf S. 148). Eine Analyse der demographischen Daten ergab, dass sowohl für männliche als auch für weibliche Versuchspersonen die Clusterzugehörigkeit unabhängig von demographischen Variablen wie Familien- und Ausbildungsstand, beruflicher Position, Alter sowie der Anzahl minderjähriger Kinder ist. Aufgrund der Ergebnisse ihrer empirischen Untersuchung gehen Spence und Robbins davon aus, dass es sinnvoll ist, zwischen Untergruppen von Vielarbeitern zu unterscheiden, anstatt diese wahllos unter dem Begriff Arbeitssüchtige zusammenzufassen.

| | Arbeitsbezogenheit | Getriebenheit | Spaß an der Arbeit |
|---|:---:|:---:|:---:|
| arbeitssüchtig | + | + | - |
| Arbeitsenthusiast | + | - | + |
| enthusiastischer Arbeitssüchtiger | + | + | + |
| unengagierter Arbeiter | - | + | + |
| entspannter Arbeiter | - | - | + |
| desillusionierter Arbeiter | - | + | - |

**Abbildung 7-1:** Charakteristika der Arbeitstypen nach Spence und Robbins (1992)

Demnach werden 3 süchtige Arbeitstypen unterschieden:

1. Arbeitssüchtige («workaholics») – zeichnen sich vor allem durch hohe Werte in den beiden Kategorien «Engagement im Beruf» und dem selbstauferlegten «Trieb zur Arbeit» aus, wobei sie kaum Spaß bei der Arbeit empfinden

2. Arbeitsenthusiasten («work enthusiasts») – haben im Gegensatz zu den Arbeitssüchtigen Spaß an der Arbeit und sind hoch motiviert, jedoch nicht getrieben

3. enthusiastische Arbeitssüchtige («enthusiastic workaholics») erfüllen alle drei Kategorien der Triade überdurchschnittlich hoch.

Ferner sind in dem Modell von Spence und Robbins (1992) 3 Typen von normal Arbeitenden («unmotivierter Arbeitender», «entspannter Arbeitender» und «desillusionierter Arbeitender») nach Ansicht der Autorinnen ausreichend durch geringe Ausprägungsgrade auf der Skala «Engagement im Beruf» charakterisiert.

In Anlehnung an die Untersuchungsergebnisse von Spence und Robbins zeigte Elder (1991) in seiner Studie, die mittels einer schriftlichen Befragungen stattfand, vergleichbare Ergebnisse. Jedoch konnte der Autor nur 5 Cluster bilden, da sich in seine Untersuchungsergebnisse der «desillusionierte Arbeitende» nicht einordnen ließ.

Über die genannten Modelle hinaus widmet sich ein Teil der Arbeitssuchtliteratur der Konstruktion unterschiedlicher Arbeitssuchttypen, wobei davon ausgegangen wird, dass die einzelnen Typen auch verschiedene Ausgangsbedingungen sowie Arbeits- und Lebensstile haben (Fassel, 1990; Naughton, 1987; Poppelreuter, 1996; Rohrlich, 1981, Scott et al., 1997).

Rohrlich (1981) unterschied zunächst zwischen 13 verschiedenen Arbeitssucht-typen (z. B. dem wütend-feindseligen Arbeitssüchtigen, dem Arbeitssüchtigen aus Scham oder dem narzisstischen Arbeitssüchtigen), wobei er in einer späteren Ver-öffentlichung nur noch 12 Typen nannte (Rohrlich, 1984). Seine Typologisierung unterscheidet zwischen den Motiven und Charakterzügen der einzelnen Typen. Jedoch handelt es sich bei seiner Einteilung nicht um empirisch erhobene oder überprüfte Typen, sondern um erfahrungsbasierte Einteilungsraster.

Naughton (1987) entwickelte eine Typologie von Arbeitssucht, die sich über die beiden Dimensionen «Hingabe zur Arbeit» und «Zwang/Obssession» aufspannt. Hieraus ergaben sich 4 Arbeitstypen. Der arbeitsbezogene Workaholic und der zwanghafte Workaholic haben beide eine hohe Hingabe an die Arbeit und unter-scheiden sich nur im Ausmaß ihrer Zwanghaftigkeit. Der arbeitsbezogene Wor-kaholic hat eine höhere Arbeitszufriedenheit als der zwanghafte Workaholic, während letzter potenziell schlechtere Arbeitsleistungen erbringt. Nicht-süchtige Arbeitende zeigen nach Naughton (1987) weniger Hingabe zur Arbeit, sind nicht zwanghaft und verbringen ihre Freizeit nicht mit Arbeit.

Fassel (1990) differenziert neben dem Idealtyp des zwanghaften Arbeitssüchti-gen («compulsive worker») noch 3 weitere arbeitssüchtige Verhaltensstile:

1. den «binge worker», der schubweise über Tage ununterbrochen arbeitet

2. den «closet worker», der heimlich arbeitet und die Arbeit versteckt, um sie her-vorzuziehen, wenn niemand zusieht

3. den «work anorexic», der zwanghaft bei exzessiv gedanklicher Beschäftigung mit der Arbeit die Arbeit vermeidet (diese Arbeitsvermeidung ist nach Fassel ebenso arbeitssüchtiges Verhalten wie zwanghaftes Arbeiten).

Scott und Kollegen (1997) konzentrieren sich neben der Zwanghaftigkeit auf die Leistungsorientierung der Betroffenen und postulieren 3 Typen von exzessiv Arbeitenden, die sich durch unterschiedliche psychische und körperliche Konsti-tutionen beschreiben lassen:

1. «zwanghafte Abhängige» («compulsive dependent») – Arbeitssüchtige, die durch Ängstlichkeit, Stress, körperliche und psychische Probleme sowie geringe Lebenszufriedenheit und Leistungsfähigkeit charakterisiert sind

2. «besessene Perfektionisten» («perfectionist-obsessive compulsive») – sind ebenfalls durch Stress, psychische und physische Probleme und geringe Lei-stungsfähigkeit, aber auch durch Feindlichkeit im sozialen Umgang, Unzu-friedenheit mit der Arbeit sowie häufige Fehlzeiten und Arbeitsplatzwechsel charakterisiert

3. «Leistungsorientierte» («achievement-orientated») – sind psychisch und kör-perlich gesund und durch Lebenszufriedenheit, Leistungsfähigkeit und selte-nen Arbeitsplatzwechsel charakterisiert.

Einmalig für den deutschen Sprachraum bietet Poppelreuter (1996, 1997) eine Typologisierung von Arbeitssüchtigen aufgrund einer empirischen Überprüfung an. Der Autor unterscheidet zwischen 4 verschiedenen Typen:

1. entscheidungsunsichere Arbeitssüchtige – weisen keine zwanghaften Züge auf, im Vergleich zu den drei anderen Typen scheinen sie im allgemeinen als relativ unauffällig und unproblematisch; dennoch gibt es signifikante Unterschiede im Vergleich zu nicht-arbeitssüchtigen Menschen, z.B. in Bezug auf das Freizeiterleben und die Freizeitgestaltung

2. überfordert-unflexible Arbeitssüchtige – weisen im Vergleich zu den anderen Arbeitssuchttypen ein starkes Überforderungs- und Angsterleben bezüglich der Arbeit bei gleichzeitiger Unflexibilität und fehlender Spontaneität auf

3. verbissene Arbeitssüchtige – sind durch fehlende Überforderungs- und Angstgefühle, aber durch einen verbissenen Arbeitsstil gekennzeichnet, der suchthafte Züge trägt; die persönliche Leistungsfähigkeit ist das zentrale Element bei diesem Typus, während die Zwanghaftigkeit nur mittelmäßig ausgeprägt ist

4. überfordert-zwanghafte Arbeitssüchtige – weisen starke Merkmale ausgeprägter Zwanghaftigkeit mit Gefühlen von Überforderung und Angst auf und haben eine Neigung zu ritualisiert-zwanghafter Arbeitserledigung bei ausgeprägter Entscheidungsunsicherheit.

Poppelreuter (1997) verweist ebenso wie Spence und Robbins (1992) auf die Notwendigkeit einer differenzierten Typologisierung von Arbeitssucht, da nicht pauschal von «dem Arbeitssüchtigen» gesprochen werden kann. Die unterschiedlichen Typen sollten daher in Fragen der Ätiologie, Diagnostik, Klassifikation sowie Intervention und Prävention berücksichtigt werden.

Die Annahme verschiedener Arbeitssuchtmuster könnte eine Erklärung für die widersprüchlichen Angaben in der Forschungsliteratur bieten.

## 7.3 Diagnose Arbeitssucht im beruflichen Alltag

Wie oben aufgeführt, unterscheiden sich die Definitionen der einzelnen Autoren von Arbeitssucht durch die ideologischen Einstellungen zum Thema der einzelnen Autoren. Während einige Autoren Arbeitssucht bzw. arbeitssüchtige Mitarbeiter als Gewinn für ein Unternehmen ansehen (z.B. Korn, Pratt, & Lambrou, 1987; Machlowitz, 1978; Sprankle & Ebel, 1987), beschreiben andere Autoren vor allem auch die Nachteile eines solchen Verhaltens (z.B. Killinger, 1992; Oates, 1971; Schaef & Fassel, 1988; Taylor, 1984).

Als ein typischer Vertreter, der Arbeitssucht als einen Segen für ein Unternehmen bezeichnet, sei Machlowitz (1978, 1981) genannt. Sie kritisiert die Bezeichnung «workaholism» aufgrund der begrifflichen Nähe zum Alkoholismus. Nach Machlowitz würden durch die Verwendung des Begriffs «workaholism» dem exzessiven Arbeitsverhalten ähnliche Attribute zugeschrieben wie dem alkoholabhängigen Verhalten. Die Autorin kritisiert ebenfalls die Annahme, dass arbeitssüchtiges Verhalten als pathologisch einzustufen ist. Sie kommt in ihren Studien zu dem Ergebnis, dass sich Arbeitssüchtige als gesund, glücklich und voller Energie beschreiben und sieht somit auch keine Notwendigkeit für eine Intervention. Die von ihr befragten Personen waren durchweg erfolgreich im Beruf und bekleideten gehobene Positionen in Unternehmen, Organisationen, Institutionen und Verbänden. Die Autorin postuliert, dass ein als arbeitssüchtig definiertes Verhalten ein positives, nicht veränderbares Verhalten ist und empfiehlt allen Unternehmen, Arbeitssüchtige einzustellen und den Betroffenen alle Möglichkeiten zur Entfaltung ihrer Arbeitssucht zu geben. Dennoch formuliert sie auch negative Einstellungen und Verhaltensweisen, die Arbeitssüchtige aufweisen. So seien diese intolerant und ungeduldig gegenüber Kollegen. Daher empfiehlt sie Untergebenen von Arbeitssüchtigen, die Stelle zu kündigen. Insgesamt zeichnen sich die Arbeiten von Machlowitz (1978, 1981) somit durch uneinheitliche Aussagen und Schlussfolgerungen aus.

Eine gegensätzliche Position nimmt Spruell (1987) ein. Sie betont, dass Unternehmen sich ihrer arbeitssüchtigen Mitarbeiter gewahr sein müssen, um eventuelle kurzfristige Gewinne nicht mit den sich langfristig einstellenden erheblichen Einbußen in finanzieller wie personeller Hinsicht bezahlen zu müssen. Auch Fassel (1991) sieht für Unternehmen mit arbeitssüchtigen Mitarbeitern eher negative Konsequenzen. Die Autorin begreift Arbeitssucht als eine fortschreitende, mitunter lebensbedrohliche Krankheit. Der Arbeitssüchtige scheitert bei der Bewältigung seiner Arbeit und anderer Lebensaufgaben. Hieraus wird ersichtlich, dass es sich bei der Arbeitssucht nach Meinung der Autorin nicht nur um ein persönliches Problem des Betroffenen handelt, sondern auch Auswirkungen auf persönliche Beziehungen, das Arbeitsumfeld und damit indirekt auch auf die Gesellschaft bestehen. Fassels Einstellung ist der von Machlowitz (1978, 1981) diametral entgegengesetzt, sie betrachtet die Äußerungen der von Machlowitz untersuchten Personen als Rationalisierung. Zusammengefasst ist Fassel (1991) der Auffassung, dass Unternehmen nur Nachteile von arbeitssüchtigen Angestellten haben, da ihre Arbeit durch ihren Arbeitsstil zu Fehlern führt, wodurch sich zeitliche, emotionale und letztlich auch finanzielle Kosten ergeben.

Mit den Folgen von Arbeitssucht aus betriebswirtschaftlicher Sicht haben sich Steinmann und Kollegen (1984) auseinandergesetzt. Sie gehen ebenso wie Mentzel (1979) davon aus, dass ein Arbeitssüchtiger, vergleichbar zu einem Alkoholiker, schädlich für ein Unternehmen ist.

Die Autoren unterscheiden dabei 2 Typen von Arbeitssüchtigen:

1. der konstruktive Arbeitssüchtige – bei diesem Typus fallen Individual- und Unternehmensinteressen zusammen

2. der destruktive Arbeitssüchtige – bei diesem Typus werden die Unternehmensinteressen durch sein süchtiges Verhalten behindert.

Für ein Unternehmen sind jedoch beide Typen als problematisch zu erachten. Die Gründe hierfür liegen in den vom Arbeitssüchtigen oder den Kollegen ausgehenden Konflikten, der geringen Amortisationsdauer von Arbeitssüchtigen sowie der Gefahr, dass arbeitssüchtige Mitarbeiter in einen Konflikt mit der Idee arbeitsteiliger Organisationen kommen. In arbeitsteiligen Organisationen hat jeder Mitarbeiter einen definierten Aufgabenbereich. Bei einem Arbeitssüchtigen kommt es jedoch im Rahmen des sich steigernden Bedürfnisses nach mehr Arbeit zu einem Übergriff auf andere, ihm nicht zugeteilte Arbeitsaufgaben, wodurch es zu innerbetrieblichen Spannungen kommen kann. Zudem erhöhen diese Übergriffe Koordinationskosten. Des Weiteren weisen Arbeitssüchtige ein problematisches Kommunikationsverhalten auf. Dieses findet sowohl auf horizontaler Ebene (zwischen den Mitarbeitern) als auch auf vertikaler Ebene (zwischen Vorgesetztem und Mitarbeiter) statt.

## 7.4 Epidemiologie

Zur Epidemiologie der Arbeitssucht gibt es keine konkreten Angaben. Machlowitz (1981) gibt an, dass ca. 5 % der amerikanischen Bevölkerung unter Arbeitssucht leiden, während Cherrington (1980) von 10 % Betroffenen spricht (vgl. auch Naughton, 1987). Andere Autoren postulieren einen Anstieg der Arbeitssucht in Nordamerika (Fassel, 1990; Schor, 1991). Die genaue Bestimmung von Prävalenzdaten wird vor allem durch unterschiedliche Operationalisierungen des Störungsbildes sowie nicht einheitlich verwendete Instrumente erschwert. Im deutschen Sprachraum untersuchten Poppelreuter und Windholz (2001) zwei große Unternehmen und klassifizierten 13 % der untersuchten Stichprobe als arbeitssuchtgefährdet/arbeitssüchtig. Poppelreuter (2004 a) geht von ca. 200 000 Betroffenen in Deutschland aus.

## 7.5 Komorbiditäten und Folgen

Untersuchungen zur Arbeitssucht belegen Zusammenhänge mit Stress und unspezifischen Gesundheitsproblemen sowie mit Zwanghaftigkeit, Hypomanie und auch mit einer spezifischen Eigenschaft von sogenannten Typ-A-Persönlichkeiten – dem ehrgeizigen Konkurrieren um Anerkennung (McMillan et al., 2001). Nach Haymon (1992) ist Arbeitssucht ein durch Einstellungs- und Verhaltensmerkmale gekennzeichnetes Syndrom, das auf 5 grundlegenden Faktoren beruht: Angst, Zwanghaftigkeit/Besessenheit, Sucht, Intoleranz und Selbstzweifel. Somit geht das Phänomen der Arbeitssucht auch mit erhöhten Werten bezüglich Depressivität und Aggressivität als Persönlichkeitsmerkmalen einher. Auch bei Kindern von Arbeitssüchtigen zeigten sich im Vergleich zu Kindern von nichtarbeitssüchtigen Kontrollprobanden höhere Depressionswerte (Robinson & Kelley, 1998).

In weiteren Studien, in denen mit der Arbeitssucht in Verbindung stehende Phänomene untersucht wurden, standen jedoch überwiegend nicht komorbide Störungen, sondern die Folgen und Begleitsymptome der Arbeitssucht im Mittelpunkt. Dabei wurden vor allem die Auswirkungen auf soziale Beziehungen beschrieben.

Verschiedene Veröffentlichungen belegen, dass Arbeitssüchtige Intimität mit ihren Partnern geradezu fürchten und sich davor in Arbeit flüchten, zumal die Arbeit auch als befriedigender wahrgenommen wird (Engstrom & Juroe, 1979; Farrar, 1992; Fassel, 1991; Killinger, 1992). So wird bei den Partnerschaftsproblemen auch häufig vom Verlust der emotionalen Nähe und der wahrgenommenen körperlichen Attraktivität des Partners berichtet (Porter, 2001; Robinson et al., 2001). Konsequenzen sind unter anderem Scheidung, vergessene Freundschaften (Klaft & Kleiner, 1988; Topolnicki, 1989), abnehmender Geschlechtsverkehr (Pietropinto, 1986), mangelnde Fähigkeit zum Lieben und Spielen (Siegel, 1974) und Affektlosigkeit gegenüber den Gefühlen anderer (Engstrom & Juroe, 1979). Burke (1999 b, 2000 b, 2000 c) konnte hingegen keine Korrelation zwischen dem Vorhandensein einer Arbeitssucht und der Scheidungsrate feststellen, jedoch zeigte sich bei arbeitssüchtigen Managern eine geringere Zufriedenheit mit der Familie und Freunden. Im Bereich der sozialen Beziehungsgestaltung konnten Robinson und Post (1997) zeigen, dass Arbeitssüchtige signifikant schlechtere Werte bezüglich Problemlösestrategien, Kommunikation und emotionaler Kompetenz aufwiesen. Alle zitierten Studien weisen jedoch methodische Mängel im Bereich der Stichprobenauswahl auf; auch lassen die geringen Stichprobengrößen kaum allgemeingültige Aussagen über die untersuchten Phänomene zu.

McMillan, O'Driscoll und Brady (2004) widersprechen mit ihren Ergebnissen den meisten der bisher dargestellten Studien. In ihrer Untersuchung wirkte sich das Vorhandensein einer Arbeitssucht nicht nachteilig auf die Zufriedenheit in der Partnerschaft aus (auch nicht in einer sechs Monate später erhobenen Anschlussstudie), obwohl Arbeitssüchtige die Zeit, die sie für die Kommunikation mit dem Partner aufwenden, subjektiv wesentlicher höher einschätzten als dies tatsächlich der Fall war. Laut der Autoren sind sich Arbeitssüchtige über das Ausmaß ihrer Sucht im Klaren und versuchen nicht, ihr Arbeitsverhalten zu verharmlosen. Es konnte bei den Arbeitssüchtigen auch keine mangelnde emotionale Kompetenz bezüglich der Gefühle und Wünsche des Partners nachgewiesen werden (McMillan et al., 2004).

Eine Möglichkeit, die in der Literatur beschriebenen widersprüchlichen Ergebnisse zu erklären, könnte in der Betrachtung der Partnerwahl bei Arbeitssüchtigen liegen: McMillan und Kollegen (2004) berichten nicht, ob die Partner nicht ebenfalls arbeitssüchtig sind. In diesem Falle sind weit weniger Partnerschaftsprobleme durch ein hohes Ausmaß an Verständnis füreinander bzw. auch geringere Erwartungen an den Partner zu vermuten. Ferner rekrutierten sich die Stichproben auch aus einer hohen Einkommensschicht. Insgesamt sind in der Studie von McMillan und Kollegen (2004) jedoch sehr viel mehr Informationen von unterschiedlichen Quellen zusammengetragen als bei vergleichbaren Untersuchungen und somit liefert die Studie einige wichtige Hinweise für das Konzept der Arbeitssucht. Die Autoren lehnen dennoch die Bezeichnung Arbeitssucht für exzessives Arbeiten ab und begründen es damit, dass in ihrer Studie die Betroffenen das Ausmaß ihrer exzessiven Arbeitstätigkeit (also ihres süchtigen Verhaltens) nicht verleugneten. Ob diese Schlussfolgerung zulässig ist, kann bezweifelt werden.

Zusammenfassend lässt sich jedoch sagen, dass die Partnerschaft nicht zwangsläufig unter der Arbeitssucht zu leiden scheint, d. h. eine Arbeitssucht kann auch ohne negative Auswirkungen auf enge soziale Kontakte bestehen. Wenn beispielsweise beide Partner unter einer Arbeitssucht leiden, könnte es sein, dass ein negativer Einfluss der Arbeitssucht auf diese Partnerschaft geringer ist (McMillan et al., 2004).

## 7.6 Erklärungsansätze zur Entstehung von Arbeitssucht

Bei der Erklärung zur Entstehung von Arbeitssucht gibt es für die verschiedenen Verhaltensstile oder Verhaltensweisen eine Vielzahl von Modellen (z. B. verhaltens- und psychoanalytische Erklärungsansätze; für eine detaillierte Übersicht s. Poppelreuter, 1997).

Aus sozialpsychologischer Perspektive wird die Arbeitssucht z. B. als ein Familienproblem angesehen, das durch ungesunde Familienbeziehungsdynamiken entsteht und aufrechterhalten wird (McMillan, O'Driscoll, & Burke, 2003). Dabei sehen McMillan und Kollegen (2004) die Arbeitssucht als Ausdruck bestimmter Stressverarbeitungsmuster und beschreiben das Phänomen auf Basis des transaktionalen Stressmodells, welches die Bewältigung von Stress durch individuell unterschiedliche primäre (situationsbezogene) und sekundäre (Handlungsmöglichkeiten, Erfolgsaussicht) Bewertungen postuliert (vgl. Perrewe & Zellars, 1998). Die Kernaussage der Literatur zur Stressbewältigung durch arbeitssüchtiges Verhalten geht davon aus, dass Arbeitssüchtige sich auf ihre Arbeit zu Lasten persönlicher Beziehungen konzentrieren. Für Arbeitssüchtige ist die Arbeit mit einem größeren Wert behaftet als persönliche Beziehungen (primäre Bewertung). Weiterhin denken sie, dass sie nur begrenzte Bewältigungsmöglichkeiten haben, mit Problemen umzugehen (sekundäre Bewertung). So erscheinen Investitionen in persönliche Beziehungen als eine Bedrohung ihres Arbeitslebens.

Weiterhin werden für die Entstehung der Arbeitssucht Indikatoren des Wohlbefindens, wie z. B. psychische und physische Gesundheit und Selbstwert (Burke, 1999 c), Geschlechtsunterschiede (Burke, 1999 d; Spence & Robbins, 1992), Persönlichkeitseigenschaften und Arbeitsbedingungen sowie genetische Dispositionen diskutiert (Burke, 2001). Bezüglich individueller demographischer Charakteristika und Arbeitsbedingungen gibt es für die Entstehung oder das Ausmaß von arbeitssüchtigen Verhaltensweisen keine verlässlichen Angaben (Burke, 2001; Kanai, Wakabayashi, & Fling, 1996; Poppelreuter, 1997, 2004 a). Hinsichtlich der Geschlechtsunterschiede zeigte sich, dass arbeitssüchtige Frauen signifikant jünger und seltener verheiratet sind, weniger Kinder haben, weniger verdienen und seit kürzerer Zeit in ihrer Arbeit tätig sind. Bezogen auf akademische Berufe konnte nachgewiesen werden, dass arbeitssüchtige Frauen im Vergleich zu arbeitssüchtigen Männern signifikant kürzer arbeiten und weniger Überstunden machen. Zudem fühlen sie sich signifikant stärker in die Arbeit «getrieben», erleben stärkeren Stress, aber auch mehr Freude beim Arbeiten. Weiterhin berichten arbeitssüchtige Frauen über mehr gesundheitliche Beschwerden (Spence & Robbins, 1992). Die Tatsache, dass arbeitssüchtige Frauen signifikant weniger Stunden arbeiten, könnte mit einer größeren Eingebundenheit in Haushalt und Familie zusammenhängen («second shift work» nach Hochschild, 1989). Die von den Frauen angegebene Mehrbelastung durch beruflichen Stress könnte dann ergänzend durch eine Überbelastung von verschiedenen Arbeitsbereichen (Beruf, Hausfrau, Mutter) erklärt werden. Unberücksicht bleibt bei diesem Interpretationsversuch, dass arbeitssüchtige Frauen – wie erwähnt – seltener verheiratet sind und seltener bzw. weniger Kinder haben als Frauen der Kontrollgruppe (Spence & Robbins, 1992).

Doerfler und Kammer (1986) untersuchten den Zusammenhang zwischen der Ausprägung von Arbeitssucht und Geschlechtszugehörigkeit sowie der Geschlechterrollenorientierung (maskulin, feminin, androgyn). Sie sammelten Daten von Anwälten, Ärzten und Psychologen. Die Autoren gaben an, dass ca. ein Viertel der Stichprobe arbeitssüchtig war, gleichermaßen über die Geschlechter und die verschiedenen Berufsgruppen verteilt. Die Mehrzahl der alleinstehenden Arbeitssüchtigen war weiblich. Weibliche Arbeitssüchtige gaben mehr maskuline und androgyne als weibliche Charakterzüge an.

In einem anderen Ansatz gehen einige Autoren davon aus, dass Arbeitssucht durch ein besessen-zwanghaftes Verhalten gekennzeichnet ist (Naughton, 1987; Pietropinto, 1986; vgl. auch Poppelreuter, 1997). Dabei wird die Störung jedoch auf keinen Fall als Zwangsstörung gesehen, sondern als zwanghafte Persönlichkeitsstörung. Nach Naughton (1987) kann das Konzept des zwanghaft-besessenen Verhaltens als Persönlichkeitsorientierung für das Verständnis der Arbeitssucht dienen. Die Arbeitstätigkeit ermöglicht Personen mit einer zwanghaft-besessenen Persönlichkeitsorientierung, ihre zwanghaften Tendenzen auszuleben. Der Autor liefert mit diesem Erklärungsansatz ein allgemeines Modell für die verschiedenen Tätigkeitssüchte, da er betont, dass diese zwanghaften Tendenzen sich nicht unbedingt im Arbeiten, sondern auch in allen anderen Verhaltensbereichen äußern können.

Bei einem weiteren Erklärungsansatz für Arbeitssucht wird arbeitssüchtiges Verhalten als eine Variante des Typ-A-Verhaltens gesehen (vgl. Poppelreuter, 1997; Csef, 1999). Der Begriff Typ-A-Verhalten ist aus der psychosomatischen Forschung zur Genese von Herz-Kreislauf-Erkrankungen bekannt. Bei der Erforschung von Risiko- und Ursachenfaktoren für Herz-Kreislauferkrankungen wurden neben Variablen wie Alter und Geschlecht, Nikotinkonsum, Blutdruck und Cholesterinwert, Übergewicht und Bewegungsmangel oder Diabetes auch psychologische Variablen wie Stress und Persönlichkeit als weitere Ursachen identifiziert. Bereits 1910 beobachtete Osler bei Angina Pectoris-Patienten ein spezifisches Arbeitsverhalten mit ständigem Zeitdruck und allgemeiner Lebensunzufriedenheit. In weiteren Studien konnte ein Zusammenhang zwischen koronaren Herzkrankheiten und dem Auftreten spezifischer Stressfaktoren nachgewiesen werden. Die Studienergebnisse weisen darauf hin, dass bei einem Typ-A-Verhalten ein doppelt so hohes Risiko besteht, einen Infarkt zu bekommen (Rosenman, Friedman, Straus, & Wurm, 1975).

In der Literatur über Arbeitssucht wird das Typ-A-Verhalten als eine Form von fehlangepasstem Abhängigkeitsverhalten diskutiert. Pace, Suojanen, Bessinger, Lee, Frederick und Miller (1987) postulieren, dass Arbeitssucht auf eine Abhängigkeit der Typ-A-Personen vom körpereigenen, in Stresssituationen produzierten Adrenalin zurückzuführen ist. Um eine erhöhte Adrenalinverfügbarkeit zu erlangen, würden Belastungs- oder Krisensituationen künstlich herbeigeführt. Durch die erfolgreiche Bewältigung der Situation käme es bei den Arbeitssüchtigen sekundär zu einer Stärkung des Selbstbewusstseins (vgl. auch Pace & Suojanen, 1988).

In einer Untersuchung von Nagy (1982) konnte bei Lehrern ein Zusammenhang zwischen dem Persönlichkeitstyp, der Arbeitssuchtausprägung, der Wahrnehmung des Schulklimas sowie der Berufserfahrung mit dem Erleben von Burnout gezeigt werden. Dabei war die Stärke der Arbeitssuchtausprägung der stärkste Prädiktor zur Erklärung unterschiedlicher Burn-out-Ausprägungen. Zwischen dem Typ-A-Verhalten und der Arbeitssuchtausprägung bestand zudem ein signifikant positiver Zusammenhang.

Im Einklang mit dem lerntheoretischen Erklärungssatz für Suchtentstehung postuliert Cherrington (1980), dass der Erwerb von Einstellungs- und Verhaltensmustern über Modelllernen und/oder operante Konditionierung erfolgt. Bei der Arbeitssucht wirken z. B. Anerkennung und Lob von Bezugspersonen sowie Erfolgserlebnisse beim Arbeiten und das Gefühl bzw. Wissen, etwas richtig gemacht zu haben, positiv verstärkend. Das exzessive Arbeitsverhalten kann jedoch auch negativ verstärkt sein, wenn z. B. durch die Vielarbeit eine Auseinandersetzung mit Problemsituationen, eigenen Unzulänglichkeiten oder unangenehmen Gefühlszuständen vermieden wird. Die Funktion liegt dann darin, dass der Arbeitssüchtige seine Arbeit missbraucht, um effektiv Gefühle der Angst, der Schuld oder der Unsicherheit zu verdrängen oder um das eigene Selbstwertgefühl zu stärken. Im Laufe seiner Arbeitssuchtentwicklung verlernt der Betroffene, in Aktivitäten außerhalb seiner Arbeitstätigkeit einen Sinn zu sehen. Wesentlich ist also, welche individuelle Bedeutung die Arbeit bekommen hat. Ausgehend von den beiden Variablen «allgemeine Lebenszufriedenheit» und «Arbeitszufriedenheit» erstellt Cherrington (1980) eine Bedeutungsmatrix (s. **Abb. 7-2**). Er integriert in sein Modell auch mögliche Folgen bzw. Handlungserfordernisse. Bei den angegebenen Prozentwerten handelt es sich um eine grobe Schätzung aus den Ergebnissen von nationalen Meinungsumfragen und sozialwissenschaftlichen Studien (vgl. auch Poppelreuter, 1997).

Poppelreuter (1997) fasst in Anlehnung an Miller (1976) die Bedingungen (arbeits-)süchtigen Verhaltens aus verhaltenstheoretischer Perspektive zusammen, wobei süchtiges Verhalten ein dynamisches prozesshaftes Geschehen ist (s. **Abb. 7-3**). Verhalten hat demnach einen Einfluss auf die Person und Umwelt-

**Abbildung 7-2:** Bedeutungsmatrix nach Cherrington, 1980

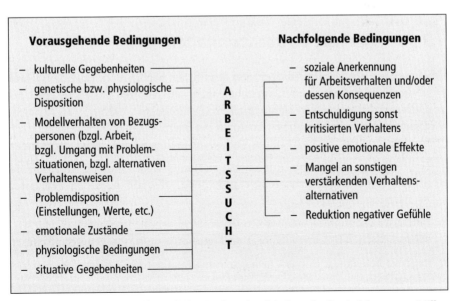

**Abbildung 7-3:** Verhaltenstheoretische Analyse der Arbeitssucht (in Anlehnung an Miller, 1976) aus Poppelreuter, 1997, S. 67

variablen, welche wiederum ihrerseits einen Einfluss auf das Verhalten haben. Nach Poppelreuter (2004b) ist Arbeitssucht eine ernstzunehmende Krankheit, zu deren Folgen neben körperlichen, psychischen und sozialen Problemen im Extrem auch der Todesfall gehören kann. Es handelt sich bei der Arbeitssucht um ein Verhaltensmuster, das sich durch längerfristige kulturelle und individuell biographische sowie durch Konditionierungsprozesse erworbene Bedingungen auszeichnet. Weiterhin wird das arbeitssüchtige Verhalten durch seine nachfolgenden Bedingungen verstärkt und somit aufrechterhalten (Poppelreuter, 1997).

Poppelreuter (1997) fasst folgende Merkmale verhaltenstheoretischer Erklärungsansätze zusammen:

- Betonung der externen Determination des Verhaltens
- Konzentration auf beobachtbares Verhalten
- vielfältige und objektive Messung der Verhaltensaspekte
- Lerntheorien als Basis für die verhaltenstheoretischen Erklärungsansätze
- Überprüfbarkeit der Aussagen durch kontrollierte Experimente
- Betrachtung des süchtigen Verhaltens als erlernte Verhaltensstörung.

Poppelreuter (2004b) fordert eine offensive Aufklärungs-/Öffentlichkeitsarbeit über das Störungsbild der Arbeitssucht. Er spricht sich für verbesserte Präventions- und Interventionsmaßnahmen aus und weist auf die Notwendigkeit einer interdisziplinären Einbettung des Phänomens der Arbeitssucht hin.

## 7.7 Arbeitssucht als Suchtverhalten

Obwohl der Großteil der Autoren den Begriff der Arbeitssucht («workaholism» bzw. «work addiction») nutzt, verstehen nicht alle Autoren das Phänomen des exzessiven Arbeitens als ein Suchtverhalten (Poppelreuter, 1997).

Einer der Vertreter von Arbeitssucht als ein Suchtverhalten ist Rohrlich (1981, 1984). Für ihn liegt das Süchtige des Verhaltens in folgenden Kriterien begründet:

- Kontrollverlust – das subjektive Bewusstsein, dass man unfähig ist, Kontrolle über sein Verlangen nach Arbeit auszuüben, obschon man den bewussten Wunsch hat, dies zu tun
- Entzugserscheinungen – das Auftreten von z. B. Angst, Depressivität oder psychosomatischen Beschwerden bei freiwilligen oder unfreiwilligen Arbeitspausen
- negative Folgen – z. B. das Vorliegen von Krankheiten als direkte Folge einer Überarbeitung
- soziale Vernachlässigungen – zwischenmenschliche Probleme oder psychosoziale Zusammenbrüche aufgrund des exzessiven Arbeitsstils.

Nach Rohrlich (1981, 1984) stehen für Arbeitssüchtige der Erwerb und Einsatz von Fertigkeiten im Vordergrund. Die Betroffenen versuchen, ihre Fertigkeiten auch in unangemessenen Situationen anzubringen; in den Bereichen der Kreativität und Emotionalität haben Arbeitssüchtige vermehrt Schwierigkeiten.

Für Peele (1975, 1977) ist Abhängigkeit/Sucht eine extrem gesundheitsschädliche Manifestation normalen menschlichen Verhaltens in einer pathologischen Form. Der Autor spricht sich gegen die Übertragung des Abhängigkeitskonzeptes auf nichtstoffgebundene Suchtformen aus und strebt in seinen Ausführungen ein eigenes Konzept für nichtstoffgebundene Suchtformen an. Dabei betont er jedoch, dass die Mechanismen und Folgen stoffgebundener Abhängigkeiten mit nichtstoffgebundenen Suchterkrankungen vergleichbar sind. Peele postuliert, dass Abhängigkeit/Sucht dann besteht, wenn die Bindung einer Person an eine bestimmte Erfahrung (auf alle Lebensbereiche bezogen) so stark ist, dass andere Bereiche nicht mehr als positiv wahrgenommen und somit vernachlässigt werden. Analog zu Berichten aus der Abhängigkeitsliteratur bezeichnet der Autor verschiedene prädisponierende Faktoren (wie z. B. Angst oder fehlendes Selbstbewusstsein) als ursächlich für die Entwicklung eines süchtigen Fehlverhaltens. Durch das süchtige Arbeitsverhalten werden diese unangenehmen Gefühlszustände unterdrückt (vgl. auch Bardwick, 1986).

Auch Mentzel (1978, 1979) beschreibt Arbeitssucht als ein Suchtverhalten und zieht Parallelen zum Alkoholismus. Der Autor entwickelte erste Instrumente zur Diagnostik von Arbeitssucht (vgl. Kap. 10.4). Mentzel betont, dass sich Arbeit und Alkohol oder Heroin in ihrer «Drogenwirkung», nicht jedoch in den Folgeerscheinungen unterscheiden. Für den Autor ist süchtiges Verhalten ein über verschiedene Bereiche – von der Spielsucht bis hin zum Morphinismus – hinweg konstantes Verhalten mit vergleichbaren Merkmalen.

Der Autor beschreibt einen vierphasigen Verlauf bei der Arbeitssucht:

1. Vorphase/Anfangsphase

2. kritische Phase

3. chronische Phase

4. Endphase.

Parallelen zwischen Alkoholismus und Arbeitssucht werden ebenfalls von Helldorfer (1987) beschrieben. Der Autor formuliert in seinen Merkmalen von Sucht eine pathologische Beziehung zu einer stimmungsverändernden Substanz oder einem stimmungsverändernden Verhalten, die sämtliche anderen Beziehungen zerstört, wobei für ihn die stimmungsverändernde Wirkung auch wesentlich für das arbeitssüchtige Verhalten ist. Wacker (1987) sieht Arbeitssucht als überspitzte Form einer «üblichen» Lebensweise und versteht Arbeitssucht nicht als neurotische Störung einer kleinen Minderheit, sondern als dominanten Lebensstil unserer Industriegesellschaft.

Der Autor klassifiziert Arbeitssucht als ein süchtiges Verhalten, das folgende 3 Kriterien erfüllen muss, um eine solche Diagnose zu rechtfertigen:

1. Kontrollverlust – übermächtiger Wunsch, sich mit Arbeit zu belasten

2. Dosissteigerung – Tendenz zur Mehrarbeit

3. Entzugserscheinungen – deutliche Anzeichen von Unruhe/Unwohlsein, wenn nicht gearbeitet wird.

Der Autor formuliert sowohl Überschneidungen zum Verhalten von hoch leistungsmotivierten Personen als auch zum Persönlichkeitsprofil des Typ-A-Verhaltens. Wacker (1987) lässt in seinen Ausführungen jedoch offen, ab wann er arbeitssüchtiges Verhalten als behandlungsbedürftig sieht.

## 7.8 Fallbeispiel

In der Ambulanz stellt sich ein 35-jähriger Mann vor. Er ist sorgfältig gekleidet und wirkt angespannt. Er arbeitet als Diplom-Volkswirt in einem großen Unternehmen und ist auf Anraten seines Vorgesetzten in die Ambulanz gekommen. Herr P. ist geschieden und kinderlos.

Seit Jahren bekleidet Herr P. eine leitende Position in dem gut gehenden Unternehmen. Er fühlt sich in seiner Position wohl, hat aber des Öfteren Probleme mit Kollegen. Dies liege daran, dass diese «ihre Arbeit nicht ordentlich» machten und mit seiner «Art» nicht zurechtkämen.

Herr P. wurde als einziger Sohn und lang ersehntes Wunschkind in einer Großstadt geboren. Seine Eltern hatten große Pläne mit ihm. Das Verhältnis zu seinen Eltern beschreibt Herr P. als liebevoll, wenn auch wenig körperlich. Er erinnert sich an seine Kindheit und Jugend als «relativ glücklich». Leistung habe in seinem Elternhaus immer eine große Rolle gespielt und wurde allerorts dokumentiert. Das gesamte Haus sei «voll gewesen» von Urkunden. Herr P. war ein guter Schüler und so waren seine Eltern vor allem stolz auf seine guten Schulnoten und hingen Kopien seiner Zeugnisse für Besucher sichtbar an die Pinnwand im Eingangsbereich des Hauses. Herr P. hatte in der Grundschule zwei gute Freunde, mit denen er anschließend auch gemeinsam aufs Gymnasium ging. Alle drei seien eher «Streber und Bücherwürmer» gewesen und hätten nicht viel Kontakt zu den anderen Mitschülern gehabt. Abgesehen vom Lesen hätte er keine weiteren Hobbys gehabt; so hätte er in seiner Freizeit meistens gelernt oder Bücher über Dinge gelesen, die ihn interessierten. Nach dem Abitur habe er dann angefangen, Volkswirtschaft zu studieren. Zu seinen Kommilitonen habe er – wie auch schon zu seinen Kameraden während seiner Wehrdienstzeit – einen guten, aber eher distanzierten Kontakt gehabt. Er bemerkte, dass es ihm schwer fiel, in ungezwungener Art an Treffen und Veranstaltungen teilzunehmen. Als Nebenjob nahm er das Angebot eines seiner Professoren an, bei ihm am Lehrstuhl als studentische

Hilfskraft zu arbeiten. Hier habe er seine spätere Frau – inzwischen Ex-Frau – kennen gelernt.

Die beiden verliebten sich ineinander. Herr P. liebte an ihr vor allem ihre «erfrischende und mitreißende Art, die [er] so gar nicht besaß». Nach Abschluss des Studiums bekam Herr P. eine Stelle bei einem großen Unternehmen und heiratete seine Freundin. Nach der Hochzeit planten Herr und Frau P., eine Familie zu gründen. Frau P. wechselte daraufhin auf eine Halbtagsstelle. Jedoch blieb der Kinderwunsch des Paares unerfüllt und «die Versuche verkamen zur Farce». Seine Frau beklagte sich darüber, dass sie sich einsam und unausgefüllt fühle. Das Eheleben wurde mit der Zeit immer unerträglicher und die Eheleute wurden «im Umgang miteinander immer verkrampfter». So blieb Herr P. auch «mal ganz gerne länger im Büro». Nachdem seine Frau ihm jedoch dann noch mehrfach vorwarf, dass er immer so lange arbeiten würde, versuchte er, ab und zu kürzere Arbeitstage einzulegen. So nahm er sich des Öfteren vor, pünktlich das Büro zu verlassen, dennoch passierte es ihm immer häufiger, dass er abends dann sehr viel länger blieb, als er eigentlich vorhatte. (**Kontrollverlust**) ◀

Da seine Frau «sehr impulsiv» war, arteten die Vorwürfe ihrerseits und die daraus resultierenden Meinungsverschiedenheiten immer häufiger in größere Streitigkeiten aus. In dieser Zeit wurde Herr P. befördert und musste nun schon aufgrund der Beförderung mehr arbeiten und hatte auch kein Verständnis mehr für die Gefühlsausbrüche und die fehlende Unterstützung seiner Frau. Im Gegenteil, er fand es sehr verantwortungsbewusst, seinen Arbeitsplatz zu sichern, um seine Familie gut ernähren zu können.

Nach mehrfachem («schon unerträglichen») Drängen von Frau P. suchte das Ehepaar einen Arzt auf, der feststellte, dass Herr P. unfruchtbar war. Daran sei «die Beziehung letztendlich völlig zerbrochen». Herr P. habe mit dem Gefühl der «Unzulänglichkeit» nicht leben können. Kurz nachdem er die Diagnose seiner Unfruchtbarkeit erhalten hatte, bekam seine Firma ein großes Projekt, was für ihn eine neue Herausforderung war und für alle Mitarbeiter Überstunden bedeutete. Herr P. war froh über die Gelegenheit, seinem Zuhause fern bleiben zu können. Er arbeitete freiwillig noch mehr und länger als nötig gewesen wäre, um nicht zu Hause mit den Auseinandersetzungen konfrontiert zu werden. «Nur so habe [er sich] überhaupt noch wohl fühlen können.» (**Toleranzentwicklung**) ◀

Er richtete es so ein, dass er das Haus morgens früh verließ, wenn seine Frau noch schlief. Häufig kam er erst wieder nach Hause, wenn sie bereits wieder im Bett lag. Selbst am Wochenende schloss er sich in seinem Arbeitszimmer ein, um den «lästigen und vorwurfsvollen Anspielungen [seiner] Frau» aus dem Weg zu gehen. So blockte er auch jeden Versuch seiner Frau ab, über ihre Eheprobleme zu reden und «tauchte lieber in [seine] Arbeit und das wichtige Projekt ein». (**Vernachlässigung sozialer Verpflichtungen**) ◀

«Da habe ich abschalten können und wenigstens Erfolgserlebnisse gehabt.» Nach längerer «nervenaufreibender» Zeit ließ sich seine Frau von ihm scheiden und Herr P. habe sich danach «um so mehr in die Arbeit gestürzt.» Beim Arbeiten konnte er «vergessen» und musste sich nicht mit seinen Schuldgefühlen auseinanandersetzen; das Arbeiten war für ihn zu einer Fluchtmöglichkeit vor seinen eigenen Gefühlen geworden. So hätte es «seelisch richtig geschmerzt», als er einmal aufgrund einer wichtigen Familienangelegenheit nicht zur Arbeit gehen konnte.

▶ (**Entzugserscheinungen**)

Sein Zuhause hatte nur noch die Funktion einer Schlafstätte und auch an den Wochenenden war sein Bedürfnis nach Arbeit so «unwiderstehlich», dass Herr P., «nachdem [er sich] endlich einen Schlüssel für die Büroräume besorgt hatte»,
▶ auch die Wochenenden in der Firma verbrachte. (**Verlangen**)

Manchmal sei er dort sogar eingeschlafen und wäre gar nicht mehr über Nacht nach Hause gefahren. Seine schon vorher gering ausgeprägten Freizeitinteressen (Lesen) gab er völlig auf. Ihn interessierte nur noch seine Arbeit. In seiner Funktion als Abteilungsleiter bekam Herr P. zunehmend Probleme mit den Kollegen. Herr P. begann, nicht nur seine eigene Arbeitszeit und -leistung zu steigern, sondern verlangte dieses auch von seinen Mitarbeitern. Gleichzeitig regte er sich darüber auf, deren Arbeit ständig kontrollieren zu müssen. Die Stimmung am Arbeitsplatz wurde immer schlechter. Sein Vorgesetzter hätte ihn des Öfteren beiseite genommen und ihm den Tipp gegeben, sich einmal Urlaub zu nehmen und zu entspannen. Für Herrn P. sei «die Vorstellung von Urlaub jedoch ein Graus gewesen, noch schlimmer als die Wochenenden». Auf Druck seines Chefs habe er sich den Beratungstermin in der Ambulanz geben lassen.

Herr P. erfüllt die Kriterien für das Störungsbild «sonstige abnorme Gewohnheiten und Störungen der Impulskontrolle» (ICD-10, F63.8, Dilling, Mombour, & Schmidt, 2000) bzw. «Nicht Näher Bezeichnete Störung der Impulskontrolle» (DSM-IV-TR, 312.30, Saß et al., 2003). Zusätzlich erfüllt Herr P. jedoch auch die Kriterien eines Abhängigkeitssyndroms der internationalen Klassifikationssysteme psychischer Störungen:

- Herr P. zeigt ein eingeschränktes Kontrollverhalten in Bezug auf sein Arbeitsverhalten *(Kontrollverlust)*

- er verspürt einen starken Wunsch bzw. Zwang zu arbeiten *(Verlangen)*

- er berichtet von «seelischen Schmerzen», wenn er nicht arbeiten konnte *(Entzugserscheinungen)*

- er musste sein Arbeitspensum steigern, um sich wieder «wohl» zu fühlen *(Toleranzentwicklung)*

- er hatte den Kontakt zu seiner Frau vernachlässigt, um zu arbeiten und in der Folge führte sein Arbeitsverhalten (für ihn durchaus erkennbar) zur Scheidung *(Vernachlässigung sozialer Pflichten, Fortführung des Verhaltens trotz eindeutiger negativer Folgen)*.

Somit erfüllt Herr P. bezogen auf sein Arbeitsverhalten 5 Kriterien, die für eine Abhängigkeit von psychotropen Substanzen charakteristisch sind, womit die Diagnose einer Arbeitsucht gerechtfertig ist.

## 7.9 Literatur

Bardwick, J. M. (1986). *The plateauing trap.* New York: Bantam Books.

Bonebright, C. A., Clay, D. L., & Ankenmann, R. D. (2000). The relationship of workaholism with work-life conflict, life satisfaction, and purpose in life. *Journal of Consulting Psychology,* 47, 469–477.

Burke, R. J. (1999 a). Workaholism in organizations: measurement, validation, and replication. International *Journal of Stress Management,* 6, 45–55.

Burke, R. J. (1999 b). Workaholism among women managers: work and life satisfactions and psychological well-being. *Equal Opportunities International,* 18, 25–35.

Burke, R. J. (1999 c). It's not how hard you work but how you work hard: evaluating workaholism components. *International Journal of Stress Management,* 6, 225–239.

Burke, R. J. (1999 d). Workaholism in organizations: gender differences. *Sex Roles,* 41, 333–345.

Burke, R. J. (2000 a). Workaholism and extra-work satisfaction. *The International Journal of Organizational Analysis,* 7, 352–364.

Burke, R. J. (2000 b). Workaholism and divorce. *Psychological Reports,* 86, 219–220.

Burke, R. J. (2000 c). Workaholism in organizations: psychological and physical well-being consequences. *Stress Medicine,* 16, 11–16.

Burke, R. J. (2001). Predictors of workaholism components and behaviors. *International Journal of Stress Management,* 8, 113–127.

Cherrington, D. J. (1980). *The work ethic: working values that work.* New York: Amacon.

Csef, H. (1999). Zwanghaftes Leistungsverhalten, Typ-A-Verhalten, Arbeitssucht und Herzinfarkt. *Zeitschrift für Klinische Psychologie, Psychiatrie und Psychotherapie,* 47, 258–270.

Dilling, H., Mombour, W., & Schmidt, M. H. (2000). *Internationale Klassifikation psychischer Störungen: ICD-10, Kapitel V (F), klinisch-diagnostische Leitlinien.* Weltgesundheitsorganisation. Bern: Huber.

Doerfler, M. C., & Kammer, P. P. (1986). Workaholism, sex, and sex role stereotyping among female professionals. *Sex Roles,* 14, 551–560.

Elder, E. D. (1991). *An empirical investigation of workaholism in the business setting.* Unpublished Dissertation, University of Texas, Austin.

Engstrom, T. W., & Juroe, D. J. (1979). *The work trap.* Old Tappan, NJ: Fleming H. Revell. Farrar, J. E. (1992). Workaholism. In L. L'Abate, J. E. Farrar, & D. A. Seritella (Eds.), *Handbook of differential treatments for addictions* (pp. 230–241). Boston: Allyn & Bacon.

Fassel, D. (1990). Working ourselves to death: the high costs of workaholism, the rewards of recovery. San Francicso, CA: Harper Collins.

Fassel, D. (1991). *Wir arbeiten uns noch zu Tode.* München: Kösel.

Ferenczi, S. (1919). Sonntagsneurosen. In M. Balint (Hrsg.), (1970). *Sandor Ferenczi – Schriften zur Psychoanalyse.* Band 1. (S. 260–265). Frankfurt: Fischer.

Gross, W. (1990 a). *Hinter jeder Sucht ist eine Sehnsucht.* Freiburg: Herder.

Gross, W. (1990 b). *Sucht ohne Drogen.* Frankfurt: Fischer.

Haymon, S.W. (1992). *The relationship of work addiction and depression, anxiety and anger in college males.* Unpublished Dissertation, Florida State University, Tallahassee.

Helldorfer, M. C. (1987). Church professionals and work addiction. *Studies in Formative Spirituality,* 8, 199–210.

Herwig-Lempp, J. (1987). Das Phänomen der sogenannten Neuen Süchte. *Neue Praxis,* 17, 54–64.

Hochschild, A. (1989). *The second shift.* New York: Avon Books.

Kanai, A., Wakabayashi, M., & Fling, S. (1996). Workaholism among employees in japanese corporations: an examination based on the japanese version of the workaholism scales. *Japanese Psychological Research,* 38, 192–203.

Killinger, B. (1992). *Workaholics – the respectable addicts.* London: Simon & Schuster.

Klaft, R. P., & Kleiner, B. H. (1988). Understanding workaholics. *Business,* 33, 37–40.

Korn, E. R., Pratt, G. J., & Lambrou, P. T. (1987). *Hyper-performance: the A. I. M. strategy for releasing your business potential.* New York: Wiley.

Machlowitz, M. (1978). *Determining the effects of workaholism.* Unpublished Dissertation, Yale University, New Haven.

Machlowitz, M. (1981). *Arbeiten Sie auch zuviel? Arbeitssucht und wie man damit leben kann.* Landsberg: mvgVerlag.

McLean, A. (1979). *Work stress.* Reading: Addison-Wesley.

McMillan, L. H. W., O'Driscoll, M. P., & Brady, E. C. (2004). The impact of workaholism on personal relationships. *British Journal of Guidance and Counselling,* 32, 171–186.

McMillan, L. H. W., O'Driscoll, M. P., & Burke, R. (2003). Workaholism: a review of theory, research and future directions. *International Review of Industrial and Organizational Psychology,* 18, 207–230.

McMillan, L. H. W., O'Driscoll, M. P., Marsh, N. V., & Brady, E. C. (2001). Understanding workaholism: data synthesis, theoretical critique, and future design strategies. *International Journal of Stress Management,* 8, 69–91.

Mentzel, G. (1978). Politisch Tätige als arbeitssüchtige Patienten. *Die Neue Gesellschaft – Frankfurter Hefte,* 34 , 261–264.

Mentzel, G. (1979). Über die Arbeitssucht. *Zeitschrift für Psychosomatische Medizin und Psychoanalyse,* 25, 115–127.

Miller, P. M. (1976). *Behavioral treatment of alcoholism.* New York: Pergamon Press.

Mosier, S. K. (1982). *Workaholics: an analysis of their stress, success and priorities. Unpublished master's thesis.* University of Texas, Austin.

Nagy, S. (1982). *The relationship of type A and type B personalities, workaholism, perception of the school climate, and years of teaching experience to burnout of elementary and junior high school teachers in a northwestern Oregon school district.* Unpublished Dissertation, University of Oregon, Eugene.

Naughton, T. J. (1987). A conceptual view of workaholism and implications for career counseling and research. *Career Development Quaterly,* 35, 180–187.

Oates, W. (1968). On being a workaholic – a serious jest. *Pastoral Psychology,* 19, 16–20.

Oates, W. (1971). *Confessions of a workaholic.* New York: Abingdon.

Osler, W. (1910). The Lumleian Lectures on Angina Pectoris. *Lancet,* 175, 839–844.

Pace, L. A., & Suojanen, W. W. (1988). Addictive type A behavior undermines employee involvement. *Personnel Journal,* 67, 36–42.

Pace, L. A., Suojanen, W. W, Bessinger, R. C., Lee, H., Frederick, R. P., & Miller, R. E. (1987). The type A manager as addict. *Employee Assistance Quarterly,* 2, 47–63.

Peele, S. (1975). *Love and addiction.* New York: Taplinger.

Peele, S. (1977). Redefining addiction. Making addiction a scientifically and socially useful concept. *International Journal of Health Services,* 7, 103–124.

Perrewe, P. L., & Zellars, K. L. (1998). An examination of attributions and emotions in the transactional approach to the organizational stress process. *Journal of Organizational Behavior,* 20, 739–752.

Pietropinto, A. (1986). The workaholic spouse. *Medical Aspects of Human Sexuality,* 20, 89–96.

Poppelreuter, S. (1996). *Arbeitssucht. Integrative Analyse bisheriger Forschungsansätze und Ergebnisse einer empirischen Untersuchung zur Symptomatik.* Bonn/Witterschlick: Wehle.

Poppelreuter, S. (1997). *Arbeitssucht.* Weinheim: Beltz.

Poppelreuter, S. (2004 a). Arbeitssucht: Massenphänomen oder Psychoexotik? *Aus Politik und Zeitgeschichte,* B 1-2, 8–14.

Poppelreuter, S. (2004 b). Tüchtig und doch süchtig? Arbeitssucht. *Psychomed,* 16, 147–153.

Poppelreuter, S., & Windholz, C. (2001). Arbeitssucht in Unternehmen – Formen, Folgen, Vorkehrungen. *Wirtschaftspsychologie,* 4, 62–69.

Porter, G. (2001). Workaholic tendencies and the high potential for stress among co-workers. *International Journal of Stress Management,* 8, 147–164.

Puschmann, W., & Wegener, B. (1992). Arbeit: Die Sucht der Angepassten? *Suchtreport*, 4, 29–36.

Robinson, B. E. (1989). *Work addiction*. Deerfield Beach, FL: Health Comunications.

Robinson, B. E. (1996). The psychosocial and familial dimensions of work addiction: preliminary perspectives and hypotheses. *Journal of Counselling and Development*, 74, 447–452.

Robinson, B. E. (1998). The workaholic family: a clinical perspective. *The American Journal of Family Therapy*, 26, 65–75.

Robinson, B. E. (2000 a). Workaholism: bridging the gap between workplace, sociocultural, and family research. *Journal of Employment Counselling*, 37, 31–47.

Robinson, B. E. (2000 b). A typology of workaholics with implications for counselors. *Journal of Addictions and Offender Counselling*, 21, 34–49.

Robinson, B. E. (2001). Workaholism and family functioning: a profile of familial relationships, psychological outcomes, and research considerations. *Contemporary Family Therapy*, 23, 123–135.

Robinson, B. E., Carroll, J. J., & Flowers, C. (2001). Marital estrangement, positive affect, and locus of control among spouses of workaholics and spouses of nonworkaholics: a national study. *The American Journal of Family Therapy*, 29, 397–410.

Robinson, B. E., & Kelley, L. (1998). Adult children of workaholics: self-concept, anxiety, depression, and locus of control. *The American Journal of Family Therapy*, 26, 223–238.

Robinson, B. E., & Post, P. (1997). Risk of addiction to work and family functioning. *Psychological Reports*, 81, 91–95.

Rohrlich, J. (1981). The dynamics of work addiction. *Israel Journal of Psychiatry and Related Sciences*, 18, 147–156.

Rohrlich, J. (1984). *Arbeit und Liebe*. Frankfurt: Fischer.

Rosenman, R. H., Friedman, M., Straus, R., & Wurm, M. (1975). Coronary heart disease in the western collaborative group study: final follow-up experience of $8^1/_2$ years. *Journal of the American Medical Association*, 189, 103–110.

Saß, H., Wittchen, H. U., Zaudig, M., & Houben, I. (2003). *Diagnostisches und Statistisches Manual Psychischer Störungen DSM-IV-TR*. Göttingen: Hogrefe.

Schaef, A. W., & Fassel, D. (1988). *The addictive organization*. San Francisco: Harper & Row.

Schor, J. B. (1991). *The overworked american*. New York: Basic Books.

Scott, K. S., Moore, K. S., & Micelli, M. P. (1997). An exploration of the meaning and consequences of workaholism. *Human Relations*, 50, 287–314.

Siegel, S. (1974). *Nichtparametrische statistische Methoden*. Frankfurt: Fachbuchhandlung für Psychologie.

Spence, J. T., & Robbins, A. S. (1992). Workaholism: definition, measurement, and preliminary results. *Journal of Personality Assessment*, 58, 160–178.

Sprankle, J. K., & Ebel, H. (1987). *The workaholic syndrome*. New York: Walker.

Spruell, G. (1987). Work fever. *Training and Development Journal*, 41, 41–45.

Steinmann, H., Richter, B., & Goßmann, S. (1984). *Arbeitssucht in Unternehmen*. Diskussionsbeiträge des Lehrstuhls für Allgemeine BWL und Unternehmensführung an der Universität Erlangen-Nürnberg. Erlangen-Nürnberg: Universität Erlangen-Nürnberg.

Symonds, A., & Symonds, M. (1988). Karen Horney. In A. M. Freedman, H. I. Kaplan, B. J. Sadock, & U. H. Peters (Hrsg.), *Psychiatrie in Praxis und Klinik*. Band 3, Neurosen. (S. 182–194). Stuttgart: Thieme.

Taylor, H. (1984). Workaholism. *Canadian Manager*, 9, 19–20.

Topolnicki, D. (1989). Workaholics: are you one? *Psychology Today*, July/August, 25.

von Gebsattel, V. E. (1954). *Prolegomena einer medizinischen Anthropologie*. Berlin: Springer.

Wacker, A. (1987). Economic Animals – Zur Psychologie der Arbeitssucht. *Störfaktor*, 1, 49–64.

# 8. Computersucht

## 8.1 Definition und Phänomenologie

Spielen ist auch über das Kindes- und Jugendalter hinaus ein wesentlicher Bestandteil der menschlichen Freizeitgestaltung. Seitdem Computer- und Videospiele durch die technische, wirtschaftliche und kulturelle Entwicklung einer breiten Masse zugänglich geworden sind, lässt sich auch im wissenschaftlichen Diskurs ein wachsendes Interesse an der Untersuchung der Auswirkungen von Computerspielen konstatieren. Dabei stehen vor allem Fragen des Zusammenhangs von Videospielen und Aggression (Anderson, 2004), körperlichen und psychiatrischen Erkrankungen (Kasteleijn-Nolst Trenite et al., 2002; Yang, 2001) und Veränderungen der Wahrnehmungsleistungen (Green & Bavelier, 2003) im Vordergrund.

Weiterhin erscheinen mit der wachsenden Verbreitung und Popularität des Internets in der Presse seit Mitte der 1990er-Jahre zunehmend Berichte über die exzessive Nutzung des Internets unter der Überschrift «Internetsucht». Dieser Begriff geht anekdotisch auf ein spaßig gemeintes Vorhaben des amerikanischen Psychiaters Goldberg aus dem Jahre 1995 zurück, der die Kriterien für Abhängigkeit aus dem «Diagnostischen und Statistischen Manual Psychischer Störungen» (DSM-IV, APA, 1994) zu einer Liste von Symptomen «pathologischer Computernutzung» zusammenstellte und als Email verschickte (zit. bei Suler, 1999). Die Reaktionen darauf bestanden weniger im Beifall für die witzig gemeinte Idee als vielmehr in zahlreichen Anfragen von Personen, die sich selbst als betroffen einschätzten und darunter litten (Hahn & Jerusalem, 2001a).

Die Typologisierung einer exzessiv ausgeführten Verhaltensweise als Sucht wird seit jüngerer Zeit zunehmend auch in wissenschaftlichen Arbeiten diskutiert (Griffiths, 2000; Grüsser, Plöntzke, & Albrecht, 2005; N. M. Petry, 2003).

Nach Griffiths (2000) kann jede Verhaltensweise, welche die Hauptkriterien («core components») einer (Substanz-)Abhängigkeit erfüllt, als Verhaltenssucht definiert werden. Im Folgenden sind die Kriterien am Beispiel der Internetsucht dargestellt:

- Einengung des Verhaltensmusters: Durch die herausragende Bedeutung wird die Internetnutzung zur wichtigsten Aktivität des Betroffenen und dominiert sein Denken (andauernde gedankliche Beschäftigung, auch kognitive Verzerrungen), seine Gefühle (unstillbares Verlangen) und sein Verhalten (Vernachlässigung sozial erwünschter Verhaltensweisen).

- Regulation von negativen Affekten durch die bei der Internetnutzung verspürte Erregung (Kick-Erleben, Flow-Erlebnisse) und damit Verdrängung negativer affektiver Zustände im Sinne einer vermeidenden Stressbewältigungsstrategie

- Toleranzentwicklung durch zunehmend häufigere oder längere Onlinezeiten, da ansonsten der affektregulierende Nutzen vom Internetsurfen ausbleibt

- Entzugserscheinungen, die in Form von Nervosität, Unruhe und/oder vegetativer Symptomatik (Zittern, Schwitzen etc.) bei verhinderter oder reduzierter Internetnutzung auftreten

- Rückfall: Nach Zeiten der Abstinenz oder Kontrolle kommt es beim Betroffenen zu einer Wiederaufnahme des unkontrollierten, exzessiven Internetsurfens.

- Durch eindeutig schädliche Konsequenzen für Beruf, soziale Kontakte und Hobbies aufgrund der exzessiven Internetnutzung kommt es zu inter- bzw. intrapsychischen Konflikten zwischen Betroffenem und der sozialen Umwelt und auch beim Betroffenen selbst.

Für die wissenschaftliche Bearbeitung der Thematik ist jedoch nicht nur die Diagnose, sondern auch die Untersuchung der auslösenden und aufrechterhaltenden Mechanismen einer Computersucht von zentraler Bedeutung. Bislang wird die Computersucht vorwiegend im Zusammenhang mit Internetsucht beschrieben.

So stellt sich bei der Internetsucht die Frage, wonach die Betroffenen süchtig sind. In der Forschungsliteratur werden wenigstens fünf spezifische Subtypen von Internetsucht für die verschiedenen Bereiche der Nutzungsmöglichkeiten genannt: Cybersex, Online-Bekanntschaften, Online-Glücksspiel oder exzessiver Online-Handel, exzessive Informationssuche und Online-Computerspiele (Young, 1999). Dagegen argumentiert Griffiths (2000), dass viele der dort beschriebenen exzessiven Internetnutzer nicht internetsüchtig seien, sondern das Internet exzessiv als Medium zur Befriedigung einer anderen Verhaltenssucht (Computerspielen, Sex, Glücksspiel, Kaufen etc.) nutzen und schlägt vor, die einzelnen Phänomene unter dem Begriff der «technological addictions» zusammenzufassen (Griffiths, 1995). Solche durch die Mensch-Maschine-Interaktion gekennzeichneten exzessiven Verhaltensweisen lassen sich grob in passive (Fernsehsucht) und aktive (Computersucht) Verhaltensformen einteilen (Griffiths, 2000).

Während die Fernsehsucht gegenwärtig kaum Gegenstand wissenschaftlicher Betrachtungen ist und eher in den 1980er- und frühen 1990er-Jahren in Analogie zur derzeitigen Forschungsdebatte um die Computersucht diskutiert wurde (McIlwraith, 1998), steht die Computer- bzw. die Internetsucht verstärkt seit Mitte der 1990er-Jahre im Mittelpunkt von verschiedenen Studien zur Mediennutzung (Fisher, 1994; Griffiths, 2000; Griffiths & Hunt, 1998; Phillips, Rolls, Rouse, & Griffiths, 1995; Young, 1998). Unter dem Begriff Computersucht können verschiedene Formen der Verhaltenssucht (wie exzessives Chatten, Internetsurfen, Computerspielen etc.) subsummiert werden. Es wird postuliert, dass alle süchtig ausgeführten Verhaltensweisen für die Betroffenen psychisch und auch physisch in hohem Maße belohnend sind, wobei das dopaminerge verhaltensverstärkende Belohnungssystem eine entscheidende Rolle spielt (Böning, 1999; Grüsser, 2002; Holden, 2001; Robinson & Berridge, 1993; vgl. Kap. 2.5, Exkurs 2.1).

So wiesen Koepp und Kollegen (1998) nach, dass während eines Videospiels mit Geldgewinn Dopamin im striatalen System ausgeschüttet wird und folgerten daraus, dass beim Lernen durch Belohnung das dopaminerge System eine wesentliche Rolle spielt.

In Anlehnung an integrative Erklärungsmodelle für eine Abhängigkeit von psychotropen Substanzen werden Lernprozesse wie die klassische und operante Konditionierung sowie neurobiologische Veränderungen auch für die Entstehung und Aufrechterhaltung von exzessiven belohnenden Verhaltensweisen – bzw. den verschiedenen Formen sogenannter Verhaltenssucht – als ursächlich angesehen (Everitt, Dickinson, & Robbins, 2001; Grüsser & Rosemeier, 2004; vgl. Kap. 2.1). Dadurch werden diese Verhaltensmuster beibehalten – sogar im Sinne einer Toleranzentwicklung noch intensiviert – und führen so auch bei der pathologischen exzessiven Computer- und Internetnutzung zu den massiven Problemen, die ein süchtiges Verhalten mit sich bringt: im Extremfall führen sie zum Verlust des Arbeitsplatzes, der Partnerschaft etc. (Hahn & Jerusalem, 2001a). Auch wird von Entzugserscheinungen in Form von Unruhe, Nervosität und Verstimmungen bei verhinderter Computernutzung berichtet (Griffiths, 1995, 2000; Young, 1996). Exzessive Computernutzer berichten weiterhin von wachsender Spannung und Erregung, bevor sie den Computer einschalten. Diesem starken Verlangen kann nicht – oder nur unter größter Anstrengung – widerstanden werden (Shapira, Goldsmith, Keck, Khosla, & McElroy, 2000).

Wie bei einer Substanzabhängigkeit wird auch die exzessive Computernutzung mit Entspannung und dem Entfliehen aus der (häufig problembelasteten) Realität assoziiert, aber auch mit Vertrautheit und Spaß sowie Glücksgefühlen, Macht und Erregung (Black, Geeta, & Schlosser, 1999; Brian & Wiemer-Hastings, 2005; J. Petry, 2003).

Bei der exzessiven Computernutzung wird das Verhalten nicht mehr aufgrund seines ursprünglichen Zweckes (Unterhaltung, Lernen, Informationssuche etc.), sondern zweckentfremdet vom Betroffenen eingesetzt. Einsamkeit kann als Stressor fungieren, der vom Individuum kompensiert werden muss (Rockach & Brock, 1998; Rubenstein & Shaver, 1982). Dabei kann – analog zum Konsum psychotroper Substanzen – eine belohnende Verhaltensweise (Internetnutzung, Computerspielen, pathologisches Glücksspiel) im Sinne einer inadäquaten (dysfunktionalen) Stressbewältigung exzessiv ausgeführt werden, um den z. B. durch Einsamkeit ausgelösten negativen Effekt zu unterdrücken bzw. zu verdrängen (Griffiths, 1995; Grüsser, Thalemann, Albrecht, & Thalemann, 2005; Gupta & Derevensky, 2000; Phillips et al., 1995; Ricketts & Macaskill, 2003). In der Folge wird das belohnende Verhalten verstärkt (der negative Affekt wurde erfolgreich durch «Vermeidung» reguliert) und die Wahrscheinlichkeit einer Wiederholung des Verhaltens erhöht sich (operante Konditionierung; vgl. Kap. 2.1). Das operant konditionierte

Verhalten kann dann mangels alternativer Bewältigungsstile (Kraut, Kiesler, Boneva, Cummings, Helgeson, & Crawford, 2002) als das noch einzig wirkungsvolle «Belohnungsmittel» zu einem süchtigen Verhalten werden (Grüsser & Rosemeier, 2004; Holden, 2001). So konnten Engelberg und Sjöberg (2004) bei exzessiv internetnutzenden Studenten signifikant höhere Werte bezüglich der erlebten Einsamkeit zeigen. Weiterhin fanden die Autoren bei ihrer Stichprobe signifikant geringer ausgeprägte emotionale und soziale Kompetenzen. In verschiedenen Studien wurde nachgewiesen, dass ein ausweichender, vermeidender Stressbewältigungsstil stark mit pathologischem Glücksspiel korreliert und sich sogar als Prädiktor (vorhersagende Variable) für pathologisches Glücksspiel bei männlichen Jugendlichen erweist (Nower, Derevensky, & Gupta, 2004; Ricketts & Macaskill, 2003).

Aktuelle internationale Studien zeigen eine weitgehende Übereinstimmung bei der Phänomenologie der exzessiven Computernutzung und verwenden zur Beschreibung dieser psychischen Störungen überwiegend den Suchtbegriff («addiction»), wenn auch einige Autoren eine Einordnung der exzessiven Computernutzung als Unterform der Impulskontrollstörung favorisieren (Treuer, Fábián, & Füredi, 2001) oder als Zwangsstörung («compulsive disorder») bezeichnen (Kuzma & Black, 2004). Darüber hinaus ist das Phänomen der Computersucht bislang empirisch keineswegs erschöpfend untersucht – so überwiegen im deutschen Sprachraum noch vor allem Falldarstellungen.

## 8.2 Epidemiologie

Angesichts der ungeklärten Diagnose von Computersucht – je nach Autor und Studie variiert etwa die Anzahl der zu erfüllenden Diagnosekriterien – fällt es schwer, allgemeingültige Aussagen zur Verbreitung dieses Störungsbildes zu treffen. Zudem sind, wie oben ausgeführt, möglicherweise verschiedene Formen von Verhaltenssucht unter dem Begriff zusammengefasst. Daher sollen im Folgenden die gegenwärtig bedeutsamsten Forschungsschwerpunkte der Computersucht – die Internetsucht sowie das exzessive Computerspielen – getrennt voneinander in ihrer Häufigkeit beschrieben werden.

### 8.2.1 Internet

Zu diesem Störungsbild wurden häufig Befragungen bei Gelegenheitsstichproben durchgeführt, wobei keine methodisch sauberen Zufallsstichproben aus der definierten Grundgesamtheit der Internetnutzer gezogen wurden (Hahn & Jerusalem, 2001 b). Dementsprechend unterscheiden sich die publizierten Auftretenshäufigkeiten zum Teil erheblich.

So befragte Greenfield (1999) etwa 18 000 Internetnutzer online und stellte anhand adaptierter DSM-IV-Kriterien für pathologisches Spielen bei ca. 6 % der Befragten ein «missbräuchliches» Internetnutzungsverhalten («abuse behavior») fest. Lin und Tsai (2002) fanden im Rahmen ihrer Fragebogenerhebung zum exzessiven Internetsurfen bei 753 Studenten eine fast doppelt so hohe Anzahl (11,7 %) internetsüchtiger («internet dependent») Personen.

Der Vergleich dieser und weiterer epidemiologischer Studien wird durch das Fehlen eines standardisierten Erhebungsinstrumentes erschwert: Zwar hat nahezu jede publizierte Untersuchung zur Internetsucht in irgendeiner Form Diagnosekriterien für pathologisches (Glücks-)Spiel bzw. Substanzabhängigkeit in einem eigenen Instrument adaptiert, doch wurde bislang kein einheitlicher Maßstab für die Diagnose Internetsucht etabliert, d. h. welche und wie viele Kriterien erfüllt sein müssen, um die Diagnose stellen zu können, ist weiter unklar.

Ein weiteres Problem zeigt sich in der potenziell selektiven Verzerrung durch die überproportional hohe Beteiligung von vermeintlich Betroffenen an den online-Befragungen: Young (1998) etwa diagnostizierte im Rahmen ihrer durchgeführten Studie zur Internetsucht bei ca. 66 % der 596 teilnehmenden Personen eine Internetsucht – ein Prozentsatz, der keine Allgemeingültigkeit beanspruchen kann.

Für den deutschen Sprachraum wurde im Rahmen einer großen online-Befragung (Hahn & Jerusalem, 2001 a) daher ein Instrument konstruiert, dass die teststatistischen Gütekriterien eines solchen Verfahrens erfüllt. Insgesamt erfüllten 3,2 % der 8859 Teilnehmer das formulierte normative Kriterium der Internetsucht (Hahn & Jerusalem, 2001 b; vgl. Kap. 10.5); dabei wurden erhebliche Unterschiede in Abhängigkeit von Alter und Geschlecht der Teilnehmer gefunden. Die Rate der Internetsüchtigen sinkt von 7,2 % der unter 20-Jährigen auf 2,3 % der 20- bis 29-Jährigen. Bis zum Alter von 20 Jahren sind Jungen deutlich häufiger als Mädchen unter den Internetsüchtigen auszumachen, ab dem Alter von 20 Jahren jedoch kehrt sich dieser Unterschied um (Hahn & Jerusalem, 2001b). Die Autoren stellen insgesamt eine nach dem Vorkommen in der deutschen Internetbevölkerung gewichtete Prävalenz der Internetsüchtigen von 2,7 % fest. Eine neuere repräsentative Studie aus Norwegen (Johansson & Götestam, 2004) ergab bei einer Stichprobe von 12- bis 18-Jährigen (N=3237, Rücklaufrate von 45,2 %) eine noch niedrigere Auftretenshäufigkeit im Kindes- und Jugendalter: So erfüllten im Mittel 1,98 % der Kinder und Jugendlichen (2,4 % der Jungen und 1,5 % der Mädchen) die Kriterien der Internetsucht nach Young (1998). In der Übersicht von Eichenberg, Klemme und Theimann (2003) über verschiedene Studien zur exzessiven Internetnutzung werden Prävalenzraten der Internetsucht im Bereich von 3 bis 13 % aufgeführt.

### 8.2.2 Computerspiele

In einer ersten deutschen explorativen Studie bei Berliner Grundschülern der 6. Klasse konnten Grüsser, Thalemann und Kollegen (2005) zeigen, dass 9,3 % der Schüler normative Kriterien eines exzessiven Computerspielverhaltens zeigen. Zur Diagnose des exzessiven Computerspielverhaltens wurde der standardisierte «Fragebogen zum Computerspielverhalten bei Kindern» (CSVK) eingesetzt

(Thalemann, Albrecht, Thalemann, & Grüsser, 2004). Dabei wurden vergleichsweise strenge Kriterien angelegt, so dass alle sieben formulierten Kriterien (in Anlehnung an die Kriterien für pathologisches Glücksspiel und Abhängigkeit im Multiaxialen Klassifikationsschema für psychische Störungen des Kindes- und Jugendalters nach ICD-10 (MAS), Remschmidt, Schmidt, & Poustka, 2001) von den Betroffenen erfüllt werden mussten. Der gefundene Prozentsatz an betroffenen Kindern deckt sich mit den Ergebnissen anderer internationaler Studien.

So nennt Fisher (1994) eine Rate von 6 % exzessiv computerspielenden Kindern und Jugendlichen. Auch Griffiths, Davies und Chappell (2004) finden in ihrer Studie bei online-Spielern 9,1 % Jugendliche, die exzessiv spielen. Weiterhin zeigten die Autoren, dass jedoch «nur» 2,5 % Erwachsene jeweils über 50 Stunden pro Woche mit einem online-Computerspiel beschäftigt waren und damit auch zwangsläufig ein eingeengtes Verhaltenmuster zeigten sowie im Zusammenhang damit Nachteile in den Bereichen Ausbildung oder Arbeit in Kauf nahmen.

## 8.3 Wirkung und Komorbiditäten

Kraut, Patterson, Lundmark, Kiesler, Mukopadhyay und Scherlis (1998) konnten in ihrer 2-jährigen «HomeNet»-Längsschnittstudie einen Zusammenhang zwischen (exzessiver) Internetnutzung und Depression, Einsamkeit und sozialer Isolation zeigen. Die Autoren schlussfolgerten, dass – obgleich das Internet eine «soziale Technologie» sei – die Einsamkeit der betroffenen Internetnutzer steige, da weniger Zeit für alternative soziale Aktivitäten zur Verfügung stünde. Dagegen stehen Forschungsergebnisse, die eine Verminderung von Einsamkeitsgefühlen durch eine interaktionale, kommunikative Internetnutzung belegen (McKenna & Bargh, 2000).

Dieser scheinbare Widerspruch lässt sich dadurch erklären, dass das Internet nicht als Agens einer Persönlichkeitsveränderung, sondern als Werkzeug der hinter der Nutzung stehenden Persönlichkeit verstanden wird: so zeigt sich ein starker Zusammenhang von vermeidenden Stressbewältigungsstrategien (z. B. auch der Tendenz, sozial bedingten Konflikten aus dem Weg zu gehen) und der Nutzung des Internets zu Unterhaltungszwecken (Seepersad, 2004).

Interessanterweise konnten Kraut und Kollegen (2002) im Rahmen einer Folgeuntersuchung («follow-up») die vormals in der oben erwähnten «HomeNet»-Stichprobe gefundenen negativen Effekte nicht mehr bestätigen. Daher postulieren die Autoren ein «rich gets richer» Modell, nach dem das Internet desto mehr positive Auswirkungen hat, je kompetenter sich die betreffende Person in einem sozialen Netzwerk bewegt. Die Wahrscheinlichkeit schädlicher Auswirkungen der Internetnutzung erhöht sich jedoch bei eher introvertierten Menschen mit geringer sozialer Unterstützung. Seepersad (2004) belegte, dass Jugendliche, die im Alltag vermeidende Bewältigungsstrategien bevorzugen, das Internet vorrangig zu Unterhaltungszwecken nutzen. Dieses Nutzungsmuster kann im Sinne einer Ablenkung von negativen Affekten interpretiert werden: demnach bestimmt das individuelle «offline»-Bewältigungsverhalten die Art und Weise der Internetnutzung (Seepersad, 2004). Bei exzessiv computernutzenden Kindern und Jugendlichen wurden ebenfalls signifikant häufiger vermeidende als problemlösende Bewältigungsstrategien gefunden (Grüsser, Thalemann, et al., 2005). Ein Studie zum Vergleich von Alltagseinstellungen/Lebensweise und Verhalten/Erfolg in virtuellen Spielwelten von Whang und Chang (2005) impliziert überdies, dass sich real fehlende soziale Kompetenz und Selbstsicherheit auch im virtuellen Raum fortsetzt: betroffene Spieler zeigten sich Mitspielern gegenüber misstrauisch und waren durch den Mangel an Teamfähigkeit beim Spielen vergleichsweise erfolglos. Dennoch schien genau diese Spielergruppe nach Ansicht der Autoren am ehesten gefährdet, ein pathologisches Spielverhalten im Sinne einer Verhaltenssucht zu entwickeln.

Black und Kollegen (1999) rekrutierten über Zeitungsannoncen 21 exzessiv computernutzende Personen und stellten bei den Betroffenen psychische Komorbiditäten in Form von Drogenkonsum (38 %), Affektstörungen (33 %) und Ängstlichkeit (19 %) sowie psychotische Störungen (14 %) fest. Über die Hälfte der Versuchspersonen (52 %) erfüllte die Kriterien einer Persönlichkeitsstörung, am häufigsten darunter die der Borderline-Störung (24 %). Alle teilnehmenden Personen hatten zum Untersuchungszeitpunkt keine psychiatrische Hilfe in Anspruch genommen. Die Autoren vermuten jedoch aufgrund der beträchtlichen Auftretenshäufigkeit psychiatrischer Störungen in der Stichprobe einen Verzerrungseffekt infolge der hohen Attraktivität ihrer Zeitungsanzeigen für Menschen mit Störungen der Emotionen und des Sozialverhaltens.

Shapira und Kollegen (2000) stellten bei 20 Internetsüchtigen eine gering ausgeprägte Impulskontrolle fest. Zudem wurde bei allen Patienten im Laufe des Lebens wenigstens eine Achse I-Störung nach DSM-IV diagnostiziert: überwiegend traten Störungen des Affektes (85 %) und Angststörungen (70 %) auf. Bei 55 % der Stichprobe wurden Störungen im Zusammenhang mit psychotropen Substanzen diagnostiziert. In der Studie von Yang (2001) wurden bei exzessiv computernutzenden Schülern und Studenten klinisch relevante Symptome wie Zwanghaftigkeit (13 %), Unsicherheiten im Sozialkontakt (11,6 %), Somatisierung (9,4 %), Ängstlichkeit (8,7 %) sowie Feindseligkeit (ebenfalls 8,7 %) mittels der Symptomcheckliste (SCL-90-R; koreanische Version von Kim, Kim, & Won, 1984) erfasst. Lo, Whang und Fang (2005) stellten fest, dass soziale Ängstlichkeit und eine geringere Qualität sozialer Kontakte mit dem Spielen von online-Computerspielen korrelieren: je länger die Befragten durchschnittlich spielten, desto größer waren die Unterschiede zur Kontrollgruppe bzw. zu Wenigspielern.

Während bei der Untersuchung des Zusammenhangs von psychiatrischen Komorbiditäten und exzessiver Computernutzung mangels Längsschnittuntersuchungen die Wirkrichtung unklar bleibt, konnten schädigende Effekte der exzessiven Computernutzung bzw. Computersucht bei Kindern und Jugendlichen auf der körperlichen Ebene nachgewiesen werden. So berichten verschiedene Autoren von muskulären und anderen körperlichen Überanstrengungen

(Gillespie, 2002; Tazawa & Okada, 2001). Als weitere körperliche Auswirkung wurde eine ungünstige Verbindung zwischen ungesunder Ernährungsweise und übermäßigem Medienkonsum im Jugendalter festgestellt (Settertobulte, 2002). Des Weiteren wurden in verschiedenen Studien Videospiele als Auslöser von epileptischen Anfällen beschrieben (Kasteleijn-Nolst Trenite et al., 2002).

Im Extremfall führt das tagelange Sitzen vor dem Computer durch die auftretende «eThrombosis» auch zum Tode (Lee, 2004).

## 8.4 Das Suchtpotenzial von Computer- und Videospielen

In jüngerer Zeit wächst das Forschungsinteresse bezüglich des Suchtpotenzials von Computerspielen insbesondere bei Kindern und Jugendlichen, da angenommen wird, dass Heranwachsende besonders empfänglich für die Entwicklung einer exzessiven Computernutzung sind (Griffiths & Wood, 2000; Grüsser, Thalemann et al., 2005; Hahn & Jerusalem, 2001 a). Im Vergleich zu wissenschaftlichen Arbeiten zur Internetsucht beschäftigen sich nur wenige Studien explizit mit erwachsenen Computerspielern. Dabei handelt es sich in der Regel um online-Spieler, entweder aus Studentenstichproben (Lo et al., 2005) oder größeren online-Spielergemeinden (Griffiths et al., 2004). Für das Kindes- und Jugendalter erhält die Thematik «exzessive Computernutzung» zudem noch eine besondere Relevanz, weil die Beschäftigung von Kindern und Jugendlichen mit Informationstechnologien als Schlüsselqualifikation häufig undifferenziert erwünscht ist. So wird im Hinblick auf die neuen Medien die Anbahnung technischer, sozialer, kultureller und reflexiver Kompetenzen im Kindes- und Jugendalter gefordert (Moser, 1999). Inwieweit diese Forderung umgesetzt werden konnte, ist jedoch aufgrund der dürftigen Datenbasis aus psychologischer Sicht nicht zu bestimmen. Es mangelt in diesem Bereich bislang vor allem an Daten zu Stellenwert, Art und Umfang der Computernutzung.

Die Ergebnisse aus einer Studie von Grüsser, Thalemann und Kollegen (2005) zur exzessiven Computernutzung bei 323 Grundschülern legen nahe, dass elektronische Medien von der Gruppe der exzessiv computernutzenden Kinder eingesetzt werden, um negative Gefühle zu regulieren und Stress abzubauen. Zudem wiesen diese Kinder eine mangelnde Kommunikationsbereitschaft bzw. -fähigkeit auf. Die Autoren schlussfolgern, dass – analog zu Erkenntnissen aus der Abhängigkeitsforschung – die Computernutzung für die exzessiv computerspielenden Kinder eine spezifische Funktion im Sinne einer inadäquaten Stressbewältigungsstrategie erhalten haben könnte: emotional erregende Zustände werden nicht kommuniziert, sondern durch das Spielen unterdrückt.

Bei der Studie handelt es sich um erste Ergebnisse einer sehr breit angelegten Exploration, die einen Einblick in die subjektive Einschätzung von Kindern bezüglich ihrer Computernutzung geben soll. Die Autoren weisen darauf hin, dass für Verhaltensweisen im Kindesalter Formulierungen wie «Verhaltenssucht» jedoch nur mit Vorsicht verwendet werden sollten, obwohl sich hierzu teilweise andere Thesen in der Literatur finden lassen (z. B. Winn, 1984). Dennoch ist ein Gefährdungspotenzial durch eine exzessive Nutzung elektronischer Medien im Kindes- und Jugendalter keineswegs von der Hand zu weisen (Griffiths & Wood, 2000).

Kinder erfahren, dass sie durch exzessive belohnende Verhaltensweisen oder Gebrauchsmuster schnell und effektiv Gefühle im Zusammenhang mit Frustrationen, Unsicherheiten und Ängsten regulieren bzw. unterdrücken können (Noack, Kollehn, & Schill, 1999). In der Folge werden evtl. erwünschte Verhaltensmuster wie z. b. adäquate Stressverarbeitungsstrategien für kritische oder als Stress erlebte Lebenssituationen nicht entwickelt bzw. gelernt (Hurrelmann, Klocke, Melzer, & Ravens-Sieberer, 2003). Das exzessive Verhalten hat somit eine individuelle, inadäquate belohnende Funktion erhalten (hier die subjektiv als effektiv wahrgenommene Stressbewältigung), es unterdrückt jedoch gleichzeitig eine adäquate, emotionsregulierende und aktive (reflektierte) Auseinandersetzung des Kindes mit seinen negativen Gefühlen (Grüsser, Thalemann, et al., 2005). Die Entwicklung eines vielseitigen, situativ angemessenen Verhaltensrepertoires und der sozialen Kompetenz wird beeinträchtigt und kann in der Folge als Risikofaktor eine Abhängigkeitserkrankung in der Adoleszenz begünstigen (Hurrelmann & Settertobulte, 2000).

Somit werden hier erste Erkenntnisse in einem bisher empirisch kaum untersuchten Gebiet dargestellt, die deutliche Hinweise darauf liefern, dass weitere Studien notwendig sind. Dabei sollten künftig die möglichen zugrundeliegenden Mechanismen und vor allem die Charakterisierung der Risiko- und Schutzfaktoren für ein exzessives Computerspielen bei Kindern und Jugendlichen im Mittelpunkt des Interesses stehen.

Das exzessive Computerspielen erfüllt sowohl die internationale Diagnosekriterien für pathologisches Glücksspiel als auch die für Abhängigkeit. Dennoch bleibt die Einordnung dieses Phänomens als psychische Störung umstritten. Daher existiert gegenwärtig auch kein einheitliches Konzept für die Diagnose und Therapie der exzessiven Computernutzung. So wird davon ausgegangen, dass exzessives Computerspielen ein erlerntes Verhalten ist, welches für den Betroffenen im Sinne einer inadäquaten bzw. dysfunktionalen aber effektiven Stressverarbeitungsstrategie in hohem Maße belohnend und stressreduzierend wirkt (Grüsser, Thalemann, et al., 2005).

## 8.5 Computernutzung bei Kindern

Computer- und Videospiele erfreuen sich vor allem auch besonders unter Kindern und Jugendlichen größter Beliebtheit. Dieser subjektiv erlebte Sachverhalt gewinnt anhand einer Betrachtung der mit Unterhaltungssoftware erzielten Umsätze an Kontur. So wird heute mit Computer- und Videospielen mehr Geld umgesetzt als mit Kinofilmen: weltweit rund 18,8 Milliarden Euro pro Jahr (Jahresbericht des Verbandes der Unterhaltungssoftware Deutschland, 2004).

In Deutschland wurden 2003 allein mit Unterhaltungssoftware über eine Milliarde Euro umgesetzt, dazu kommen noch fast vier Milliarden Euro für die notwendige Hardware, also Spielkonsolen und Computer. Damit liegt Deutschland im europäischen Vergleich auf Platz zwei hinter Großbritannien. Diese Zahlen spiegeln nur die offiziellen Verkäufe wieder – zusätzlich sind in Deutschland ca. 54 Milliarden illegal gebrannte Raubkopien von Unterhaltungssoftware für die Bewertung des Stellenwertes von Spielen besonders für Kinder und Jugendliche zu berücksichtigen. Bis 2008 sagen Marktforscher ein weltweites Umsatzwachstum auf über 27 Milliarden Euro voraus (Jahresbericht des Verbandes der Unterhaltungssoftware Deutschland, 2004).

In jüngerer Zeit gewinnen vor allem Online-Spiele an Bedeutung. Komplexe virtuelle Welten auf Internetservern erlauben Spielern aus aller Welt gegen eine monatliche Gebühr die Teilnahme. Einen weiteren Markt stellen die mobilen Spiele dar, vor allem solche für Mobiltelefone. Bis 2006 (prognostizierter Umsatz rund 5,7 Milliarden Euro) ist somit eine bemerkenswerte Steigerungsrate um 775 % seit 2002 (649 Millionen Euro) in diesem Sektor zu erwarten (Jahresbericht des Verbandes der Unterhaltungssoftware Deutschland, 2004).

Die mit großem Aufwand betriebene Entwicklung virtueller Welten und mobiler Spielsysteme für eine vornehmlich junge – d.h. in der Mehrzahl minderjährige – Zielgruppe wird im gesellschaftlichen Diskurs ambivalent bewertet. Einerseits scheint die frühe Aneignung medientechnischer Kompetenzen durch Kinder und Jugendliche als Qualifikation für eine erfolgreiche künftige Teilhabe am gesellschaftlichen und beruflichen Leben wünschenswert und erforderlich, andererseits bestehen mannigfach Befürchtungen hinsichtlich vermuteter negativer Einflüsse durch elektronische Unterhaltungsmedien auf die Entwicklung von Körper, Sozialverhalten und Emotionen im Kindes- und Jugendalter. Solche Befürchtungen werden dabei vor allem im Zusammenhang mit der exzessiven Computernutzung diskutiert, wie sie auch für das Erwachsenenalter berichtet wird.

Die Darstellung von Groos (1899), nach der das Spiel entwicklungsfördernd durch die Übung lebenswichtiger Funktionen sei, findet nach wie vor allgemein Zustimmung (für Gegenpositionen vgl. z. B. Vandenberg, 1986). Doch selbst wenn dem so sein sollte, erklärt sich daraus noch nicht, warum Kinder spielen, da die Motivation zum Spielen vermutlich nicht im Interesse am Training eigener Funktionen besteht. Dass Kinder einfach nur Spaß am Spiel haben, stimmt auch nicht in jedem Fall: So lassen sich viele Spielhandlungen beobachten, die furchteinflößende Situationen zum Gegenstand haben oder andere, die ständig wiederholt werden oder wieder andere, die durch die selbstauferlegte starke Reglementierung nur wenig lustvoll erscheinen. Die verschiedenen Deutungen des Spiels aus psychologischer Sicht führen trotz fundamental unterschiedlicher Theorien zu der Annahme, dass Spielen Aufgaben der Lebensbewältigung zu einem Zeitpunkt übernimmt, da über andere Techniken und Möglichkeiten noch nicht verfügt werden kann (Oerter, 2003).

Sigmund Freud betonte vor allem die wunscherfüllende Funktion des Spiels. Diese erlaube dem Kind, den Zwängen der Realität zu entrinnen und tabuisierte

Impulse (z. B. Aggressivität) auszuleben. Das Spiel gehorche dem Lustprinzip. Mit dem Ausleben unerlaubter Triebwünsche erfolgt nach Freud die Befreiung von Angst (Katharsishypothese). Damit wird ein Mechanismus der Problembewältigung begründet, welcher der Verhaltensbeobachtung zugänglich ist: die Wiederholung nicht verarbeiteter Alltagserfahrungen oder Probleme im Spiel. Durch die Wiederholung «beherrscht» das Kind die Situation (Freud, 1908/1993).

Nach Wygotski (1933/1980) erfüllt das Spiel für Kinder vorrangig die Möglichkeit, den Erwachsenen in Kraft, Geschicklichkeit und Arbeit nachzueifern. Dieses Bedürfnis erlaube keinen Aufschub, so dass Spielen die einzige Lösung des Spannungszustandes (unrealistische Wünsche einerseits, keine Möglichkeit zu warten andererseits) darstellt. Das spielende Kind sei sich dabei des Motivs seines Handelns nicht bewusst, womit sich das Spiel wesentlich von Arbeit oder anderen Tätigkeiten unterscheide.

Piaget (1969) schließlich sieht spätestens mit der Entwicklung des Symbolspiels (gekennzeichnet durch Umdeutung von Gegenständen und den Aufbau von Fiktionen) in der Spielhandlung eine Abwehr von Zwängen der äußeren Wirklichkeit. Im Spiel kann das Kind seine Schemata von der Welt beibehalten ohne dass sie – wie im alltäglichen Kontakt mit Erwachsenen - kontrastiert und in Frage gestellt werden.

Übertragen auf das neuere Phänomen der Nutzung von Computerspielen bieten die verschiedenen theoretischen Modelle interessante Erklärungsansätze, warum Computerspiele eine derart große Faszination auf Kinder und Jugendliche ausüben. So erlauben Computerspiele in der Mehrheit der Fälle Handlungsweisen, die in der Realität schwere juristische Konsequenzen nach sich ziehen würden. Das Lösen von Konflikten mit Gewalt ist die maßgebliche Strategie vieler Computerspiele und das Ausrauben besiegter Gegner notwendiges Mittel für den Erfolg. Archaisch anmutende Konflikte zwischen Gut und Böse ermutigen zum rücksichtslosen Agieren und Zulassen und «virtuellem» Ausleben aggressiver Impulse.

Im Sinne der Verarbeitung unbewältigter Konflikte oder Ängste stellt sich uns auch das Videospielverhalten eines depressiv zurückgezogenen 13-jährigen Jungen mit massiven Gewalterfahrungen in der Familie dar, der es folgendermaßen formuliert: «Ich knalle meinen Vater jeden Tag 100mal ab!» (Zitat aus persönlichem Gespräch). Dieses zugegebenermaßen drastische Beispiel kann sicher nicht exemplarisch für die Mehrzahl jugendlicher Computer- und Videospieler gelten. Es bleibt jedoch festzuhalten, dass elektronische Spiele in ihren spezifischen Profilen Kindern hervorragend die Möglichkeit geben, im Sinne Wygotskis die eigene Beschränkung des Handlungsspielraumes verlassen zu können und in Phantasiewelten Bedürfnissen nach Autonomie, Autorität und sozialer Anerkennung nachzukommen: «Wie würdest du dein Leben spielen?» (Werbetext «Die Sims 2»).

Auf der Handlungsebene zeigt sich noch ein ganz anderer belohnender Aspekt des Bildschirmspiels: oftmals sind die Kinder hier ihren Eltern an Geschick deutlich überlegen. Das Computerspiel stellt sich in diesem Zusammenhang als ausgesprochen selbstwertdienlich für Kinder und Jugendliche dar. Piagets Deutung des kindlichen Spiels kann hinsichtlich der Video- und Computerspiele möglicherweise dadurch ergänzt werden, dass Kinder bereitwillig solche Phantasiewelten annehmen, die durch ein nicht allzu kompliziertes, aber verlässliches Regelwerk strukturiert sind und nach einer kurzen Eingewöhnung die Kontrolle über den weiteren Ablauf des Spiels in die Hände des Kindes legen. Dabei erleben sich Kinder und Jugendliche als höchst selbstwirksam – der Lauf der Ereignisse wird von ihnen maßgeblich bestimmt, was für die reale Welt mitnichten zutrifft. Ernste Frustrationen oder gar erzwungene Modifikationen der Weltsicht wie in Auseinandersetzung mit der komplizierten realen Welt sind nicht zu erwarten. Eine wesentliche Rolle spielt in diesem Zusammenhang sicherlich die Möglichkeit der Annahme von Wunschidentitäten, die nicht mit den Problemen der realen Welt belastet sind. Weiterhin wird durch das aktive Gestalten des Spiels ein Gefühl von Kontrolle und Macht und somit auch «Sicherheit» vermittelt.

Zusammenfassend lässt sich sagen, dass Computer- und Videospiele den Rahmen für ein schnelles, unkompliziertes Eintauchen in phantastische Welten bieten. Die Themen sind speziell auf die Interessen von Kindern und Jugendlichen zugeschnitten: Die Spiele ermöglichen unmittelbare, schnelle Erfolge (kein Belohnungsaufschub), da es durch die konzeptuellen und technischen Gegebenheiten kaum zu gravierenden Frustrationserfahrungen kommt: zumeist leichter Schwierigkeitsanstieg, geplante Trainingseffekte, und auch die Möglichkeit, über Cheat-Codes zu mogeln und damit schwere Stellen zu überwinden. Bei aller Komplexität erlauben Computer- und Videospiele aufgrund einfacher und klarer Regeln eine leichtere Orientierung als es in realen sozialen Netzwerken der Fall ist bzw. die weitgehend risikofreie soziale Interaktion in virtuellen Welten. Weiterhin erscheint die Möglichkeit der Vernetzung von verschiedenen Spielern und somit das virtuelle Spiel mit Freunden als eine individuelle häusliche Aktivität (nach der Schule) attraktiv.

Beschriebene strukturelle Merkmale von Glücksspielen hinsichtlich des von ihnen ausgehenden Stimulations- und Suchtpotenzials lassen sich ebenfalls auf Computerspiele übertragen: Ereignisfrequenz (wie viele Aktionen finden beim Spielen statt), Auszahlungsintervall (z. B. die Länge der Spieldauer bis zum Erreichen des nächsten Levels, intermittierende Verstärkung), Ausmaß der persönlichen Beteiligung und Kompetenzanteile, Variabilität der Einsätze und Gewinnchancen, Wahrscheinlichkeit des Gewinns und Mischungsverhältnisses (die alle z. B. über die Wahl des Schwierigkeitsgrades ausgewählt werden können), Assoziation mit anderen Interessen (durch die Auswahl des Spiels und der Spielart kommt es zu einer Auswahl der Spielumgebung) und Art des Einsatzes sowie Ton-, Licht- und Farbeffekte (Meyer & Bachmann, 2000).

Auch wenn sich die vorgestellten psychologischen Modelle des kindlichen Spiels zum Teil nur auf bestimmte Entwicklungsstufen beziehen und nicht zwangsläufig für das Kindes- und Jugendalter verallgemeinert werden können, kann doch postuliert werden, dass Computer- und Videospiele den Bedürfnissen von Kindern und Jugendlichen in mehrfacher Hinsicht entgegenkommen. Offen bleibt dabei, ob diese Bedürfnisbefriedigung durch Computer- und Videospiele einer gesunden psychischen und körperlichen Entwicklung im Wege steht oder nicht.

## 8.6 Fallbeispiel

Im Folgenden wird ein 29-jähriger Mann, Herr A., der von einer exzessiven Computernutzung in der Vergangenheit berichtet, vorgestellt.

Im Alter von 11 Jahren bekam Herr A. seinen ersten Computer. Bald schon nutzte er den Rechner hauptsächlich zum Spielen, an manchen Wochenenden bis zu 17 Stunden, einmal sogar 26 Stunden fast ohne Unterbrechung. Auch nach der Schule – so erinnert er sich – war sein erster Gang der zum Computer, an dem er dann bis zum Abend spielte. Nach dem Schulabschluss bekam Herr A. keine Ausbildungsstelle und so spielte er täglich ca. 15 bis 17 Stunden. Der gesteigerte Zeitaufwand für Computerspiele ging mit dem immer größer werdenden Angebot an Computerspielen einher und der Möglichkeit, Raubkopien mit Freunden zu tauschen. Herr A. beschreibt die Entwicklung so: «Mit mehr Angebot kamen auch mehr Stunden, weil ich einfach mehr Welten zur Verfügung hatte, in die ich ‹reinspringen› konnte.» (**Toleranzentwicklung**) ◀

Besonders in schwierigen Lebenssituationen hatte Herr A. schon kurz nach dem Aufstehen den Drang, den Computer einzuschalten. (**Verlangen**) ◀

Dazu kommt eine gewisse «Beschaffungskriminalität» in Form von illegalen Spielkopien sowie ein fast permanentes schwer zu zügelndes Verlangen nach Computerspielen.

Die positiven Effekte, die Computerspiele auf Herrn A. hatten, beschreibt er mit Euphorie, Adrenalinausschüttung, Wachheit, Befriedigung, dem Erleben von Machtgefühlen und starkem Selbstvertrauen sowie auch mit dem Erringen von Anerkennung durch Leistung und mit dem Vertreiben negativer Gefühle: «Für mich war es erstmals die Möglichkeit, in die mythologische Rolle des Helden hineinzuspringen: Ich war nicht mehr der schlechte Schüler, der irgendwo in einer westdeutschen Kleinstadt lebt, sondern war eben Held oder auch mal General einer ganzen Armee, der strategische Entscheidungen zu treffen hatte: Die Rolle, die mir gegeben wurde, war natürlich befriedigender.» In den Zeitabschnitten, in denen sich Herr A. einmal nicht an den Computer setzen konnte, erinnert er sich an psychomotorische Agitiertheit – bereits anfangs, als er noch zur Schule ging: «Auf jeden Fall habe ich schon in der Schule gefiebert und war unruhig, dass ich nachmittags wieder spielen konnte.» Dazu kamen vegetative Symptome und eine starke Erregung in Erwartung des nächsten Computerspiels: «Es war ab einem gewissen Zeitpunkt immer so eine leichte Unzufriedenheit mit jeglicher sozialer Umgebung da, ich merkte einen Kitzel, ein Gefühl von Euphorie und Schwitzen, denn ich wusste: gleich wartet mein Game auf mich!» (**Entzugserscheinungen**) ◀

Das exzessive Computerspielen selbst hatte für ihn recht bald negative Konsequenzen in Form von Einschlafstörungen. «Nach einigen Stunden des Spielens stellte sich eine Art ‹Medien-Trance› ein: Ich bekam sehr viele Bildinformationen sehr schnell zugeschickt; ich veränderte den Raum recht schnell und dadurch kam für mich so eine Art Trance zustande. Ich merkte, wie die virtuelle Welt mehr und mehr zum Bestandteil meiner Wahrnehmung wurde und mehr an Wirklichkeit gewann – sie war nicht mehr dieses 3D-Abbild auf dem Monitor vor mir …». Dieser Trance-Zustand hielt auch nach dem Abschalten des Computers an. Auch die Art und Weise der sozialen Kontakte veränderte sich mit der Zeit: Statt sich mit Freunden zu treffen zog Herr A. es vor, seine Bekannten in der Rollenspiel-welt online zu besuchen. Zudem hatte das zeitaufwändige Computerspielen schon früh Konsequenzen für seine schulischen Leistungen, die sich dadurch ver-schlechterten. Streit mit den Eltern gab es jedoch nur oberflächlich, da die Eltern von Herrn A. im Grunde zufrieden waren, dass sich ihr Junge nicht herumtrieb

▶ und Dummheiten anstellte. (**Vernachlässigung beruflicher (schulischer) und privater Verpflichtungen**)

▶ Herr A. berichtet von einer ständigen gedanklichen Beschäftigung (**starke gedankliche Beschäftigung**) mit dem Computerspielen außerhalb der eigentlichen Spielsituation. Weiterhin beschreibt er, dass er, wenn er mal draußen auf der Straße war, manchmal das Gefühl hatte, hinter den Häuserecken lauert jemand auf ihn und «die Situation fühlte sich teilweise nach ‹drücke Taste 1 für die näch-ste Waffe› an …auch das Klicken eines Feuerzeugs hörte sich für mich wie das Waffenladen im Spiel an …Das waren kurze Momente, wo ich merkte: das [Realität und Virtualität] verschmiert!» Herr A. erinnert sich an vergebliche Ver-suche, das Computerspielen einzuschränken oder aufzugeben: «Mit dem Spielen aufzuhören war nicht einfach. Deswegen verkaufte ich den Computer. Aber

▶ Rückfälle gab es immer wieder…». (**Kontrollverlust**) Nach Phasen der Abstinenz nutzt er den Rechner nun für kreative Tätigkeiten. Er kreiert Multimedia-Inhalte. Das Computerspielen wurde zunehmend uninteressanter für Herrn A. Befrie-digung zieht er nun aus seinem open-source-Projekt einer virtuellen Stadt, das eine nicht-kommerzielle Alternative zu den gewalttätigen Videospielen darstellt: «Ich halte auch computerfreie Zeiten ein…aber andererseits gibt es auch die 14-Stunden Arbeit-Marathons am Rechner, bei denen ich mich mit Kaffee auf-putsche…das erinnert mich schon an mein altes süchtiges Verhalten…»

Bei Herrn A. wurde im Hinblick auf sein beschriebenes, vormaliges Spiel-verhalten die Diagnose «sonstige abnorme Gewohnheiten und Störungen der Impulskontrolle» (ICD-10, F63.8, Dilling, Mombour, & Schmidt, 2000) bzw. «Nicht Näher Bezeichnete Störung der Impulskontrolle» (DSM-IV-TR, 312.30, Saß, Wittchen, Zaudig, & Houben, 2003) gestellt. Es lassen sich jedoch auch Merkmale finden, die den Kriterien eines Abhängigkeitssyndroms nach ICD-10 (Dilling et al., 2000) und DSM-IV-TR (Saß et al., 2003) entsprechen:

- der starke fast zwanghafte Druck bzw. das *Verlangen*, den Computer zu nutzen

- mehrere Versuche, das Verhalten einzuschränken, misslangen (*Kontrollverlust*)

- Herr A. beschreibt *Entzugserscheinungen*, wenn er keinen Computer nutzen konnte

- die Nutzungsdauer wurde erheblich gesteigert *(Toleranzentwicklung)*

- Herr A. *vernachlässigte berufliche (schulische) und soziale Verpflichtungen* und richtete seinen Alltag nach seinem Verlangen ein

- das *Verhalten wurde trotz schädlicher Wirkung fortgesetzt.*

Nach den internationalen diagnostischen Kriterien für Abhängigkeit erfüllt Herr A. in Bezug auf sein Computernutzungsverhalten mehr als 3 Kriterien. Somit wäre die Diagnose einer Computersucht gerechtfertigt. Zusätzlich wurden international gültige Kriterien für pathologisches (Glücks-)Spiel wie z. B. die starke gedankliche Beschäftigung, die Funktion des Verhaltens als Bewältigungsstrategie sowie illegale Handlungen von dem Betroffenen erfüllt.

Basierend auf integrativen lerntheoretischen und psychophysiologischen Modellen der zugrundeliegenden Mechanismen von Entstehung und Aufrechterhaltung von Abhängigkeiten zeigt sich bei Herrn A. eine positive und negative Verstärkung seines exzessiven Verhaltens. Der Belohnungseffekt des Computerspielens im Zusammenspiel mit der zweckentfremdeten Funktion als Bewältigungsstrategie bei negativen Stimmungen oder Lebenskrisen führte zu einer Verhaltenssucht. Zusätzlich wurde eine klassische Konditionierung (vgl. Kap. 2.1) festgestellt. Vormals neutrale Reize wurden zu konditionierten Reizen (z. B. Häuserecken, das Klicken eines Feuerzeuges) und lösten konditionierte (gelernte) Reaktionen («auf den Knopf drücken wollen») aus. Das gegenwärtig berichtete Computernutzungsverhalten führt zu der Annahme, dass die Computernutzung immer noch in hohem Maße belohnend für den Betroffenen ist, auch wenn sich das Nutzungsverhalten vom Computerspiel weg verlagert hat.

Der Betroffene erfüllt sowohl die Kriterien für Sucht als auch die Kriterien für pathologisches (Glücks-)Spiel. Diese Feststellung legt nahe, dass das Störungsbild der exzessiven Computernutzung nicht nur mittels der Kriterien für pathologisches Glücksspiel diagnostiziert werden sollte, wie dies bei der überwiegenden Mehrzahl der vorliegenden Studien der Fall ist (vgl. dazu Lesieur & Rosenthal, 1991; N. M. Petry, 2003). Vielmehr sollten neurokognitive Kriterien für eine angemessene, genauere Definition von Verhaltenssucht – auch hinsichtlich möglicher psychopharmakologischer und verhaltenstherapeutischer Therapieformen – Anwendung finden (Bechara, 2003). Weitere Studien sind notwendig, um die Pathologie und Funktion exzessiver Computernutzung deutlicher erfassen zu können.

Aus der Diagnose der Erscheinungsformen süchtigen Verhaltens ergeben sich weitreichende Folgen für künftige Präventions- und Therapiekonzepte besonders im Hinblick auf die pathologische Computernutzung im Kindes- und Jugendalter, da es besonders in der Adoleszenz – einer Zeit bedeutender körperlicher, psychischer und sozialer Anpassungsleistungen und der Identitätsfindung – unbedingt notwendig scheint, adäquate Bewältigungsmechanismen auszubilden.

## 8.7 Exkurs 8.1 «Sensation Seeking» und Medienkonsum

«Sie stürzen sich nur an einem Gummiseil befestigt von einem hundert Meter hohen Turm. Auf der Autobahn lassen sie kein noch so waghalsiges Manöver aus. Und alles, was nicht nach Gefahr aussieht, scheint sie zu langweilen. Jeder kennt solche Menschen, manche bestaunen sie, andere können deren Lust nach ‹Kick› kaum nachvollziehen.» (Roth & Hammelstein, 2003, S. 3)

Seit Marvin Zuckerman Anfang der 1960er-Jahre die Suche nach dem «Kick» und «Thrill» als «Sensation Seeking» bezeichnete, ist dieses persönlichkeitspsychologische Konstrukt Gegenstand vielfältiger psychologischer Forschung geworden. Die aktuelle Definition beschreibt Sensation Seeking als eine «überdauernde Persönlichkeitseigenschaft, die durch das Aufsuchen von verschiedenen neuen, komplexen und intensiven Empfindungen und Erfahrungen gekennzeichnet ist sowie durch die Bereitschaft, dafür körperliche, soziale, juristische und finanzielle Risiken in Kauf zu nehmen» (Übersetzung aus dem Englischen, aus Zuckerman, 1994, S. 27).

Das weltweit gebräuchlichste Inventar zur Erfassung von Sensation Seeking, die Sensation Seeking-Skalen (SSS, Zuckerman, Eysenck & Eysenck, 1978), bestehen aus vier Subskalen, die zusammen das Sensation Seeking-Niveau einer Person bestimmen (Beauducel, Strobel, & Brocke, 2003):

1. Gefahr- und Abenteuersuche («thrill and adventure seeking», TAS) – beschreibt die Tendenz, sportliche und andere Aktivitäten durchzuführen, die Gefahr und/oder Geschwindigkeit beinhalten

2. Enthemmung («disinhibition», DIS) – beschreibt die Tendenz zu sozial und sexuell enthemmtem Verhalten

3. Erfahrungssuche («experience-seeking», ES) – beschreibt die Suche nach Erfahrungen durch einen non-konformistischen Lebensstil und Reisen

4. Empfänglichkeit für Langeweile («boredom susceptibility», BS) – erfasst eine Abneigung gegen Routine und Wiederholungen

Mediendarstellungen scheinen zur Herstellung eines subjektiv optimalen Erregungsniveaus mit Hilfe äußerer Stimuli prädestiniert zu sein. Auch wenn Medieninhalte, die in der Realität nur selten oder gar nicht erfahrbar sind (Horror, Science Fiction, Reality-TV etc.), wie beim Fernsehen nur passiv konsumiert werden und das Individuum auf die Intensität der Stimulation (Gewaltdarstellungen, sexuelle Inhalte) nur wenig Einfluss nehmen kann, kommt das dem Bedürfnis nach Sensation (Erlebnissen) entgegen (Gleich, Kreisel, Thiele, Vierling, & Walther, 1998). Um ein Vielfaches mehr mögen multimediale Stimuli interaktiver Medien (z. B. Internetseiten oder Computerspiele) geeignet sein, Anregung und intensive Erfahrungsmöglichkeiten zu bieten (Burst, 2003). So zeigten Weisskirch und Murphy (2004), dass Studenten mit hohem Bedürfnis nach Sensation Seeking das Internet bevorzugt nutzen, um sich sexuell orientierte Inhalte anzusehen, Musik aus dem Internet zu laden, zu spielen und mit Freunden zu chatten.

Verschiedene Studien belegen einen Zusammenhang von exzessiver Internetnutzung und Sensation Seeking. Lin und Tsai (2002) erfassten die Ausprägung von Sensation Seeking mit einer übersetzten Version der Sensation Seeking Scale (nach Zuckerman, 1979) und fanden bei internetsüchtigen Jugendlichen im Vergleich zu unauffälligen Internetnutzern gleichen Alters ein signifikant stärker ausgeprägtes Sensation Seeking-Verhalten. Besonders ein hoher Wert auf der Skala «Enthemmung», die eine Tendenz zu (sozial und sexuell) untersteuertem Verhalten erfasst, erwies sich in der Datenanalyse als Prädiktor für eine Internetsucht. Diese Ergebnisse stehen im Widerspruch zur Studie von Lavin, Marvin, McLarney, Nola und Scott (1999), die zeigte, dass internetsüchtige Studenten signifikant niedrigere Sensation Seeking Werte erreichten als nicht-süchtige Internetnutzer. Ein ähnlicher Gegensatz zeigt sich in Forschungsergebnissen zu einer anderen Form der Verhaltenssucht, dem pathologischen (Glücks-)Spiel. Das Störungsbild des pathologischen (Glücks-)Spielers scheint zunächst geradezu idealtypisch für Sensation Seeking prädestiniert zu sein. Hammelstein (2004) stellt jedoch in seiner Forschungsübersicht fest, dass die Mehrzahl der vorliegenden Studien keinen signifikanten Zusammenhang von Sensation Seeking-Verhalten und pathologischem Glücksspiel zeigen konnte. Der Autor schlussfolgert daraus unter anderem, dass Sensation Seeking weniger als Persönlichkeitseigenschaft («trait») sondern vielmehr als ein individuelles Bedürfnis nach Stimulation durch Abwechslung und immer neue Erfahrungen verstanden werden sollte. Jedes vorrangig durch eine Verhaltenseinengung gekennzeichnetes exzessives Verhalten im Sinne einer Verhaltenssucht ist demnach eher weniger mit diesem Bedürfnis vereinbar.

Auch Parke, Griffiths und Irwing (2004) fanden bei pathologischen (Glücks-) Spielern keine signifikant erhöhten Werte für Sensation Seeking. Die Autoren führen dies darauf zurück, dass die pathologischen (Glücks-)Spieler der Stichprobe mehrheitlich spielen, um der Realität zu entfliehen oder um soziale Kontakte zu pflegen. Die Autoren vermuten, dass das Erregungsniveau bei diesen Glücksspielern deutlich niedriger liegt als bei Spielern, deren Motivation vorrangig auf dem Erspielen hoher Geldgewinne beruht. Demnach erfüllt möglicherweise nur eine Untergruppe von pathologischen (Glücks-)Spielern die Kriterien für ein erhöhtes Sensation Seeking-Verhalten.

Für den Zusammenhang von exzessiver Computernutzung und Sensation Seeking mag analog ebenso das Phänomen auftreten, dass es möglicherweise eine Gruppe von Internetsüchtigen oder Computerspielsüchtigen gibt, die durch schnelle Bildinformationen bzw. durch Medieninhalte extremer Art (Pornographie, Gewaltdarstellungen) eine für sie optimale Stimulation suchen, während andere exzessiv computernutzende Personen aus ganz anderen Motiven ihr exzessives Verhalten durchführen. Letztere agieren eher zurückgezogen, introvertiert und problemvermeidend im Alltag (Seepersad, 2004). Auch in einer Studie zum Fernsehkonsum bei Personen mit Sensation Seeking-Verhalten konnte Burst

(2003) eine ausgeprägte Vorliebe für Horrorfilme und eine verstärkten Gewohnheit, die Fernsehkanäle «durchzuzappen» zeigen. Aufgrund des gegenwärtigen Forschungs- und Diskussionstandes kann vermutet werden, dass für Personen mit einer stärkeren Ausprägung im Sensation Seeking-Verhalten die Medien ein Mittel sind, sich ein bestimmtes Erregungsniveau zu verschaffen wobei diese dabei häufig auch inadäquat und exzessiv genutzt werden.

## 8.8 Literatur

American Psychiatric Association. (1994). *Diagnostic and statistical manual of mental disorders* (4th ed.) Washington: Author.

Anderson, C. A. (2004). An update on the effects of playing violent video games. *Journal of Adolescence, 27*, 113–122.

Beauducel, A., Strobel, A., & Brocke, B. (2003). Psychometrische Eigenschaften und Normen einer deutschsprachigen Fassung der Sensation Seeking-Skalen, Form V. *Diagnostica, 49*, 61–72.

Bechara, A. (2003). Risky business: emotion, decision-making and addiction. *Journal of Gambling Studies, 19*, 23–51.

Black, D. W., Geeta, B., & Schlosser, S. (1999). Clinical features, psychiatric comorbidity, and health-related quality of life in persons reporting compulsive computer use behavior. *Journal of Clinical Psychiatry, 60*, 839–844.

Böning, J. (1999). Psychopathologie und Neurobiologie der «Glücksspielsucht». In G. Alberti, & B. Kellermann (Hrsg.), *Psychosoziale Aspekte der Glücksspielsucht* (S. 39–50). Geesthacht: Neuland.

Brian, D., & Wiemer-Hastings, P. (2005). Addiction to the internet and online gaming. *Cyberpsychology & Behavior, 8*, 110–13.

Burst, M. (2003). Sensation Seeking in der Medienpsychologie. In M. Roth, & P. Hammelstein (Hrsg.), *Sensation Seeking – Konzeption, Diagnostik und Anwendung* (S. 235–252). Göttingen Hogrefe.

Dilling, H., Mombour, W., & Schmidt, M. H. (2000). *Internationale Klassifikation psychischer Störungen: ICD-10, Kapitel V (F), klinisch-diagnostische Leitlinien.* Weltgesundheitsorganisation. Bern: Huber.

Eichenberg, C., Klemme, A., & Theimann, T. (2003). Internetsucht: ein neues Störungsbild? *Psychomed, 15*, 100–105.

Engelberg, E., & Sjöberg, L. (2004). Internet use, social skills, and adjustment. *Cyberpsychology & Behavior, 7*, 41–47.

Everitt, B., Dickinson, A., & Robbins, T. (2001). The neuropsychological basis of addictive behavior. *Brain Research. Brain Research Reviews, 36*, 129–138.

Fisher, S. (1994). Identifying video game addiction in children and adolescents. *Addictive Behaviors, 19*, 545–553.

Freud, S. (1993). *Der Dichter und das Phantasieren.* Gesammelte Werke, Band 7 (S. 211–223). Frankfurt am Main: Fischer. (Original veröffentlicht 1908)

Gillespie, R. B. (2002). The physical impact of computers and electronic game use on children and adolescents, a review of current literature. *Work, 18*, 249–259.

Gleich, U., Kreisel, E., Thiele, L., Vierling, M., & Walther, S. (1998). Sensation Seeking, Fernsehverhalten und Freizeitaktivitäten. In W. Klingler, G. Rothers, & O. Zöllner (Hrsg.), *Fernsehforschung in Deutschland. Themen – Akteure – Methoden.* (SWF-Medienforschung, Bd. 4). Baden Baden: Nomos.

Green, C. S., & Bavelier, D. (2003). Action video game modifies visual selective attention. *Nature, 423*, 534–537.

Greenfield, D. (1999). The nature of internet addiction: psychological factors in compulsive internet use. Presentation at the 1999 meetings of the American Psychological Association, Boston, Massachusetts, August 20. Electronische Quelle http://www.virtual-addiction.com/pdf/nature_internet_addiction.pdf.

Griffiths, M. D. (1995). Technological addictions. *Clinical Psychology Forum*, 76, 14–19.

Griffiths, M. D. (2000). Editorial. Internet addiction – time to be taken seriously? *Addiction Research*, 8, 413–418.

Griffiths, M. D., Davies, M., & Chappell, D. (2004). Online computer gaming. a comparison of adolescent and adult gamers. *Journal of Adolescence*, 27, 87–96.

Griffiths, M., & Hunt, N. (1998). Dependence on computer games by adolescents. *Psychological Reports*, 82, 475–480.

Griffiths, M. D., & Wood, R. (2000). Risk factors in adolescence: the case of gambling, video-game playing and the internet. *Journal of Gambling Studies*, 16, 199–225.

Groos, K. (1899). *Die Spiele des Menschen*. Jena: Fischer.

Grüsser, S. M. (2002) Glücksspielsucht. In R. Schwarzer, M. Jerusalem, & H. Weber (Hrsg.), *Gesundheitspsychologie von A–Z* (S. 230–233). Göttingen: Hogrefe.

Grüsser, S. M., Plöntzke, B., & Albrecht, U. (2005). Pathologisches Glücksspiel – eine empirische Untersuchung des Verlangens nach einem stoffungebundenen Suchtmittel. *Der Nervenarzt*, 76, 592–596.

Grüsser, S. M., & Rosemeier, H. P. (2004). Exzessive, belohnende Verhaltensweisen oder stoffungebundene Sucht. *Psychomed*, 16, 132–135.

Grüsser, S. M., Thalemann, R., Albrecht, U., & Thalemann, C. N. (2005). Exzessive Computernutzung im Kindesalter – Ergebnisse einer psychometrischen Erhebung. *Wiener Klinische Wochenschrift*, 117, 188–195.

Gupta, R., & Derevensky, J. L. (2000). Adolescents with gambling problems: from research to treatment. *Journal of Gambling Studies*, 16, 315–342.

Hahn, A., & Jerusalem, M. (2001a). Internetsucht: Jugendliche gefangen im Netz. In J. Raithel (Hrsg.), *Risikoverhaltensweisen Jugendlicher. Erklärungen, Formen und Prävention*. Opladen: Leske & Budrich.

Hahn, A., & Jerusalem, M. (2001b). Reliabilität und Validität in der Online-Forschung. In A. Theobald, M. Dreyer, & T. Starsetzki (Hrsg.), *Handbuch zur Online-Marktforschung. Beiträge aus Wissenschaft und Praxis*. Wiesbaden: Gabler.

Hammelstein, P. (2004). Faites vos jeux! Another look at sensation seeking and pathological gambling. *Personality and Individual Differences*, 37, 917–931.

Holden, C. (2001) «Behavioral» addictions: do they exist? *Science*, 294, 980–982.

Hurrelmann, M., & Settertobulte, W. (2000). Prävention und Gesundheitsförderung im Kindes- und Jugendalter. In F. Petermann (Hrsg.), *Lehrbuch der Klinischen Kinderpsychologie und -psychotherapie* (S. 131–148). Göttingen: Hogrefe.

Hurrelmann, M., Klocke, A., Melzer, W., & Ravens-Sieberer, U. (2003). *Jugendgesundheitssurvey – Internationale Vergleichsstudie im Auftrag der Weltgesundheitsorganistaion WHO*. Weinheim: Juventa.

Johansson, A., & Götestam, K. (2004). Internet addiction: characteristics of a questionnaire and prevalence in Norwegian youth (12–18 years). *Scandinavian Journal of Psychology*, 45, 223–229.

Kasteleijn-Nolst Trenite, D. G., Martins da Silva, A., Ricci, S., Rubboli, G., Tassinari, C. A., Lopes, J., et al. (2002). Video games are exciting: a european study of video game-induced seizures and epilepsy. *Epileptic Disorders*, 4, 121–128.

Kim, K. I., Kim, J. H., & Won, H. T. (1984). *Korean manual of Symptom Checklist-90-Revision*. Seoul: Chung Ang Aptitude Publishing Co.

Koepp, M. J., Gunn, R. N., Lawrence, A. D., Cunningham, V. J., Dagher, A., Jones, T., et al. (1998). Evidence for striatal dopamine release during a video game. *Nature*, 393, 266–268.

Kraut, R., Kiesler, S., Boneva, B., Cummings, J., Helgeson, V., & Crawford, A. (2002). Internet paradox revisited. *Journal of Social Issues*, 58, 49–74.

Kraut, R., Patterson, M., Lundmark, V., Kiesler, S., Mukopadhyay, T., & Scherlis, W. (1998). Internet paradox: a social technology that reduces social involvement and psychological well-being? *American Psychology*, 53, 1017–1031.

Kuzma, J., & Black, D. W. (2004). Compulsive disorders. *Current Psychiatry Reports*, 6, 58–65.

Lavin, M., Marvin, K., McLarney, A., Nola, V., & Scott, L. (1999). Sensation seeking and collegiate vulnerability to internet dependence. *Cyberpsychology & Behavior*, 5, 425–430.

Lee, H. (2004). A new case of fatal pulmonary thromboembolism associated with prolonged sitting at computer in Korea. *Yonsei Medical Journal*, 45, 349–351.

Lesieur, H. R., & Rosenthal, R. J. (1991). Pathological gambling: a review of the literature (prepared for the American Psychiatric Association Task-Force on DSM-IV Committee on Disorders of Impulse Control not elsewhere classified). *Journal of Gambling Studies*, 7, 5–93.

Lin, S. S., & Tsai, C. C. (2002). Sensation seeking and internet dependence of taiwanese high school adolescents. *Computers in Human Behavior*, 18, 411–426.

Lo, S. K., Wang, C. C. & Fang, W. (2005). Physical interpersonal relationships and social anxiety among online game players. *Cyberpsychology & Behavior*, 8, 15–20.

McIlwraith, R. (1998). «I'm addicted to television»: the personality, imagination, and TV watching patterns of self-identified TV addicts. *Journal of Broadcasting & Electronic Media*, June, 22, 371–386.

McKenna, K. Y. A., & Bargh, J. A. (2000). Plan 9 from cyberspace: the implications of the internet for personality and social psychology. *Personality and Social Psychology Review*, 4, 57–75.

Meyer, G., & Bachmann, M. (2000). *Spielsucht – Ursachen und Therapie*. Heidelberg: Springer.

Moser, H. (1999). Einführung in die Medienpädagogik. Aufgewachsen im Medienzeitalter. Leske & Budrich, Opladen.

Noack, K. A., Kollehn, K., & Schill, W. (1999). Gesundheitserziehung und Schule. Thema: Fernsehen. *Bundeszentrale für gesundheitliche Aufklärung, Köln*.

Nower, L., Derevensky, J. L., & Gupta, R. (2004). The relationship of impulsivity, sensation seeking, coping, and substance use in youth gamblers. *Psychology of Addictive Behaviors*, 18, 49–55.

Oerter, R. (2003). Spiel. In B. Herpertz-Dahlmann, F. Resch, M. Schulte-Markwort, & A. Warnke (Hrsg.), *Entwicklungspsychiatrie* (S. 136–150). Stuttgart: Schattauer.

Parke, A., Griffiths, M. D., & Irwing, P. (2004). Personality traits in pathological gambling: sensation seeking, deferment of gratification and competitiveness as risk factors. *Addiction Research and Theory*, 12, 201–212.

Petry, J. (2003). Pathologischer PC-Gebrauch: nosologische Einordnung und Falldarstellungen. In R. Ott, & C. Eichenberg (Hrsg.), *Klinische Psychologie im Internet* (S. 257–267). Göttingen: Hogrefe.

Petry, N. M. (2003). Moving beyond a dichotomous classification for gambling disorders. Commentaries. *Addiction*, 98, 1673–1674.

Phillips, C. A., Rolls, S., Rouse, A., & Griffiths, M. D. (1995). Homevideo game playing in schoolchildren: a study of incidence and patterns of play. *Journal of Adolescence*, 18, 687–691.

Piaget, J. (1969). *Nachahmung, Spiel und Traum: Die Entwicklung der Symbolfunktion beim Kinde*. Stuttgart: Klett.

Remschmidt, H., Schmidt, M., & Poustka, F. (Hrsg.). (2001). *Multiaxiales Klassifikationsschema für psychische Störungen des Kindes- und Jugendalters nach ICD-10 der WHO*. Bern: Huber.

Ricketts, T., & Macaskill, A. (2003). Gambling as emotion management: developing a grounded theory of problem gambling. *Addiction Research and Theory*, 11, 383–400.

Robinson, T. E., & Berridge, K. C. (1993). The neural basis of drug craving: an incentive-sensitization theory of addiction. *Brain Research. Brain Research Reviews*, 18, 247–291.

Rockach, A., & Brock, H. (1998). Coping with loneliness. *The Journal of Psychology*, 132, 107–127.

Roth, M., & Hammelstein, P. (2003). Einleitung. In M. Roth, & P. Hammelstein (Hrsg.), *Sensation Seeking – Konzeption, Diagnostik und Anwendung* (S. 1–4). Göttingen: Hogrefe.

Rubenstein, C., & Shaver, P. (1982). The experience of loneliness. In L. A. Peplan, & D. Perlman (Eds.), *Loneliness: a sourcebook of current theory, research and therapy* (pp 206–223). New York: Wiley.

Saß, H., Wittchen, H. U., Zaudig, M., & Houben, I. (2003). *Diagnostisches und Statistisches Manual Psychischer Störungen DSM-IV-TR.* Göttingen: Hogrefe.

Seepersad, S. (2004). Coping with loneliness: adolescent online and offline behavior. *Cyberpsychology & Behavior, 7*, 35–39.

Settertobulte, W. (2002). Fit (f)or Fun – Lebensstile und ihre Auswirkungen auf die Gesundheit von Kindern. *Umwelt, Medizin, Gesellschaft, 3*, 201–206.

Shapira, N. A., Goldsmith, T. D., Keck, P. E., Khosla, U. M., & McElroy, S. (2000). Psychiatric features of individuals with problematic internet use. *Journal of Affective Disorders, 57*, 267–272.

Suler, J. (1999). Computer and Cyberspace Addiction. In J. Suler (Ed.), *Psychology of Cyberspace.* Electronic source: http://www.rider.edu/~suler/psycyber/cybaddict.html

Tazawa, Y., & Okada, K. (2001). Physical signs associated with excessive television-game playing and sleep deprivation. *Pediatrics International, 43*, 647–650.

Thalemann, R., Albrecht, U., Thalemann, C., & Grüsser, S. M. (2004). Kurzbeschreibung und psychometrische Kennwerte des «Fragebogens zum Computerspielverhalten bei Kindern» (CSVK). *Psychomed, 16*, 226–233.

Treuer, T., Fábián, Z., & Füredi, J. (2001). Internet addiction associated with features of impulse control disorder: is it a real psychiatric disorder? *Journal of Affective Disorder, 66*, 283.

Vandenberg, B. (1986). Play, myth and hope. In R. van der Kooij, & J. Hellendoorn (Eds.), *Play, play therapy, play research* (pp. 77–87). Berwyn: Swets North America.

Verband der Unterhaltungssoftware Deutschland e. V. (2004). *Jahresbericht.* Elektronische Quelle: http://www.vud.de.

Weisskirch, R. S., & Murphy, L. C. (2004). Friends, porn, and punk: sensation seeking in personal relationships, Internet activities, and music preference among college students. *Adolescence, 39*, 189–201.

Whang, L. S.-M., & Chang, G. (2005). Lifestyles of virtual world residents: living in the on-line game «Lineage». *Cyberpsychology & Behavior, 7*, 592–600.

Winn, M. (1984). *Die Droge im Wohnzimmer.* Reinbek bei Hamburg: Rowohlt Taschenbuch.

Wygotski, L. S. (1980). Das Spiel und seine Bedeutung in der psychischen Entwicklung des Kindes, In D. Elkonin (Hrsg.), *Psychologie des Spiels* (S. 430–465). Köln: Pahl-Rugenstein. (Original veröffentlicht 1933)

Yang, C. K. (2001). Sociopsychiatric characteristics of adolescents who use computers to excess. *Acta Psychiatrica Scandinavica, 104*, 217–222.

Young, K. (1996). Psychology of computer use: XL. addictive use of the internet: a case that breaks the stereotype. *Psychological Report*, 899–902.

Young, K. (1998). Internet addiction: the emergence of a new clinical disorder. *Cyberpsychology & Behavior, 1*, 237–244.

Young, K. (1999). Internet addiction: evaluation and treatment. *Student British Medical Journal, 7*, 351–352.

Zuckerman, M. (1979). *Sensation seeking: beyond the optimal level of arousal.* Hillsdale; NJ: LEA.

Zuckerman, M. (1994). *Behavioral expressions and biosocial bases of sensation seeking.* Cambridge: Cambridge University Press.

Zuckerman, M., Eysenck, H. J., & Eysenck, S. B. G. (1978). Sensation seeking in England and America: cross-cultural, age, and sex comparisions. *Journal of Consulting and Clinical Psychology, 46*, 139–149.

# 9. Sexsucht

## 9.1 Einleitung und Definition

Das menschliche Sexualverhalten ist einer der intimsten Bereiche des Lebens, in welchem sich jedes Individuum durch bestimmte Präferenzen und Fantasien auszeichnet, die äußerst unterschiedliche Formen annehmen können. Eine offen gelebte und befriedigende Sexualität stellt einen bedeutenden Faktor im seelischen und körperlichen Wohlbefinden eines jeden Individuums dar.

Im 19. Jahrhundert wurde jede Frau, die außereheliche Geschlechtsverkehr hatte oder masturbierte, der Nymphomanie bezichtigt. Obwohl sich seit damals die Moralvorstellungen wesentlich verändert haben, werden auch heute noch Mädchen und Frauen, die vorehelich sexuell aktiv sind, mitunter als Nymphomaninnen, Schlampen und Huren bezeichnet oder mit anderen diskriminierenden Ausdrücken bedacht. Die Tatsache, dass einem Mann mehr Verständnis für das Sammeln von (zahlreichen) Erfahrungen mit dem weiblichen Geschlecht und somit von vorehelichen (und auch außerehelichen) sexuellen Kontakten entgegengebracht wird, ist nach wie vor in vielen Kulturen verbreitet.

Wie bei nahezu allen Verhaltensweisen kommt es jedoch auch im Bereich der Sexualität zu behandlungswürdigen Abweichungen vom «normalen» Verhalten. So wird z. B. in populären Medien häufig über das ausschweifende Liebesleben von Prominenten berichtet, und des Öfteren fällt in diesem Zusammenhang der Begriff Sexsucht. Dabei wird außer Acht gelassen, dass eine offen gelebte Sexualität nicht mit dem behandlungsbedürftigen Krankheitsbild des «exzessiven sexuellen Verhaltens» bzw. einer Sexsucht gleichzusetzen ist. Letzteres ruft mit seinem schädigenden Potenzial bei den Betroffenen großes Leiden hervor.

Der krankhafte Zustand der «Hypersexualität» ist bislang wissenschaftlich kaum erforscht und wird auch häufig nicht als behandlungsbedürftige Störung anerkannt. Exzessives, übermäßiges sexuelles Verlangen und Verhalten ist jedoch kein neues klinisches Phänomen. So wird in der Literatur bereits 1886 sexsüchtiges Verhalten bei Krafft-Ebing und Moll (1896) mit dem Begriff «sexuelle Hyperästhesie» beschrieben. Exzessive sexuelle Fixierung und Verhaltensweisen wurden früher oft als Symptome mannigfacher psychiatrischer Störungen verstanden. Der Begriff Sexsucht wurde in den 1930er-Jahren in den USA im Zuge einer sich verändernden Sichtweise, Süchte (insbesondere den Alkoholismus) als Krankheit zu betrachten, geprägt.

Bislang gibt es für exzessives sexuelles Verhalten, dass bei dem Betroffenen ein Leiden hervorruft, keine einheitliche Definition. In der Vergangenheit wurde ein derartiges Verhalten sowohl den Monomanien (Bloch, 1907), den Perversionen (von Gebsattel, 1954) als auch den Tätigkeitssüchten (Gabriel, 1962) zugeordnet. Die bislang andauernde Zuordnungsproblematik und die damit verbundene unklare Therapieindikation wird auch in neueren Veröffentlichungen thematisiert (Lehmann, Rosemeier, & Grüsser, 2004; Mäulen & Irons, 1998). So besteht innerhalb der wissenschaftlichen Forschung kein Konsens bezüglich einer einheitlichen adäquaten Bezeichnung des Störungsbildes. Symptombeschreibungen erscheinen unter «sexueller Sucht» (Carnes, 1992; Lehmann et al., 2004; Roth, 1992, 2000), «sexueller Kompulsivität» bzw. «Störungen der Impulskontrolle» (Barth & Kinder, 1987; Coleman, 1991; Raymond, Coleman, & Miner, 2003), «exzessivem sexuellen Verhalten» (Kafka, 1997) und «zwanghafter sexueller Betätigung» (Kuiper, 1973). Die Einordnung von gesteigertem sexuellen Verhalten ist oft schwierig, da gerade bei der Bewertung von Sexualität individuelle und gesellschaftliche Maßstäbe eine große Rolle spielen. Moralische Argumente gegen das Konstrukt Sexsucht zielen auf die Möglichkeit ab, dass Personen ihre exzessive sexuelle Aktivität als Sucht erklären und somit keine Verantwortung für ihr Verhalten tragen müssen.

Die Anonymen Alkoholiker (www.sexaa.org) haben einen Aphorismus geprägt: «The alcoholic is not responsible for his disease, but he is responsible for his recovery.» (Der Alkoholiker ist nicht für seine Krankheit verantwortlich, gleichwohl trägt er die Verantwortung für seine Heilung). Demnach können Sexsüchtige nicht für ihre Gefühle, Fantasien und Impulse zur Verantwortung gezogen werden – genauso wie Substanzabhängige nicht für ihre Abhängigkeit verantwortlich gemacht werden – jedoch sind sie für ihre Verhaltensweisen als Reaktion ihrer Fantasien und Impulse und die damit verbundenen Konsequenzen für sich selbst und andere verantwortlich. Auch wenn die Veränderungen in der Biochemie der Gefühle viel erklären, entbinden sie niemanden von der Verantwortung für sein Handeln.

So ist nach Moser (1993) die Diagnose Sexsucht eine der Diagnosen, die sich Personen oft selbst verschreiben; nicht zuletzt weil sie somit ihr Verhalten einem Störungsbild zuordnen können und die Diagnose eine Erklärung, aber auch Entschuldigung für scheinbar nicht erklärbares Verhalten liefert. Bei einer solchen selbstgestellten Diagnose können andere mögliche Diagnosen ignoriert werden, was sich auch negativ im Bereich der professionellen Diagnosestellung und Intervention auswirken kann.

Bornemann (1993) und Goodman (1993) sehen in der Etablierung von sexuell exzessivem Verhalten als Störungsbild die Gefahr einer Überpathologisierung von Sexualität, d. h., dass jedes gesellschaftlich abweichende Sexualverhalten als krankhaft angesehen wird. Beide Autoren betonen die Notwendigkeit objektiver Kriterien für die Diagnosestellung unter Berücksichtigung von Kontext und Verlauf des sexuell abweichenden exzessiven Verhaltens.

Pathologisch exzessives sexuelles Verhalten, die Sexsucht, ist durch einen progredienten Verlauf gesteigerten sexuellen Verlangens mit sexuellen Fantasien, imperativen Onanieimpulsen, häufig wechselnden Sexualpartnern und exzessivem Pornografie- bzw. Mediengebrauch gekennzeichnet. Dieses Verhalten geht mit persönlicher Erniedrigung, dem Herbeiführen von Situationen mit potenzieller Selbst- bzw. Fremdgefährdung sowie mit finanziellen, beruflichen und sozialen Problemen einher. Die Betroffenen verlieren zunehmend die Kontrolle über ihr sexuelles Verhalten und den daraus entstehenden, sich vermehrenden negativen Folgen. Sie empfinden durch ihre sexuelle Aktivität immer weniger physische und psychische Befriedigung und fühlen sich in Anbetracht der erlebten Unkontrollierbarkeit und auszuübenden Exzessivität gedemütigt, hilflos und minderwertig. Dieses überwältigende Schamgefühl treibt Betroffene oft in die soziale Isolation. Sie ziehen sich zurück und haben das Gefühl, nicht mit anderen darüber reden zu können aus Angst, als «pervers» verurteilt zu werden. Sie entwickeln aufgrund eines andauernden Schuldgefühls, dieses zerstörerische Verhalten nicht beenden zu können, ein negatives Selbstwertgefühl (Barth & Kinder, 1987) und suchen oft erst wegen der daraus resultierenden Probleme (z. B. Depression oder Alkoholismus) Hilfe auf.

Carnes (1992) hat zehn Kriterien formuliert, die das Vorliegen einer Sexsucht kennzeichnen. Schneider und Funke (2000) stellen Carnes Kriterien Indikatoren des Störungsbildes der stoffgebundenen Abhängigkeit gegenüber:

---

### Kennzeichen der Sexsucht nach Carnes (1992)

- das sexuelle Verhalten hat schwere Folgen (Schädlichkeit)
- ein außer Kontrolle geratenes sexuelles Verhalten und starkes Verlangen (Kontrollverlust/ Verlangen)
- die Unfähigkeit, trotz schädlicher Konsequenzen aufzuhören (Zwanghaftigkeit)
- das beharrliche Verfolgen selbstzerstörerischer oder hochriskanter Verhaltensweisen (Destruktivität)
- der kontinuierliche Wunsch oder das Bemühen, das sexuelle Verhalten einzuschränken (Leidensdruck)
- sexuelle Zwangsvorstellungen und Fantasien als primäre Bewältigungsstrategien (Bewältigungsversuche)
- ständig zunehmende sexuelle Erlebnisse, weil die augenblicklichen Aktivitäten nicht ausreichen (Dosissteigerung)
- schwere Stimmungsschwankungen im Zusammenhang mit den sexuellen Aktivitäten (emotionale Destabilisierung)
- übermäßig viel Zeit wird damit verbracht, sich Sex zu verschaffen, sich sexuell zu verhalten oder sich von sexuellen Erlebnissen zu erholen (dominanter Verhaltensbereich)
- aufgrund des sexuellen Verhaltens werden wichtige soziale, berufliche oder erholsame Aktivitäten vernachlässigt (Einengung des Verhaltens).

---

Diese Indikatoren beschreiben die klassische Symptomatik einer stoffgebundenen Abhängigkeit: ein unkontrollierbares Verlangen, Toleranzentwicklung und Dosissteigerung, um den gleichen Effekt zu erzielen, Kontrollverlust über das Verhalten, Entzugserscheinungen, Einschränkung wichtiger Bereiche der Lebensführung und Aufrechterhaltung des Verhaltens trotz eindeutiger negativer Konsequenzen für sich und andere (Carnes, 1992; Goodman, 1992). Goodman (1993) geht davon aus, dass Störungen, die ein symptomatisches Muster teilen, dem gleichen pathologischen Prozess unterliegen und somit der Begriff der sexuellen Süchtigkeit in Anlehnung an den Begriff der substanzinduzierten Süchte gerechtfertigt ist (vgl. auch Grüsser & Rosemeier, 2004).

## 9.2 Prävalenz

Umfassende Studien zur Prävalenz von exzessivem sexuellen Verhalten stehen derzeit noch aus (Strauß, 2001). Carnes (1991) spricht von Prävalenzraten in den USA in Höhe von 3 bis 6%. Ähnliche Zahlen berichtet Mäulen (2002) aus dem deutschsprachigen Raum. Als gesichert gilt, dass deutlich mehr Männer als Frauen (im Verhältnis 4:1) von der Störung betroffen sind (Carnes, 1991; Mäulen, 2002; Strauß, 2001).

## 9.3 Klassifikation

Trotz der hohen Anzahl an Betroffenen, die unter ihrem unkontrollierbaren exzessiven sexuellen Verhalten leiden, hat dieses Störungsbild noch keinen Eingang in die internationalen Klassifikationssysteme als Sexsucht gefunden. Es zeigt sich jedoch in der Praxis, dass das Konzept einer Abhängigkeitsstörung eine gute Möglichkeit der Herangehensweise für Diagnostik und Therapie bietet und somit eine Bezeichnung dieses Störungsbildes als Sexsucht gerechtfertigt ist.

Bislang bieten die einschlägigen diagnostischen Klassifikationssysteme keine Möglichkeit der präzisen Einordnung von Hypersexualität, extremem Sexualtrieb, exzessivem sexuellen Verhalten bzw. sexsüchtigem Verhalten. Insofern wird versucht, die Symptomatik unter bereits etablierte Störungsbilder zu subsumieren. Diese Zuordnungen sind oft unzureichend und mit verschiedenen Problemen behaftet, und so bleibt zu prüfen, ob nicht eine ausreichende Homogenität der Symptome eine adäquate Einordnung und Bewertung des exzessiven Verhaltens als eine eigenständige Kategorie ermöglicht.

Im «Diagnostischen und Statistischen Manual Psychischer Störungen» (DSM-IV-TR, Saß, Wittchen, Zaudig, & Houben, 2003) ist eine Klassifikation des Störungsbildes «exzessives sexuelles Verhalten» nur unter der Kategorie «Nicht Näher Bezeichnete Sexuelle Störung» möglich. Es ist jedoch noch nicht geklärt, ob es sich bei diesem Störungsbild tatsächlich um eine sexuelle Problematik handelt oder ob die Sexualität nicht vielmehr als «Austragungsort» der Symptomatik gesehen wird. Die Einordnung unter die Paraphilien ist häufig nicht zutreffend, da bei exzessivem sexuellen Verhalten nicht notwendigerweise eine Abnormalität bezüglich des sexuellen Triebziels oder Triebobjektes im Vordergrund der Problematik steht und diese auch nicht bei allen Betroffenen auftritt (Clement, 1997; Roth,

1992). Die «Internationale Klassifikation psychischer Störungen» (ICD-10, Kap. F, Dilling, Mombour, & Schmidt, 2000) berücksichtigt neben dieser Kategorie auch das «gesteigerte sexuelle Verlangen» (F52.7) als eigenständige Diagnose einer sexuellen Störung. Allerdings bleiben hierbei wichtige Aspekte des Symptombildes, wie z. B. der Kontrollverlust über das Verhalten und die negativen Konsequenzen des Verhaltens unbeachtet. So wird exzessives sexuelles Verhalten in den klassischen Beschreibungen sexueller Störungen nicht berücksichtigt.

Die funktionellen Sexualstörungen werden anhand des 4-Phasenmodells nach Masters und Johnson (1966) – Appetenzphase, Erregungsphase, Orgasmusphase und Refraktärphase – beschrieben, wobei «sexuell süchtiges Verhalten» nicht eindeutig einer Störung der einzelnen Phasen zugeordnet werden kann.

Einige Autoren klassifizieren exzessives sexuelles Verhalten als ein zwanghaftes bzw. kompulsives Verhalten. Der Zwangsbegriff bezieht sich auf Verhalten, das durch den Versuch, unangenehme aversive internale Zustände zu vermeiden (negative Verstärkung der operanten Konditionierung, vgl. Kap. 2.1), motiviert ist. Quadland (1985) sowie Coleman (1991) betonen die vermeidende Funktion sexueller Aktivität, um Angst oder andere aversive Emotionen zu reduzieren. Das DSM-IV-TR (Saß et al., 2003) führt aus, dass Aktivitäten, welche Vergnügen bereiten, nicht als zwanghaft einzustufen sind. Einige Befunde scheinen die Annahme zu unterstützen, dass sexuell süchtiges Verhalten keineswegs als angenehm und wünschenswert empfunden wird (Gold & Heffner, 1998). Die Betroffenen äußern Scham- und Schuldgefühle, negative Selbstverbalisation oder depressive Symptome als Konsequenz ihrer sexuellen Aktivität. Jedoch gibt es ebenso Befunde, die einer Einordnung des Störungsbildes bei den Zwangsstörungen entgegenstehen, denn anders als bei Zwangshandlungen wird aus den sexuellen Verhaltensweisen ein Lustgewinn gezogen, der über den Abbau von aktuellen Spannungszuständen hinausgeht (Barth & Kinder, 1987; Roth, 2000). Sexuelle Befriedigung ist eine sehr starke Belohnungsquelle und wird primär als positiv erlebt, ist also zu Beginn und vor Beginn einer pathologischen exzessiven Ausübung ein positiver Verstärker (operante Konditionierung, vgl. Kap. 2.1). Die negative Verstärkungsfunktion (Vermeidung unangenehmer Gefühle), die auch als eine dysfunktionale Stressverarbeitungsstrategie diskutiert wird, trägt in erster Linie zur Aufrechterhaltung und weniger zur Entstehung der Störung bei.

Dabei handelt es sich um ein wiederholtes Verhalten, wobei vor dem Durchführen des Verhaltens eine gesteigerte Spannung besteht, welche dann durch die Durchführung abgebaut wird. Barth und Kinder (1987) argumentieren daher für eine Klassifikation von exzessivem sexuellen Verhalten als atypische Störung der Impulskontrolle. Dem DSM-IV-TR (Saß et al., 2003) zufolge können Impulskontrollstörungen auch als zwanghaft bezeichnet werden, wenn sie exzessiv ausgeführt werden. Jedoch kann nicht von einer Zwangshandlung gesprochen werden, wenn der Betroffene vor allem aufgrund der schädigenden Konsequenzen wünscht, dem Impuls zu widerstehen. Die Zwangshandlung hingegen dient dem Verhindern irrational antizipierter negativer Konsequenzen.

Eine weitere Möglichkeit der Klassifikation bietet die Diagnose der Impulskontrollstörung. Nach dem DSM-IV-TR (Saß et al., 2003) ist das Leitsymptom einer Impulskontrollstörung die Unfähigkeit, einem Impuls oder Trieb, der möglicherweise sich oder andere schädigt, zu widerstehen. Bevor die Betroffenen eine Handlung vollziehen oder währenddessen fühlen sie sich in erhöhtem Maße erregt. Nach Beendigung des Verhaltensablaufs dominieren Scham- und Schuldgefühle. Die Diagnose der Impulskontrollstörung zeigt sich jedoch für die Wahl der therapeutischen Interventionsmöglichkeiten als zu ungenau.

Einige Autoren sehen exzessives sexuelles Verhalten mit Leidensdruck als ein süchtiges Verhalten an, da die Betroffenen bei diesem Störungsbild die Kriterien einer Abhängigkeit erfüllen und befürworten in Anlehnung an die Definition der stoffgebundenen Abhängigkeit die Etablierung des Störungsbegriffs Sexsucht (Carnes, 1992; Goodman, 1992; Myers, 1995). Der Vergleich von stoffgebundener Abhängigkeit und Sexsucht setzt in seiner Grundannahme jedoch voraus, dass der Suchtbegriff theoretisch konsistent und spezifiziert ist und eine Gleichsetzung der Begriffe Abhängigkeit und Sucht unproblematisch ist (Gross, 2003). Daher steht derzeit vor allem die phänomenologische Übereinstimmung zwischen dem Störungsbild der Sexsucht und dem der stoffgebundenen Abhängigkeit im Mittelpunkt von Forschung und Diskussion.

In den wenigen Ausführungen zu den neurobiologischen Mechanismen exzessiven sexuellen Verhaltens bzw. der Sexsucht werden auf neurobiologischer Ebene Parallelen zwischen der Sexsucht und der Abhängigkeit von psychotropen Substanzen postuliert (Sachs & Meisel, 1988), wobei zum einen dem mesolimbischen dopaminergen verhaltensverstärkenden System (vgl. Kap. 2.5, Exkurs 2.1) und zum anderen der gesteigerten Freisetzung endogener Neuropeptide (Endorphine und Enkephaline) eine bedeutende Rolle beigemessen wird (Coleman-Kennedy & Pendley, 2002).

Mäulen und Irons (1998) beschreiben den Verlauf einer sexsüchtigen Entwicklung:

Die Anfänge des exzessiven sexuellen Verhaltens werden von vielen Betroffenen retrospektiv mit oft sehr lebhaften Erinnerungen an erste prägende sexuelle Erfahrungen in der frühen Adoleszenz beschrieben. Sexualität wird als Möglichkeit der Selbstverstärkung entdeckt, einerseits als angenehmer Zustand, andererseits als kurzfristige Entlastung von negativen Gefühlen und Gedanken, Minderwertigkeitsgefühlen und Einsamkeit. Nach und nach wird das sexuelle Verhalten zu der am häufigsten angewendeten Strategie, sich zu belohnen. Das Verhalten wird mit der Zeit immer weiter gesteigert und über alle anderen Verhaltensweisen gestellt. Es steht in der individuellen «Triebhierarchie» an erster Stelle. Andere Verhaltensweisen zur Stressverarbeitung haben ihren potenziellen Belohnungscharakter zugunsten des sexuellen Verhaltens verloren (vgl. Kap. 3.1, Exkurs 3.1).

In der vorläufigen «Plateauphase» des Krankheitsverlaufes wirkt der süchtige Mechanismus selbstperpetuierend, d. h., ähnlich einem Teufelskreis, sich selbst verstärkend: Der sexuellen Aktivität bzw. dem sexuellen Ausagieren folgt ein

Gefühl von Scham und Ekel, Selbstzweifel und Schuld. Diese negativen Spannungszustände werden erst durch erneute sexuelle Aktivität kurzfristig aufgelöst.

In der folgenden Eskalationsphase reicht die Häufigkeit und Intensität der Reize nicht mehr aus. Die Betroffenen gehen in dieser Phase zunehmend mehr Risiken sozialer aber auch gesundheitlicher Art ein. Es kommt zu einem ausgeprägten Kontrollverlust über das sexuelle Verhalten. Kennzeichnend für diese Phase ist jedoch auch der Versuch, die Kontrolle über das exzessive Verhalten zurückzuerlangen, d. h. sich und anderen zu beweisen, dass man jederzeit aufhören könnte. Es kommt immer wieder zu Abstinenzversuchen mit anschließenden Rückfällen. Oft werden aber in diesem Zusammenhang psychotrope Substanzen missbräuchlich eingesetzt, um die «Abstinenzzeit» zu überbrücken.

In der Akutphase steht ein unwiderstehliches Verlangen nach sexueller Betätigung im Mittelpunkt des Handelns und Erlebens der Betroffenen. Spätestens in dieser Phase kommt es zu Konflikten und Konfrontationen der Sucht mit den Anforderungen des privaten, sozialen und beruflichen Umfelds. Hierin liegt aber auch oft der Auslöser, Krankheitseinsicht zu gewinnen und Hilfe zu suchen.

In einschlägigen Internetforen (z. B. http://www.onmeda., www.m-ww.de/ sexualität.htm) finden sich immer wieder auch Einteilungen des Verlaufs in Prodromalphase, kritische Phase und chronische Phase, die in Anlehnung an die Beschreibung des Phasenverlaufs bei Alkoholikern nach Jellinek (1946) aufgestellt wurden:

- die Prodromalphase – ist durch zwanghafte Selbstbefriedigung, ausufernde sexuelle Fantasien, Sex mit häufig wechselnden Partnern und Telefonsex gekennzeichnet

- die kritische Phase – es kommt zunehmend zu kritischem sexuellen Verhalten, das oft auch mit dem Gesetz im Konflikt steht, wie z. B. Exhibitionismus, Voyerismus und sexuellen Übergriffen.

- die chronische Phase – es hat eine Einengung auf die sexuelle Befriedigung stattgefunden, so dass es zu sexuellem Missbrauch von Abhängigen wie Kindern oder Untergebenen kommen kann.

Es gibt jedoch wenig empirische Belege für dieses Drei-Phasen-Modell. Somit ist bislang nicht geklärt, ob eine Übertragung des Modells auf das exzessive sexuelle Verhalten gerechtfertigt ist. Verschiedene Studien zeigen, dass bei vielen Sexsüchtigen die Masturbation im Vordergrund des süchtigen Verhaltens steht und es nicht immer zu übergriffigem Verhalten oder Gesetzesverstößen kommt (Mäulen & Irons, 1998; Myers, 1995).

## 9.4 Differenzialdiagnostik und Komorbiditäten

Eine genaue Differenzialdiagnostik ist von essenzieller Bedeutung für eine erfolgreiche Therapie (Goodman, 1993). Carnes (1992) konnte in einer Studie mit über 1000 Sexsüchtigen bei 26 bis 42 % der Probanden die zusätzlichen Diagnosen Abhängigkeit von psychotropen Substanzen, Essstörung, zwanghaftes Arbeiten oder pathologisches Spielen feststellen. So gibt es auch Befunde, die darauf hindeuten, dass eine Sexsucht von anderen gleichzeitig auftretenden Abhängigkeitserkrankungen überdeckt und deshalb seltener erkannt wird. Es wird vermutet, dass Alkohol und andere Substanzen missbraucht werden könnten, um sexuelle Impulse zu unterdrücken oder sogar selbst Teil des sexuellen Rituals zu werden. Schneider und Irons (1998) fanden anhand einer anonymen Befragung von Probanden, welche sich selbst als sexsüchtig einstuften, dass bei 39 % eine Substanzabhängigkeit diagnostiziert werden konnte und 32 % an einer Essstörung litten. In einer späteren Untersuchung konnten Schneider und Irons (1998) feststellen, dass Sexsüchtige (38 % der sexsüchtigen Stichprobe) mit fast doppelt so hoher Wahrscheinlichkeit eine Abhängigkeit von psychotropen Substanzen aufweisen wie die nicht-sexsüchtige Vergleichsstichprobe (21 %). Das Vorliegen sexuell exzessiver Verhaltensweisen ist somit laut der Autoren ein starker Marker für Substanzabhängigkeit. Aufgrund dieser Schlussfolgerung scheint es angemessen, beim Vorliegen sexuell exzessiven bzw. süchtigen Verhaltens eine Abhängigkeit von psychotropen Substanzen in die Exploration einzubeziehen (Schneider & Irons, 1998). Laut Goodman (1993) haben über 50 % der Sexsüchtigen Probleme mit Alkohol und anderen Drogen, wobei die Substanzabhängigkeit vorrangig behandelt werden sollte, um gute Therapieergebnisse bezüglich der Sexsucht zu erzielen. Weiterhin wird im Zusammenhang mit dem Auftreten einer Sexsucht auch von Angststörungen und Depressionen berichtet (Black, Kehrberg, Flumerfelt, & Schlosser 1997; Raymond et al., 2003).

Der Kontrollverlust über das Verhalten als ein wesentliches Merkmal für das Vorliegen einer Sucht wird für die Sexsucht von Carnes (1992) genauer beschrieben. Der Autor fand in einer Befragung von ca. 1000 Patienten mit sexueller Sucht unterschiedliche Muster des sexuellen Kontrollverlustes, die er unter dem Begriff «Formen der Machtlosigkeit» auflistet:

- Fantasiesex – obsessive gedankliche Beschäftigung mit sexuellen Inhalten dient gelegentlich, aber nicht immer, der Vorbereitung sexueller Handlungen

- sexuelle Verführerrolle – verführerisches sexuelles Verhalten wird eingesetzt, um Macht über andere ausüben zu können

- anonymer Sex – flüchtige sexuelle Begegnungen mit wechselnden anonymen Partnern, oft in einschlägigen Umgebungen (Parks, Bars etc.)

- Sex gegen Geld – Telefonsex, Bordellbesuche

- mit Sex handeln – sich selbst oder selbstproduziertes sexuelles Material gegen Geld oder Drogen anbieten

- voyeuristischer Sex – andere bei sexuellen Handlungen beobachten, exzessiver Video- und Medienkonsum mit sexuellen Inhalten

- exhibitionistischer Sex – sich öffentlich entblößen, stark sexualisiertes Verhalten in der Öffentlichkeit

- zudringlicher Sex – andere ohne deren Einwilligung sexuell berühren, oft unter Ausnutzung von Machtpositionen und Abhängigkeiten

- schmerzhafter Sex – sich selbst oder anderen Schmerzen und Verletzungen zufügen, um die sexuelle Erregung herbeizuführen bzw. zu steigern

- Sex mit Objekten – Fetische bei sexuellen Ritualen, Sex mit Tieren, Transvestismus

- Sex mit Kindern – Kinder werden zentraler Bestandteil der sexuellen Handlung, als Objekt der Begierde oder Zuschauer.

Bei diesen Mustern fanden sich geschlechtstypische Unterscheidungsmerkmale. Sexsüchtige Frauen (19 % der Stichprobe) setzten Sex ein, um Macht, Kontrolle und Aufmerksamkeit zu bekommen und zeigten bei sexuellem Verhalten, welches mit einem Machtgefälle einhergeht, eher eine gesteigerte Intensität und Häufigkeit als Männer: Rolle der Verführerin, Sex als Ware und schmerzhafter Sex. Sexsüchtige Männer (81 % der Stichprobe) neigten eher zu sexuellen Verhaltensweisen, die vergleichsweise wenig emotionales Engagement fordern, wie voyeristischen Sex, anonymen Sex, Sex gegen Geld und zudringlichem Sex. Carnes (1992) betont, dass in Anlehnung an das zentrale Kriterium bei einer Abhängigkeit von psychotropen Substanzen, dem Kontrollverlust, sexsüchtiges Verhalten dann vorliegt, wenn auch hier ein Kontrollverlust bezüglich des Beginns, der Dauer und Intensität und der Beendigung des sexuellen Verhaltens vorliegt. Die von ihm beschriebenen Verhaltenstypen zeichnen sich durch eine große Heterogenität aus. Zu süchtigem Verhalten kann es also bei den verschiedensten Spielarten der Sexualität kommen. Konzeptionell sind solche Auflistungen schwierig, weil sie implizieren, Paraphilien mit sexsüchtigem Verhalten gleichzusetzen. Die «Society for the Scientific Study of Sexuality» (SSSS, 2004) unterscheidet so auch zwischen paraphilem und nicht-paraphilem exzessivem sexuellen Verhalten.

Die Pathologisierung sexuellen Verhaltens bringt jedoch auch die Schwierigkeit der Grenzziehung zwischen pathologischem und nicht-pathologischem Verhalten mit sich. Das exzessive Ausüben sexuellen Verhaltens muss nicht unbedingt pathologischer Natur sein. So können auch einige sexuelle Verhaltensweisen fälschlicherweise als pathologisch klassifiziert werden, wenn sie nicht in ihrem entwicklungspsychologischen Kontext betrachtet werden. Pubertierende z. B. können zuweilen von sexuellen Gedankenspielen, Fantasien, Masturbation und sexuellen Experimenten obsessiv vereinnahmt sein. Auch zu Beginn von Partner-schaften nimmt das sexuelle Verlangen oft einen übergeordneten Stellenwert ein. Dies sind jedoch normale, wenn nicht sogar gesunde sexuelle und partnerschaft-liche Entwicklungsprozesse, die für die Bindung der Partner eine wichtige Rolle spielen und nicht pathologisiert werden dürfen.

Seit jeher wird nicht-normatives sexuelles Verhalten unter verschiedenen Gesichtspunkten und in verschiedenen gesellschaftlichen Kreisen pathologisiert, weil es nicht den gängigen Norm- und Moralvorstellungen entspricht. Dabei standen und stehen teilweise heute noch vor allem die Masturbation, der Oralsex, die Homosexualität und sadomasochistische (SM) Vorlieben im Mittelpunkt der Diskussion. Jedoch sind alle diese sexuellen Verhaltensweisen nicht als Störung klassifiziert. So ist z. B. auch der Sadomasochismus, sofern die dazugehörigen sexuellen Aktivitäten in gegenseitigem Einverständnis ausgeführt werden und keinen Leidensdruck bei den Betroffenen auslösen, nicht als sexuelle Störung zu klassifizieren.

Pfeifer (2004) beschreibt den Zusammenhang zwischen Sexsucht und Gewissen. Das sexsüchtige Verhalten steht in enger Konkurrenz zu den eigenen Werten. Wer eine Sexsucht entwickelt, erlebt massive Gewissensbisse bei einem gleichzeitigen Triebstau (s. **Abb. 9-1**). Wenn diesem nachgegeben wird, steigt der Gewissens-konflikt an. Dabei lassen sich folgende Phasen beobachten (Pfeifer, 2004):

- Phase des ersten Impulses – erste Versuchung, etwas Verbotenes zu tun; zuneh-mende innere Leere und Sehnsucht nach dem «Kick», Gewissen oder Vernunft erwacht und es kommt zu einer langsam ansteigenden Spannung zwischen Verlangen und Gewissen

- Phase des Spannungsaufbaus – Die Gedanken drehen sich immer mehr um den Impuls und die innere Auseinandersetzung, dem immer intensiver werdenden Verlangen, das Verbotene zu tun, nachzugeben, oft verbunden mit körper-lichen Symptomen einer inneren Spannung (Verspannungen, Herzklopfen etc.); die ständige gedankliche Beschäftigung mit der Sexualität beeinträchtigt normale Tätigkeiten und Aufgaben.

- Phase des Nachgebens – Die Spannung wird derart unerträglich, dass dem Ver-langen nachgegangen wird; die Niederlage wird hingenommen und angesichts der inneren Anspannung wird dieser Entschluss zunächst als eine Erleichte-rung wahrgenommen, wobei das schlechte Gewissen unterdrückt wird.

- Phase der Entladung – Wird oft als eine Befreiung sowie auch lustvoll erlebt; bedeutet vorerst ein Ende der langen inneren Anspannungen und Kämpfe; das Gefühl der Befreiung und Entspannung wird nun durch einen Anstieg der Gewissensspannung abgelöst

- Phase des Gewissenskonfliktes – rascher Anstieg von Selbstzweifeln, Selbst-vorwürfen, Schuldgefühlen, Gefühl des Beschmutzseins, Bemühungen um Wiedergutmachung

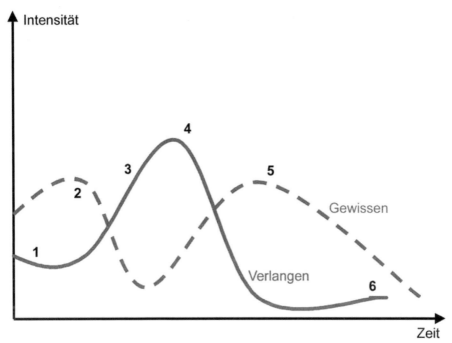

**Abbildung 9-1:** Verlangen und Gewissen nach Pfeifer (2004)

- Refraktärphase – allmähliche Beruhigung der Selbstvorwürfe; die Entschlossenheit, nicht mehr rückfällig zu werden («Das tue ich mir nicht mehr an!», «Ich mag gar nicht mehr!»), steht im Vordergrund; Ruhen von Trieb- und Gewissensspannung bis es zu einer erneuten Phase 1 kommt.

Im Folgenden wird kurz auf die Frage eingegangen, inwieweit Sexsucht im Zusammenhang mit sexueller Belästigung steht.

Sexuelle Belästigung beschreibt einen juristischen Straftatbestand, während es sich bei Sexsucht um ein klinisches Krankheitsbild handelt. Sexsüchtige, deren Verhalten zu forensischen Konsequenzen führt, stellen nur eine Untergruppe der Sexualstraftäter dar. Nicht alle Sexsüchtigen sind bzw. werden Sexualstraftäter und nicht alle Sexualstraftäter sind sexsüchtig (Butts, 1992). Laut dem amerikanischen «National Council on Sexual Addiction and Compulsion» (NCSAC, 2000) erfüllen jedoch schätzungsweise 50 % der inhaftierten Sexualstraftäter die Kriterien süchtigen sexuellen Verhaltens.

Sexsucht zeigt zumeist einen progredienten Verlauf. Während es bei einigen Betroffenen bei selbstbezogenen destruktiven sexuellen Aktivitäten, wie z. B. exzessivem Masturbieren oder dem exzessiven Konsum pornographischer Medien bleibt, eskaliert bei anderen die Störung, und es kommt zum missbräuchlichen Einbeziehen anderer Personen zur eigenen sexuellen Befriedigung. Die Verhaltensweisen reichen hierbei von Exhibitionismus (Entblößen der Genitalien vor nicht-einwilligenden anderen Personen) bis hin zu sexuellen Belästigungen und Vergewaltigungen. Ein frühes Erkennen und Behandeln der Symptome würde möglicherweise die Anzahl sexueller Belästigungen langfristig um einen Teil senken.

Für lange Zeit war die Diskussion um sexuelle Übergriffe von der Betonung der nicht-sexuellen Aspekte (z. B. Verlangen nach Macht, Dominanz- und Kontrollstreben, sadistische Befriedigung und unkontrollierte unverarbeitete Wut) geprägt. Die sexuellen Aspekte der Tat wurden zumeist verleugnet oder als nicht relevant für die Tätermotivation interpretiert. Die wissenschaftliche Untersuchung exzessiv sexuellen Verhaltens im Rahmen des Suchtparadigmas mit dem Schwerpunkt auf dem Kontrollverlust und dem Konzept einer dysfunktionalen Stressverarbeitungsstrategie trägt dazu bei, dass heute auch wieder sexuelle Motive bei der Diskussion zur Tätermotivation in Betracht gezogen werden.

Die Intentionen von sexsüchtigen und nicht-sexsüchtigen Sexualstraftätern unterscheiden sich stark voneinander. Nicht-sexsüchtige Sexualstraftäter versuchen vorrangig, dem anderen Schmerz zuzufügen und das Gegenüber zu erniedrigen; sie sind während der Tat oft durch scheinbar unbezwingbare Gefühle wie Wut, Hass und Ärger oder der Suche nach dem erregenden Kickerleben getrieben (wie es bei Psychopathen beschrieben wird, z. B. Gorenstein & Newman, 1980; Hare, 1970; Jutai & Hare, 1983). Sexsüchtige Täter hingegen suchen in dem Übergriff sexuelle Befriedigung, die Möglichkeit, dem Gefühl der Einsamkeit und Minderwertigkeit kurzfristig zu entfliehen und verleugnen oft den ausnutzenden, erniedrigenden und aggressiven Aspekt ihres Handelns (SSSS, 2004). Mit wachsender professioneller Aufmerksamkeit für die Rolle, die sexsüchtige Strukturen bei ca. der Hälfte der Sexualstraftäter spielen können, ist zu erwarten, dass Behandlungsansätze zum Tragen kommen, die diesem Umstand Rechnung tragen und so weiteren Straftaten bei sogenannten «Rückfällen» (bzw. Wiederholungsdelikten) vorbeugen.

## 9.5 Fallbeispiel

Ein 27-jähriger Mann, schlank, mäßig gepflegt, stellte sich in der Ambulanz vor. Er litt seit vier Monaten unter depressiven Symptomen (Scham, Einsamkeit, Minderwertigkeitsgefühlen, Schlaflosigkeit, Appetitstörungen), die er auf sein exzessives Masturbationsverhalten zurückführte.

Anamnestisch ist zu berichten, dass der Patient als Einzelkind aufwuchs. Seine Mutter, die zu den sogenannten «Spätgebärenden» gehörte, gab nach seiner Geburt ihren Beruf als Lehrerin auf, um sich ganz der Erziehung ihres Sohnes widmen zu können. Der Vater war als leitender Angestellter bei einem großen Versicherungsanbieter beruflich stark eingebunden und selten zu Hause. Die Mutter verfolgte einen sehr restriktiven, überbehütenden Erziehungsstil und beide Eltern hatten eine hohe Erwartungshaltung gegenüber ihrem einzigen Sohn. Seine erste Ejakulation hatte er mit 12 Jahren bei einem nächtlichen Traum. Er erinnert sich an ein überwältigendes Gefühl von Scham und Unsicherheit. Mit seinen «sehr strengen» Eltern konnte er nicht darüber sprechen. Im Alter von 13 Jahren begann er dann zu masturbieren. In der Schule fühlte er sich aufgrund seiner eher kleinen Statur und späten Entwicklung wenig akzeptiert, und er hatte kaum Freunde. Die häufigen «Frotzeleien» seiner Mitschüler über anzügliche und sexuelle Themen erfüllten ihn mit großer Erregung aber auch mit Minderwertigkeitsgefühlen. Sicher fühlte er sich nur, wenn er allein in seinem Zimmer sein konnte. Dort masturbierte er häufig und konnte so seine Erregung auch immer abbauen.

In der Schule fand er ein Pornoheft, das er zu Hause heimlich las. Bald beschaffte er sich von seinem Taschengeld weitere Hefte. Da fühlte er sich «männlich und erwachsen». Zu Beginn seines Geographiestudiums verfügte er bereits über eine beträchtliche Sammlung pornographischer Zeitschriften und Videos. Aufgrund des Studiums zog er in eine größere Stadt, wo er anfänglich keine Bekannten hatte. Ein halbes Jahr später, im Alter von 20 Jahren, besuchte er dort zum ersten Mal eine Prostituierte und hatte mit ihr seinen ersten Geschlechtsverkehr. Im sozialen Umgang mit seinen Kommilitonen sei er, insbesondere mit den weiblichen Kommilitonen, sehr gehemmt gewesen. So erinnert er sich auch an seinen zweiten Prostituiertenbesuch, ein paar Tage, nachdem ihn eine Kommilitonin «abblitzen ließ».

Mit 21 Jahren bekam er einen Nebenjob als Nachtwächter in einer Industrieanlage. Fast sein gesamtes Geld investierte er nun für den Besuch von Prostituierten. Bald kannte er die meisten von ihnen. Einerseits empfand er den ungezwungenen Umgang als befreiend und aufregend, er fühlte sich während des sexuellen Kontaktes stark und männlich und konnte seinen sonst so unbefriedigenden Alltag für kurze Zeit gänzlich vergessen – andererseits spürte er hinterher oft ein tiefes Schamgefühl und Verachtung darüber, dass er sich Sex kaufen musste. Die anfänglich wöchentlichen Besuche steigerten sich bald auf fast tägliche Besuche. In dieser Zeit begann er, sich hoch zu verschulden. Seinen Job als Nachtwächter verlor er, nachdem er von einem Kollegen beim Lesen von Pornomaterial und Masturbieren während der Arbeitszeit erwischt wurde. (**Vernachlässigung beruflicher Pflichten**) ◄

Von der Nutzung von pornographischen Internetangeboten hatte ihn bisher die Angst vor unkontrollierbaren Rechnungen abgehalten. Trotzdem verbrachte er sehr viel Zeit im Internet, immer auf der Suche nach kostenlosem pornographischen bzw. erotischen Bildmaterial.

Er hatte mehrere erfolglose Versuche unternommen, die Sexualisierung seines Alltags einzudämmen. (**Kontrollverlust**) Das Verlangen und die Erregung seien ◄ einfach immer zu stark. (**Verlangen**) Zudem würde er nervös werden und anfangen, zu zittern und Schweißausbrüche zu bekommen, wenn er versuchte, das Verhalten zu unterdrücken. (**Entzugserscheinungen**) Er spielte mit dem Gedanken, ◄ sein Geographiestudium endgültig aufzugeben, da er es schon zu sehr vernachlässigt hatte und nur noch wenig motiviert war, die Kurse und Klausuren nachzuholen. Er beschreibt, dass er Vorlesungen und Kurse früher verließ, um sich auf

▶ der Toilette selbst zu befriedigen. (**Vernachlässigung beruflicher Pflichten**) Für ihn waren diese Situationen schon lange nicht mehr auf irgendeine Weise mit Erotik verbunden. Vielmehr beschreibt er sein sexuelles Handeln als ein Mittel zum Spannungsabbau und um sich so wieder wohler zu fühlen. Insbesondere, wenn er sich bei Gesprächen mit Kommilitonen wieder mal nicht ernst genommen fühlte, flüchtete er nach Hause, schaute sich mehrere Pornos hintereinander an und verschaffte sich anschließend sexuelle Erleichterung, entweder durch Prostituierte oder Masturbation, gelegentlich auch durch Telefonsex. So konnte er den schwierigen Alltag vergessen. Hinterher fühlte er Scham und Leere, manchmal so überwältigend, dass er darüber nachdachte, sich das Leben zu nehmen.

▶ Seine sozialen Kontakte haben sich immer mehr eingeschränkt. (**Vernachlässigung sozialer Pflichten**) Außer einiger kurzer, wie er es formulierte «Teenager-Ausprobier-Techtel-Mechtel» gab es in seinem Leben keine erwachsene sexuelle Beziehung zu Frauen. So fühle er sich auch im Umgang mit Frauen gehemmt und schäme sich seiner sexuellen Assoziationen und Wünschen. Die Angst, die Frau mit seinem «unstillbaren Sexhunger» zu schockieren und abzuschrecken, ließe ihn die seltenen Kontakte zu Frauen immer sehr schnell wieder abbrechen und zu den Prostituierten zurückkehren.

▶ Seit ca. drei Jahren steigerte sich die Häufigkeit, mit der er masturbierte auf bis zu 15 mal am Tag an freien Tagen oder den Ferien. (**Toleranzentwicklung**) Anfänglich glaubte er auch, damit eine Ersatzlösung für seine Prostituierten-besuche gefunden zu haben. Mittlerweile masturbiere er fast automatisiert im Bad, vor dem Fernseher, im Bett.

Vor ein paar Wochen begann er, sich verstärkt Sorgen um seine körperliche Gesundheit zu machen. Abgesehen von einer entzündeten Genitalgegend leide er an Schlafstörungen, Magenbeschwerden und Appetitlosigkeit und klage über zunehmende Schwierigkeiten, sich zu konzentrieren, da er, wie er beschreibt, ▶ «die ganze Zeit damit beschäftigt ist, nicht zu masturbieren». (**Aufrechterhaltung des Verhaltens trotz negativer Folgen**) Er erlebe ständig einen unwiderstehlichen Drang nach schneller sexueller Befriedigung, meist eingeleitet durch die gedankliche Beschäftigung mit pornographischem Material und Erinnerungen an seine ▶ Prostituiertenbesuche. (**Verlangen, gedankliche Beschäftigung**)

Bei dem Patienten wurde die Diagnose «sonstige abnorme Gewohnheiten und Störungen der Impulskontrolle» (ICD-10, F63.8, Dilling, Mombour, & Schmidt, 2000) bzw. «Nicht Näher Bezeichnete Störung der Impulskontrolle» (DSM-IV-TR, 312.30, Saß, Wittchen, Zaudig, & Houben, 2003) gestellt. Störungen der Impulskontrolle sind durch wiederholt auftretende Verhaltensweisen gekennzeichnet, die von der betroffenen Person zum eigenen Schaden oder zum Schaden anderer ausgeführt werden (vgl. Kap. 1.3; vgl. Kap. 2.6, Exkurs 2.2). Der Patient erfüllt die Kriterien dieses Störungsbildes. Es lassen sich jedoch auch Merkmale finden, die den Kriterien eines Abhängigkeitssyndroms nach ICD-10 (Dilling et al., 2000) und DSM-IV-TR (Saß et al., 2003) entsprechen. Es handelt sich um einen klar abgrenzbaren Impuls, nämlich den unwillkürlichen Drang zu masturbieren bzw. sich anderweitig sexuell zu befriedigen, der in immer kürzeren Abständen auftritt. Das tatsächliche Gefühl der Befriedigung blieb immer mehr aus. Sexuelle Inhalte bestimmten zum größten Teil den Alltag des Patienten.

Auf der deskriptiven Ebene entsprechen die Symptome des Patienten den diagnostischen Kriterien der Abhängigkeit:

- starker Druck, sich mehrmals täglich sexuell zu befriedigen *(Verlangen)*

- mehrere bzw. alle Versuche, das Verhalten einzuschränken, misslangen *(Kontrollverlust)*

- Kontrollversuche scheiterten nicht zuletzt aufgrund von Entzugserscheinungen wie z. B. starker innerer Unruhezustände (Nervosität, Zittern, Schweißausbrüche) bei Nichtausführen des Verhaltens *(Entzugserscheinungen)*

- Häufigkeit des Verhaltens steigerte sich im Verlaufe der Erkrankung auf bis zu 15 mal täglichem Masturbieren, ohne dass sich die gewünschte Erleichterung bzw. Befriedigung einstellte *(Toleranzentwicklung)*

- der Patient vernachlässigte in schädigendem Ausmaß andere Bereiche seines Lebens (Kündigung wegen Masturbation am Arbeitsplatz, Einschränkung der sozialen Kontakte, Vernachlässigung seines Studiums) und richtete seinen Alltag nach seinem Verlangen aus *(Vernachlässigung beruflicher und sozialer Pflichten)*

- die schädigende Wirkung seines exzessiven sexuellen Verhaltens war dem Patienten durchaus bewusst, und das Verhalten wurde auch nicht mehr als lustvoll erlebt, trotzdem nahm der unwiderstehliche Drang nicht ab *(Aufrechterhaltung trotz schädlicher Folgen)*.

Nach den internationalen diagnostischen Kriterien müssen 3 der genannten Kriterien erfüllt sein, um die Diagnose einer Abhängigkeit zu stellen. Der Patient erfüllt mehr als 3 Kriterien. Somit wäre die Diagnose einer Sexsucht gerechtfertigt.

## 9.6 Exkurs 9.1 Internet und exzessives sexuelles Verhalten

«Cyber-sex is the crack cocaine of sexual addiction» (Cybersex ist das Crack-Kokain der Sexsucht, Dr. Robert Weiss, Director des Sexual Recovery Institute, Los Angeles, Washington Times, 26 Januar 2000)

Die Angebote im Internet nehmen täglich an Vielfalt und Umfang zu. Inzwischen werden mehrere Milliarden Webseiten gezählt (http://www.google.com) und somit gilt das Internet als die größte technische Entwicklung seit dem Telefon. So wächst auch jedes Jahr die Anzahl der Internetnutzer und der Anteil ihrer Arbeits- und Freizeit, den sie für die Internetnutzung aufwenden.

Das World Wide Web ist äußerst dynamisch. Täglich entstehen neue Angebote und andere werden aus dem Netz genommen. Folgende Zahlen, die möglicherweise eher zu konservativ sind, geben einen Überblick über die Präsenz suchtfördernder Inhalte im Internet (www.onlinesucht.de):

- 30 Millionen Menschen haben in Deutschland einen Internetzugang, die Zahl der Süchtigen wird auf 1 Million geschätzt

- 40 % aller Internetangebote enthalten pornografische Inhalte

- 74 % aller Einnahmen im Internet werden durch Sexangebote gemacht

- der Umsatz durch Sexangebote wird auf über eine Milliarde Dollar pro Jahr geschätzt

- 25 Millionen Menschen surfen pro Woche auf eine Pornoseite

- 31 % aller Online-Nutzer haben schon mindestens einmal eine Pornoseite besucht

- 60 % aller Webseiten-Besuche sind sexueller Natur

- jeden Tag werden 200 neue sexbezogene Webseiten ins Internet gestellt

Der sexuell motivierte Gebrauch des Internets umfasst eine große Variationsbreite, die von Entspannung, Unterhaltung, Informationsaustausch und Weiterbildung bis hin zum Kontaktknüpfen mit potenziellen virtuellen und realen Sexualpartnern und dem Missbrauch von verbotenem Material reicht. Berichte in den Medien über Fälle von Internet-Pornographie und der Nutzung des Internets aus sexuellen Motiven im nicht-privaten Kontext häufen sich. Das Internet ist nicht nur eine elektronische Bibliothek, sondern auch ein virtueller Begegnungsraum. Die Möglichkeit, gerade im oft unausgelebten sexuellen Bereich eine geheime Online-Persönlichkeit anzunehmen und die eigenen Fantasien in virtuelle Lust umzusetzen, die keinem Realitäts-Test mehr standhalten müssen, ist für viele verlockend.

Dabei wird die Bedeutung des Internets für die menschliche Sexualität hauptsächlich durch drei Faktoren gefördert: Zugang, Anonymität und Erschwinglichkeit (Cooper, 1998). Die Anonymität oder auch «Unsichtbarkeit» gibt Menschen den Mut, Orte aufzusuchen und Dinge zu tun, die sie sonst nicht tun würden. Unabhängig vom Aussehen und davon wie sie wirken, erleben sie eine Unbeschwertheit ohne Rücksicht auf Konventionen und Erwartungen. Dies kann sich im Bereich der sexuell motivierten (exzessiven) Nutzung des Internets katastrophal auswirken, weil alle sozialen Hemmungen wegfallen.

Auf der einen Seite haben sexuelle Internetaktivitäten das Potenzial, das Leben zu bereichern, z. B. durch den Informationserwerb oder auch durch neue Bekanntschaften und Inspirationen. Auf der anderen Seite können sie auch große Probleme verursachen, wie eben den exzessiven (zweck-)entfremdeten Gebrauch, der oft im (oder auch jenseits des) Grenzbereich(es) der Legalität stattfindet.

In Anbetracht der hilfreichen wie aber auch der schädlichen Aspekte der sexuellen Internetnutzung stellt sich die Frage nach der Abgrenzung von entwicklungsförderlichem und entwicklungshinderlichem (also pathologischem) Gebrauch. Verhaltensweisen wie z. B. das Aufsuchen und Herunterladen von Webseiten mit kinderpornographischen Inhalten gehört eindeutig zu den negativen Aspekten der Möglichkeit, das Internet für sexuelle Aktivitäten pathologisch zu nutzen. Dagegen ist die Abgrenzung bei zahlreichen anderen Internetnutzungsmustern oder Verhaltensweisen weitaus schwieriger. So gestaltet sich eine Zuordnung zu problematischem Verhalten bei Aktivitäten wie z. B. dem Chatten und dem Suchen und Nutzen von Webseiten mit pornographischen Inhalten als weniger einfach. Studien ergaben, dass die Zeit, die online verbracht wurde, und mit der ein Gefühl des Unbehagens einherging, möglicherweise Prädiktoren für einen problematischen Umgang mit Sexualität im Internet ist (Cooper, Putnam, Planchon, & Boies, 1999). So fanden Cooper, Delmonico und Burg (2000), dass Internetnutzer, die mehr als elf Stunden pro Woche online waren, auch erhöhte Werte für sexuelle Kompulsivität zeigten. Die Autoren konnten eine Untergruppe mit auffälliger Nutzung von Cybersex-Angeboten ausmachen. Es zeigte sich, dass sich diese Gruppe weder in den soziodemographischen Determinanten noch in der absoluten Zeitmenge, die im Internet verbracht wurde, von einer gesunden Kontrollgruppe unterschied; jedoch verbrachten die Cybersexnutzer doppelt soviel Zeit wie die Kontrollgruppe mit der Suche und Nutzung sexueller Webinhalte. Des Weiteren zeigte sich in der Gruppe der Cybersexnutzer eine Tendenz, Cybersex als Stressverarbeitungsstrategie einzusetzen und dafür zu nutzen, sexuelle Fantasien auszuleben, die sie sich im realen Leben nicht auszuleben traut (Cooper, Galbreath, & Becker, 2004).

Somit beschreiben Cooper und Kollegen (2004) in Analogie zu den gängigen Abhängigkeitsmodellen (vgl. Küfner, 1981; Lindenmeyer, 2005) einen Teufelskreis bei der sexuell motivierten exzessiven Internetnutzung: Die Betroffenen nutzen das Internet, um ihre Bedürfnisse zu erfüllen und ihre Spannungen abzubauen. Die im Internet verbrachte Zeit zieht jedoch (weitere) Probleme in sozialen Beziehungen (z. B. der Familie) nach sich, welches wiederum in einer neuerlicher Flucht vor diesen Problemen und somit einer erneuten Internetnutzung mündet. Die süchtigen Internetnutzer leiden unter Schuldgefühlen und Scham, diese unangenehmen Gefühle wiederum steigern das Verlangen nach dem Internet. Cybersex dient immer der fantasievollen Selbstbefriedigung – unabhängig davon, ob der Betroffene nach Sexbildern oder -videos oder nach dem freizügigen Kommunizieren über Sex («dirty talking») süchtig ist.

Schwartz und Southern (2000) untersuchten eine klinische Stichprobe von exzessiven Cybersexnutzern, deren sexuelle Aktivitäten vor allem Masturbation und Selbststimulation umfassten, während sie im Internet mit anderen Personen kommunizierten. Die Autoren schlossen aus ihren Ergebnissen, dass exzessive Cybersexbetätigung als ein dysfunktionaler affektregulierender Mechanismus mit dissoziativen Anteilen beschrieben werden kann.

In bisherigen theoretischen und empirischen Arbeiten wird ein hohes Suchtpotenzial des Internets für sexuelles Verhalten postuliert. Dabei erscheint insbesondere die Kombination von exzessivem sexuellen Verhalten und Internet durch die erhöhte Verfügbarkeit sexuellen Materials, das zu einem geringem Risiko im Vergleich zum realen «offline» Leben zu haben ist, besonders verführerisch. Somit ist für die Betroffenen die Kombination von exzessivem sexuellen Verhalten und Internetnutzung, die mit erhöhter Verfügbarkeit sexuellen Materials und einem relativ geringen Risiko verbunden ist, attraktiv. Insbesondere im Vergleich zu dem Ausleben exzessiver Tätigkeiten im realen Leben bietet das Internet einen einfacheren, unkomplizierteren, leicht zu steigernden und risikoärmeren Zugang zum «Suchtmittel».

Die bisher gefundenen geringen Prävalenzraten – Cooper und Kollegen (1999) fanden 1 % pathologischer Cybersexnutzer – deuten jedoch darauf hin, dass es sich möglicherweise um eine sekundäre Sucht handelt, die das Ausleben der primären nichtstoffgebundenen Sucht, Sexsucht, erleichtert (Griffiths, 2001). So postuliert z. B. Young (1999) in ihren Untersuchungen zu Online-Untreue und Cybersexaffären drei bedingende Faktoren für das Suchtpotenzial: Anonymität, Eskapismus und leichte Zugänglichkeit. Solche Überlegungen weisen darauf hin, dass insbesondere Menschen mit starkem Schamgefühl und mangelnden Problemlösekompetenzen eine erhöhte Gefährdung aufweisen, nach der sexuell motivierten Nutzung des Internets süchtig zu werden, denn gerade diese Menschen haben auch ein erhöhtes Bedürfnis, ihrer realen Welt zu entfliehen (Eskapismus) ohne sich sozialen Bewertungen unterziehen zu müssen (Anonymität). Hierfür bieten das Internet und Internetaffären eine schnelle, leicht zugängliche, verhältnismäßig risikoarme Möglichkeit (Young, 1999). Parallelen zwischen der Funktion des exzessiven Verhaltens und der Funktion des Gebrauchs von psychotropen Substanzen weisen auf eine erfolgreiche Anwendung suchttherapeutischer Interventionen bei Personen hin, die die Kriterien für Internetsucht und Sexsucht erfüllen, wie sie in zwei Kasuistiken von Orzack und Ross (2000) beschrieben worden sind.

## 9.7 Exkurs 9.2 Liebessucht und Hörigkeit

Aussagen wie «Ich tue alles für Dich» oder «Ich bin nichts ohne Dich» sind höchste Liebeserklärungen und beinhalten doch die Möglichkeit der Selbstaufgabe. Von der Liebe gibt es vielfältige Definitionen. So definiert Pope (1980) Liebe als eine intensive gedankliche und emotionale Beschäftigung mit einer anderen Person, ein Verlangen, mit dieser Person zusammen zu sein und ein Gefühl der Unvollkommenheit ohne diese andere Person. Diese Definition konzentriert sich sehr auf das Selbst der liebenden Person und enthält durchaus Elemente, wie sie auch in Beschreibungen von Süchtigen vorkommen. Bei einer anderen Definition von Liebe stehen mehr die partnerschaftlichen Aspekte im Vordergrund und Liebe wird mittels der Verwendung von Begriffen wie Loyalität und Vertrauen definiert (Gordon, 1978).

Bereits 1954 hatte Maslow versucht, zwischen diesen beiden Typen der Liebe zu differenzieren. In seiner Theorie postuliert er eine «D-love», womit er eine defizitäre Liebe meint, die durch einen Mangel an Bestätigung motiviert ist, und eine «B-Love» (abgeleitet vom englischen «being», also dem Sein), die er dadurch kennzeichnet, dass sie sich ohne Egoismus an der Existenz (also dem Sein) der anderen Person erfreut und somit Raum für gesunde Spontaneität und Ekstase schafft. Das Konzept der defizitären Liebe wurde von Milkman und Sunderwirth (1987) aufgegriffen und als süchtiger Prozess beschrieben. Die Autoren gehen davon aus, dass die biochemischen Prozesse und Veränderungen eines defizitär Liebenden mit den biochemischen Prozessen von Substanzabhängigen vergleichbar sind: Am Anfang einer Beziehung erlebt der abhängig Liebende einen euphorischen Effekt und ein Hochgefühl, wenn sein Bedürfnis nach Liebe, Aufmerksamkeit und Zuwendung erfüllt wird. Wird der Kontakt länger aufrechterhalten, nimmt das Gefühl der Erfüllung ab, und der Betroffene intensiviert seine Bemühungen, das initiale Hochgefühl wiederherzustellen. Diese intensiven Bemühungen können jedoch auch Beziehungsprobleme hervorrufen. So wird es auch für den Partner schwieriger, die Bedürfnisse des Betroffenen zu befriedigen, weil der abhängig Liebende in Korrespondenz zu seinem steigenden Bedürfnis auch eine Steigerung der Bemühungen des Partners erwartet. Je größer die Probleme werden, desto schwieriger wird es für den abhängig Liebenden, die Beziehung zu beenden, weil sich nun das Bedürfnis nach Liebe und Bestätigung bei ihm verstärkt.

Milkman und Sunderwirth (1987) beschreiben hierbei in Analogie zur Substanzabhängigkeit eine Toleranzentwicklung. Kommt es zu Trennungssituationen, erleben die Betroffenen dies oft als einen unerträglich quälenden Zustand, nicht selten begleitet von körperlichen Symptomen, die als Entzugserscheinungen interpretiert werden können. Bei Wiedervereinigung der Partner lösen sich diese Zustände schlagartig auf, so dass fälschlicherweise geschlussfolgert wird, nur durch den anderen ginge es dem abhängig Liebenden gut. Somit verstärkt sich der Kreislauf. Dabei gehen die Autoren davon aus, dass der Liebessüchtige den Partner und die Beziehung benutzt, um dem Gefühl der Einsamkeit und Minderwertigkeit zu entgehen. So fanden auch Dion und Dion (1975) in ihren Untersuchungen zum Zusammenhang von Selbstwertgefühl und romantischer Beziehungsgestaltung, dass ein niedriges Selbstwertgefühl mit dysfunktionalen, irrationalen Beziehungseinstellungen zusammenhing.

Die am häufigsten beschriebene Theorie zur Liebe stammt von Sternberg (Sternberg & Grajek, 1984; Sternberg, 1988). Er postuliert drei Komponenten: Intimität, Leidenschaft und «commitment» (Entscheidung, Hingabe). Für den Autor stellt jede Komponente einen Schenkel eines Dreiecks dar und so lässt sich für ihn die ideale Liebe als ein gleichschenkliges Dreieck beschreiben:

- Die Intimität beinhaltet das Gefühl der Nähe und Verbundenheit und lässt sich anhand von 10 Indikatoren beschreiben:
  1. der Wunsch, dem anderen Gutes zu tun
  2. das Gefühl, mit dem anderen glücklich zu sein

3. Hochachtung vor dem Partner
4. das Gefühl, sich auf den Partner verlassen zu können
5. das Gefühl von Übereinstimmung mit dem Partner
6. das Gefühl, seine Gefühle mit dem anderen zu teilen
7. das Gefühl, vom Partner emotionale Unterstützung zu erfahren
8. dem Partner emotionale Unterstützung geben zu wollen und zu können
9. intime Kommunikationsmuster
10. die Wertschätzung des Partners

- Die Leidenschaftskomponente bezieht sich auf die physische Anziehung zwischen den Partnern. Sie ist jedoch nicht auf den sexuellen Aspekt beschränkt, sondern umfasst auch das Bedürfnis nach Selbstbestätigung durch den anderen, weiterhin den Wunsch, Dominanz über den anderen auszuüben sowie das Bedürfnis nach Selbstverwirklichung durch den anderen.

- Die Entscheidungs- bzw. Hingabekomponente umfasst zwei Aspekte. Zum einen die Entscheidung, den anderen zu lieben und zum anderen die Entscheidung, eine Beziehung aufrechterhalten zu wollen, also die Bereitschaft zur Hingabe. Diese Entscheidungen können unabhängig voneinander getroffen werden und unterliegen auch keiner festen zeitlichen Abfolge. Häufig ist es jedoch so, dass die Hingabe der Entscheidung folgt.

Sternberg (1988) spricht von einer reifen Liebe, wenn die drei Komponenten in einem ausgewogenen Verhältnis zueinander stehen. Dominiert die Leidenschaftskomponente, bzw. ist nur sie in der Liebe existent, spricht Sternberg von einer obsessiven Liebe, bei der der Partner ein eher idealisiertes Objekt als eine reale Person ist. Diese Beziehungen sind zumeist durch ein hohes Maß an physischer wie psychischer Erregung gekennzeichnet, das mit der Zeit jedoch habituiert, so dass eine Steigerung der Intensität notwendig ist, um auf das ursprüngliche, als Liebe empfundene Erregungsniveau zu gelangen. Nelson, Hill-Barlow und Benedict (1994) bezeichnen diese Form der leidenschaftlichen Liebe, wie Sternberg sie beschreibt, als eine Form von Sucht.

Im Zusammenhang mit hingebungsvoller abhängiger Liebe werden auch die Formen der Hörigkeit diskutiert. Gesellschaftlich gesehen ist die Abhängigkeit in der Partnerschaft ein durchaus erwünschtes Moment, da sie die Verhältnisse stabilisiert und somit zu der Aufrechterhaltung einer Partnerschaft beitragen kann. Daher werden manche Formen der Hörigkeit von Betroffenen auch als «normale» romantische Liebe interpretiert.

Hörigkeit entsteht in einem längeren Prozess, in dem der eigene Wille allmählich und in zunehmendem Maß verloren geht. Dieses erkennt der Betroffene meist erst im späten Stadium und somit kann er seine Hörigkeit oft nur durch Eingriffe von außen oder mit therapeutischer Hilfestellung bewältigen. So können Sekten und andere Gruppierungen Unerfahrenheit und das Bedürfnis nach Geborgenheit ausnutzen, um Hörigkeit zu schaffen (Gross & Linz, 2003).

Der Begriff Hörigkeit stammt ursprünglich aus der Rechtssprache und bezeichnet ein Verhältnis besonderer Abhängigkeit. Bereits in der ersten Entwicklungsphase der Leibeigenschaft (9. Jahrhundert bis Ende des 12. Jahrhunderts) flossen Leib- und Grundherrschaft zusammen, wobei die Hörigen, die an den Boden gebunden waren (Grundholden) von den Leibeigenen, die sich als Freie in den Schutz des Grundherren begeben hatten, unterschieden werden müssen. Die an die Scholle gebundenen Hörigen (Halbfreien) galten als Zubehör zum Bauerngut. Zur Abhängigkeit gehörten auch persönliche Dienst- und Kriegsleistungen der gesamten Familie des Hörigen (Hand- und Spanndienste). Die Hörigkeit wurde endgültig im 19. Jahrhundert mit der Bauernbefreiung beseitigt.

Unter Hörigkeit versteht man ganz allgemein die gefühlsmäßige Bindung an andere Menschen in einem Ausmaß, in dem persönliche Freiheit und menschliche Würde aufgegeben werden. Die herrschende Person kann über die sich unterwerfende Person verfügen, weil oft Grenzen von Recht und Moral missachtet werden (Schultz, 1967). Bei Hörigkeit kann nicht generell von Tätern und Opfern gesprochen werden, weil es Menschen gibt, die sich an den Partner oder eine Gruppe klammern und völlig auf diese fixiert sind. Hörige Personen haben in der Regel kaum soziale Kontakte und ihr Selbstbewusstsein speist sich ausschließlich aus der Fixierung auf den meist idealisierten Partner, was diesen jedoch auch sehr belasten kann. Diese Form der Hörigkeit ist in der Regel aber nicht sexuell ausgeprägt, sondern allgemein auf das Zusammenleben mit dem Partner oder der Gruppe bezogen.

Typische Merkmale eines Hörigkeitsverhältnisses sind (Hurlbert, Apt, Gasar, Wilson, & Murphy, 1994):

- das Hörigkeitsverhältnis beruht nicht auf Gegenseitigkeit

- die hörige Person ordnet sich dem Partner (sklavisch) unter

- der Partner nutzt die Unterordnung der hörigen Person nicht selten für seine eigene Person aus

- Hörigkeitsbeziehungen werden häufig nicht mit der Absicht zur Ausnutzung eingegangen, sondern entwickeln sich schleichend, basierend auf der Persönlichkeitskonstellation der jeweiligen Partner

- der Hörige idealisiert die verehrte Person und die Beziehung in einer Weise, die für Außenstehende häufig unverständlich bleibt, zumal diese die Einseitigkeit (objektiver) sehen können

- Teilnahmslosigkeit der verehrten Person, die zwangsläufig zu Abweisungen und Demütigungen führt, die der hörig Liebende als unabwendbar und scheinbar unbelehrbar in Kauf nimmt

- der hörige Mensch kann sich nicht mehr aus eigener Kraft aus der Hörigkeitsbeziehung lösen und befindet sich in einer psychischen Abhängigkeit von einem anderen Menschen oder auch einer Gruppe.

Hörigkeit kann sich auch in der Aufgabe der sexuellen Selbstbestimmung (als sexuelle Hörigkeit) äußern und wird in dieser Form leicht mit Masochismus (vgl. unten) verwechselt. Der Begriff sexuelle Hörigkeit wurde bereits 1892 von Freiherr von Krafft-Ebing bei Personen verwendet, die sich durch einen ungewöhnlich hohen Grad von Abhängigkeit und Unselbständigkeit gegenüber einer anderen Person auszeichnen, mit der sie im Sexualverkehr stehen. Der oder die sexuell Hörige ordnet sich dem Partner dabei bedingungslos unter. Klassische Beispiele für sexuelle Hörigkeit finden sich bei älteren Männern, die eine wesentlich jüngere Frau lieben, der sie häufig im sozialen Status und in finanziellen Möglichkeiten überlegen sind. Dennoch unterwerfen sie sich in ihrer Leidenschaft der Partnerin völlig, und nicht selten lassen sie sich dabei ausnutzen.

Vulnerable (verletzliche) Menschen, die verstärkt in andere Abhängigkeitsverhältnisse geraten, werden auch leichter in zwischenmenschlichen Verhältnissen das Opfer von Übergriffen durch den Partner. Die Furcht, den anderen zu verlieren und der Wunsch, ihn immer zufrieden, liebenswürdig und zum geschlechtlichen Verkehr geneigt zu erhalten, sind hier die Motive des sich unterwerfenden Partners. Mit dem Begriff Hörigkeit kann auch eine rein emotionale Abhängigkeit bezeichnet werden, bei der die Sexualität nicht im Vordergrund steht. Als Motiv für die unterwerfende Person werden Egoismus und die Möglichkeit, den eigenen Spielraum und die eigenen Regeln zu bestimmen, aufgeführt. Als Motiv für die sich unterordnende Person wird der Wunsch gesehen, den anderen als liebenswürdig und zur Nähe bereit zu erleben. In solchen Abhängigkeitsbeziehungen ist die Autonomie von Entscheidungen bei beiden Partnern stark eingeschränkt, da auch der unterwerfende und eigentlich bestimmende Partner von der Hörigkeit des anderen abhängig ist (Gundel, 1987).

Hörigkeit kann gelegentlich bis zum Verlust jedes selbständigen Willens und bis zur Erduldung schwerer Opfer gehen. So ist ein weiteres Merkmal der Hörigkeit die Vernachlässigung der eigenen Person. Beziehungen, in denen Frauen ihrem Partner sexuell hörig sind, sind oft von körperlicher Gewalt geprägt (Duncker, 1999; Füllgrabe, 1996; Lang, 1987). Voraussetzung für Hörigkeitsverhalten ist stets, dass man Liebe und Anerkennung nicht aus sich selber heraus beziehen kann, sondern dass man auf eine andere Person fixiert ist, die diese schenkt bzw. von der sich der Hörige vorstellen kann, sie zu bekommen (Grossmann, 2000).

Folgende Erscheinungsformen von Hörigkeit werden beschrieben (Stangl, 2004):

- die Suche eines Partners, der emotional unerreichbar ist

- das Verharren in einer Beziehung, die nur eine Illusion ist

- sich selbst schädigen, um dem Idealbild des Partners zu entsprechen

- Demütigungen und Kränkungen werden ertragen, um den Partner nicht zu verlieren

- das selbstzerstörerische Verhalten wird ständig wiederholt

- die Herstellung einer glücklichen Beziehung/Familie wird bis zur Selbstaufgabe angestrebt

- Schuldgefühle machen eine Trennung unmöglich.

Auch im Zusammenhang mit dem Sadomasochismus wird der Begriff der Hörigkeit gebraucht. So können sadomasochistische Beziehungen als hörigkeitsgefährdet gelten, da sie sich manchmal durch Beziehungen auszeichnen, in denen ein Partner missbraucht wird. Da viele Sadomasochisten isoliert leben und es kaum eindeutig definierte Rollenmodelle für sadomasochistische Beziehungen gibt, sind die Grenzen zum Missbrauch schwerer zu erkennen. Sadomasochisten könnten glauben, dass gewisse Formen des Missbrauchs besonders in der passiven Rolle zu den verschiedenen Varianten ihrer sexuellen Tätigkeiten gehören und dass die Rechtlosigkeit, die sie erleben, auch für die restliche Beziehung gelten müsse. Jedoch haben sadomasochistische Praktiken im Wesentlichen wenig mit sexueller Hörigkeit gemein. Beim Sadomasochismus nimmt die hörige Person immer die Rolle des Sklaven ein und lässt sich vom dominanten Partner bewusst erniedrigen und demütigen, um daraus sexuelle Befriedigung zu beziehen. Masochisten und sexuell Hörige unterwerfen sich zwar ihrem Partner und lassen sich zum Teil sogar starke körperliche Schmerzen zufügen, aber Masochisten unterwerfen sich gerne, haben dabei einen Lustgewinn und beschreiben keinen Leidensdruck. Im Unterschied zu sexuell Hörigen bestimmen sie Regeln und Dauer des Spiels mit. Ein entscheidender Unterschied zwischen Sadomasochismus und Hörigkeit liegt in der bewussten und freiwilligen Entscheidung der Masochisten, sich in dieser Form auf die Beziehung einzulassen und diese auch entsprechend bei Bedarf wieder zu verlassen oder zu wechseln.

Sexuell Hörige können ohne professionelle Hilfe kaum aus ihrer suchtähnlichen Beziehung entkommen. Bei der psychotherapeutischen Behandlung von Hörigkeit werden Elemente aus der Suchttherapie angewendet. Jedoch gilt die sexuelle Hörigkeit als schwer therapierbar, da die Ursachen meistens in Erlebnissen der frühen Kindheit liegen. So wird davon ausgegangen, dass das suchtähnliche Verhalten Höriger häufig durch frühkindliche Erfahrungen ausgelöst wird, die sich im Laufe der Zeit verfestigt haben und in den unterschiedlichsten Formen sexueller Hörigkeit manifestieren können.

Sexuell Hörigen ist es unangenehm, sich zu ihrem Problem zu äußern und daher suchen sie erst dann, wenn ihr Leidensdruck sehr stark geworden ist, Hilfe bei anderen Menschen oder Therapeuten. In seltenen Fällen, wenn beide Partner ihre Beziehung ändern wollen, bietet sich eine Paartherapie an. Jedoch ist es für den Hörigen kaum möglich, sich aus der Abhängigkeit zu befreien, ohne dabei nicht den Partner verlassen zu müssen (Eckstaedt, 1989; Wichmann-Dietl, 1990). Psychoanalytische Ansätze verweisen darauf, dass das Ausmaß und die Erfahrungen frühkindlicher Bindungen, die damit verbundenen Ängste und Fantasien, die im Unbewussten weiterleben, einen starken Einfluss auf das spätere Leben als Erwachsener, vor allem auf dessen Liebesbeziehungen haben. Positive wie negative Erfahrungen aber auch Konflikte, die in früheren Entwicklungsphasen auftreten, haben einen formenden Einfluss, weil diese Probleme die frühesten Urformen grundlegender menschlicher Situationen wie Abhängigkeit von anderen und Erfahrung von Autorität, darstellen. Es ist anzunehmen, dass das Verhalten der Eltern gegenüber dem Kind während dieser Entwicklungsphasen eine grundlegende Rolle dabei spielt, wie Abhängigkeitsverhältnisse, Gehorsam und Unterordnung erlebt werden. Wilhelm Reich (1927), Begründer der Körper-Psychotherapien, ging davon aus, dass der Ursprung für Hörigkeit in der Unterdrückung sexueller Bedürfnisse liege, und zwar indem sie zu einer allgemeinen Schwächung der gefühlsmäßigen Funktionen führe, vor allem der Willensstärke und der Selbstsicherheit. Sind diese beiden Funktionen erst einmal geschwächt, dann ist der Erniedrigung durch andere Tür und Tor geöffnet. Sexuell Hörige suchen tatsächlich häufig Zuneigung und Zuwendung über Sexualität, stehen trotz ihrer meist zahlreichen negativen Erlebnisse und einem starken Leidensdruck unter einem Wiederholungszwang und begeben sich immer wieder in die gleiche Situation mit dem verzweifelten Wunsch, endlich einmal die ersehnte Zuneigung zu erlangen und dadurch frühere Erfahrungen nicht mehr bestätigt zu sehen.

Folgende Aspekte werden als ursächlich für Hörigkeit beschrieben:

- Wiederholung der Situation, wie sie in der eigenen Ursprungsfamilie erlebt wurde
- der Wunsch und die Hoffnung, negative Erfahrungen (nicht nur in der Kindheit, z. B. auch in einer gescheiterten Ehe u. ä.) im Nachhinein durch bessere Erfahrungen auszutauschen
- mangelnde Selbstliebe
- Vermeidung, die Verantwortung für sich selbst zu übernehmen
- eigenes Glück nur über das Glück des Partners erleben zu können
- Angst vor dem Alleinsein
- Angst vor der Kränkung durch das Verlassenwerden
- Bereitschaft, lieber neue Schmerzen zu ertragen, als sich mit alten Verletzungen zu beschäftigen.

In der öffentlichen Wahrnehmung ist die sexuelle Hörigkeit oder Abhängigkeit in der Beziehung ein Tabu-Thema. In einer Zeit, in der auf der einen Seite die Autonomie des Individuums einen hohen Stellenwert hat und auf der anderen Seite die Zweierbeziehung und die Familie zum letzten Ort von Geborgenheit und Nähe stilisiert werden, ist es schwer, sich öffentlich zum Scheitern (unter Umstän-den in beiderlei Hinsicht) zu bekennen. Die Abhängigkeit voneinander kann geschlechtsspezifisch variieren. Während Männer vorwiegend emotional von der Partnerin abhängig sind, spielen bei Frauen vor allem auch wirtschaftliche

Aspekte und gesellschaftliche Anerkennung eine wesentliche Rolle. Auch im Bereich der Prostitution finden sich Szenarien der Hörigkeit, worin sich sowohl die traditionelle soziale und wirtschaftliche Abhängigkeit der Frauen widerspiegeln als auch die Tendenz, die weibliche Sexualität auszubeuten.

## 9.8 Literatur

Barth, R. J., & Kinder, B. N. (1987). The mislabeling of sexual impulsivity. *Journal of Sex and Marital Therapy*, 13, 15–23.

Black, D. W., Kehrberg, L. L., Flumerfelt, D. L., & Schlosser, S. S. (1997). Characteristics of 36 subjects reporting compulsive sexual behavior. *American Journal of Psychiatry*, 154, 243–249.

Bloch, I. (1907). *Das Sexualleben unserer Zeit.* Berlin: Marcus.

Bornemann, E. (1993). Sexualität als Sucht – Stellenwert und Funktion der menschlichen Geschlechtlichkeit. *Bad Tönissteiner Blätter. Beiträge zur Suchtforschung und -therapie*, 5, 7–16.

Butts, J. B. (1992). A relationship between sexual addiction and sexual dysfunction. *Journal of Health Care for the Poor and Undeserved*, 3, 128–135.

Carnes, P. (1991). *Don' t call it love.* New York: Bantam Books.

Carnes, P. (1992). *Wenn Sex zur Sucht wird.* München: Kösel.

Clement, U. (1997). Sexuelle Sucht als Fantasiestörung. *Zeitschrift für Sexualforschung*, 10, 185–196.

Coleman, E. (1991). Compulsive sexual behavior: new concepts and treatments. *Journal of Psychology in Human Sexuality*, 4, 37–52.

Coleman-Kennedy, C., & Pendley, A. (2002). Assessment and diagnosis of sexual addiction. *Journal of the American Psychiatric Nurses Association*, 10, 143–151.

Cooper, A. (1998). Sexuality and the internet: surfing into a new millennium. *Cyberpsychology & Behavior*, 1, 181–187.

Cooper, A., Delmonico, D., & Burg, R. (2000). Cybersex users, abusers and compulsives: new findings and implications. In A. Cooper (Ed.), *Cybersex: the dark side of the force* (pp. 5–29). Philadelphia: Brunner Rotledge.

Cooper, A., Galbreath, N., & Becker, M. A. (2004). Sex on the internet: furthering our understanding on men with online sexual problems. *Psychology of Addictive Behaviors*, 18, 223–230.

Cooper, A., Putnam, D. E., Planchon, L. A., & Boies, S. C. (1999). Online sexual compulsivity: getting tangled in the net. Sexual addiction and compulsivity. *The Journal of Treatment and Prevention*, 6, 79–104.

Dilling, H., Mombour, W., & Schmidt, M. H. (2000). *Internationale Klassifikation psychischer Störungen: ICD-10, Kapitel V (F), klinisch-diagnostische Leitlinien.* Weltgesundheitsorganisation. Bern: Huber.

Dion, K., & Dion, K. (1975). Self esteem and romantic love. *Journal of Personality*, 43, 39–57.

Duncker, H. (1999). *Gewalt zwischen Intimpartnern. Liebe, Aggressivität, Tötung.* Lenerich: Pabst Science.

Eckstaedt, A. (1989). Ego-syntotic object manipulation: the formation of a submissive relationship. *International Journal of Psychoanalysis*, 70, 499–512.

Füllgrabe, U. (1996). Die Beziehungsfalle – Warum Frauen bei einem Mann bleiben, der sie schlägt. *Magazin für die Polizei*, 27, 14–22.

Gabriel, E. (1962). *Die Süchtigkeit: Psychopathologie der Suchten.* Hamburg: Neuland.

Gold, S. N., & Heffner, C. L. (1998). Sexual addiction: many conceptions, minimal data. *Clinical Psychology Review*, 18, 367–381.

Goodman, A. (1992). Sexual addiction: designation and treatment. *Journal of Sex and Marital Therapy*, 18, 303–314.

Goodman, A. (1993). Diagnosis and treatment of sexual addiction. *Journal of Sex and Marital Therapy*, 19, 225–251.

Gordon, S. (1978). *Ten essentials of an intimate relationship.* Presentation at Virginia Counselors Association, Blacksburg, Virginia.

Gorenstein, E. E., & Newman, J. P. (1980). Disinhibitory psychopathology: a new perspective and a model for research. *Psychological Review*, 87, 301–315.

Griffiths, M. D. (2001). Sex on the internet: observations and implications for internet sex addiction. *Journal of Sex Research*, 11, 1–15.

Gross, W. (2003). *Sucht ohne Drogen* (2. Aufl.). Frankfurt/Main: Fischer.

Gross, W., & Linz, J. (2003). Sekten/Esoterik und Sucht: Psychische Abhängigkeiten in Esoterikszene und neureligiösen Gruppierungen – Theorie und Therapie. In W. Gross (Hrsg.), *Sucht ohne Drogen* (2. Aufl., S. 281–305). Frankfurt/Main: Fischer.

Grossmann, K. E. (2000). Die Entwicklung von Bindungsqualität und Bindungsrepräsentation. In M. Endres, & S. Hauser (Hrsg.), *Bindungstheorie in der Psychotherapie* (S. 39–40). München: Reinhardt.

Grüsser, S. M., & Rosemeier, H. P. (2004). Exzessive, belohnende Verhaltensweisen oder stoffungebundene Sucht. *Psychomed*, 16, 132–134.

Gundel, K. (1987). Im Bann des Anderen. Zum Phänomen der Hörigkeit. *Sexualmedizin*, 16, 112–117.

Hare, R. D. (1970). *Psychopathy: theory and research.* New York: Wiley.

Hurlbert, D. F., Apt, C., Gasar, S., Wilson, N. F., & Murphy, Y. (1994). Sexual narcissism: a validation study. *Journal of Sex and Marital Therapy*, 20, 24–34.

Jellinek, E. M. (1946). Phases in the drinking history of alcoholics: analysis of a survey conducted by the official organ of the Alcoholics Anonymous. *Quarterly Journal of Studies on Alcohol*, 7, 1–88.

Jutai, J. W., & Hare, R. D. (1983). Psychopathy and selective attention during performance of a complex perceptual-motor task. *Psychophysiology*, 20, 146–151.

Kafka, M. P. (1997). Hypersexual desire in males: an operational definition and clinical implications for males with paraphilias and paraphilia-related disorders. *Archives of Sexual Behavior*, 26, 505–526.

Krafft-Ebing, R. v. (1886). *Psychopatia sexualis.* Stuttgart: Enke.

Krafft-Ebing, R. v. (1892). *Bemerkungen über die geschlechtliche Hörigkeit und Masochismus, Jahrbücher für Psychiatrie* (10. Band, S. 199–211). Leipzig: Deuticew.

Küfner, H. (1981). Systemwissenschaftlich orientierte Überlegungen zu einer integrativen Alkoholismustheorie. *Wiener Zeitschrift für Suchtforschung*, 4, 3–16.

Kuiper, P. C. (1973). *Die seelischen Krankheiten des Menschen. Psychoanalytische Neurosenlehre.* Stuttgart: Klett.

Lang, B. (1987). *Puppentanz.* München: Heyne.

Lehmann, A., Rosemeier, H. P., & Grüsser, S. M. (2004). Exzessives sexuelles Verhalten – eine Verhaltenssucht? *Psychomed*, 16, 234–240.

Lindenmeyer, J. (2005). *Alkoholabhängigkeit* (2. überarb. Aufl.). Reihe: Fortschritte der Psychotherapie, Band 6. Göttingen: Hogrefe.

Maslow, A. H. (1954). *Motivation and personality.* New York: Harper.

Masters, W. H., & Johnson, V. E. (1966). *Human sexual response.* Boston: Little, Brown & Co.

Mäulen, B. (2002). *Süchtiges sexuelles Verhalten.* Schriftenreihe der DGDS e. V. Suchtmedizin – aktuell, Band 3.

Mäulen, B., & Irons, R. (1998). Süchtige Verhaltensweisen im Bereich der Sexualität. In J. Gölz (Hrsg.), *Moderne Suchtmedizin* (S. 4–15). Stuttgart: Thieme.

Milkman, H., & Sunderwirth, S. (1987). *Craving for ecstasy: the consciousness and chemistry of escape.* New York: Guilford.

Moll, A. (1896). *Untersuchungen über die Libido sexualis.* Berlin: Fischer.

Moser, C. A. (1993). Response to Aviel Goodman' s sexual addiction: designation and treatment. *Journal of Sex and Marital Therapy*, 19, 220–223.

Myers, W. A. (1995). Addictive sexual behavior. *American Journal of Psychotherapy*, 49, 473–483.

National Council on Sexual Addiction and Compulsivity (NCSAC). (2000). *Consequences of sex addiction and compulsivity. Position paper.* Elektronische Quelle: http://www. ncsac.org.

Nelson, E. S., Hill-Barlow, D., & Benedict, J. O. (1994). Addiction versus intimacy as related to sexual involvement in a relationship. *Journal of Sex and Martial Therapy*, 20, 35–45.

Orzack, M. H., & Ross, C. J. (2000). Should virtual sex be treated like other sex addictions? In A. Cooper (Ed.), *Cybersex: the dark side of the force* (pp. 113–125). Philadelphia: Brunner Routlidge.

Pfeifer, S. (2004). *Internet-Sex-Sucht: Wie der Trieb das Gewissen besiegt.* Elektronische Quelle: http://www.jesus.ch/index.php/D/article/494/18608/#0.

Pope, K. (1980). *On love and loving.* San Francisco: Jossey-Bass.

Quadland, M. C. (1985). Compulsive sexual behaviour: definition of a problem and an approach to treatment. *Journal of Sex and Marital Therapy*, 11, 121–132.

Raymond, N. C., Coleman, E., & Miner, M. H. (2003). Psychiatric comorbidity and compulsive/impulsive traits in compulsive sexual behavior. *Comprehensive Psychiatry*, 44, 370–380.

Reich, W. (1927). *Die Funktion des Orgasmus.* Leipzig: Internationaler Psychoanalytischer Verlag.

Roth, K. (1992). Sexuelle Süchtigkeit bei Alkoholmissbrauch und -abhängigkeit. *Der Nervenarzt*, 63, 157–162.

Roth, K. (2000). Sexsucht – Therapie und Praxis. In S. Poppelreuter, & W. Gross (Hrsg.), *Nicht nur Drogen machen süchtig – Entstehung und Behandlung von stoffungebundenen Süchten* (S. 127–144). Weinheim: Beltz.

Sachs, B. D., & Meisel, R. L. (1988). The physiology of male sexual behaviour. In E. Knobil, & J. Neill (Eds.), *The physiology of reproduction* (pp. 3–106). New York: Raven.

Saß, H., Wittchen, H.-U. Zaudig, M., & Houben, I. (2003). *Diagnostisches und Statistisches Manual Psychischer Störungen (DSM-IV-TR).* Göttingen: Hogrefe.

Schneider, B., & Funke, W. (2000). Sexsucht – Theorie und Empirie. In S. Poppelreuter, & W. Gross (Hrsg.), *Nicht nur Drogen machen süchtig – Entstehung und Behandlung von stoffungebundenen Süchten* (S.113–125). Weinheim: Beltz.

Schneider, J. P., & Irons, R. (1998). Addictive sexual disorders: differential diagnosis and treatment. *Primary Psychiatry*, 6, 1–6.

Schultz, J. H. (1967). *Geschlecht, Liebe, Ehe.* München: Reinhardt.

Schwartz, M. F., & Southern, S. (2000). Effects of cybersex addiction on the family: results from a survey. In A. Cooper (Ed.), *Cybersex: the dark side of the force* (pp. 31–58). Philadelphia: Brunner Rotledge.

Society for the Scientific Study of Sexuality (SSSS). (2004). *What sexual scientists know: about compulsive sexual behavior.* Elektronische Quelle: http://www. sexscience.org.

Stangl, W. (2004). *Hörigkeit, Liebessucht.* Elektronische Quelle: http://www.stangl-taller.at

Sternberg, R. J. (1988). *The psychology of love.* New Haven: Yale University Press.

Sternberg, R. J., & Grajek, S. (1984). The nature of love. *Journal of Personality and Social Psychology*, 16, 312–329.

Strauß, B. (2001). Die sogenannte Sexsucht – klinische Aspekte süchtigen Verhaltens. *Sucht*, 47, 82–87.

von Gebsattel, V. E. (1954). *Prolegomena einer medizinischen Anthropologie.* Berlin: Springer.

Weiss, R. (2000, January 26). Cyber-porn held responsible for increase in sex addiction. Washington Times

Wichmann-Dietl, K. (1990). *Hörigkeit. Die Sehnsucht nach Unterwerfung.* München: Heyne.

Young, K. (1999). Internet addiction: evaluation and treatment. *Student British Medical Journal*, 7, 351–352.

# 10. Diagnostik

Im Folgenden werden die gängigen und am häufigsten in der Literatur beschriebenen diagnostischen Erhebungsinstrumente zu den verschiedenen Formen der Verhaltenssucht aufgeführt. Da es bislang keine einheitliche Definition und somit auch keine einheitlichen diagnostischen Kriterien der Verhaltenssucht gibt (vgl. Kap. 1.3), wurden im Rahmen verschiedener Studien von den jeweiligen Autoren eigene Instrumente zur Erfassung der exzessiven Verhaltensweisen entwickelt. So wurden teilweise neue Instrumente erstellt oder auch bereits vorhandene Versionen anderer Autoren übernommen und weiter entwickelt.

## 10.1 Kaufsucht

Es gibt verschiedene Instrumente, um Kaufsucht zu erfassen: die «Compulsive Buying Measurement Scale» (Valence, D'Astou, & Fortier, 1988), den «Hohenheimer Kaufsuchttest» (Scherhorn, Reisch, & Raab, 1990), die «Compulsive Buying Scale» (Faber & O'Guinn, 1992), das «Minnesota Impulse Disorder Interview» (Christenson et al., 1994), die «Yale-Brown-Obsessive-Compulsive Scale»-Shopping Version (YBOC-SV, Monahan, Black, & Gabel, 1996), einen Fragebogen ohne nähere Bezeichnung von Lejoyeux, Tassain und Solomon (1997) sowie der «Shorter PROMIS Questionnaire» (Christo, Jones, Haylett, Stephenson, Lefever, & Lefever, 2003).

Das erste Screeninginstrument für Kaufsucht, die «Compulsive Buying Measurement Scale» (Skala zur Erfassung zwanghaften Kaufens) wurde von Valence und Kollegen (1988) entwickelt. Die Autoren formulierten 16 Items, die vier Dimensionen des pathologischen Kaufens widerspiegeln sollen: «tendency to spend» (Tendenz zum Geld ausgeben), «an urge to buy or shop» (Drang zu kaufen), «post-purchase guilt» (Schuldgefühle nach dem Kaufen) und «family environment» (familiäre Umgebung). Diese Dimensionen ergaben sich aus den Ergebnissen einer explorativen Studie von Faber, O'Guinn und Krych (1987) sowie aus Fallberichten Betroffener. Das Instrument wurde 38 Kaufsüchtigen und 38 gesunden Kontrollprobanden vorgelegt. Die anschließende Reliabilitätsanalyse führte zum Ausschluss von 3 Items der Dimension «family environment». Die Ergebnisse der Validitätsanalyse konnten zeigen, dass Kaufsüchtige höhere Punktzahlen erreichten als die gesunden Kontrollprobanden. Die höheren Punktzahlen im Screeningfragebogen waren ebenfalls mit erhöhten Angstwerten und einer familiären Häufung komorbider Störungsbilder wie Bulimie, Depression oder Alkoholismus verbunden. Es konnte jedoch nicht der postulierte negative Zusammenhang zwischen der Höhe der erreichten Punktwerte und dem Selbstwert aufgezeigt werden.

Der «Hohenheimer Kaufsuchttest» von Scherhorn und Kollegen (1990) ist eine modifizierte Version der «Compulsive Buying Measurement Scale» von Valence und Kollegen (1988) und besteht aus 16 Items, die auf einer vierstufigen Skala beantwortet werden müssen. Auch dieses Instrument weist eine hohe Reliabilität und Konstruktvalidität auf. Die konvergente Validität wurde über signifikante Zusammenhänge zwischen den erreichten Punktwerten und Psychasthenie, Depression und dem Selbstwert nachgewiesen. Beide Instrumente diskriminieren zwischen normalen und pathologischen Käufern, wobei sich die für den «Hohenheimer Kaufsuchttest» berichteten Faktorstrukturen von denen der «Compulsive Buying Measurement Scale» unterscheiden. Kritisch anzumerken bleibt, dass es sich bei den zur Validitätsprüfung verwendeten Außenkriterien um Konstrukte handelt, die nicht ausschließlich mit Kaufsucht in Verbindung zu stehen scheinen, sondern auch mit anderen Störungsbildern assoziiert sind.

Um diesem Umstand Abhilfe zu schaffen, entwickelten Faber und O'Guinn (1992) die «Compulsive Buying Scale» (Skala zum zwanghaften Kaufen). Die Autoren rekrutierten ihre Stichprobe aus Personen, die sich wegen ihrer Kaufsucht schriftlich an eine Selbsthilfeorganisation gewandt hatten. Die Briefe wurden von Faber und O'Guinn begutachtet und Personen, deren Briefe Hinweise auf ein pathologisches Kaufverhalten enthielten, wurden in die Studie eingeschlossen. Dabei wurde darauf geachtet, dass Betroffene, die sich bereits wegen ihrer Kaufsucht in therapeutischer Behandlung befanden, ausgeschlossen wurden. So sollte sichergestellt werden, dass verfälschte Antworten aufgrund von Therapieeffekten das Ergebnis der Untersuchung beeinträchtigten. Die so ausgewählte Stichprobe erhielt postalisch einen Fragebogen mit der Bitte um Teilnahme. Fast die Hälfte (48 % von 388) der angeschriebenen Personen beteiligte sich an der Befragung. Aus Gründen der Anonymitätswahrung war keine Folgeuntersuchung («follow-up») möglich. Die Kontrollgruppe wurde mittels einer Zufallsstichprobe rekrutiert. Der Rücklauf lag in der Kontrollgruppe bei 36,5 % (292 Personen). Zwischen Kontrollgruppe und Kaufsüchtigen bestanden keine signifikanten Unterschiede bezüglich des durchschnittlichen Einkommens. Es lag jedoch ein signifikanter Unterschied in der Geschlechterverteilung vor. Während in der Kontrollgruppe das Geschlechterverhältnis ausgeglichen war, überwog bei den Kaufsüchtigen der Anteil der Frauen (92 %). Dieser Prozentsatz ist konsistent mit anderen Studien zur Kaufsucht, die belegen, dass 90 bis 95 % der Betroffenen Frauen sind (vgl. Kap. 4.2).

Die Items der «Compulsive Buying Scale» wurden aus Ergebnissen früherer Studien und Selbstberichten Betroffener formuliert. Die Autoren wählten schließlich 29 Items aus. Mittels Regressionsanalyse wurden dann 7 Items ermittelt, die spezifische Gefühle, Motivationen und spezielles Verhalten in Bezug auf das pathologische Kaufen repräsentieren. Die Beantwortung der Items erfolgt auf einer fünfstufigen Skala. Obwohl das Screeninginstrument keine Kontrollfragen zur Überprüfung der Beantwortung der Items im Sinne der sozialen Erwünschtheit enthält, sprechen die psychometrischen Kennwerte dafür, dass es sich bei der «Compulsive Buying Scale» um ein valides und reliables Instrument mit gut diskriminierenden Items handelt.

Das «Minnesota Impulsive Disorder Interview» (MIDI, Minnesota Interview zur Erfassung impulsiver Störungen; Christenson et al., 1994) erfasst die Störungsbilder, die nach den Autoren unter «Störungen der Impulskontrolle» eingeordnet werden können: Kleptomanie, Trichotillomanie, intermittierende explosible Störung, das pathologische Spielen sowie weiterhin die exzessive sexuelle Betätigung, die exzessive sportliche Betätigung und das pathologische Kaufen. Es handelt sich um ein strukturiertes Interview, das zu Forschungszwecken entwickelt worden ist. Der Abschnitt des Interviews zum pathologischen Kaufen besteht zunächst aus vier Hauptfragen, an die sich fünf weiterführende Fragen anschließen. Im Falle einer positiven «Screening»entscheidung empfehlen die Autoren, ein Zusatzmodul mit 82 Items für eine genauere Diagnosestellung anzuwenden.

Monahan und Kollegen (1996) entwickelten die «Yale-Brown-Obsessive-Compulsive Scale – Shopping Version» (YBOCS-SV, Yale-Brown Zwangsskala – Version für Kaufen), die eine modifizierte Form der «Yale-Brown-Obsessive-Compulsive Scale» (YBOCS) von Goodman und Kollegen ist (Goodman, Price, Rasmussen, Mazure, Delgado, et al., 1989; Goodman, Price, Rasmussen, Mazure, Fleischman, et al., 1989). Monahan und Kollegen (1996) weisen auf die Notwendigkeit ihres Instrumentes hin, da die «Compulsive Buying Scale» von Faber und O'Guinn (1992) zwar geeignet sei, um zwischen gesunden und pathologischen Käufern zu unterscheiden, jedoch keine Aussage über das Ausmaß der Störung machen kann. Die YBOCS-SV erfasst Kognitionen und Verhaltensweisen, die mit dem pathologischen Kaufen in Verbindung stehen. Die Skala ist ein valides und reliables Instrument, um den Schweregrad sowie die Veränderung von klinischen Symptomen bei pathologischem Kaufverhalten zu erheben. Sie besteht aus 10 Items, von denen sich 5 Items auf die gedankliche Beschäftigung und 5 Items auf das Verhalten beziehen. Erfasst werden sowohl die zeitliche Einschränkung als auch die Beeinträchtigung anderer Lebensbereiche durch das pathologische Kaufen. Des Weiteren werden der Leidensdruck, der Widerstand gegen mit Kaufanfällen zusammenhängende Gedanken oder Verhaltensweisen sowie der Grad der Kontrolle über diese Symptome erhoben. Der Fragebogen weist eine gute Interraterreliabilität und eine hohe interne Konsistenz auf.

Lejoyeux und Kollegen (1997) entwickelten einen Fragebogen mit 19 Items, der die Hauptcharakteristiken von pathologischem Kaufen erfasst. Der Fragebogen erhebt Impulsivität, den Drang zu kaufen, Emotionen vor, während und beim Kaufanfall, Schuldgefühle nach dem Kaufanfall, die Tendenz zur kurzfristigen Bedürfnisbefriedigung, Konsequenzen des Kaufanfalls und Vermeidungsstrategien. Über diesen Fragebogen sind keine psychometrischen Kennwerte veröffentlicht.

Christo und Kollegen (2003) entwickelten eine Kurzform des «PROMIS Addiction Questionnaire» (PROMIS Abhängigkeitsfragebogen; Lefever, 1988), den «Shorter PROMIS Questionnaire» (SPQ), der hier exemplarisch für Kaufsucht vorgestellt werden soll. Der PROMIS Addiction Questionnaire ist ein Instrument zur Erfassung von Abhängigkeit und beinhaltet 16 Skalen zu je 30 Items, die sich sowohl auf stoffgebundene Abhängigkeit als auch auf verschiedene Bereiche der Verhaltenssucht (Arbeit, Essen, Sport, Spielen, Sex und Kaufen) beziehen. Für jede Skala werden sieben typische Charakteristika von Abhängigkeit erfragt. Der SPQ enthält ebenfalls 16 Skalen, die jedoch nur je 10 Items umfassen. Neben stoffgebundener Abhängigkeit, wie Alkohol- oder Heroinabhängigkeit, und Formen der Verhaltenssucht, wie die Glücksspielsucht, erfasst der SPQ auch Kaufsucht. Christo und Kollegen (2003) beschreiben nur für einige Skalen des SPQ psychometrische Kennwerte. Bezüglich der Skala zur Kaufsucht liegen keine Daten vor.

## 10.2 Sportsucht

Die ersten beiden «Instrumente», die Sportsucht erfassten, waren ein tiefenpsychologisches Interview von Sachs und Pargman (1979), welches sich als sehr zeitintensiv herausstellte, und die «Commitment to Running Scale» (Bindung/Hingabe an das Laufen) von Carmack und Martens (1979). Diese beiden Ansätze fokussieren auf die Erfassung von Sportsucht als «positive Sucht» (vgl. Kap. 5.1).

Für die «Commitment to Running Scale» (CR) entwickelten Carmack und Martens (1979) einen Itempool, indem sie die aktuelle Literatur zum Thema Laufen auswerteten sowie aktive Läufer interviewten. Der Itempool wurde dann von zehn Läufern und fünf Autoren aus dem Bereich der Laufforschung auf Inhaltsvalidität begutachtet, und es wurden 30 Items ausgewählt, die anschließend 180 Personen vorgelegt und dann durch statistische Verfahren auf 12 Items reduziert wurden. Diese 12 Items wiesen gute bis sehr gute Korrelationskoeffizienten auf. Bei der Reliabilität und der internen Konsistenz der CR zeigen sich gute bis sehr gute Werte. Jedoch merken Chapman und De Castro (1990) hierbei an, dass es sich bei Sportsucht («addiction») und einer Hingabe/Bindung an den Sport («commitment to physical activity») um zwei verschiedene Konstrukte handelt. Während es sich bei der Sportsucht um einen Prozess handelt, der Individuen dazu bringt, trotz Hindernissen Sport zu treiben oder im Falle einer Sportpause Entzugserscheinungen zu haben, handelt es sich bei Hingabe/Bindung um eine Intention, Sport zu treiben, die in Befriedigung und Freude resultiert.

Das erste Instrument, welches Sportsucht als «negative Sucht» (vgl. Kap. 5.1) erfasst, ist die «Negative Addiction Scale» (NAS; Negative Sucht Skala) von Hailey und Bailey (1982). Die «Negative Addiction Scale» ist eine Methode, um die negative Sucht bei Läufern zu quantifizieren. Bei der «Negative Addiction Scale» handelt es sich um einen Fragebogen mit 14 Items, der nach Aussage der Autoren eher die psychologischen als die physiologischen Aspekte von Laufsucht erfasst.

Die Autoren konnten zeigen, dass Personen mit einer längeren Laufgeschichte auch höhere Fragebogenwerte erreichten. Allerdings fehlen Angaben über statistische Kennwerte. Des Weiteren fehlen auch Angaben darüber, ab welchem Punktwert eine Person als «negativ süchtig» nach dem Laufen charakterisiert werden kann.

Bei Korrelationen zwischen der NAS und der CR ergaben sich zwar einige positive Korrelationswerte, es ließ sich jedoch nur ein geringer Anteil der Varianz durch die beiden Tests erklären. Daher gehen Kirkby und Adams (1996) davon aus, dass die beiden Tests unterschiedliche Qualitäten von Sportsucht erfassen.

Der «Exercise Beliefs Questionnaire» (Fragebogen zu Annahmen über sportliche Betätigung) von Loumidis und Wells (1998) besteht aus 21 Items und setzt sich aus den 4 Faktoren «social desirability» (soziale Erwünschtheit), «physical appearance» (körperliche Erscheinung), «mental and emotional functioning» (mentales und emotionales Funktionsniveau) und «vulnerability to disease and aging» (Anfälligkeit für Krankheiten und Altern) zusammen. Generell werden die erwarteten Konsequenzen durch das Aussetzen sportlicher Betätigung erfasst. Der Fragebogen weist eine zufriedenstellende bis gute Reliabilität auf.

Der «Exercise Dependence Questionnaire» (EDQ, Sportsuchtfragebogen) von Ogden, Veale und Summers (1997) besteht aus 29 Items und kann für eine Vielzahl von sportlichen Aktivitäten angewendet werden. Als sportliche Betätigung gilt bei diesem Fragebogen jede Aktivität, die zu einem Anstieg der Herzrate führt. Der EDQ setzt sich aus 8 Subskalen mit guter internaler Konsistenz zusammen. Die einzelnen Subskalen lauten «interference with social/family/work life» (negative Auswirkungen auf soziale Kontakte, Familie und Arbeit), «positive reward» (positive belohnende Wirkung durch die sportliche Betätigung), «withdrawal symptoms» (Entzugserscheinungen), «exercise for weight control» (Sport treiben zur Gewichtskontrolle), «insight into problem» (Einsicht in das problematische Sportverhalten), «exercise for social reasons» (Sport treiben aus sozialen Gründen), «exercise for health reasons» (Sport treiben aus gesundheitlichen Gründen) und «stereotyped behavior» (rigides, stereotypisiertes Verhalten im Umgang mit dem Sport). Der EDQ erfasst Sportsucht als multidimensionales Konstrukt und ist nach Angaben der Autoren ein reliables und valides Instrument. Er basiert nicht auf speziellen diagnostischen Kriterien und macht keine Aussage über den Schweregrad der Sportsucht.

Die «Bodybuilding Dependency Scale» (BDS, Bodybuildingsuchtskala) von Smith, Hale und Collins (1998) ist das erste Instrument, das speziell die Sucht nach dem Bodybuilding erfasst. Sie besteht aus 9 Items und enthält die 3 Subskalen «social dependence» (Notwendigkeit, sich in der Bodybuilderumgebung aufzuhalten), «training dependence» (Notwendigkeit zu trainieren) und «mastery dependence» (Notwendigkeit, sich seinen Trainingsplan selbst gestalten zu können). Die BDS hat eine zufriedenstellende Reliabilität.

Das «Exercise Dependence Interview» (EXDI, Interview zur Erfassung der Sportsucht) von Bamber, Cockerill, Rodgers und Carroll (2000) erfasst Sportsucht sowie auch Essstörungen. Die Itemgenerierung erfolgte über verschiedene

Quellen, wie z. B. die diagnostischen Kriterien von De Coverly Veale (1987) für primäre und sekundäre Sportsucht (vgl. Kap. 5.1) oder das «Eating Disorder Inventory» (EDI, Garner, Olmsted, & Polivy, 1983). Das EXDI erfasst das Sportverhalten der letzten drei Monate, mit dem Sport verbundene Gedanken, die Auswirkungen und Zusammenhänge zwischen dem Sportverhalten und dem Essverhalten sowie eine Einschätzung der eigenen Sportsucht und krankheitsanamnestische Daten.

Die «Commitment to Exercise Scale» (CES, Bindung/Hingabe an sportliche Betätigung) von Davis, Brewer und Ratusny (1993) erfasst mit 8 Items auf insgesamt 2 Skalen die obligatorischen Aspekte des Sporttreibens (z. B. ein schlechtes Gewissen haben, wenn man mal den Sport ausfallen lässt) sowie die pathologischen Aspekte des Sporttreibens (trotz Verletzungen weiter Sport treiben) und weist eine zufriedenstellende Reliabilität auf.

Die «Exercise Dependence Scale» (EDS, Sportsuchtskala) von Hausenblas und Symons Down (2002) umfasst 28 Items, die auf den Kriterien des DSM-IV (APA, 1994) für Substanzabhängigkeit basieren. Das Instrument unterscheidet zwischen Risikosportlern, Sportsüchtigen und nicht Sportsüchtigen und weist eine angemessene Reliabilität auf.

Die «Running Addiction Scale» (RAS, Laufsuchtskala) von Rudy und Estok (1989) besteht aus 17 Items und verfügt über eine befriedigende Reliabilität und eine hohe Validität. Allerdings werden die in der RAS erzielten Werte leicht durch die momentane Stimmung beeinflusst (Adams & Kirkby, 1998).

Chapman und De Castro (1990) entwickelten ebenfalls eine «Running Addiction Scale» (RAS), die als valide und reliabel ausgewiesen wird. Sie besteht aus 18 Items. Obwohl diese Skala es nicht ermöglicht, eine Aussage über den Schweregrad der Sucht zu machen, sind die Autoren dennoch überzeugt, dass mit ihrer Skala Sucht und nicht die Bindung/Hingabe an den Sport erfasst wird.

Der «Obligatoy Running Questionnaire» (ORQ, Fragebogen zur Erfassung der Notwendigkeit des Laufens) von Blumenthal, O'Toole und Chang (1984) besteht aus 21 Items; es existieren keine Angaben zur Reliabilität und Validität. Der Fragebogen wurde später durch Thompson und Pasman (1991) in den «Obligatory Exercise Questionnaire» (OEQ, Fragebogen zur Erfassung der Notwendigkeit des Sporttreibens) modifiziert. Die modifizierte Version besteht ebenfalls aus 21 Items und verfügt über eine sehr gute Reliabilität.

Die «Exercise Salience Scale» (ESS, Skala zur Erfassung des Anreizes sportlicher Betätigung) stammt ursprünglich von Morrow und Harvey (1990) und wurde später von Kline, Franken und Rowland (1994) modifiziert. Die Skala besteht aus 40 Items und lässt sich in 2 Faktoren unterteilen «response omission anxiety» (Reaktion auf die Angst vor dem Aussetzen des Trainings) und «response persistance» (Reaktion auf die Fortsetzung des Training) und ist für alle Sportarten geeignet. Die Skala zeichnet sich durch eine hohe Konstruktvalidität aus.

Das «Exercise Addiction Inventory» (EAI, Sportsuchtinventar) von Terry, Szabo und Griffiths (2003; Griffiths, Szabo, & Terry, 2005) ist ein kurzes Screening-Instrument zur Identifikation von Sportsucht. Der EAI besteht aus 6 Items, die in

Anlehnung an stoffgebundene Abhängigkeit die folgenden Komponenten abhängigen Verhaltens erfassen: 1) Bedeutsamkeit/Wichtigkeit des exzessiven Verhaltens, 2) Stimmungsmodifikation durch exzessives Verhalten, 3) Toleranzentwicklung, 4) Entzugssymptome, 5) soziale Konflikte durch exzessives Verhalten und 6) Rückfalltendenz (Griffiths, 1996). Die Items werden auf einer sechsstufigen Antwortskala hinsichtlich des Grades der Zustimmung bzw. Ablehnung beurteilt. Der EAI wies in ersten Studien zur Güte des Verfahren eine hohe interne Konsistenz und konvergente Validität hinsichtlich des OEQ und der EDS auf.

Zuletzt sei noch der «Exercise Orientation Questionnaire» (Fragebogen zur Erfassung der sportlichen Orientierung) von Yates, Edman, Crago, Crowell und Zimmerman (1999) genannt. Der Fragebogen umfasst 49 Items und misst sowohl die Einstellungen zum Sport als auch sportliche Verhaltensweisen. Er besteht aus den 6 Faktoren «self-control» (Selbstkontrolle), «orientation to exercise» (sportliche Orientierung), «self-loathing» (Selbstabscheu), «weight reduction» (Gewichtsreduktion), «competition» (Wettbewerbsorientierung/Ehrgeiz) und «identitiy» (Identität) und verfügt über eine sehr gute Reliabilität.

## 10.3 Glücksspielsucht

In den letzten Jahren wurden zunehmend Verfahren zur Erfassung pathologischen Glückspiels und zur Messung kognitiver Variablen (z. B. Einstellungen, Grundannahmen) entwickelt, die im Zusammenhang mit problematischem Glückspielverhalten stehen. Der Schwerpunkt der diagnostischen Verfahren liegt dabei auf der Erfassung der Kriterien pathologischen Glückspiels in Anlehnung an die «Internationale Klassifikation psychischer Störungen» (ICD-10, Dilling, Mombour, & Schmidt, 2000) bzw. an das «Diagnostische und Statistische Manual Psychischer Störungen» (DSM-IV-TR, Saß, Wittchen, Zaudig, & Houben, 2003). Im Folgenden werden zunächst die gängigen Selbstbeurteilungsverfahren und strukturierten klinischen Interviews zur Erfassung des pathologischen Glückspiels und anschließend Instrumente zur Erfassung von Einstellungen und Grundannahmen im Zusammenhang mit problematischem Glückspielverhalten vorgestellt.

Der «South Oaks Gambling Screen» (SOGS, South Oaks Spiel Screening) von Lesieur und Blume (1987) ist das am weitesten verbreitete und am besten evaluierte Screening-Instrument (Kurzfragebogen) für pathologisches Glückspielverhalten und wurde Mitte der 1980er-Jahre für die Anwendung bei klinischen Gruppen entwickelt. Der SOGS umfasst 20 Items, die auf den Kriterien pathologischen Glückspiels (DSM-III-R, APA, 1987) basieren und kann sowohl als Selbstbeurteilungsverfahren oder als klinisches Interview eingesetzt werden. In seiner 20jährigen Nutzung wurden die Validität und Reliabilität des Verfahrens umfangreich überprüft. So verfügt der SOGS über eine gute interne Konsistenz und konvergente Validität bezüglich anderer Verfahren zur Erfassung pathologischen Glückspiels. Der SOGS wurde in den letzten 10 Jahren entgegen seines ursprünglichen Geltungsbereiches zunehmend auch bei nicht-klinischen Stichproben und Prävalenzstudien eingesetzt. Die Anwendung bei allgemeinen Populationen ist jedoch mit einer geringeren Genauigkeit hinsichtlich der Differenzierung von pathologischen und nicht-pathologischen Spielern (hohe Rate falsch positiver Klassifikationen, mittlere Sensitivität) vorsichtig zu bewerten. Kritisch bleibt auch anzumerken, dass dieses nun seit 20 Jahren genutzte Verfahren Veränderungen in den diagnostischen Kriterien, wie sie im DSM-IV (APA, 1994) eingeführt wurden, nicht angemessen widerspiegeln kann.

Der «Canadian Problem Gambling Index» (CPGI, Kanadischer Index für problematisches Spielen) von Ferris und Wynne (2001) ist ein neueres Instrument zur Erfassung problematischen Spielverhaltens in allgemeinen Populationen. Der CPGI besteht aus 31 Items und ist in drei Hauptbereiche unterteilt: «Beschäftigung mit dem Glücksspiel», «Erfassung des problematischen Glücksspielverhaltens» und «Korrelate pathologischen Glücksspiels». Der erste Bereich «Beschäftigung mit dem Glücksspiel» umfasst Fragen zu Art, Häufigkeit, Dauer und Umfang des Glücksspielverhaltens. Der zweite Bereich «Erfassung des problematischen Glücksspielverhaltens» besteht aus 12 Fragen, die auf den Kriterien des pathologischen Glücksspiels nach DSM-IV (APA, 1994) bzw. den SOGS-Items von Lesieur und Blume (1987) basieren. Der dritte Bereich «Korrelate pathologischen Glücksspiels» bezieht sich auf neuere Forschungsergebnisse zu weiteren Konzepten, denen im Zusammenhang mit der Entstehung und Aufrechterhaltung pathologischen Glücksspiels eine entscheidende Rolle zukommt. Hierzu zählen unter anderem die Erfassung glücksspielbezogener Einstellungen wie Erwartungen über Gewinnchancen und gedankliches Beschäftigtsein mit dem Glücksspiel und die familiäre Anamnese problematischen Spielverhaltens. Anhand des erzielten Gesamtwertes lassen sich 5 Kategorien problematischen Glücksspielverhaltens differenzieren, die von keinem Glücksspielverhalten bis zu problematischem Spielen reichen. In ersten Untersuchungen an über 6000 Personen zeigte der CPGI zufriedenstellende Reliabilitäts- und gute Validitätskennwerte.

Der «Massachusetts Gambling Screen» (MAGS, Massachusetts Spiel Screening) von Shaffer und Kollegen (Shaffer, LaBrie, Scanlan, & Cummings, 1994) ist ein kurzes Screening-Instrument zur Erfassung pathologischen Glücksspiels in Anlehnung an das DSM-IV (APA, 1994). Der MAGS umfasst 26 Items auf 2 untergeordneten Skalen, die biologische (Toleranz, Entzugssymptome), psychische (Impulskontrollstörungen, Schuld) und soziale Folge- und Begleiterscheinungen pathologischen Glücksspiels erfassen. Die erste Subskala beinhaltet 14 Fragen aus dem «Short Michigan Alcoholism Screening Test» (SMAST, Kurzer Michigan Alkoholismus Test) von Selzer, Vinokur und van Rooijen (1975), und die zweite Skala besteht aus 12 Fragen, die die diagnostischen Kriterien für pathologisches Glücksspiel des DSM-IV (APA, 1994) erheben. Der MAGS verfügt über eine gute kriteriumsbezogene Validität hinsichtlich der DSM-IV-Kriterien und zufriedenstellende Konsistenzwerte bei beiden Subskalen.

Analog zu den bereits in Kapitel 10.1 beschriebenen Adaptionen der «Yale-Brown-Obsessive-Compulsive Scale» (YBOCS, Yale-Brown-Zwangsskala) von

Goodman, Price, Rasmussen, Mazure, Fleischman und Kollegen (1989) für Kaufsucht liegt auch für pathologisches Glücksspiel eine adaptierte Version der YBOCS (PG-YBOCS) von Hollander und Kollegen (1998) vor. Die PG-YBOCS entspricht im Aufbau und den Items der klassischen Form der YBOCS bzw. der YBOCS-Shopping Version (vgl. Kap. 10.1). Obwohl eine Validitäts- und Reliabilitätsanalyse des adaptierten Instruments an größeren Stichproben noch aussteht, kommt die PG-YBOCS aufgrund ihrer einfachen und ökonomischen Anwendbarkeit zunehmend in der klinischen Forschung zum Einsatz. Die PG-YBOCS zeigte in verschiedenen Studien hohe Übereinstimmungsvalidität mit dem SOGS und zufriedenstellende psychometrische Kennwerte (Hollander et al., 1998; Hollander, DeCaria, Finkell, Begaz, Wong, & Cartwright, 2000; Pallanti, Baldini-Rossi, Sood, & Hollander, 2002).

Der «National Opinion Research Center DSM-IV Screen for Gambling Problems» (NODS, Screening für Spielprobleme) von Gerstein und Kollegen (Gerstein, Volberg, Harwood, & Christiansen, 1999) basiert auf den DSM-IV Kriterien für pathologisches Glücksspiel und setzt sich aus zwei Modulen zusammen: der «lifetime» Skala, die problematisches Spielverhalten über den Lebensverlauf erfasst und der «past-year» Skala, die problematisches Spielverhalten in den letzten 12 Monaten betrachtet. Beide Skalen bestehen aus 12 Items, die mit Ja oder Nein beantwortet werden können. Der Gesamtwert beider Skalen reicht von 0 bis 10, und anhand von vorgegebenen Trennwerten können verschiedene Typen von Glücksspielern identifiziert werden: Rohwerte von 1 bis 2 stehen für unproblematisches Spielverhalten, Werte von 3 bis 4 für problematisches Spielverhalten und Werte über 5 für pathologisches Spielverhalten. Bisher liegen nur wenige psychometrische Kennwerte, basierend auf einer Vorstudie mit 44 Glücksspielern, zur Güte des Verfahrens vor. Demnach verfügen beide NODS Skalen über eine gute Test-Retest-Reliabilität und über eine angemessene Sensitivität und Spezifität hinsichtlich der Identifikation pathologischer Glücksspieler. Jedoch fehlen im wesentlichen Angaben zur internen Konsistenz und kriteriumsbezogenen Validität des Verfahrens hinsichtlich der DSM-IV-Kriterien.

Zur Erfassung der Prävalenzraten des pathologischen Glücksspiels nach DSM-IV (APA, 1994) wurde von Beaudoin und Cox (1999) ein nicht näher bezeichnetes 10-Item-Selbstbeurteilungsverfahren entwickelt, dass sich eng an den diagnostischen Kriterien des DSM-IV und DSM-III-R orientiert. Der Fragebogen wurde im Rahmen einer Prävalenzstudie an 57 sich in Behandlung befindenden pathologischen Glücksspielern erprobt. Das Instrument zeigte hohe Korrelationen zu den SOGS-Werten, jedoch steht eine weitreichendere Evaluation des Verfahrens noch aus.

Von Johnson und Kollegen (Johnson, Hamer, & Nora, 1998; Johnson, Hamer, Nora, & Ran, 1997) wurde der Lie/Bet Questionnaire (Lügen/Wetten Fragebogen), ein sehr kurzes Selbstbeurteilungsverfahren in Anlehnung an die DSM-IV-Kriterien, für die Anwendung in der Forschung und klinischen Praxis entwickelt. Dieser Fragebogen beinhaltet nur zwei Items: «Hatten Sie jemals das Gefühl, dass Sie mehr und mehr Geld einsetzen müssen?» und «Haben Sie jemals für Sie wichtige Personen über den Umfang Ihres Glücksspielens belogen?». Eine hohe Sensitivität und Spezifität, sowie eine gute prognostische Validität und Reliabilität des Verfahrens konnten für klinische und nicht-klinische Populationen in zwei unabhängigen Studien bestätigt werden.

Derzeit existieren keine gut etablierten strukturierten klinischen Interviews zur Erfassung pathologischen Glücksspiels. Die wenigen vorliegenden strukturierten diagnostischen Interviews befinden sich vorwiegend noch in der Erprobungsphase.

Zur Unterstützung der Diagnostik und Behandlungsplanung bei pathologischem Glücksspiel wurde von Winters, Specker und Stinchfield (1997) das «Diagnostic Interview for Gambling Schedule» (DIGS, Diagnostisches Interview für das Glücksspielschema) entwickelt. Das DIGS beinhaltet 20 diagnostische Items, die die zehn diagnostischen Kriterien pathologischen Glücksspiels nach DSM-IV (APA, 1994) erfassen. Ergänzend werden Informationen zu vorangegangenen Behandlungen pathologischen Glücksspielens, zur allgemeinen psychischen und körperlichen Gesundheit, zu anderen Impulskontrollstörungen, zum sozialen Umfeld sowie zu finanziellen und rechtlichen Folgen des pathologischen Glücksspielens erfasst. Erste Untersuchungen der Güte des Verfahrens zeigen, dass die diagnostischen Items über eine gute interne Konsistenz verfügen und eine zufriedenstellende kriteriumsbezogene Validität aufweisen (mittlere Korrelationen mit der Häufigkeit des Glücksspiels, der Höhe finanzieller Aufwendungen für und Schulden durch Glückspiele sowie mit der Anzahl finanzieller und rechtlicher Probleme durch das Glücksspielen) (Winters, Specker, & Stinchfield, 2002).

Das «Pathological Gambling Module» (GAM-IV, Modul für Pathologisches Spielen) des «Diagnostic Interview Schedule» (DIS, Strukturiertes Diagnostisches Interview) von Govoni, Frisch und Stinchfield (2001) befindet sich noch in der Erprobungsphase, sodass derzeit keine psychometrischen Kennwerte zur Verfügung stehen. Für die Einstufung des Glücksspielverhaltens als pathologisches Glücksspiel nach dem GAM-IV-/DIS-Kriterium müssen Glücksspieler mindestens zweimal in ihrem Leben Glücksspielaktivitäten nachgegangen sein, das Gefühl haben, zu viel gespielt zu haben, und es müssen mindestens zwei der folgenden Probleme aufgrund des Spielverhaltens aufgetreten sein: Zahlungsunfähigkeit, berufliche oder familiäre Schwierigkeiten und/oder die Notwendigkeit, Geld zu borgen oder zu stehlen.

In Anlehnung an das Strukturierte Klinische Interview für DSM-IV (First, Spitzer, Gibbon, & Williams, 1996), das kein spezifisches Modul für pathologisches Glücksspiel aufweist, haben Grant, Steinberg, Kim, Rounsaville und Potenza (2004) das «Structured Clinical Interview for Pathological Gambling» (SCI-PG, Strukturiertes Klinisches Interview für pathologisches Spielen) entwickelt. Das SCI-PG besteht aus 10 Items, die die DSM-IV Kriterien (APA, 1994) für pathologisches Glücksspiel erfassen (10 Fragen zu Einschlusskriterien und 1 Frage zu Ausschlusskriterien). Analog zum DSM-IV wird die Diagnose «pathologisches Spielen» im SCI-PG dann gestellt, wenn fünf oder mehr der Fragen zu den Einschlusskriterien und dem Ausschlusskriterium («nicht besser durch eine manische Episode begründet») positiv beantwortet wurden. Eine erste Untersuchung zur Reliabilität und Validität des SCI-PG an 72 Glücksspielern erbrachte eine gute Test-Retest-Reliabilität und eine zufriedenstellende bis gute konvergente Validität hinsichtlich des SOGS (hoher Zusammenhang) und des PG-YBOCS (mittlerer Zusammenhang) und eine gute diskriminante Validität gegenüber validitätsdivergenten Verfahren zur Erfassung von Ängstlichkeit oder Depressivität. In klinischen Populationen pathologischer Glücksspieler ist das SCI-PG hoch sensitiv und spezifisch und verfügt über eine gute prognostische Validität.

Neuere Forschung zu kognitiven Faktoren, die mit problematischem Glücksspiel assoziiert sind, haben zur Entwicklung verschiedener Selbstbeurteilungsverfahren geführt, die glücksspielbezogene Kognitionen und Wirkungserwartungen erheben. Hauptanliegen dieser Verfahren ist die Erfassung von Motivationsprozessen und die Unterstützung der Behandlungsplanung und -evaluation bei pathologischen Glücksspielern.

Die «Gambling Attitudes Scale» (GAS, Skala zur Einstellung zum Spiel) von Kassinove (1998) erfasst Einstellungen zum pathologischen Glücksspiel, die der Entwicklung pathologischen Spielverhaltens unterstützend zugrunde liegen können. Die GAS umfasst 59 Items, von denen 36 Items zum einen allgemeine Einstellungen zum Glücksspiel (9 Items) und zum anderen Einstellungen zu drei spezifischen Glücksspielformen (je 9 Items) erheben: Glücksspiele in Casinos, Pferdewetten und Lotterieverlosung. Die Items schließen affektive, kognitive und verhaltensbezogene Aspekte von Einstellungen ein. Des Weiteren wird die Tendenz zu konservativem versus liberalem Denken (21 Items) und das Bedürfnis nach Sensation Seeking (Ereignissuche) erfasst (2 Items). Alle Skalen der GAS weisen eine gute interne Konsistenz- und Test-Retestreliabilität auf. Die Skala zum Sensation Seeking korrelierte moderat mit den 4 Skalen zur Einstellungsmessung, und es bestanden keine Zusammenhänge mit der Tendenz zu konservativem versus liberalem Denken. Eine weiterführende Validierung des Verfahrens steht allerdings noch aus.

Der «Gambling Attitude und Belief Survey» (GABS, Erhebung zu Einstellungen und zu Überzeugungen beim Spiel) von Breen und Zuckermann (1999) erfasst ein breites Spektrum kognitiver Faktoren wie kognitive Verzerrungen, irrationale Grundannahmen und positive Einstellungen gegenüber dem Glücksspiel. Ergänzend wird auch der Grad der Erregung beim Glücksspielen erhoben. Der GABS besteht aus 35 Items, die auf einer vierstufigen Antwortskala (von starker Zustimmung bis starker Ablehnung) beurteilt werden. Glücksspieler mit einem hohen Gesamtwert im GABS erleben Glücksspielen als erregend und sozial bedeutungsvoll. Bei diesen Spielern haben im Rahmen ihrer Einstellung zum Glücksspielen Glück und Gewinnstrategien einen hohen Stellenwert. Das Verfahren verfügt über eine gute interne Konsistenz und hohe konvergente Validität mit dem SOGS.

Ein weiteres Verfahren zur Erfassung von kognitiven Verzerrungen insbesondere hinsichtlich der Gewinnchancen (z. B. Annahmen über Glückssträhnen) bei Glücksspielen ist der «Gambler's Belief Questionnaire» (GBQ, Fragebogen zu

Spielerüberzeugungen) von Steenbergh und Kollegen (Steenbergh, Meyers, May, & Whelan, 2002). Die 21 Items des GABS werden auf einer 7-stufigen Likert-Skala beurteilt. In einer Reliabilitätsanalyse des GABS an 403 Glücksspielern konnten hohe Kennwerte für die interne Konsistenz und eine angemessene Test-Retest-Reliabilität ermittelt werden. Eine gute konvergente und divergente Validität konnte durch die hohen positiven Zusammenhänge des GABS mit dem SOGS, MAGS und dem zeitlichen Umfang der Glücksspielaktivität sowie den fehlenden Zusammenhängen mit der «Social Desirability Scale» (SDS, Skala zur sozialen Erwünschtheit) von Crowne und Marlowe (1960) bestätigt werden.

May, Whelan, Steenbergh und Meyers (2003) entwickelten den «Gambling Self-Efficacy Questionnaire» (GESQ, Spiel-Selbstwirksamkeits-Fragebogen) zur Erfassung der Selbstwirksamkeit hinsichtlich der Kontrolle des Spielverhaltens in verschiedenen Risikosituationen. Der GESQ umfasst 16 an pathologisches Glücksspiel adaptierte Items, die dem «Situational Confidence Questionnaire-39» (SCQ-39, Fragebogen zum situationsbedingten Selbstvertrauen) von Annis und Graham (1988) entnommen wurden. Die Items des GESQ beschreiben spezifische Risikosituationen, die einen der acht Risikofaktoren für einen Rückfall nach Marlatt (1985) enthalten und beginnen mit der Aussage «Ich bin in der Lage, mein Spielverhalten zu kontrollieren...». Für jedes Item wird auf einer sechsstufigen Antwortskala angegeben, wie sicher man ist, sein Spielverhalten in der entsprechenden Risikosituation kontrollieren zu können. Der GESQ weist eine zufriedenstellende interne Konsistenz und einen hohen Test-Retest-Reliabilitätskoeffizienten auf. Moderate und hohe Zusammenhänge des GESQ mit dem Spielverhalten und diagnostischen Verfahren pathologischen Glücksspiels sowie niedrige Zusammenhänge mit Skalen zur Erfassung sozialer Erwünschtheit deuten auf eine gute konvergente und divergente Validität des Verfahrens hin.

Basierend auf dem «Alcohol Urge Questionnaire» (Fragebogen zum Alkoholverlangen) von Bohn, Krahn und Staehler (1995) wurde von Namrata und Oei (2004) der «Gambling Urge Questionnaire» (GUS, Fragebogen zum Spielverlangen) für die Anwendung in klinischen und nicht-klinischen Populationen entwickelt. Der GUS erfasst das Verlangen, Glücksspielaktivitäten nachzugehen und wurde an einer Stichprobe von 968 Personen evaluiert. Er verfügt über zufriedenstellende interne Konsistenz und weist hohe Kennwerte für konkurrente, prädiktive und kriteriumsbezogene Validität auf.

Die «Informational Biases Scale» (IBS, Skala zur Erfassung der Informationsverzerrung) wurde von Jefferson und Nicki (2003) speziell für die Anwendung bei Video-Terminal-Lotterie-Nutzern entwickelt. Die IBS setzt sich aus 25 Items zusammen, die kognitive Verzerrungen im Zusammenhang mit Gewinnchancen bei Video-Lotterien erfassen. Die IBS wurde an einer Stichprobe von 96 Video-Lotterie-Spielern evaluiert und verfügt über eine gute interne Konsistenz. Die mittleren positiven Zusammenhänge der IBS mit diagnostischen Verfahren zum pathologischen Glücksspiel (NODS, SOGS) und Verfahren zur Messung von negativen affektiven Zuständen (Depressivität, Ängstlichkeit) sprechen für die Konstruktvalidität des Verfahrens.

## 10.4 Arbeitssucht

Die Vielfalt an Definitionen der Arbeitssucht und die daraus divergierenden Operationalisierungen schlagen sich in einer Vielzahl von Checklisten und Fragebögen nieder, wobei jedoch die wenigsten den Minimalanforderungen an die Konstruktion eines psychologischen Messinstrumentes zur Diagnose umgrenzter Verhaltensmerkmale gerecht werden. So sind die meisten Fragebögen nicht theoriegeleitet und weisen unterschiedliche Dimensionalitäten auf; es fehlt an Überprüfung von Item- und/oder Testgütekriterien sowie empirischen Analysen (Burke, Richardsen, & Martinussen, 2002; Poppelreuter, 1997).

Mentzel (1979) entwickelte einen Fragebogen zur Erfassung von Arbeitssucht, der sich an die Ergebnisse der Alkoholismusforschung von Jellinek (1960) anlehnt. Der Autor setzt Arbeitssüchtige mit Alkoholikern gleich und verwendet zur Diagnosestellung Items in Anlehnung an Jellineks diagnostische Kriterien von Alkoholabhängigkeit. Das Instrument besteht aus 25 Items, wie z. B. «Arbeiten Sie heimlich (z. B. in der Freizeit, im Urlaub)?» oder «Neigen Sie dazu, sich einen Vorrat an Arbeit zu sichern?». Mentzel legte die Cutoff-Werte nach seiner klinischen Erfahrung fest. Danach ist jemand, der mindestens 5 Items positiv beantwortet, zumindest suchtgefährdet; bei zehn positiv beantworteten Fragen liegt nach Mentzel eine Arbeitssucht vor. Bei diesem Instrument handelt es sich um einen Fragenkatalog (ähnlich wie bei Cherrington, 1980; Killinger, 1992; Puttkammer, 1991 und Spruell, 1987), wobei Rohrlich (1984) betont, dass der Wert solcher Fragenkataloge darin liegt, dass die ausfüllende Person dazu angeregt wird, über sich selbst nachzudenken (Poppelreuter, 1997).

Aus dem 23 Items umfassenden Fragebogen «Commitment to Work» (Bindung/Hingabe an die Arbeit) von McLean (1979) entwickelte Haas (1989) die gekürzte Version in Form eines Screeninginstruments mit 10 dichotomen (ja/nein) Fragen zum Arbeitsverhalten und legte dieses einer Gruppe von Ärzten, die in ihrer eigenen Praxis arbeiteten, vor. Die Personen, die mindestens 5 Items positiv beantworteten, wurden als arbeitssüchtig eingestuft. Der Fragebogen von McLean untersucht Verhaltensmuster bei Probanden mit einer Tendenz zum Überengagement im Rahmen ihrer Arbeit. Es gibt keine Validitätsangaben zum Screeningbogen von Haas, und auch bei McLean finden sich keine Angaben zu der Validität seines Instruments.

Haas setzte in einer Anschlussuntersuchung einen 94-Item-Fragebogen (ebenfalls dichotom gepolt) ein. Die Itemgenerierung dieses Fragebogens bestand aus Literaturanalyse, Expertenbefragung und der Übernahme geeigneter Items aus anderen Testverfahren. Die Items des Fragebogens wurden über eine Itemanalyse ermittelt. Aufgrund des von ihr gewählten Verfahrens zur Erstellung der Items betrachtet Haas ihr Instrument als inhaltsvalide. Durch eine faktorenanalytische Auswertung wurden fünf zentrale Verhaltensfaktoren ermittelt. Diese fünf Verhaltensfaktoren (arbeitssüchtiges Verhalten, abhängiges Verhalten, zwanghaftes Verhalten, Typ-A-Verhalten und depressives Verhalten) gliedern sich in 15 Subfaktoren, die als grundlegend für die Charakterisierung der arbeitssüchtigen

Persönlichkeit betrachtet werden. Das Instrument ermöglicht in hohem Maße die korrekte Zuordnung der Probanden zu den Kategorien «arbeitssüchtig» bzw. «nicht-arbeitssüchtig». Haas ermittelte in ihrer Untersuchungsstichprobe einen Anteil von 30 % arbeitssüchtigen Probanden und lag damit erheblich höher als der in der Literatur immer wieder genannte Wert von 5 bis 10 % der gesamten berufstätigen Bevölkerung Nordamerikas (vgl. Cherrington, 1980; Machlowitz, 1978). Haas führt das auf ihre spezielle, nicht repräsentative Stichprobe zurück. Der Fragebogen verfügt über eine hohe Reliabilität und weist eine sehr gute interne Konsistenz auf.

Poppelreuter (1997) kritisiert den Mangel eines validen Außenkriteriums, und so bleibt offen, ob der «Commitment to Work»-Fragebogen tatsächlich arbeitssüchtige Personen identifiziert oder nur Personen, die sich selbst als arbeitssüchtig bezeichnen. Ähnliche Probleme eines fehlenden Außenkriteriums finden sich bei den unten aufgeführten Instrumenten von Spence und Robbins (1992) sowie Robinson, Post und Khakee (1992, 1994).

Die «Workaholism Battery» (WorkBAT, Arbeitssuchtbatterie) von Spence und Robbins (1992) besteht aus 25 Fragen, die jeweils mittels 5-stufiger Likertskala beantwortet werden. Das Instrument erhebt drei Skalen: «work involvement» (Engagement im Beruf), «driven» (Arbeitsdrang) sowie «enjoyment of work» (Spaß an der Arbeit). Zur Entwicklung des Instruments entwickelten die Autoren als erstes ein Itemset für die Arbeitssucht-Triade und die dazugehörigen Aspekte «job stress» (Arbeitsstress), «job Involvement» (Engagement bei der Arbeit), «perfectionism» (Perfektionismus), «nondelegation» (Weigerung, Verantwortung abzugeben) sowie «time commitment» (der zeitliche Aufwand). Anschließend wurden die Fragen (Items) dann einer Stichprobe von Studenten vorgelegt und jene Items aussortiert, die den teststatistischen Anforderungen nicht genügten. Die Items bezogen sich hier nicht auf bezahlte Arbeit, sondern auf schulische Aufgaben. Die revidierte Itemauswahl wurde dann noch einmal erneut einer Stichprobe von Studenten vorgelegt. Es zeigte sich, dass die Items befriedigende psychometrische Kennwerte aufwiesen. Die endgültige Itemselektion ergab für die einzelnen Skalen eine zufriedenstellende Reliabilität bezüglich interner Konsistenz.

Die «WorkBAT-R» (McMillan, Brady, O'Driscoll, & Marsh, 2002) ist ein Selbstbeurteilungsinstrument mit 14 Items, die auf einer 7-stufigen Likertskala (mit den Polen stimmt nicht/stimmt) beantwortet werden müssen. Es handelt sich bei dem Instrument um eine revidierte Version der «Workaholism Battery» (Spence & Robbins, 1992). Während Spence und Robbins drei Faktoren in ihrem Instrument fanden, konnten McMillan und Kollegen (2002) nur zwei Faktoren analysieren, «Spaß» (an der Arbeit) und «Trieb» (Drang). Der Faktor «Spaß» (an der Arbeit) wird über sieben Items erhoben und es werden für ihn sehr gute Reliabilitätswerte beschrieben. Die Skala wurde auch für die Partner von Arbeitssüchtigen angepasst und lieferte in der Partnerversion ähnlich gute psychometrische Kennwerte. Der Faktor «Trieb» (Drang) besteht ebenfalls aus sieben Items und weist eine gute Reliabilität auf. Auch diese Skala wurde wieder für die Partner angepasst und weist auch hier vergleichbare gute psychometrische Kennwerte auf. Zusätzlich fügten McMillan und Kollegen (2002) noch drei weitere Items ein, anhand derer die betroffenen Personen selbst einschätzen sollen, wie arbeitssüchtig sie wirklich sind.

Doty und Betz (1981) postulieren zwei Typen von Arbeitssüchtigen. Bei dem einen Typus ist die Arbeitseingebundenheit immens hoch, sie stellt aber dennoch eine Bereicherung für den Betroffenen dar. Der andere Typus ist der exzessive Vielarbeiter, dessen Arbeitsverpflichtungen extrem und destruktiv sind. Diesen Typus sollte man laut der Autoren eher als den süchtigen Typus beschreiben. Zur Überprüfung der postulierten Unterschiede sowie zur Differenzierung der beiden Gruppen konstruierten Doty und Betz den «Work Attitude Questionnaire» (WAQ, Fragebogen zu den Einstellungen zum Arbeitsverhalten). Der Fragebogen umfasst zwei Skalen, die zum einen das Ausmaß an Hingabe zur Arbeit («commitment to work») und zum anderen das Ausmaß an psychisch gesunden bzw. ungesunden Einstellungen und Verhaltensweisen bezüglich der Arbeit erfassen sollen.

Die Skala «Hingabe zur Arbeit», die zur Differenzierung von Personen mit hoher bzw. niedriger Hingabe zur Arbeit entwickelt wurde, besteht aus 23 Items, die Einstellungen zur Arbeit und das allgemeine Arbeitsverhalten betreffen. Die Gesundheitsskala umfasst 22 Items und soll dazu dienen, eine gesunde gegenüber einer ungesunden Arbeitsbezogenheit zu unterscheiden. Aus beiden Skalenwerten wird ein Gesamtwert gebildet. Die Kodierung der Items wird so gestaltet, dass ein hoher WAQ-Wert ein Indikator für eine hohe Arbeitsbezogenheit bei gleichzeitig fehlangepassten, ungesunden Einstellungs- und Verhaltensmustern bzgl. der Arbeit ist. Eine erste Evaluationsstudie an einer Stichprobe von 93 ausschließlich männlichen Managern erbrachte positive Ergebnisse sowohl bezüglich der Reliabilität (interne Konsistenz) als auch der Konstruktvalidität der beiden Einzelskalen und der Gesamtskala. Der WAQ ermöglicht eine Unterscheidung zwischen Personen, die in hohem Maße arbeitsbezogen sind und Personen, die arbeitssüchtig sind. Ein hohes Maß an Arbeitsbezogenheit kombiniert mit den für die psychische Gesundheit förderlichen Einstellungen und Verhaltensweisen kennzeichnet Personen, die durch ihre Arbeit herausgefordert, stimuliert und befriedigt werden. Die Kombination von intensiver Arbeitsverpflichtung mit ungesunden Einstellungen und Verhaltensweisen ist charakteristisch für diejenigen Berufstätigen, die gesundheitliche Schwierigkeiten, emotionale und zwischenmenschliche Probleme aufweisen und die potenziell ineffektiv in ihrem Arbeitsverhalten sind. Somit unterscheiden die Autoren zwischen gesunden und kranken Arbeitssüchtigen. Das Problem der Arbeitssucht liegt nicht in der qualitativen und quantitativen Zentralität ihrer Arbeit, sondern in den Einstellungen und Verhaltensweisen der Betroffenen im Bereich der psychischen Gesundheit.

Jedoch verwenden die Autoren eine unübliche Definition von Gesundheit, die sich nicht auf die üblichen Einstellungen und Verhaltensweisen bezieht (Ernährung, körperliche Bewegung, Alkohol- und Nikotinkonsum usw.), sondern ausschließlich im Zusammenhang mit spezifischen arbeitsbezogenen Einstellungen und Verhaltensmustern gesehen wird. Zudem erscheint die Aufteilung in zwei Subskalen inhaltlich nicht nachvollziehbar, die Benennung der Skalen ist bei genauerer Untersuchung der einzelnen Iteminhalte unangemessen. Es wäre sinnvoller, die Items des WAQ als kennzeichnend für eine Dimension zu betrachten und dementsprechend zu interpretieren. Dann wäre ein hoher Wert ein Hinweis auf das Vorliegen einer Arbeitssuchtproblematik, während ein niedriger Wert einer solchen Annahme widerspräche (vgl. auch Poppelreuter, 1997).

Der «Work Addiction Risk Test» (WART, Test zur Prüfung des Arbeitssuchtrisikos) von Robinson (1989) ist eine empirische Methode, um abhängige Arbeitsweisen zu erfassen und wurde bei Studien zu gestörten Familienbeziehungen eingesetzt. Der Fragebogen besteht aus 25 Items, die verschiedene Arbeitsweisen mittels vierstufiger Skala (zwischen «trifft immer zu» und «trifft niemals zu») erfassen. Zur Überprüfung der Inhaltsvalidität des WART wurde 32 zufällig ausgewählten Psychotherapeuten ein Fragebogen mit 35 Items zugeschickt, wobei den 25 Items des WART noch weitere 10 Items hinzugefügt wurden, die mit dem Phänomen Arbeitssucht nichts zu tun hatten. Die Probanden wurden gebeten, aus den 35 Items die 25 auszusuchen, die sie für Symptome der Arbeitssucht hielten. Der durchschnittliche Wert «richtiger Zuordnungen» lag bei 89,4 %. Dies spricht nach den Autoren für die Inhaltsvalidität des Verfahrens (Robinson & Phillips, 1995). Das Instrument zeigt eine über ein zweiwöchiges Intervall gemessene gute Test-Retest-Reliabilität und eine gute Split-half-Reliabilität (Robinson et al., 1992).

Die «Work Adjective Checklist» (WAC, Checkliste zur Beschreibung von Arbeit) von Haymon (1992) wurde aus einem Itempool von verhaltens- und einstellungsbezogenen Charakteristika von Personen mit selbst berichteter Arbeitssucht entwickelt. Insgesamt 72 Items, die auf einer Likertskala beantwortet werden müssen, laden auf 5 Faktoren (in Poppelreuter, 1997): Ängstlichkeit, obsessiv-gezwungenes Verhalten, Manie, Intoleranz und Selbstzweifel. Zu dem WAC gibt es keine Validitäts- oder Reliabilitätsangaben.

Ein wesentliches Problem bei der Erstellung von Instrumenten zur Erfassung von Arbeitssucht liegt darin begründet, dass es eigentlich notwendig wäre, ein Instrument zu entwickeln, welches direkt auf die spezielle Arbeitssituation eines Einzelnen angewendet werden kann. In der Folge wären jedoch die Ergebnisse der einzelnen Arbeitssuchtscores nicht mehr miteinander vergleichbar. Daher erscheint es sinnvoll, sich in der Erfassung von Arbeitssucht auf die Aspekte der Arbeitsleistung zu konzentrieren, die weder benötigt werden noch gefordert sind, und zwar über alle Arbeitsbereiche hinweg (Mudrack & Naughton, 2001).

Aus diesen theoretischen Grundüberlegungen entwickelten Mudrack und Naughton (2001) ein Instrument, dass aus zwei Skalen besteht. Die erste Skala «unverlangter (bzw. nicht geforderter) Arbeitseinsatz» umfasst einen Satz von vier Items und beschäftigt sich mit dem selbstberichteten Zeit- und Energieaufwand, der typischerweise für sogenannte «eigenbrötlerische» Aktivitäten (z. B. Grübeln über Möglichkeiten der Arbeitsleistungssteigerung) aufgewendet wird. Drei Items dieser Skala erfassen das Ausmaß von Zeit und Energie für unnötige Optimierungspläne zur Arbeitsleistungssteigerung, ein weiteres Item erhebt das Initiieren neuer Projekte im Sinne der Steigerung der ohnehin schon vorhandenen Arbeitsbelastung. Ein zweites Itemset bildet die Skala «Kontrolle von Mitarbeitern», sie erfasst Zeit und Energieaufwand, die durchschnittlich zur Kontrolle der Arbeit anderer oder zum Management von Krisensituationen benötigt werden. Bei allen Items ist jeweils auf einer fünfstufigen Likertskala anzugeben, wie viel Zeit und Energie für einzelne arbeitsbezogene Aktivitäten aufgewendet werden (keine oder nicht zutreffend bis sehr viel Zeit und Energie). Mittlere Korrelationen der Items und mittlere Inter-Item-Korrelationen sind zufriedenstellend. Die Daten sprechen für konzeptuelle und praktische Unterschiede zwischen den beiden Skalen.

Die «Schedule for Nonadaptive Personality Workaholism Scale» (SNAP-Work, Skala zur Erfassung von unangepasster persönlichkeitsbedingter Arbeitssucht) von Clark (1993) umfasst 18 Items zum Arbeitsverhalten, bei denen zwischen richtig und falsch unterschieden wird. Clark belegt einen Überschneidungsbereich zwischen einer zwanghaften Persönlichkeitsstörung und Arbeitssucht. Der Fragebogen wurde bereits an verschiedenen Studenten- und Beschäftigtenpopulationen getestet. Die Skala verfügt über eine hohe interne Konsistenz, eine gute Split-Half-Reliabilität und weist gute Korrelationen mit einem anderen Arbeitssuchtinstrument auf (McMillan, O'Driscoll, Marsh, & Brady, 2001). Obwohl diese Skala bislang kaum in Studien verwendet wurde, scheint sie ein gut konstruiertes und wissenschaftlich valides Instrument zu sein.

## 10.5 Computersucht

Zur Erfassung der Computerspielsucht gibt es verschiedene Instrumente, die als theoretische Grundlage vor allem die Kriterien für pathologisches Glücksspielen bzw. für Abhängigkeit des «Diagnostischen und Statistischen Manuals Psychischer Störungen» (DSM- IV-TR, Saß et al., 2003) verwenden. Die meisten gängigen Instrumente zur Erhebung des exzessiven Computerspielens bzw. der Computerspielsucht wurden für Jugendliche entwickelt. Exemplarisch sind im Folgenden einige Diagnoseverfahren aus dem englischen Sprachraum genannt.

Griffiths (1992) erfasste mittels 9 adaptierter DSM-III-R-Kriterien (APA, 1987) süchtiges Automatenspielverhalten (bezogen auf Videospiele) im Kindes- und Jugendalter. Als süchtig wird das Verhalten dann diagnostiziert, wenn mindestens 4 der Kriterien erfüllt werden. Psychometrische Kennwerte des Instruments liegen nicht vor. Ein entsprechendes Instrument wurde auch für jugendliche Computerspieler entwickelt (Griffiths & Hunt, 1998).

Auch Fisher (1994) entwickelte mit dem DSM-IV-JV (J = Juvenile, V = Arcarde video game; Videoautomatenspiel im Jugendalter) ein Instrument für pathologisches Videospiel bei Jugendlichen, das sich an den Kriterien für pathologisches Glücksspielen des DSM-IV (APA, 1994) orientiert. Die Diagnose Computerspielsucht wird dann gestellt, wenn mindestens 4 der Kriterien erfüllt werden. Bei akzeptabler Reliabilität ist das Instrument streng genommen nur für die Diagnose süchtigen Videospielverhaltens in Spielhallen zulässig, doch hält die Autorin ebenso eine Anwendung auf häusliches Computerspielverhalten für möglich.

Um bei Jugendlichen problematisches Videospielverhalten zu erfassen, entwickelten Salguero und Morán (2002) die «Problem Video Game Playing Scale» (PVB, Skala zum Problematischen Videospielen). Die Skala besteht aus 9 Items und wurde bei Jugendlichen im Alter zwischen 13 und 18 Jahren eingesetzt. Es zeigte sich, dass sie eine akzeptable Reliabilität aufweist.

Chiu, Lee und Huang (2004) stellen die «Game Addiction Scale» (Skala zur Erfassung von Videospielsucht) für das Grundschulalter vor. Das Instrument besteht aus 9 Fragen, die 2 Faktoren «game Addiction» (Spielsucht) und «game Concern» (Spielinteresse) differenzieren und sich damit von den anderen vorliegenden Instrumenten unterscheiden. Leider erwähnen die Autoren weder psychometrische Kennwerte des Instrumentes noch den Wortlaut der Items.

Um das Computerspielverhalten bei Kindern zu erfassen, wurde der «Fragebogen zum Computerspielverhalten bei Kindern» (CSVK) von Thalemann, Albrecht, Thalemann und Grüsser (2004) für den deutschen Sprachraum entwickelt. Der Fragebogen ist ein Selbstbeurteilungsverfahren, das neben der Diagnose von «exzessivem Computerspielen» auch einen Überblick über die Bereiche «Familie und Wohnen», «Freizeit und Freunde», «Schule» sowie «Fernsehverhalten» gibt und darüber hinaus Aussagen zur subjektiven Befindlichkeit, dem Selbstwert, der sozialen Akzeptanz und bevorzugten Problemlösestrategien erhebt. Die Kriterien für das exzessive Computernutzungsverhalten wurden in Anlehnung an die gültigen Kriterien für pathologisches Glücksspiel und Abhängigkeit nach den internationalen Klassifikationssystemen psychischer Störungen (ICD-10, Dilling et al., 2000; DSM-IV-TR, Saß et al., 2003) formuliert. Für jedes Kriterium wurde nach einem bestimmten Punktesystem ein individueller Score aus der Summe von verschiedenen Items ermittelt. Ein höherer Wert bedeutet eine höhere Gefährdung. Die maximal erreichbare Punktzahl beträgt 28, wenn ein Kind bei allen sieben Items, die dem Konstrukt «exzessives Computerspielen» zugrunde liegen, die jeweils höchste mögliche Punktzahl erreicht. Um als «auffällig» charakterisiert zu werden, mussten die Kinder alle sieben formulierten Kriterien erfüllen und jedes Item überdurchschnittlich im Sinne der Kriterien beantworten.

Die sieben Items der Skala «Diagnosekriterium» ließen sich faktorenanalytisch (Hauptkomponentenanalyse) auf einen gemeinsamen Faktor reduzieren, der als «exzessives» Computerspielen interpretiert werden kann. Dieser Faktor erklärt 36,2 % der Gesamtvarianz. Die Autoren streben für künftige Erhebungen eine inhaltlich-psychologische Analyse der CSVK-Items an, die durch Selbst- und Fremdbeobachtung auf die Verträglichkeit mit dem zugrundeliegenden Konstrukt untersucht werden.

Yang (2001) hat für das «Computer-Related Addictive Behavior Inventory» (CRABI, Inventar zur Erfassung computerassoziierten süchtigen Verhaltens) die Items des «Internet Addiction Tests» für Erwachsene von Young (1998; s. u.) übernommen und dabei das Wort «Internet» durch «Computer» ersetzt. Das Instrument weist eine zufriedenstellende Reliabilität auf.

Im Rahmen seiner Untersuchungen, ob das Konzept der Verhaltenssucht bei Computernutzungsverhalten anwendbar ist, erkennt Charlton (2002) zwar den diagnostischen Wert der Adaptation von internationalen Kriterien für pathologisches Glücksspiel prinzipiell an, ist aber der Meinung, dass die Anwendung von DSM-IV Kriterien (APA, 1994) für pathologisches Glücksspiel für den Computergebrauch zu Prävalenzzalen führe, welche die Anzahl der Computersüchtigen in der Gesellschaft überschätzen.

Zur Erfassung der Internetsucht gibt es eine Vielzahl von diagnostischen Instrumenten. Im Folgenden soll nur eine Auswahl dargestellt werden. Das erste «Instrument» zur Erfassung der «Internet Addictive Disorder» (IAD, Internetsucht) stammt aus dem Jahre 1996 und wurde von Goldberg per Email an Kollegen versendet. Goldberg adaptierte für sein ursprünglich nicht zur Diagnostik gedachtes Erhebungsinstrument 7 diagnostische Kriterien aus dem DSM-IV (APA, 1994) für Substanzabhängigkeit (zit. bei Suler, 1998).

Inzwischen werden in einer Vielzahl von diagnostischen Instrumenten die Kriterien für Substanzabhängigkeit nach dem DSM-IV als Grundlage genutzt. So adaptierten Egger und Rauterberg (1996) ebenfalls die DSM-IV Kriterien für Abhängigkeit (APA, 1994) für einen online-Internetsucht-Fragebogen. Mit einem ähnlichen Ansatz, jedoch über eine reine Adaption der DSM-Kriterien für Substanzabhängigkeit hinausgehend, liegt mit dem «Internet-Related Addictive Behavior Inventory» (IRABI, Internetassoziiertes Verhaltenssuchtinventar) von Brenner (1997) ein Instrument vor, bei dem mittels 32 Items der exzessive Internetgebrauch erfasst werden kann. Das Verfahren zeichnet sich durch eine befriedigende Reliabilität aus.

Ein reliables und valides deutschsprachiges Instrument stellen die «Internetsuchtskalen» (ISS) von Hahn und Jerusalem (2001) dar. Die Kernkriterien der Abhängigkeit, wie Kontrollverlust, Entzugserscheinungen, Toleranzentwicklung, Aufrechterhaltung trotz negativer Konsequenzen (in Arbeit und Leistung, sowie in sozialen Beziehungen) bezogen auf Internetsucht, werden mittels 20 Items auf 5 Subskalen erfasst.

Ein in Umfang und Theorie äquivalentes Instrument liegt mit der «Internet Related Problem Scale» (Skala zur Erfassung internetbezogener Probleme) von Armstrong, Phillips und Saling (2000) vor. Die Skala genügt nach Angabe der Autoren den Gütekriterien der Reliabilität und Validität.

Yuen und Lavin (2004) entwickelten ein nicht näher bezeichnetes Instrument mit 29 Items, mit denen Internetsucht über 7 an die Kriterien für Substanzabhängigkeit nach DSM-IV angepasste Kriterien erhoben wird. Wenn mindestens 3 der 7 Kriterien erfüllt werden, wird die Diagnose einer Internetsucht gestellt.

Im Gegensatz zu den oben beschriebenen Instrumenten, die sich an den Kriterien für Substanzabhängigkeit orientieren, gibt es auch zahlreiche Instrumente, die sich an die DSM-IV-Kriterien für pathologisches Glücksspiel anlehnen.

Young (1998) entwickelte einen «Diagnostic Questionnaire» (YDQ, Diagnose-Fragebogen) zur Erhebung von Internetsucht. Das Verfahren nannte sich zunächst «Internet Addiction Test» (Internetsucht-Test) und bestand aus 8 Items, die bis auf eine Ausnahme den DSM-IV-Kriterien für pathologisches Spielen entnommen waren. Bei mindestens 5 mit ja beantworteten Fragen dichotomer Antwortmöglichkeit (ja/nein) diagnostiziert Young eine Internetsucht. In einer späteren Fassung wurden dem Fragebogen noch weitere 12 Items hinzugefügt. Die nunmehr 20 Items der Endfassung werden jeweils über fünfstufige Likertskalen beantwortet. Der Fragebogen differenziert zwischen «unproblematischer Internetnutzung», «gelegentlicher Probleme durch die Internetnutzung» (40–69 Punkte) sowie «ernsthafter Probleme durch die Internetnutzung» (70–100 Punkte).

Diese letzte Fassung des «Internet Addiction Test» wurde von Widyanto und McMurran (2004) einer psychometrischen Überprüfung unterzogen. Es ergaben sich bei dem Fragebogen die sechs Faktoren «salience» (Anreiz), «neglecting work» (Vernachlässigung der Arbeit), «excessive use» (exzessive Nutzung), «anticipation» (Erwartung), «lack of control» (Kontrollverlust) sowie «neglecting social life» (Vernachlässigung sozialer Kontakte). Diese sechs Faktoren sind valide und reliabel. Whang, Lee und Chang (2003) modifizierten Youngs Internet Addiction Test, indem sie die fünfstufige in eine vierstufige Likertskala änderten, um die Tendenz zu einem Antwortverhalten im mittleren Bereich zu vermeiden.

Eine weitere Skala, in der die DSM-IV-Kriterien für pathologisches Glücksspiel adaptiert wurden, ist z. B. die «Virtual Addiction Scale» (Skala zur Erfassung virtueller Sucht) von Greenfield (1999). Der Autor adaptierte 10 der Kriterien, wobei zur Diagnosestellung mindestens 5 der Kriterien erfüllt werden müssen. Auch Morahan-Martin und Schumacher (2000) publizierten eine Skala mit 13 Items, die den DSM-IV-Kriterien für pathologisches Glücksspiel sehr ähneln. Hier gilt als pathologischer Nutzer, wer mindestens 4 Fragen positiv beantwortet.

Neben den Instrumenten, die sich vor allem an die Kriterien für pathologisches Glücksspiel und die Kriterien für Abhängigkeit anlehnen, gibt es auch mehrfaktorielle Instrumente zur Erfassung von Internetsucht.

Pratarelli, Browne und Johnson (1999) erheben über 94 Items Variablen der Internetnutzung und Demographie. Eine Faktorenanalyse ergab vier Faktoren: «problem behavior/hard-core internet user» (problematischer exzessiver Internetgebrauch), «utilization of computer technology» (angemessene Nutzung des Computers/Internets), «internet use for sexual gratification/shyness/introversion» (Internetnutzung zur sexuellen Befriedigung und Schüchternheit/Introversion) sowie «absence of concern» (Desinteresse am Internet). Weiterhin gibt es die «Generalized Problematic Internet Use Scale» (GPIUS, Skala zur Erfassung generalisierter problematischer Internetnutzung) von Caplan (2002). Diese Skala basiert auf dem theoretischen Konstrukt «der generalisierten problematischen Internetnutzung» von Davis (2001). Das Instrument ist nach Angaben des Autors reliabel und valide. Es besteht aus den sieben Subskalen «mood alteration» (Stimmungsveränderung), «perceived social benefits available online» (empfundene soziale Unterstützung im Internet), «negative outcomes associated with internet use» (negative Konsequenzen der Internetnutzung), «compulsive internet use» (zwanghafte Internetnutzung), «excessive amounts of time spent online» (übermäßiger zeitlicher Aufwand für die Internetnutzung), «withdrawal symptoms when away from the internet» (Entzugserscheinungen bei verhinderter Internet-nutzung) sowie «perceived social control available online» (empfundene soziale Kontrolle im Internet). Die Subskalen des GPIUS korrelieren positiv mit Depressivität, Einsamkeit, Schüchternheit und negativ mit dem Selbstwert. Caplan weist sein Instrument als valide und reliabel aus.

Davis, Flett und Besser (2002) stellen über eine Literaturrecherche 36 Items zusammen, welche die «Online Cognition Scale» (OCS, Internet Kognitionsskala) bilden. Eine Faktorenanalyse erbrachte 4 Dimensionen: «diminished impulse control» (reduzierte Impulskontrolle), «loneliness/depression» (Einsamkeit und Depression), «social comfort» (soziales Wohlbefinden) sowie «distraction» (Ablenkung). Die Skala gilt als ein reliables Instrument zur Erhebung von mit dem Internet assoziierten Kognitionen.

Zuletzt sei noch das halbstandardisierte Interview «Sample Questions for a Screening Interview Assessing Problematic Internet Use» (Fragenkatalog für ein Kurzinterview zur Erfassung von problematischer Internetnutzung) von Beard (2005) genannt. Das Instrument dient der Erfassung problematischer Internet-nutzung und wurde von dem Autor in Ermangelung eines adäquaten standardisierten Instruments entwickelt. Dabei wird ein bio-psycho-sozialer Ansatz verfolgt, der sich in den fünf Hauptabschnitten des Interviews widerspiegelt: 1) Problembeschreibung, 2) physische Aspekte des Problems, 3) psychologische Aspekte des Problems, 4) soziale Aspekte des Problems und 5) Rückfallprophylaxe.

## 10.6 Sexsucht

Bislang mangelt es an publizierten validen Instrumenten, die sexsüchtiges Verhalten erheben.

Eine rein quantitative Erfragung der Häufigkeit sexueller Kontakte und sexueller Aktivitäten (z. B. bei Kalichman & Rompa, 2001) oder die Erfassung risikoreicher sexueller Aktivitäten (Gaither & Sellbourn, 2003) ist nicht aussagekräftig genug, um eine zugrundeliegende Sucht und damit verbundene Aspekte, wie z. B. Kontrollverlust oder die Dosissteigerung zu erfassen.

So bietet sich für die Erhebung einer Sexsucht lediglich der Screeningtest für sexuelle Süchtigkeit nach Carnes (1991) an. Die Kurzversion umfasst 24 Fragen, wobei bei 13 positiven Antworten die Wahrscheinlichkeit des Vorliegens einer sexuellen Abhängigkeit sehr hoch ist. Der Screeningtest ist nur begrenzt bei homosexuellen Männern einsetzbar. Auch wurde er nicht für den Einsatz bei Frauen validiert. Die ausführliche Version umfasst 184 Fragen, die jeden Bereich der Sexualität berücksichtigen. Dabei ist ausdrücklich darauf hinzuweisen, dass ein Screeninginstrument immer nur Hinweise auf das Vorliegen einer möglichen Störung liefern kann. Zur endgültigen Diagnosestellung sind weitere ausführliche Anamnesen und Explorationen durch erfahrene Therapeuten und Diagnostiker notwendig.

Zur Diagnostik von «Online-Sexsucht» gibt es im Internet eine Reihe von Screeningverfahren, auf die hier jedoch nicht näher eingegangen werden soll.

## 10.7 «Fragebogen zur Differenzierten Anamnese exzessiver Verhaltensweisen» (FDAV)

Der «Fragebogen zur Differenzierten Anamnese exzessiver Verhaltensweisen» (FDAV, Grüsser, Mörsen, Thalemann, & Albrecht, 2005) ist ein standardisiertes Selbstbeurteilungsverfahren zur Diagnostik der verschiedenen Formen der Verhaltenssucht (z. B. verschiedene Formen des pathologischen Glückspiels, Arbeitssucht, Kaufsucht etc.). Der FDAV ist im Aufbau und der Struktur an den «Fragebogen zur Differenzierten Drogenanamnese» (FDDA, Grüsser, Wölfling, Düffert, Mörsen, Albrecht, & Flor, 2005) angelehnt. Für den deutschen Sprachraum wurde somit erstmals ein Instrument entwickelt, das exzessiv belohnende Verhaltensweisen in Anlehnung an die Kriterien einer Abhängigkeitserkrankung, des pathologischen Glücksspiels sowie einer Impulskontrollstörung nach ICD-10 (Dilling et al., 2000) und DSM-IV-TR (Saß et al., 2003) erfasst. Neben den diagnostischen Charakteristiken der Verhaltenssucht bei verschiedenen exzessiven belohnenden Verhaltensweisen werden auch persönlichkeitsbezogene und soziodemographische Einflussfaktoren der Verhaltenssucht erhoben. Der FDAV ist modular aufgebaut und gliedert sich in sieben Hauptteile bzw. Module, die die anamnestischen Informationen wichtiger diagnostischer Bereiche zusammenfassen: 1) «Soziodemographische Informationen», 2) «Anamnese exzessiver Verhaltensweisen» 3) «Kritische Lebensereignisse», 4) «Rechtliche Situation», 5) «Medizinische Anamnese», 6) «Körperliche und Psychische Beschwerden» und 7) «Subjektives Befinden». In dem Modul «Soziodemographische Informationen» werden verschiedene allgemeine Informationen, wie Alter, Beruf, Familienstand und derzeitige Lebenssituation des Probanden, erfasst. Das Modul «Anamnese exzessiver Verhaltensweisen» umfasst die Erhebung der diagnostischen Kriterien der Abhängigkeit und der Impulskontrollstörungen für verschiedene regelmäßig exzessiv ausgeführte Verhaltensweisen. Weiterhin werden die individuellen Verhaltensmuster (z. B. Frequenz, Häufigkeit und Folgen des Verhaltens), die auslösenden Bedingungen für die Ausführung exzessiver Verhaltensweisen, das Verlangen und seine untergeordneten Aspekte sowie gegebenenfalls die Art und der Umfang eines vorliegenden Missbrauchs psychotroper Substanzen differenziert erfasst. Das Modul «Kritische Lebensereignisse» fokussiert auf die Belastung durch traumatische Ereignisse, die in der Literatur als vorbereitende und auslösende Bedingungen von Substanzmissbrauch und dem Rückfallgeschehen bei Abstinenz gesehen werden. In den Modulen «Medizinische Anamnese» und «Rechtliche Situation» wird ausführlich auf die gesundheitlichen bzw. rechtlichen Folgen eingegangen, die mit einer Verhaltenssucht einhergehen. Analog zur Substanzabhängigkeit können auch verschiedene Formen süchtigen Verhaltens, wie z. B. die Glücksspiel-, Kauf- oder Sexsucht, rechtliche Konsequenzen für den Betroffenen nach sich ziehen, indem z. B. ein hoher finanzieller Aufwand für die Aufrechterhaltung des süchtigen Verhaltens nicht auf legale Art und Weise gedeckt werden kann. Abschließend gehen die Module «Körperliche und Psychische

Beschwerden» und «Subjektives Befinden» auf das subjektive Wohlbefinden des Patienten ein. Im Modul «Körperliche und Psychische Beschwerden» werden für verschiedene Beschwerden, wie sie insbesondere auch bei psychischer und körperlicher Entzugssymptomatik auftreten, die Auftretenshäufigkeit und die dadurch verursachte Belastung erhoben. Dieser Teil eignet sich daher vor allem zur Untersuchung der bislang nur mangelhaft beschriebenen Entzugssymptomatik bei den verschiedenen Formen der Verhaltenssucht. Das Modul «Subjektives Befinden» geht hierbei noch einmal spezifisch auf die auslösenden psychischen Bedingungen bzw. Folgen (z. B. Stimmungszustände, Stressbelastung, Selbstwertgefühl, Selbstwirksamkeit) des süchtigen Verhaltens ein.

Der modulare Aufbau des Verfahrens ermöglicht jedoch auch eine ökonomische und an das Untersuchungsanliegen adaptierte Auswahl einzelner Informationsbereiche. Jedes Modul kann somit auch getrennt von den anderen eingesetzt werden. Der FDAV wurde im klinischen Bereich sowohl für den Einsatz als unterstützendes Verfahren in der Diagnostik von Verhaltenssucht als auch zur Therapieevaluation und Verlaufskontrolle im Rahmen der Behandlung der verschiedenen Formen der Verhaltenssucht entwickelt. Der FDAV ermöglicht die Erhebung eines breiten Spektrums an Informationen, die sich an den aktuellen Stand der Forschung zu den Variablen, die zur Entstehung und Aufrechterhaltung von süchtigem Verhalten beitragen, anlehnen. Daher eignet sich der Fragebogen auch sehr gut als ein Forschungsinstrument. Derzeit wird der FDAV an umfangreichen klinischen und nicht-klinischen Stichproben validiert.

## 10.8 Diagnostische Merkmale für Verhaltenssucht

In Anlehnung an den aktuellen Diskussions- und Forschungsstand werden im Folgenden 12 diagnostische Merkmale für Verhaltenssucht genannt:

- Verhalten wird über längeren Zeitraum (mind. 12 Monate) in einer exzessiven, von der Norm und über das Maß (z. B. Häufigkeit) hinaus abweichenden Form gezeigt

- Kontrollverlust über das exzessiv ausgeführte Verhalten (Dauer, Häufigkeit, Intensität, Risiko)

- Belohnung (das exzessive Verhalten wird als unmittelbar belohnend empfunden)

- Toleranzentwicklung (das Verhalten wird länger, häufiger und intensiver durchgeführt, um den gewünschten Effekt zu erhalten, bei gleichbleibender Intensität und Häufigkeit des Verhaltens bleibt die gewünschte Wirkung aus)

- anfänglich angenehmes belohnendes Verhalten wird im Verlauf der Suchtentwicklung als zunehmend unangenehmer empfunden

- unwiderstehliches Verlangen, das Verhalten ausüben zu wollen/müssen
- Funktion (das Verhalten wird vorrangig eingesetzt, um die Stimmung/Gefühle zu regulieren)
- Wirkungserwartung (Erwartung eines angenehmen/positiven Effektes durch die exzessive Verhaltensausführung)
- eingeengtes Verhaltensmuster (gilt auch hinsichtlich Vor- und Nachbereitung des Verhaltens)
- gedankliche Beschäftigung mit Vorbereitung, Durchführung und Nachbereitung des exzessiven Verhaltens und unter Umständen den antizipierten Folgen der exzessiven Verhaltensdurchführung
- irrationale, verzerrte Wahrnehmung bezüglich verschiedener Bereiche des exzessiven Verhaltens
- Entzugserscheinungen (psychische und physische Entzugserscheinungen)
- Fortsetzung des exzessiven Verhaltens trotz schädlicher Folgen (gesundheitlich, beruflich, sozial)
- konditionierte Reaktionen (treten bei Konfrontation mit internalen und externalen Reizen auf, die mit dem exzessiven Verhalten assoziiert sind sowie bei der kognitiven Beschäftigung mit dem exzessiven Verhalten)
- Leidensdruck

Die oben beschriebenen Merkmale sind Hinweise für die Diagnosestellung einer Verhaltenssucht. Um dem inflationären Gebrauch des Begriffs Verhaltenssucht entgegenzuwirken, muss im Einzelfall geprüft werden, ob das Verhalten wirklich in einer süchtigen und nicht nur in einer exzessiven Form vorliegt.

## 10.9 Literatur

Adams, J., & Kirkby, R. J. (1998). Exercise dependence: a review of its manifestation, theory and measurement. *Sports Medicine Training and Rehabilitation*, 8, 265–276.

American Psychiatric Association. (1987). *Diagnostic and statistical manual of mental disorders* (3rd ed. rev.). Washington: Author.

American Psychiatric Association. (1994). *Diagnostic and statistical manual of mental disorders* (4th ed.). Washington: Author.

Annis, H. M., & Graham, J. M. (1988). *Situational Confidence Questionnaire (SCQ-39): user's guide*. Toronto: Addiction Research Foundation.

Armstrong, L., Phillips, J., & Saling, L. (2000). Potential determinants of heavier internet usage. *International Journal of Human-Computer Studies*, 53, 537–550.

Bamber, D., Cockerill, I. M., Rodgers, S., & Carroll, D. (2000). The pathological status of exercise dependence. *British Journal of Sports Medicine*, 34, 125–132.

Beard, K. (2005). Internet addiction: a review of current assessment techniques and potential assessment questions. *Cyberpsychology & Behavior*, 8, 7–14.

Beaudoin, C., & Cox, B. (1999). Characteristics of problem gambling in a Canadian context: a preliminary study using a DSM-IV based questionnaire. *Canadian Journal of Psychiatry*, 44, 483–487.

Blumenthal, J. A., O'Toole, L. C., & Chang, J. L. (1984). Is running an analogue of anorexia nervosa? An empirical study of obligatory running and anorexia nervosa. *Journal of the American Medical Association*, 252, 520–523.

Bohn, M. J., Krahn, D. D., & Staehler, B. A. (1995). Development and initial validation of a measure of drinking urges in abstinent alcoholics. *Alcoholism, Clinical and Experimental Research*, 19, 600–606.

Breen, R., & Zuckerman, M. (1999). Chasing in gambling behavior: personality and cognitive determinants. *Personality and Individual Differences*, 27, 1097–1111.

Brenner, V. (1997). Psychology of computer use: XLVII. Parameters of internet use, abuse and addiction: the first 90 days of the internet usage survey. *Psychological Reports*, 80, 879–82.

Burke, R. J., Richardsen, A. M., & Martinussen, M. (2002). Psychometric properties of Spence and Robbins' measures on workaholism components. *Psychological Reports*, 91, 1098–1104.

Caplan, S. (2002). Problematic internet use and psychosocial well-being: development of a theory-based cognitive-behavioral measurement instrument. *Computers in Human Behavior*, 18, 553–575.

Carmack, M. A., & Martens, R. (1979). Measuring commitment to running: a survey of runners' attitudes and mental states. *International Journal of Sport Psychology*, 1, 25–42.

Carnes, P. (1991). *Don't call it love*. New York: Bantam Books.

Chapman, C. L., & De Castro, J. M. (1990). Running addiction: measurement and associated psychological characteristics. *Journal of Sports Medicine and Physical Fitness*, 30, 283–290.

Charlton, J. P. (2002). A factor-analytic investigation of computer «addiction» and engagement. *British Journal of Psychology*, 93, 329–344.

Cherrington, D. J. (1980). *The work ethic: working values that work*. New York: Amacon.

Chiu, S.-I., Lee J.-Z., & Huang, D.-H. (2004). Video game addiction in children and teenagers in Taiwan. *Cyberpsychology & Behavior*, 7, 571–581.

Christenson, G. A., Faber, R. J., de Zwaan, M., Raymond, N. C., Specker, S. M., Ekern, M. D., et al. (1994). Compulsive buying: descriptive characteristics and psychiatric comorbidity. *Journal of Clinical Psychiatry*, 55, 5–11.

Christo, G., Jones, S. L., Haylett, S., Stephenson, G. M., Lefever, R. M., & Lefever, R. (2003). The shorter PROMIS questionnaire: further validation of a tool for simultaneous assessment of multiple addictive behaviours. *Addictive Behaviors*, 28, 225–48.

Clark, C. ( 1993). *Manual for the schedule for nonadaptive and adaptive personality*. Minneapolis: University of Minnesota Press.

Crowne, D. P., & Marlowe, D. (1960). A new scale of social desirability independent of psychology. *Journal of Consulting Psychology*, 24, 349–354.

Davis, C., Brewer, H., & Ratusny, D. (1993). Behavioral frequency and psychological commitment: necessary concepts in the study of excessive exercising. *Journal of Behavioral Medicine*, 16, 611–628.

Davis, R., Flett, G., & Besser, A. (2002). Validation of a new scale for measuring problematic internet use: implications for pre-employment screening. *Cyberpsychology & Behavior*, 5, 331–345.

Davis, R. (2001). A cognitive-behavioral model of pathological internet use. *Computers in Human Behavior*, 17, 187–195.

De Coverly Veale, D. M. W. (1987). Exercise dependence. *British Journal of Addiction*, 82, 735–740.

Dilling, H., Mombour, W., & Schmidt, M. H. (2000). *Internationale Klassifikation psychischer Störungen: ICD-10, Kapitel V (F), klinisch-diagnostische Leitlinien*. Weltgesundheitsorganisation. Bern: Huber.

Doty, M. S., & Betz, N. E. (1981). *Manual for the Work Attitude Questionnaire*. Columbus: Marathon Consulting and Press.

Egger, O., & Rauterberg, M. (1996). *Internet behaviour and addiction.* Elektronische Quelle: http://www.ifab.bepr.ethzch/~egger/ibq/res.htm.

Faber, R. J., & O'Guinn, T. C. (1992). A clinical screener for compulsive buying. *Journal of Consumer Research,* 19, 459–469.

Faber, R. J., O'Guinn, T. C., & Krych, R. (1987). Compulsive consumption. In M. Wallendorf, & P. Anderson (Eds.), *Advances in consumer research. Association for Consumer Research* (pp. 132–135). UT: Provo.

Ferris, J., & Wynne, H. (2001). *The Canadian Problem Gambling Index: user's manual.* Toronto (ON): Canadian Centre on Substance Abuse.

First, M. B., Spitzer, R. L., Gibbon, M., & Williams, J. B. W. (1996). *Structured Clinical Interview for DSM-IV Axis I Disorders, clinician version (SCID-CV).* Washington: American Psychiatric Press, Inc.

Fisher, S. (1994). Identifying video game addiction in children and adolescents. *Addictive Behaviors,* 19, 545–553.

Gaither, G. A., & Sellbourn, M. (2003). The Sexual Sensation Seeking Scale: reliability and validity within a heterosexual college student sample. *Journal of Personality Assessment,* 81, 157–167.

Garner, D. M., Olmsted, M. P., & Polivy, J. (1983). Development and validation of a multi-dimensional eating disorder inventory for anorexia nervosa and bulimia. International *Journal of Eating Disorders,* 2, 15–34.

Gerstein, D. R., Volberg, R. A., Harwood, R., & Christiansen, E. M. (1999). *Gambling impact and behavior study: report to the national gambling impact study commision.* Chicago, Illinois: National Opinion Research Center, University of Chicago.

Goodman, W. K., Price, L. H., Rasmussen, S., Mazure, C., Delgado, P., Heninger, G. R., et al. (1989). The Yale-Brown Obsessive Compulsive Scale-II. Validity. *Archives of General Psychiatry,* 46, 1012–1016.

Goodman, W. K., Price, L. H., Rasmussen, S., Mazure, C., Fleischman, R. L., Hill, C. L., et al. (1989). The Yale-Brown Obsessive Compulsive Scale-I. Development, use, and reliability. *Archives of General Psychiatry,* 46, 1006–1011.

Govoni, R., Frisch, G., & Stinchfield, R. (2001). *A critical review of screening and assessment instruments for problem gambling.* Windsor (ON): Problem Gambling Research Group, University of Windsor.

Grant, J. E., Steinberg, M. A., Kim, S. W., Rounsaville, B. J., & Potenza, M. (2004). Preliminary validity and reliability testing of a structured clinical interview for pathological gambling. *Psychiatry Research,* 128, 79–88.

Greenfield, D. (1999). *Psychological characteristics of compulsive internet use: a preliminary analysis.* Elektronische Quelle: http://www.virtual-addiction.com.

Griffiths, M. D. (1992). Pinball wizard: the case of a pinball machine addict. *Psychological Reports,* 71, 160–162.

Griffiths, M. D. (1996). Computer game playing in children and adolescents: a review of the literature. In T. Gill (Ed.), *Electronic Children: How children are responding to the information revolution* (pp. 41–58). London: National Children's Bureau.

Griffiths, M. D., & Hunt, N. (1998). Dependence on computer games by adolescents. *Psychological Reports,* 82, 475–480.

Griffiths, M. D., Szabo, A., & Terry, A. (2005). The Exercise Addiction Inventory: a quick and easy screening tool for health practitioners. *British Journal of Sports Medicine,* 39, e30.

Grüsser, S. M., Mörsen, C. P., Thalemann, R., & Albrecht, U. (2005). *Fragebogen zur differentiellen Anamnese von Verhaltensweisen (FDAV)* (in Vorbereitung).

Grüsser, S. M., Wölfling, K. Düffert, S., Mörsen, C. P., Albrecht, U., & Flor, H. (2005). *Fragebogen zur differenzierten Drogenanamnese (FDDA).* Göttingen: Hogrefe.

Haas, R. C. (1989). *Workaholism: a conceptual view and development of a measurement instrument.* Unpublished doctoral dissertation, United States International University, San Diego.

Hahn, A., & Jerusalem, M. (2001). Reliabilität und Validität in der Online-Forschung. In A. Theobald, M. Dreyer, & T. Starsetzki (Hrsg.), *Handbuch zur Online-Marktforschung. Beiträge aus Wissenschaft und Praxis*. Wiesbaden: Gabler.

Hailey, B. J., & Bailey, L. A. (1982). Negative addiction in runners: a quantitative approach. *Journal of Sport Behavior*, 5, 150–154.

Hausenblas, H. A., & Symons Down, D. (2002). How much is to much? The development and validation of the Exercise Dependence Scale. *Psychology and Health*, 17, 387–404.

Haymon, S. W. (1992). *The relationship of work addiction and depression, anxiety and anger in college males*.Unpublished doctoral dissertation, Florida State University, Tallahassee.

Hollander, E., DeCaria, C. M., Finkell, J. N., Begaz, T., Wong, C. M., & Cartwright, C. (2000). A randomized double-blind fluvoxamine/placebo crossover trial in pathological gambling. *Biological Psychiatry*, 47, 813–817.

Hollander, E., DeCaria, C. M., Mari, E., Wong, C. M., Mosovich, S., Grossman, R., & Begaz, T. (1998). Short-term single-blind fluvoxamine treatment of pathological gambling. *American Journal of Psychiatry*, 155, 1781–1783.

Jefferson, S., & Nicki, R. (2003). A new instrument to measure cognitive distortions in video lottery terminal users: the Informational Biases Scale (IBS). *Journal of Gambling Studies*, 19, 387–403.

Jellinek, E. M. (1960). *The disease concept of alcoholism*. New Haven: Yale University Press.

Johnson, E., Hamer, R., & Nora, R. (1998): The Lie/Bet Questionnaire for screening pathological gamblers: a follow-up study. *Psychological Reports*, 83, 1219–1224.

Johnson, E., Hamer, R., Nora, R., & Ran, R. (1997). The Lie/Bet Questionnaire for screening pathological gamblers. *Psychological Reports*, 80, 83–88.

Kalichman, S. C., & Rompa, D. (2001). The Sexual Compulsivity Scale: further development and use with HIV-positive persons. *Journal of Personal Assessment*, 76, 376–395.

Kassinove, J. (1998). Development of the Gambling Attitude Scales: preliminary findings. *Journal of Clinical Psychology*, 54, 763–771.

Killinger, B. (1992). *Workaholics – the respectable addicts*. London: Simon Schuster.

Kirkby, R. J., & Adams, J. (1996). Exercise dependence: the relationship between two measures. *Perceptual and Motor Skills*, 82, 366.

Kline, T. J. B., Franken, R. E., & Rowland, G. L. (1994). A psychometric evaluation of the Exercise Salience Scale. *Personality and Individual Differences*, 16, 509–511.

Lefever, R. (1988). How to identify addictive behavior. London: PROMIS Publishing.

Lejoyeux, M., Tassain, V., & Solomon, J. (1997). Study of compulsive buying in depressed patients. *Journal of Clinical Psychiatry*, 58, 169–173.

Lesieur, H., & Blume, S. (1987). The South Oaks Gambling Screen (SOGS): a new instrument for the identification of pathological gamblers. *American Journal of Psychiatry*, 144, 1184–1188.

Loumidis, K. S., & Wells, A. (1998). Assessment of beliefs in exercise dependence. The development and preliminary validation of the Exercise Beliefs Questionnaire. *Personality and Individual Differences*, 25, 553–567.

Machlowitz, M. (1978). *Determining the effects of workaholism*. Unpublished doctoral dissertation, Yale University, New Haven.

Marlatt, G. A. (1985). Situational determinants of relapse and skill-training interventions. In G. A. Marlatt, & J. R. Gordon (Eds.), *Relapse prevention: maintenance strategies in the treatment of addictive behaviors* (pp. 71–127). New York: The Guilford Press.

May R., Whelan, J., Steenbergh, T., & Meyers, A. (2003) The Gambling Self-Efficacy Questionnaire: an initial psychometric evaluation. *Journal of Gambling Studies*, 19, 339–357.

McLean, A. (1979). Work stress. Reading: Addison-Wesley.

McMillan, L. H. W., Brady, E. C., O'Driscoll, M. P., & Marsh, N. V. (2002). A multifaceted validation of Spence and Robbins (1992) Workaholism Battery. *Journal of Occupational and Organizational Psychology*, 75, 357–368.

McMillan, L. H. W., O'Driscoll, M. P., Marsh, N. V., & Brady, E. C. (2001). Understanding workaholism: data synthesis, theoretical critique, and future design strategies. *International Journal of Stress Managmement*, 8, 69–91.

Mentzel, G. (1979). Über die Arbeitssucht. *Zeitschrift für Psychosomatische Medizin und Psychoanalyse*, 25, 115–127.

Monahan, P., Black, D. W., & Gabel, J. (1996). Reliability and validity of a scale to measure change in persons with compulsive buying. *Psychiatry Research*, 64, 59–67.

Morahan-Martin J., & Schumacher, P. (2000). Incidence and correlates of pathological internet use among college students. *Computers in Human Behavior*, 16, 13–29.

Morrow, J., & Harvey, P. (1990). Exermania! *American Health*, 209–511.

Mudrack, P. E., & Naughton, T. J. (2001). The assessment of workaholism as behavioral tendencies: scale development and preliminary empirical testing. *International Journal of Stress Management*, 8, 93–111.

Namrata, R., & Oei, T. P. S. (2004). The Gambling Urge Scale: development, confirmatory factor validation, and psychometric properties. *Psychology of Addicitve Behaviors*, 18, 100–105.

Ogden, J., Veale, D., & Summers, Z. (1997). Development and validation of the Exercise Dependence Questionaire. *Addiction Research*, 5, 343–356.

Pallanti, S., Baldini-Rossi, N., Sood, E., & Hollander, E. (2002). Nefazodone treatment of pathological gambling: a prospective open-label controlled trial. *The Journal of Clinical Psychiatry*, 63, 1034–1039.

Poppelreuter, S. (1997). *Arbeitssucht*. Weinheim: Beltz.

Pratarelli, M., Browne, B., & Johnson, K. (1999). The bits and bytes of computer/internet addiction: a factor analytic approach. *Behavior Research Methods, Instruments and Computers*, 31, 305–314.

Puttkammer, D. (1991 ). Arbeitsbrief – workaholism. *Studienbrief Seelsorge, 26*.

Robinson, B. E. (1989). *Work addiction*. Deerfield Beach, FL: Health Communication.

Robinson, B. E., & Phillips, B. (1995). Measuring workaholism: concept validity of the Work Addiction Risk Test. *Psychological Reports*, 77, 657–658.

Robinson, B. E., Post, P., & Khakee, J. (1992). Test-retest reliability of the Work Addiction Risk Test. *Perceptual and Motor Skills*, 74, 926.

Robinson, B. E., Post, P., & Khakee, J. (1994). Validity of the Work Addiction Risk Test. *Perceptual and Motor Skills*, 78, 337–338.

Rohrlich, J. (1984). *Arbeit und Liebe*. Frankfurt: Fischer.

Rudy, E. B., & Estok, P. J. (1989). Measurement and significance of negative addiction in runners. *Western Journal of Nursing Research*, 11, 578–558.

Sachs, M. L., & Pargman, D. (1979). A depth interview examination. *Journal of Sport Behavior*, 2, 143–155.

Salguero, R. A. T., & Morán, R. M. B. (2002). Measuring problem video game playing in adolescents. *Addiction*, 97, 1601–1606.

Saß, H., Wittchen, H.-U. Zaudig, M., & Houben, I. (2003). Diagnostisches und Statistisches Manual psychischer Störungen (DSM-IV-TR). *Göttingen: Hogrefe*.

Scherhorn, G., Reisch, L. A., & Raab, G. (1990). Addictive buying in West Germany: an empirical study. *Journal of Consumer Policy*, 13, 699–705.

Selzer, M. L., Vinokur, A., & van Rooijen, L. (1975). A self-administered short version of the Michigan Alcoholism Screening Test (SMAST). *Journal of Studies on Alcohol*, 36, 117–126.

Shaffer, H. J., LaBrie, R., Scanlan, K. M., & Cummings, T. N. (1994). Pathological gambling among adolescents: Massachusetts Gambling Screen (MAGS). *Journal of Gambling Studies*, 10, 339–362.

Smith, D. K., Hale, B. D., & Collins, D. (1998). Measurement of exercise dependence in body builders. *Journal of Sports Medicine and Physical Fitness*, 38, 66–74.

Spence, J., & Robbins, A. (1992). Workaholism. Definition, measurement, and preliminary results. *Journal of Personality Assessment*, 58, 160–178.

Spruell, G. (1987). Work fever. *Training and Development Journal*, 41, 41–45.

Steenbergh, T., Meyer, A., May, R., & Whelan, J. (2002) Development and validiation ot the Gamblers' Belief Questionnairc. *Psychology of Addictive Behaviors*, 16, 143–149.

Suler, J. (1998). *Internet addiction support group: is there truth in jest?* Elektronische Quelle: http://www.rider.edu/%7Esuler/psycyber/supportgp.html.

Terry, A., Szabo, A., & Griffiths, M. (2003). The Exercise Addition Inventory: a new brief screening tool. *Addiction Research and Theory*, 12, 489–499.

Thalemann R., Albrecht U., Thalemann, C.N., & Grüsser S.M. (2004). Kurzbeschreibung und psychometrische Kennwerte des «Fragebogens zum Computerspielverhalten bei Kindern» (CSVK). *Psychomed* 16, 226–233.

Thompson, K., & Pasman, L. (1991). The obligatory exercise questionnaire. *Behavioral Assessment Review*, 137, 123–127.

Valence, G., D'Astou, A., & Fortier, L. (1988). Compulsive buying: concept and measurement. *Journal of Consumer Behavior*, 11, 419–433.

Whang, L.S.-M., Lee, S., & Chang, G. (2003). Internet over-users' psychological profiles: a behavior sampling analysis on internet addiction. *Cyberpsychology & Behavior*, 6, 143–150.

Widyanto, L., & McMurran, M. (2004). The psychometric properties of the Internet Addiction Test. *Cyberpsychology & Behavior*, 7, 443–450.

Winters, K.C., Specker, S., & Stinchfield, R.S. (1997). *Brief manual for use of the diagnostic interview for gambling severity*. Minneapolis (MN): University of Minnesoty Medical School.

Winters, K.C., Specker, S., & Stinchfield, R.S. (2002). Measuring pathological gambling with the Diagnostic Interview for Gambling Severity (DIGS). In J.J. Marotta, J.A. Cornelius, & W.R. Eadington (Eds.), *The downside: problem and pathological gambling* (pp. 143–148). Reno, Nevada: University of Nevada, Reno.

Yang, C.-K. (2001). Sociopsychiatric characteristics of adolescents who use computers to excess. *Acta Psychiatrica Scandinavica*, 104, 217–222.

Yates, A., Edman, J., Crago, M., Crowell, D., & Zimmerman, R. (1999). Measurement of exercise orientation in normal subjects: gender and age differences. *Personality and Individual Differences*, 27, 199–209.

Young, K. (1998). Internet addiction: the emergence of a new clinical disorder. *Cyberpsychology & Behavior*, 1, 237–244.

Yuen, C., & Lavin, M. (2004). Internet dependence in the collegiate population: the role of shyness. *Cyberpsychology & Behavior*, 7, 379–383.

# 11. Therapie

Die Anforderungen an suchttherapeutische Einrichtungen werden immer komplexer. Sucht ist eine chronische, multidimensionale Erkrankung (McLellan, 2002; McLellan, Lewis, & O'Brien, 2000). Die Therapie umfasst daher immer einen längeren Zeitraum und stellt kein punktuelles Ereignis dar. Vielmehr handelt es sich bei der Suchttherapie um einen Prozess, der sich auf verschiedenen Ebenen abspielt und von einer Vielzahl von Faktoren beeinflusst wird. Suchttherapeutische Prozesse sind immer einer großen individuellen Variabilität unterworfen. Aufgrund der vielfältigen Parallelen zwischen der Substanzabhängigkeit und den exzessiven belohnenden Verhaltensweisen mit suchtartigem Charakter im emotionalen Erleben, auf der kognitiven Ebene und auf der Verhaltensebene lassen sich Therapieansätze aus der Suchttherapie leicht modifiziert gut auf die Behandlung von Verhaltenssucht übertragen und bieten so einen sinnvollen konzeptuellen Rahmen. Da es im deutschsprachigen Raum zahlreiche gute und aufklärende Werke zur Psychotherapie und speziell auch zur Suchttherapie gibt, werden im folgenden Einleitungskapitel verschiedene in der Suchttherapie gängige Methoden der Intervention nur kurz umrissen.

## 11.1 Einleitung

Bislang gibt es – abgesehen von einigen Studien zur Kauf- und Glücksspielsucht – nur wenige Erkenntnisse aus der Therapieforschung von Verhaltenssucht. Die bisherigen Erkenntnisse aus Forschung und Praxis verdeutlichen jedoch, dass die Therapie einer Verhaltenssucht multimodal ablaufen sollte.

Im Vordergrund der Behandlung von Verhaltenssucht steht eine Kombination von verhaltenstherapeutischen und kognitiven Ansätzen. Die in der Therapie von Abhängigkeit geforderte Abstinenz ist für den Bereich der Verhaltenssucht kaum umsetzbar. So ist ein Verzicht auf Glücksspiel und sportliche Aktivitäten möglich, aber ein Verzicht auf Kaufen, Arbeiten oder sexuelle Aktivitäten lässt sich kaum bzw. nicht mit dem alltäglichen Leben vereinbaren. Daher geht es vor allem um den kontrollierten Umgang mit den Tätigkeiten. In Anlehnung an die Annahme, dass süchtiges Verhalten in Form einer erlernten (dysfunktionalen) Stressverarbeitungsstrategie fungiert, erscheint der Aufbau von alternativen funktionalen Stressverarbeitungsstrategien wesentlich. Dabei sollten z. B. auch systematische Entspannungsverfahren und Übungen zur Stimuluskontrolle mit einbezogen werden.

Weiterhin postulieren Grawe, Donati und Bernauer (1994) in ihrer Übersichtsarbeit zur Psychotherapieforschung evidenzbasierte therapieschulenübergreifende Wirkfaktoren der Psychotherapie:

- die Ressourcenaktivierung
- die Problemaktualisierung
- die Hilfe zur Problembewältigung
- das Schaffen von Klärungsperspektiven.

Diese Faktoren kommen in allen Psychotherapieschulen in unterschiedlichem Ausmaß zur Geltung. Des Weiteren besteht inzwischen auch ein therapieschulenübergreifender Konsens über die Bedeutung der therapeutischen Beziehung sowie der Passung zwischen Patient, Therapieschule und Therapeut.

Weiterhin bietet sich die Möglichkeit von pharmakologischen Interventionen an. So konnte z. B. gezeigt werden, dass sich Antidepressiva positiv auf verschiedene Abhängigkeitserkrankungen auswirken (Nunes & Levin, 2004; Szerman, Peris, Mesias, Colis, Rosa, & Prieto, 2005) und dass ihr Einsatz auch zum Teil bei Verhaltenssucht erfolgreich war (Goodman, 1993; Hollander, Kaplan, Allen, & Cartwright, 2000; Kim, Grant, Adson, Shin, & Zaninelli, 2002). Trizyklische Antidepressiva wirken hauptsächlich auf serotonerge und noradrenerge Systeme. Trazodone, Fluoxetin und andere Serotonin-Wiederaufnahme-Hemmer (SSRI) wirken in erster Linie auf serotonerge Bahnen. Auch im Rahmen pharmakologischer Interventionen bei Verhaltenssüchtigen, bei denen das dopaminerge und opioide System beeinflusst wurden, zeigten sich positive Effekte auf die Reduktion der Symptomatik (Kim & Grant, 2001; Stromberg, Mackler, Volpicelli, O'Brien, & Dewey, 2001). Jedoch sollte in diesem Falle für erfolgversprechende therapeutische Effekte – nicht nur aufgrund der unterschiedlichen Ergebnisse in pharmakologischen Interventionsstudien – eine Kombination von pharmakologischer und psychotherapeutischer Intervention angewendet werden, damit die positiven Effekte beider Behandlungsformen maximal ausgeschöpft werden (vgl. erfolgreiche Therapie bei affektiven Störungen bei Huber, 2005; Michalak & Lam, 2002; Sutherland, Sutherland, & Hoehns, 2003).

Die Voraussetzung für eine erfolgreiche psychotherapeutische Intervention ist eine ausführliche Analyse indikationsrelevanter Faktoren auf fünf Ebenen (Grawe et al., 1994):

- somatische Ebene – Konstitution, allgemeiner Gesundheitszustand des Patienten
- psychosoziale Ebene – Merkmale der psychischen Entwicklung, aktuelle psychische Situation, typische individuelle Beziehungsmuster
- störungsbezogene Ebene – Art und Dauer der Abhängigkeit, das Konsummuster und dessen Veränderungen über die Zeit, Entzugssymptomatik, Kontrollversuche und Rückfälle, suchttherapeutische Vorerfahrungen

- soziale Ebene – aktuelle Familiensituation, Wohn- und Arbeitssituation, relevantes soziales Umfeld des Patienten

- Ebene der Ressourcen – berufliche und soziale Fertigkeiten und Kompetenzen, allgemeine Lebenskompetenz, bisherige Krisen- und Suchtbewältigungskompetenzen.

Der Schweregrad bzw. die Ausprägung der Erkrankung ergibt sich unter anderem aus den individuellen Einschränkungen auf den einzelnen Ebenen. Nach dem jeweiligen Ausprägungsgrad richtet sich auch die Auswahl des therapeutischen «Settings» und der therapeutischen Methoden. Die Behandlung ist in der Regel desto länger und aufwändiger (Küfner, 1997):

- je schlechter die physische Grundkonstitution des Patienten ist

- je weniger Selbstkontrolle und Selbstwirksamkeitserwartungen der Patient mitbringt

- je mehr der Patient durch zusätzliche Probleme belastet ist

- je geringer die Veränderungs- und Behandlungsmotivation des Patienten ist

- je mehr andere psychische Störungen und Symptome vorliegen

- je geringer die soziale Einbindung des Patienten ist.

Süchtiges Verhalten steht oft mit anderen psychischen Problemen und Störungen (Komorbiditäten) in enger Verbindung, dabei kann das süchtige Verhalten Ursache oder Folge dieser Probleme sein. Solche psychischen Probleme bzw. Störungen können z. B. quälend erlebte intrapsychische Konflikte, Anhedonie (Freud- und Lustlosigkeit), Alexithymie (Unfähigkeit, Gefühle hinreichend wahrnehmen zu können), Depressionen, Ängste, schizophrenoforme Störungen sowie Persönlichkeitsstörungen und Entwicklungsstörungen sein.

Die stationäre Therapie ist die intensivste therapeutische Intervention und ist insbesondere dann indiziert, wenn der Patient akut von negativen Umgebungsfaktoren entlastet werden muss, sein Verhalten so stark dem Kontrollverlust unterliegt, dass es für ihn oder für andere zur akuten Bedrohung wird oder wenn die vorgegebene Tagesstruktur einer stationären Einrichtung einer initialen Stabilisierung des Patienten dienen kann.

In der klassischen Suchttherapie kommt der Abstinenz als zentralem Therapieziel eine bedeutende Rolle zu (z. B. Körkel & Kruse, 2000; Lindenmeyer, 2002). Sie ist als Erfolgskriterium gut operatonalisierbar und bietet die Möglichkeit für den Patienten, seine Selbstwirksamkeitsüberzeugungen zu stärken (Schneider, 1995). Körkel und Kruse (1994, 2000) beschreiben die klassische Zielpyramide der Suchttherapie (s. **Abb. 11-1** auf S. 250).

Während das Abstinenz-Konzept in der Therapie der Abhängigkeit von psychotropen Substanzen vielfältig und zum Teil kontrovers diskutiert wird (Körkel

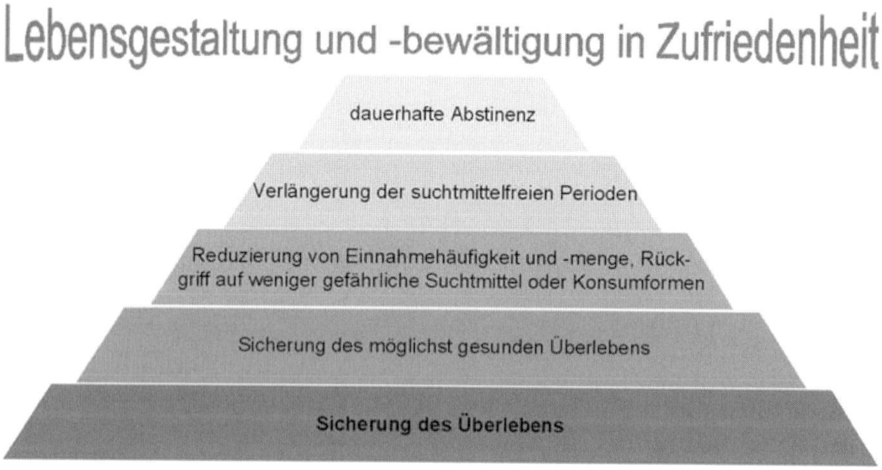

**Abbildung 11-1:** Zielpyramide der Suchttherapie nach Körkel und Kruse (1994, 2000)

& Kruse, 2000; Körkel & Schindler, 1999; Meili, Dober, & Eyal, 2004; Schippers & Cramer, 2002; Schneider, 1995), lässt sich das Ziel der Abstinenz bei der Behandlung einer Verhaltenssucht nur sehr selten verfolgen. Eine Ausnahme bildet hier möglicherweise die Glücksspielsucht. Wichtigstes Ziel der Therapie sollte daher der Auf- und Ausbau von Fähigkeiten sein (vgl. Abb. 11-2). Anders formuliert geht es also unter anderem darum, aus dem «ich muss» wieder ein «ich kann» zu machen. Die Funktion des Suchtverhaltens, ob bewusst wahrgenommen oder nicht, ist die Erzeugung von positiven Gefühlen und Stimmungen bzw. das körpereigene biochemische Gleichgewicht wieder herzustellen (vgl. Kap. 3.1, Exkurs 3.1). Der Betroffene verlernt im Laufe seiner Abhängigkeitserkrankung, negative Stimmungen durch adäquate Verhaltensstrategien zu beseitigen. Daher sind mögliche Therapieziele unter anderem das Erwerben von Problemlösekompetenzen, das Erlernen von Selbstkontrolle, die Ursachen sowie die Funktion des süchtigen Verhaltens bewusst zu machen und neue bzw. andere Lebensinhalte zu finden, um so die Lücke, die die Sucht hinterlässt, zu schließen (Meili et al., 2004). (s. Abb. 11-2)

Im Bereich der Psychotherapie haben sich zur Behandlung von Abhängigkeitserkrankungen insbesondere verhaltenstherapeutische und kognitive Techniken durchgesetzt (Lindenmeyer, 1996). Die wichtigsten kognitiven und verhaltenstherapeutischen Techniken sind weiter unten aufgeführt.

Wichtige Voraussetzung aller behavioralen Therapieformen ist eine gründliche Analyse auslösender und aufrechterhaltender Bedingungen des pathologischen Verhaltens. Zu diesen Bedingungsfaktoren gehören unter anderem internale und externale Hinweisreize, die das Verlangen oder das süchtige Verhalten selbst auslösen und die Zugänglichkeit zu Möglichkeiten der Verhaltensausführung schaffen. Weiterhin zählen charakteristische Verhaltensmuster, Wirkungserfahrungen und Wirkungserwartungen an das pathologische Verhalten sowie kurzfristige und

**Abbildung 11-2:** Zielsetzung in der Suchttherapie jenseits des Abstinenzparadigmas nach Meili, Dober und Eyal (2004)

langfristige positive und negative Konsequenzen des Verhaltens dazu (Heim, 2002). Zu den internalen Hinweisreizen werden unter anderem dem süchtigen Verhalten vorausgehende emotionale Zustände, wie Angst und Stress aber auch Freude sowie fast jede Art von Erregung, also Abweichungen im biochemischen Gleichgewicht (Koob & Le Moal, 1997; vgl. Kap. 3.1, Exkurs 3.1) sowie zugrundeliegende dysfunktionale Kognitionen, d. h. unangemessene Denkmuster und dysfunktionale Grundannahmen gezählt.

Ein Ziel therapeutischer Intervention liegt daher im Abbau exzessiver emotionaler Reaktionen und selbstschädigendem Verhalten durch Modifikation der zugrundeliegenden unangemessenen Denkmuster (Beck, 1976; Beck, Rush, Shaw, & Emery, 1979; Ellis, 1982, 1995, 1999, 2000; Rational-Emotive-Therapie von Ellis vgl. Kap. 11.2.4). Nach Beck, Wright, Newman und Liese (1993/1997) spielen dysfunktionale Grundannahmen bei der Entstehung von pathologischem Suchtmittelkonsum eine wesentliche Rolle, da sie bei der Bildung von Wirkungserwartungen an die Droge beteiligt sind und somit den Drang bzw. das Verlangen nach dem Suchtmittel formen. Die Aktivierung suchtspezifischer Gedanken führt zu starkem Verlangen und stellt in der Folge ein Haupthindernis der Entwöhnung dar.

Auch wenn die Patienten sich Kontrollstrategien angeeignet haben, um aufkommendes Verlangen zu beherrschen, heißt das noch nicht, dass die Grundannahmen im Sinne rigider, überdauernder kognitiver Strukturen einen Veränderungsprozess erfahren haben.

Drei Haupttypen von Grundannahmen treten beim Süchtigen hinsichtlich des Suchtmittelkonsums auf:

- Antizipation einer positiven Wirkung
- Erwartung einer Spannungsreduktion
- erlaubniserteilende Gedanken (individuelle Begründungen, warum der Suchtmittelkonsum erfolgen muss).

Parallel zu suchtspezifischen Grundannahmen identifizieren Beck und Kollegen (1993/1997) auch Abstinenzgedanken (z. B. «Drogen sind gefährlich»), welche die Wahrscheinlichkeit des Drogenkonsums und -missbrauchs reduzieren und suchtspezifischen Grundannahmen gegenüberstehen können. Es ist somit die Aufgabe der kognitiven Suchttherapie, die suchtspezifischen Gedanken zu identifizieren, zu entkräften und durch angemessene Abstinenzgedanken zu ersetzen. Dazu schlagen Beck und Kollegen vor, in der Suchttherapie einerseits Kontrollstrategien und -techniken zu vermitteln, andererseits dysfunktionale Grundannahmen zu thematisieren. Wichtig ist dabei auch, reale zugrunde liegende Probleme einzubeziehen, deren Reduzierung ebenso das Verlangen nach der Suchtmitteleinnahme mindern kann. Dabei setzt die therapeutische Intervention sowohl am Verhalten des Patienten als auch bei seinen Gedanken (Kognitionen) an. Generell geht es jedoch immer um die Reduktion des Verlangens nach dem Suchtmittel durch eine Umbewertung der zugrunde liegenden Grundannahmen, die den Patienten daran hindern, andere Methoden der Stressreduktion bzw. Selbstbelohnung als die des süchtigen Verhaltens einzusetzen. Der Therapeut vermittelt dem Betroffenen Techniken, mit denen er das Verlangen kontrollieren bzw. erträglich machen kann.

---

**Kasten 11-1: Kognitive Techniken**

- sokratischer Dialog: Beim sokratischen Dialog geht es vor allem um das Hinterfragen von bestehenden Überzeugungen und Meinungen. Durch das Nachfragen wird der Patient dazu angeregt, eigene Gedanken und Überzeugungen zu überdenken.
- Analyse Vor- und Nachteile: Hierbei wird der Patient dazu angeregt, sich die Vor- und Nachteile seines Verhaltens zu überlegen. Wesentlich ist dabei, auch die Vorteile des Suchtmittelkonsums zu kennen und sich bewusst zu machen. Nur so ist eine adäquate Auseinandersetzung mit dem Thema möglich.
- Identifikation und Modifikation suchtspezifischer Grundannahmen: Durch die Identifikation suchtspezifischer Grundannahmen wird dem Patienten oft erst bewusst, auf welche Art und Weise seine Gedanken und Überzeugungen mit seinem Suchtmittelkonsum in Verbindung stehen. Durch eine Modifikation der Gedanken kommt es in der Folge zu einer Modifikation des Suchtmittelkonsums.
- Downward Arrow: Bei der Downward Arrow-Technik wird von einem allgemeinen Sachverhalt auf die zugrunde liegenden Überzeugungen und Annahmen geschlossen. So können implizite, oft nicht bewusste Überzeugungen sichtbar gemacht werden.
- Reattribuierung der Verantwortung: Der Betroffene muss sich der Verantwortung über den Suchtmittelgebrauch stellen. Er muss bereit sein, die Verantwortung für das eigene Verhalten zu übernehmen, da er ansonsten keine selbständig motivierte Abstinenz aufbauen kann.
- Gedankentagebuch: Im Gedankentagebuch wird der Süchtige dazu angehalten, seine Gedanken und Gefühle in verschiedenen Situationen zu protokollieren. Somit wird für ihn der Zusammenhang zwischen Gefühlen, Gedanken und Suchtmittelverlangen transparent.
- Imaginationstechniken: Imaginationstechniken dienen z. B. dazu, in der Vorstellung Verhaltensweisen (und evtl. Schwierigkeiten bei deren Umsetzung) zu erproben und negative Gedanken zu kanalisieren.

**Kasten 11-2: Verhaltenstherapeutische Techniken**

- Aktivitätenplanung: Bei der Aktivitätenplanung geht es vor allem darum, dass der Betroffene außerhalb des Suchtmittelkonsums alternative Aktivitäten plant und umsetzt.
- Verhaltensexperimente: Durch Verhaltensexperimente kann der Patient die Gültigkeit seiner bisherigen Grundannahmen überprüfen und dadurch leichter modifizieren.
- Rollenspieltechniken: In Rollenspielsituationen kann dem Patienten die Möglichkeit gegeben werden, bestehende Interaktionsprobleme abzubauen und schwierige Interaktionen zu proben.
- Entspannungstraining: Durch ein Entspannungstraining kann dem Betroffenen eine Möglichkeit gegeben werden, entstehende Ängste und Anspannungen durch Entspannungstechniken und nicht durch Suchtmittelkonsum zu bewältigen.
- stufenweise Aufgabenstellung: Durch die stufenweise Aufgabenstellung wird dem Betroffenen die Möglichkeit gegeben, die oft gravierenden Lebensveränderungen kleinschrittig bewältigen zu können.
- Problemlösen: Da die Problemlösefähigkeiten der Patienten oft mangelhaft sind, ist es notwendig, mit ihnen die Prinzipien des Problemlösens (neu) zu erlernen.
- Stimuluskontrolle: Bei der Stimuluskontrolle soll der Betroffene sich die seinen Suchtmittelkonsum auslösenden Stimuli bewusst machen, um diese in der Folge vermeiden zu können bzw. um sich geeignete Strategien zu überlegen, um nicht auf diese Stimuli mit Suchtmittelkonsum zu reagieren.
- Hausaufgaben: Hausaufgaben dienen vor allem der Übung und Festigung von in der Therapie gelernten Dingen.

Bei akut auftretendem Verlangen bieten sich vor allem folgende Techniken an:

- Umfokussieren der Aufmerksamkeit, um sich nicht auf das auftretende Verlangen zu konzentrieren
- Merkkärtchen, die die Vorteile der Abstinenz verdeutlichen
- Vorstellungstechniken wie Gedankenstop, Ersetzen durch negative/positive Bilder, Übung in der Vorstellung und Bewältigungsphantasien
- Erarbeiten rationaler Gegengedanken.

Zuletzt sei hier noch kurz auf die Veränderungsmotivation eingegangen. Ohne die Motivation der süchtigen Betroffenen, etwas am eigenen Verhalten zu verändern, kann eine Abhängigkeitstherapie, gleich welcher Schule, kaum Erfolg haben. Miller und Rollnick (1991) beschreiben in diesem Zusammenhang eine Ambivalenz der meisten Suchtpatienten gegenüber Veränderungen und warnen vor einseitigen Zuschreibungen wie «widerspenstig», «willens-» oder «charakterschwach». Vielmehr ist die Motivation zeitlichen und situationalen Veränderungen ausgesetzt.

Ein Modell zur Veränderungsmotivation schlagen Prochaska und DiClemente (1982) vor. Dabei wird der Veränderungsprozess in sechs Phasen betrachtet:

1. Ahnungs- bzw. Vorbesinnungsphase – Patienten, die keine bzw. nur geringe Einsicht in bestehende Probleme zeigen, sind am wenigsten motiviert, etwas zu ändern. Hinweise aus der Umwelt werden bagatellisiert und reattribuiert.

2. Absichtsphase – die Patienten sind bereit, über ihre Probleme zu reden, die mit ihrer Sucht zusammenhängen, und denken über mögliche Veränderungen nach, ohne jedoch konkrete Handlungen zu unternehmen. Obwohl sie in dieser Phase immer noch ambivalent sind, kommt es zu ersten kritischen Reflexionen des eigenen exzessiven Verhaltens.

3. Aktionsvorbereitungsphase – Vorstufe zur Aktions- bzw. Handlungsphase. Patienten wollen tatsächlich Veränderungen einleiten und suchen Hilfe für ihre Probleme. Ihnen ist aber in dieser Zeit noch nicht klar, wie sie ohne Suchtmittel leben oder welche Strategien sie zu einer abstinenten Lebensweise führen könnten.

4. Aktions- bzw. Handlungsphase – die Patienten haben sich schon für bestimmte Veränderungen entschieden und damit begonnen, ihr Verhalten zu ändern. Neue Verhaltensformen werden erprobt.

5. Aufrechterhaltungsphase – die Betroffenen versuchen, die begonnenen Prozesse weiterzuführen und in ihr neues suchtfreies Leben zu integrieren.

6. Rückfallphase – es kommt zum Abbruch der Verhaltensänderung; der Patient fällt in eine der früheren Phasen, z. B. die Ahnungsphase zurück.

Für die Gestaltung jeder Suchttherapie empfiehlt sich folglich die Identifikation von und Konzentration auf die gleiche Veränderungsphase durch Patient und Therapeut (Prochaska, DiClemente, & Norcross, 1992). Die Autoren begreifen ihr Modell als zirkuläres Modell verschiedener Stufen der psychischen Bewusstheit für die Erkrankung. Dabei verläuft der Therapieprozess spiralförmig entlang der Phasen. Diese bauen zwar aufeinander auf, aber zu jedem Zeitpunkt der Therapie ist ein Rückfall auf eine der früheren Stufen möglich. Diese Rückfälle bis hin zum erneuten Substanzgebrauch werden als Teil der Therapie begriffen und führen nicht notwendigerweise zum Abbruch der Therapie. Die Veränderung süchtigen Verhaltens wird somit als ein langwieriger zyklischer Prozess gesehen, der oft viele Jahre in Anspruch nimmt und bei dem Rückfälle die Regel und nicht die Ausnahme sind. Obwohl das Modell bislang nicht empirisch bestätigt werden konnte (Hoyer, 2003; Sutton, 2001), bietet es doch sehr gute Ansatzpunkte für die suchttherapeutische Praxis.

In Anlehnung an dieses Phasenmodell der Veränderung entwickelten Miller und Rollnick (1991) ein Praxismodell für den Umgang mit für die Therapie «unmotivierten» Klienten, das empirisch insbesondere in der Anwendung bei Suchtpatienten gute Ergebnisse gezeigt hat. Die Identifikation der motivationalen Lage des Patienten ermöglicht eine gezielte Intervention zur Stärkung der Therapiemotivation und der Begleitung zur nächsten Phase. Des Weiteren wird verhindert, dass der Therapeut den Patienten überfordert und Veränderungsschritte einleitet, ohne dass die nötigen Kompetenzen auf Seiten des Patienten bereits erlangt worden sind (Hölzmann, 2004). Sind die einzelnen Phasen identifiziert, so bieten sich konkrete, am motivationalen Niveau des Patienten orientierte, therapeutische Interventionsmaßnahmen an.

In der Ahnungsphase steht der Umgang mit den verleugnenden und bagatellisierenden Strategien des Patienten im Vordergrund. Therapeutisch ist hier eine empathische Betonung und Verstärkung sich andeutender Ambivalenzen angezeigt. Diese könnte z. B. dadurch erfolgen, dass Diskrepanzen zwischen erwünschten Soll- und tatsächlichen Ist-Zuständen herausgearbeitet werden. Eine unterstützende Haltung des Therapeuten ist hierbei sehr hilfreich. Der Patient sollte sich nicht ver- bzw. beurteilt fühlen (Veltrup, 2002). In der Absichtsphase steht vor allen Dingen die Informationsvermittlung im Sinne einer gezielten Psychoedukation im Vordergrund der Behandlung. Der Patient soll die Funktion und Wirkungsweise sowie auslösende und aufrechterhaltende Faktoren der Sucht erkennen und über mögliche Hilfsangebote und Strategien informiert werden. An dieser Stelle der Therapie ist es gut möglich, gruppentherapeutische Maßnahmen mit einzeltherapeutischen Sitzungen zu kombinieren.

Hat der Patient sich für Veränderungen entschieden, ist es die Aufgabe des Therapeuten, diese Entscheidung bedingungslos zu verstärken. Wichtig dabei ist, dass der Patient sich in dieser Phase als selbstbestimmt und selbstwirksam wahrnehmen kann. Durch das Ersetzen von automatisierten Verhaltensweisen durch reflektiertes Verhalten kommt es zu neuen Bewertungen der eigenen Person. In der Aufrechterhaltungs- bzw. Stabilisierungsphase geht es um die Integration neu erworbener Verhaltenskompetenzen in den Alltag. Hier können für den Patienten nun Sinnfragen eine größere Rolle spielen. Wichtig für diese Phase ist vor allen Dingen auch die soziale Unterstützung durch das Umfeld des Patienten, konkrete Handlungspläne zur Umsetzung von Zielen, konkrete Veränderungen der Lebensbedingungen sowie auch das Erarbeiten von Krisenplänen zur Rückfallprävention. Selbsthilfegruppen können hierbei zu einer wichtigen Stütze werden.

So ist es wichtig, die verschiedenen Phasen – von der Anfangs- bzw. Kontaktphase über die Therapiephase bis hin zur Eingliederungsphase – beim Patienten zu erkennen und in der jeweiligen Phase die bisherigen Bemühungen des Patienten zur Veränderungen zu verstärken und ihm während des Therapieverlaufs Anreize zur Veränderung zu geben (Sonntag & Tretter, 2001; Tretter, 1994). Für den Umgang mit Rückfällen sollte dem Patienten verdeutlicht werden, dass diese zum Prozess der Therapie dazu gehören können und nicht nur als Niederlage und Therapiemisserfolg zu bewerten sind. Rückfälle dienen vielmehr auch dazu, wichtige Informationen über den individuellen Suchtverlauf zu liefern, die dann in die Therapie aufgenommen werden können.

Marlatt (1985) bezeichnet Suchtmittelkonsum und Rückfall als einen kognitiven Entscheidungsprozess und beschreibt vier kognitive Prozesse, die bei den meisten kognitiven Suchtmodellen eine Rolle spielen:

- Selbstwirksamkeit: Selbstwirksamkeitserwartung steht für die Einschätzung der eigenen Fähigkeit, mit potenziellen Rückfallsituationen kompetent umgehen zu können. Geringe Selbstwirksamkeitserwartung geht mit einem erhöhten Rückfallrisiko einher, hohe Selbstwirksamkeitserwartung erhöht somit die Chancen für längere Abstinenzphasen, wobei erfolgreiche Abstinenz und Selbstwirksamkeitserwartungen sich gegenseitig günstig beeinflussen (Miller & Rollnick, 1991).

- Wirkungserwartung: Wenn ein Süchtiger eine primär positive Wirkungserwartung hinsichtlich der Effekte des Suchtmittelkonsums oder der Aktivität erfährt, steigt die Wahrscheinlichkeit des tatsächlichen Konsums im Gegensatz zu Süchtigen mit primär negativen Wirkungsantizipationen.

- Kausalattributionen: Kausalattributionen beziehen sich auf ein Alles-oder-Nichts-Denken. Solche Überzeugungen gehen meistens mit länger andauerndem Suchtmittelkonsum einher, denn der Betroffene ist davon überzeugt, dass Suchtmittelkonsum auf internale oder externale Faktoren zurückzuführen ist, die seine Sucht als vorherbestimmt und unkontrollierbar erscheinen lassen.

- Entscheidungsprozesse.

## 11.2 Therapieimplikationen aus Theorie und Praxis bei einzelnen Formen der Verhaltenssucht

Bislang gibt es noch kein einheitliches therapeutisches Vorgehen bei den einzelnen Formen der Verhaltenssucht. Es existieren sowohl pharmakologische als auch psychotherapeutische Ansätze. Für die Wahl der therapeutischen Maßnahme bietet sich hier – vor allem, wenn sowohl operante Konditionierungsprozesse als auch automatisierte Handlungsabläufe die Störung aufrechterhalten – der Einsatz einer Kombination von Verhaltensmodifikationen (also dem Erlernen alternativer Stressverarbeitungsstrategien) und weiterer suchttherapeutischer Maßnahmen aus dem Bereich der substanzbezogenen Störungen mit einer Abhängigkeitsdiagnose an (Bühringer, 2004).

Im Folgenden soll ein kurzer Überblick über bisherige therapeutische Ansätze und Studien bei den einzelnen Störungsbildern gegeben werden.

### 11.2.1 Kaufsucht

Bei der Therapie von Kaufsucht wurden von einigen Autoren verschiedene pharmakologische sowie psychotherapeutische Interventionsmaßnahmen bei i. d. R. sehr kleinen Stichproben beschrieben.

So konnten McElroy, Satlin, Pope, Keck und Hudson (1991) bei drei Fällen von Kaufsucht mit komorbider Depression und Ängstlichkeit durch die Gabe eines Antidepressivums eine Verbesserung der Symptome der Kaufsucht zeigen, die von der Stimmungsverbesserung unabhängig war. In einer retrospektiven Studie untersuchten McElroy, Keck, Pope, Smith und Strakowski (1994) 20 Kaufsüchtige. Von 13 Patienten, die eine Medikation erhalten hatten (verschiedene Psychopharmaka), gaben 10 eine Verbesserung ihrer Kaufsuchtsymptome an. Bei 9 Patienten, die eine Psychotherapie erhalten hatten, gaben lediglich 2 Patienten eine Verbesserung an. Aus der Studie geht nicht hervor, welche Patienten, bei denen eine pharmakologische Intervention durchgeführt wurde, ebenfalls eine Psychotherapie erhalten hatten. Aufgrund der großen Heterogenität bei den Interventionsmaßnahmen sind die Studienergebnisse in ihrer Aussagekraft stark eingeschränkt.

Eine Verbesserung der Kaufsuchtsymptome durch die Behandlung der komorbiden affektiven Störung konnten Lejoyeux, Hourtane und Adès (1995) bei zwei Kaufsüchtigen zeigen. In einer anderen Studie untersuchten Lejoyeux, Tassain und Adès (1995) Depressive mit und ohne süchtigem Kaufverhalten. Sie beobachteten bei zwei Fällen von Depressiven mit Kaufsucht, dass die Kaufsuchtsymptome zusammen mit den Depressionssymptomen verschwanden. Die Autoren postulierten daraufhin einen engen Zusammenhang zwischen Depression und Kaufsucht und vermuten, dass das Bindeglied zwischen Depression und Kaufsucht ein geringer Selbstwert sein könnte.

Bernik, Akerman, Amaral und Braun (1996) beschreiben bei zwei Fällen von Kaufsucht mit assoziierter Panikstörung eine erfolgreiche psychotherapeutische Intervention (Reizkonfrontation mit Reaktionsverhinderung) bei zusätzlicher Gabe von einem Antidepressivum (Clomipramin). Die Autoren vermuten, dass auch die pharmakologische Maßnahme einen Therapieeffekt gehabt haben könnte. Bei einer Untersuchung zwei Jahre nach Therapieabschluss stellte sich heraus, dass beide Patienten abstinent (ohne Kaufexzesse) geblieben sind.

Black, Monahan und Gabel (1997) behandelten zehn Kaufsüchtige ebenfalls mit einem Antidepressivum (Fluvoxamin) und konnten bei neun Personen eine Verbesserung der Kaufsuchtsymptome zeigen. Black, Gabel, Hansen und Schlosser führten anschließend im Jahre 2000 eine Vergleichsstudie zwischen Fluvoxamin und einem Placebo (Medikament ohne jegliche pharmakologische Wirkung) durch und konnten hier keine signifikanten Unterschiede zwischen Placebo und dem Antidepressivum zeigen. Beide Interventionsmöglichkeiten führten zu einer Verbesserung der Symptomatik. Die Autoren führen ihre Ergebnisse zum Teil auf die geringe Stichprobengröße zurück. Ninan und Kollegen (2000) führten eine Doppelblindstudie (weder der Versuchleiter noch der Patient wissen, was dem Patienten verabreicht wird) mit einem Placebo versus Fluvoxamin durch und fanden ebenfalls deutliche Besserungsraten in beiden Gruppen. Dies führen die Autoren darauf zurück, dass vermutlich die begleitende Psychotherapie zu den Besserungen in der Placebogruppe geführt hat und so die alleinigen Effekte des Fluvoxamin überdeckt hat.

In einer weiteren Studie untersuchten Koran, Bullock, Hartston, Elliott und D'Andrea (2001) ebenfalls den Einfluss eines Antidepressivums (Citalopram) auf 24 Kaufsüchtige und konnten auch noch nach 6 Monaten einen positiven Effekt des Citalopram auf das Kaufsuchtverhalten nachweisen (vgl. auch Koran, Chuong, Bullock, & Smith, 2002). Der Effekt bestand allerdings nur bei kontinuierlicher Einnahme des Antidepressivums. Nach Absetzen der Medikation kam es zu Rückfällen, die jedoch durch eine erneute Einnahme des Antidepressivums wieder gestoppt werden konnten.

Eine Verbesserung der Kaufsuchtsymptome durch die Gabe eines Opiatantagonisten (Naltrexon) konnte Kim (1998) bei vier Kaufsüchtigen nachweisen. Trotz verschiedener Studien, die von positiven Therapieeffekten bei Kaufsuchtsymptomen berichten, lässt sich bislang bei pharmakologischen Interventionen insgesamt kein einheitlicher Erfolg bestätigen (Bullock & Koran, 2003).

Bongers (2000) beschreibt anhand eines Fallbeispiels die erfolgreich verlaufende verhaltenstherapeutische Intervention. Burgard und Mitchell (2000) beschreiben eine kognitiv-behaviorale Gruppentherapie für Kaufsüchtige, die sich hauptsächlich auf die aufrechterhaltenden Faktoren konzentriert. Bei 14 Sitzungen über einen Zeitraum von 8 Wochen konnten die Autoren bei acht Frauen eine Verbesserung der Symptome nachweisen. Erste Studien im deutschsprachigen Raum zur Wirksamkeit verhaltenstherapeutischer Interventionen bei Kaufsucht werden zur Zeit an der Universitätsklinik in Erlangen durchgeführt (Müller & de Zwaan, 2004). Während einer 12-stündigen Kurzzeittherapie nehmen die Betroffenen an einer ambulant kognitiv-behavioralen Gruppentherapie teil, die sich an dem störungsspezifischen Therapiekonzept von Burgard und Mitchell (2000) orientiert. Dabei stehen Techniken wie Selbstbeobachtung, Verhaltensanalyse, kognitive Umstrukturierung, das Erlernen von Stimuluskontrolle und Selbstkontrolltechniken sowie die graduierte Exposition mit Reaktionsmanagement im Vordergrund. Ergebnisse der Studie stehen noch aus (Müller & de Zwaan, 2004). Weitere verhaltenstherapeutische Studien laufen derzeit an der Universitätsklinik in Hamburg – Eppendorf (Reisch, Neuner, & Raab, 2004 a). Reisch, Neuner und Raab (2004 b) beschreiben Sofortmaßnahmen zur kurzfristigen Unterbindung des Kaufsuchtverhaltens:

- Verzicht auf elektronische Zahlungsmittel
- Identifikation der Reize, die das Verlangen nach dem Kaufen auslösen
- Verzicht zum Einkaufen zu Zeiten des saisonalen Hochkonsums
- erstellen einer Liste aller aufgrund der Sucht gekauften Güter und ständiges mit sich führen dieser Liste
- «Dekontextualisierung» der Konsumgüter (d. h. die Mitnahme von Gütern nach Hause, um dann nach dem Akutanfall eine Auswahl treffen zu können)
- Führen eines Haushaltsbuches.

Die Autoren betonen jedoch, dass diese praktischen Selbsthilfen nur eine kurzfristige Erleichterung mit sich bringen. Reisch und Kollegen (2004 b) empfehlen für die langfristige Intervention Gespräche mit Vertrauenspersonen, den Besuch von Selbsthilfegruppen und im Bedarfsfall die Unterstützung des Betroffenen durch eine Schuldnerberatung.

### 11.2.1.1 Therapeutische Implikationen am Fallbeispiel der Kaufsucht

Im Folgenden werden therapeutische Implikationen bei Kaufsucht anhand des Fallbeispiels aus dem vorangegangenen Kapitel 4.5 gegeben.

Die in dem Kapitel vorgestellte Patientin Frau S. erfüllt in Bezug auf ihr Kauf-verhalten die Kriterien für das Störungsbild «sonstige abnorme Gewohnheiten und Störungen der Impulskontrolle» (ICD-10, F63.8, Dilling, Mombour, & Schmidt, 2000) bzw. «Nicht Näher Bezeichnete Störung der Impulskontrolle» (DSM-IV-TR, 312.30, Saß, Wittchen, Zaudig, & Houben, 2003). Es lassen sich jedoch auch Merkmale finden, die vor allem den Kriterien eines Abhängig-keitssyndroms der internationalen Klassifikationssysteme psychischer Störungen entsprechen. Da der Fall und die Diagnosestellung im Kapitel 4.5 genauer beschrieben sind, werden im Folgenden lediglich therapeutische Implikationen dargestellt.

Bei der kaufsüchtigen Patientin kann aufgrund der Essstörung in ihrer Vor-geschichte eine Symptomverschiebung angenommen werden. Bereits vor der Ent-wicklung des problematischen Kaufverhaltens (Kaufsucht) zeigte die Patientin inadäquate Stressbewältigungsstrategien und reagierte nach emotional belasten-den Situationen nicht mit einem adäquaten Bewältigungsverhalten, sondern ver-stärkt mit bulimischen Essattacken. Dieses Problemverhalten führte zu einer kurzfristigen Reduktion der negativen Befindlichkeit, aber nachfolgend zu einem schlechten Gewissen und Sorgen um eine Gewichtszunahme, welche mittels selbstinduziertem Erbrechen verringert werden sollten. Langfristig fühlte sich die Patientin diesem Geschehen hilflos ausgesetzt und reagierte mit Selbstabwertung und dysthymer Verstimmung.

Ein weiterer störungsaufrechterhaltender Bedingungsfaktor kann in der Zu-wendung und der Besorgnis der Mutter gesehen werden, da bei Bekanntwerden des problematischen Essverhaltens der Tochter diese Reaktionsweise häufiger, intensiver und länger andauernd auftrat. Da die Patientin ihr Elternhaus als «emotional unterkühlt» und distanziert erlebte, kann die reaktionskontingente Zuwendung und Beachtung durch die Mutter als ein störungsaufrechterhaltender externer Bedingungsfaktor angesehen werden. Das gestörte Essverhalten hatte vermutlich eine intrapsychische Funktionalität der Befindlichkeitsverbesserung und «Selbstberuhigung» in emotional belastenden Situationen, wobei alternative Fertigkeiten zur Befindlichkeitsverbesserung aufgrund der Lerngeschichte im Elternhaus der Patientin unzureichend entwickelt waren (Verhaltensdefizit).

Die vorangegangene Behandlung der Essstörung führte zwar zu einer deutlichen Reduktion des problematischen Essverhaltens, nachfolgend zeigte die Patientin aber ein weiteres, neues Problemverhalten (Kaufsucht), was als eine Form der Suchtverlagerung angesehen werden kann. Möglicherweise wurden bei der Be-handlung der Essstörung unter anderem die oben erwähnten Funktionalitäten des problematischen Ess- und Kaufverhaltens nicht hinreichend beachtet (z. B. ähn-liche intrapsychische Funktionalität des problematischen Ess- und Kaufverhaltens; verstärkte Beachtung und Zuwendung der Mutter beim Auftreten von Problem-verhalten) und unzureichend alternative assimilative bzw. akkomodative Bewälti-gungsfertigkeiten im Umgang mit den auslösenden Situationen entwickelt.

Da das problematische Kaufverhalten weiterhin nach sozialen Konfliktsitua-tionen, Zeiten des Leistungsdrucks, beim Nachdenken über die eigene Zukunft, inneren Leeregefühlen und abendlichen Langeweilesituationen auftrat, kann angenommen werden, dass die vorangegangene Therapie zwar zu einem Symptommanagement der Essstörung beitrug, dass aber bei der Patientin in einem unzureichenden Ausmaß Emotions- und Problembewältigungsfertigkeiten entwickelt wurden und es deshalb zu keinem Aufbau von alternativen (und funktionalen) Aktivitäten zur Befindlichkeitsverbesserung kam. Das Verständnis von Genese und Funktionalität des Störungsgeschehens erscheint bei der Patientin unzureichend entwickelt.

Weiterhin führte die vorangegangene Behandlung nicht zu einer hinreichenden Verbesserung der sozialen und kommunikativen Fertigkeiten zur adäquaten Artikulation der eigenen Bedürfnisse und bedürfnisgerechten Beziehungsgestaltung, zu keiner ausreichenden Korrektur dysfunktionaler kognitiver Schemata (z. B. des überhöhten Anspruchs an die eigene Leistungsfähigkeit), zu keiner Bearbeitung grundlegender Lebensprobleme (z. B. Zuwendung über Anstrengung und Leistung erlangen zu wollen; überzogenes Leistungsverhalten und damit einhergehend Kräfteverschleiß, Verstärkerverlust, Vereinsamung, Perspektivlosigkeit und innere Leere) und zu keiner hinreichenden Entwicklung von Zukunftsperspektiven entsprechend der eigenen Ziele, Pläne und Selbstverwirklichungswünsche der Patientin. Entsprechende therapeutische Maßnahmen müssen nun in Bezug auf das neue Fehlverhalten, die Kaufsucht, eingeleitet werden.

### 11.2.2 Sportsucht

Bislang gibt es kaum Therapiestudien zum Thema Sportsucht. Häufiger finden sich dagegen Vorschläge, sportliche Betätigung als therapeutische Unterstützung bei verschiedenen Störungsbildern einzusetzen (Peluso & Andrade, 2005), weil die positiven Effekte von (maßvollem) Sport auf die psychische und physische Gesundheit unbestritten sind.

Bei der Behandlung von exzessiver sportlicher Betätigung sind vor allen Dingen auch körperliche Risiken bei Beendigung des exzessiven Trainings zu beachten. Aus der Sportmedizin ist bekannt, dass, wenn das exzessive Training plötzlich und ohne ärztliche Begleitung reduziert wird, Übergewicht und Herzprobleme bis hin zum kardialen Sekundentod die Folge sein können. Jahrelanges intensives Training führt zu einer Vergrößerung des Herzmuskels. Bei abruptem Trainingsende besteht die Gefahr, dass sich das Herz zu schnell verkleinert und es zu dyskinetischen Ventrikeln kommt, die Herzrhythmusstörungen verursachen können (Dugmore et al., 1999). Deshalb ist es geraten, die sportliche Belastung nur schrittweise und in ärztlicher Begleitung zu reduzieren (Higdon, 2002).

Adams, Miller und Kraus (2003) schlagen vor, dass sich die Therapie von Sportsucht speziell auf kognitive Prozesse und Verhaltensmanagement fokussieren sollte. Ähnlich wie in der Behandlung von Arbeitssucht erscheint es sinnvoll, bei den Patienten im Sinne der von Orford (1985) vorgeschlagenen Kosten-Nutzen-Analyse ein Bewusstsein für die Dysfunktionalität ihres exzessiven Verhalten zu erzielen und so eine Veränderungsmotivation zu induzieren. Dabei betonen die Autoren, dass es wichtig sei, mit dem Patienten die Funktionalität seines exzessiven Verhaltens zu erarbeiten. Dazu bieten sich Protokolle und Logbuchverfahren an, in denen der Patient nicht nur seine sportlichen Leistungen dokumentiert, sondern auch Gefühle und Gedanken festhält. Im Rahmen der Therapie wird dem Patienten die Funktion des Trainings aufgezeigt. Sportliche Aktivität bietet ein hohes Maß an Kontrollgefühl, und das Training bietet dem Patienten eine Möglichkeit, mit selbstwertbedrohlichen Situationen umzugehen bzw. ihnen adäquat auszuweichen. Daher ist es wichtig, dass der Patient dieses Gefühl – auch unabhängig von einer exzessiven sportlichen Betätigung – wieder für seine intrapsychischen Prozesse erlangt. Dabei sollten die rigiden dysfunktionalen kognitiven Grundannahmen identifiziert und mit dem Patienten bearbeitet werden. Die schrittweise Senkung der Trainingsmenge kann genutzt werden, um alternative Bewältigungsmuster wieder aufzubauen. Hierzu gehört insbesondere der Aufbau sozialer Kontakte, bei denen der Fokus nicht auf sportlichen Aktivitäten liegt. Therapiebegleitend empfiehlt sich ein Gruppentraining für den Aufbau sozialer Kompetenzen.

Adams und Kollegen (2003) betonen weiterhin die Fragilität des Selbstwertes des Sportsüchtigen und leiten daraus ab, supportive, selbstwertstützende therapeutische Interventionen insbesondere am Beginn der Therapie verstärkt einzusetzen. In Anlehnung an die Arbeitssuchttherapie, in der der Selbstwertgewinn in Leistung und vorzeigbaren Aktivitäten liegt, sind auch bei den Sportsüchtigen «Faulsein»-Übungen wichtiger Teil der Therapie. Oft liegt dem exzessiven Sporttreiben die irrationale Überzeugung zugrunde, «Nichtstun wäre eine Verschwendung wertvoller Zeitressourcen». Langeweile wird zu einem gefürchteten aversiven Zustand. Im Rahmen der Therapie lernt der Patient in sich langsam steigernden (vom Therapeuten verordneten) Pausendosen, Zeit mit sich alleine zu genießen und seinem Körper Ruhe und Anerkennung für das bereits Geleistete zu gönnen (Burwell & Chen, 2002).

### 11.2.3 Glücksspielsucht

Die Glücksspielsucht ist die am besten charakterisierte und beschriebene Form der Verhaltenssucht. Dementsprechend liegen hier auch für den deutschsprachigen Raum ausführliche, das Phänomen gut beschreibende Werke zur Diagnostik und Therapie vor (z. B. Meyer & Bachmann, 2000; J. Petry, 2003). Dabei wurde in dem umfassenden Standardwerk von Meyer und Bachmann «Glücksspiel: Wenn der Traum vom Glück zum Alptraum wird», das 1993 erschien und seit dem Jahr 2000 in aktualisierter Form vorliegt, erstmalig für den deutschen Sprachraum der Wissensstand zu den Mechanismen und Bedingungen der Entstehung und Aufrechterhaltung, den Folgen und zur effektiven Therapie pathologischen Glücksspiels ausführlich dargestellt.

Bei der Therapie von Glücksspielsucht werden vor allem Studien zu kognitivbehavioralen Therapieformen beschrieben, die als besonders effektiv bei der Behandlung von Spielproblemen gelten (Raylu & Oei, 2002). Analog zur Suchttherapie beinhalten kognitiv-behaviorale Therapieprogramme für pathologische Glücksspieler (z. B. Ladouceur, Sylvain, Letarte, & Giroux, 1998; Sylvain, Ladouceur, & Boisvert, 1997) im Sinne einer umfassenden Rückfallprävention und langfristigen Stabilisierung der Glücksspielabstinenz:

- Problemlösetrainings einschließlich Geld- und Schuldenmanagement
- den Aufbau alternativen Verhaltens
- das Training sozialer Fertigkeiten
- konkretes Rückfallprophylaxetraining.

Eine Übersicht zu den verschiedenen Evaluationsstudien der Behandlungsansätze bei Glücksspielsucht geben J. Petry (2003) und Meyer und Bachmann (2000) sowie aktuell für den englischen Sprachraum Grant und Potenza (2004).

In der Glücksspielsuchttherapie wird der Weg der Entwicklung des pathologischen bzw. süchtigen Glücksspiels zurückverfolgt (Bachmann, 2000, 2004). Das heißt, über ein Stoppen des Abhängigkeitsverhaltens und Einleiten der Abstinenz wird die Krankheitseinsicht gefördert sowie die Abstinenz stabilisiert. Darauf aufbauend wird zu einer Aufarbeitung der individualspezifischen Hintergründe und Ursachen übergegangen. Dabei stehen das symptomatische Glücksspielverhalten und die Abstinenzmotivation im Mittelpunkt (Meyer & Bachmann, 2000). Im ersten Schritt und oft auch über die gesamte Dauer der Behandlung wird an der meist vorhandenen motivationalen Ambivalenz zwischen glücksspielfreiem Leben und erneuter Glücksspielaktivität/Rückfall gearbeitet, da das Glücksspielverhalten – wie es auch von der Abhängigkeit psychotroper Substanzen bekannt ist – ohne Motivation zur Veränderung nicht zu stoppen ist. Hierbei ist die Betrachtung der Diskrepanz zwischen kurz- und langfristigen Folgen des Glücksspiels wichtig (N. M. Petry, 2002; Meyer & Bachmann, 2000).

Um das Glücksspielverhalten stoppen bzw. kontrollieren zu können, werden mit dem Patienten Selbstkontrolltechniken wie Selbstbeobachtung, Setzung neuer Ziele/Standards und Stimuluskontrolle erarbeitet. Darüber hinaus beinhaltet die Umsetzung der Glücksspielabstinenz auch die Vereinbarung des Glücksspielers mit Bezugspersonen zur Kontrolle der finanziellen Mittel, zum Aufbau von Lebensfertigkeiten und vom Glücksspiel unabhängigen Aktivitäten sowie ein Rückfallprophylaxetraining.

Relevante kognitive Verfahren in der Therapie von Glücksspielssucht sind z. B. das kognitive Umstrukturieren und Modifizieren glücksspielbezogener Überzeugungen und Wirkungserwartungen, die Reattribution der Verantwortung und der Aufbau eines positiven Selbstkonzeptes über die kognitive Umstrukturierung. Mit Hilfe kognitiver Strategien (bewusst machen, analysieren, modifizieren) wird vor allem auch an der Korrektur der kognitiven Verzerrungen bezüglich des Glücksspiels gearbeitet (z. B. Coulombe, Ladouceur, Deshairnais, & Jobin, 1992; Sylvain et al., 1997).

In Anlehnung an lerntheoretische Erklärungsansätze zur Entstehung von Glücksspielsucht (vgl. Kap. 2.1 und Kap. 3.1, Exkurs 3.1) werden gemeinsam mit dem

Patienten die mit der Glücksspielsucht assoziierten internalen und externalen Reize, die Spielverlangen auslösen, identifiziert und die individuelle Suchtmittelfunktion aufgearbeitet. Die Mehrzahl der pathologischen Glücksspieler hat mittels Glücksspielen Stress bewältigt und ist somit Problemen eher ausgewichen als sie aktiv adäquat zu bewältigen. Während des kognitiven Problemlösetrainings lernt der Patient, interpersonelle, finanzielle und andere Probleme rechtzeitig zu erkennen. Auf der Verhaltensebene müssen alternative Problemlöse- und Stressbewältigungsstrategien erlernt und gefestigt werden.

Für die Aufrechterhaltung der Abstinenz ist es daher ausschlaggebend, ein vom Glücksspiel unabhängiges Verhalten, mit dem z. B. auch Stress positiv bewältigt werden kann, zu fördern bzw. aufzubauen. Das bedeutet: Je mehr Möglichkeiten den Betroffenen zur Verfügung stehen, ihr Leben zu strukturieren, positive Gefühle zu erleben und Probleme aktiv zu bewältigen, desto weniger kommen sie in Versuchung, auf das «alte» dysfunktionale Verhalten zurückgreifen zu müssen. So können z. B. körperliche Aktivitäten sinnvoll sein, die sowohl Wettbewerbscharakter tragen als auch zur Endorphinausschüttung beitragen. Im Rahmen der medizinischen Rehabilitation wird z. B. häufig sporttherapeutisches Lauftraining angeboten, auch um das Durchhaltevermögen und die Handlungskontrolle zu verbessern (Meyer & Bachmann, 2000; J. Petry, 2003). Weiterhin sollten Methoden der Entspannung (Progressive Muskelrelaxation, Autogenes Training, Yoga) erlernt werden. Bei der Mehrzahl der Patienten ist aufgrund des Zusammenhangs zwischen mangelnder sozialer Kompetenz und Glücksspielteilnahme das Training sozialer Fertigkeiten indiziert (Ladouceur, Boisvert, & Dumont, 1994; McCormick, 1994; J.Petry, 2003; Sharpe, 2002). In Rollenspielen werden reale Situationen nachgestellt und verbale und non-verbale kommunikative Fertigkeiten systematisch aufgebaut bzw. geübt.

Die Therapiekomponente «Rückfallprophylaxetraining» stellt einen weiteren Schwerpunkt in der kognitiv-verhaltenstherapeutischen Suchtbehandlung dar. Die Rückfallgefährdung im Zusammenhang mit kritischen Lebenssituationen, konkreten Risikosituationen und fehlender Bewältigungsstrategie wird mit den Betroffenen erörtert (Marlatt & Gordon, 1985). In Anlehnung an dieses sozial-kognitive Rückfallpräventionsmodell lernen die Betroffenen, individuell rückfallriskante Situationen zu erkennen und diese positiv, ohne Rückfall, zu bewältigen. Reales Rückfallgeschehen und die damit verbundenen Schuldgefühle und Selbstabwertungen werden umgehend bearbeitet, um die Rückkehr in das alte Glücksspielverhalten zu unterbinden. Des Weiteren wird im Rahmen der Rückfallprävention auch die Reizkonfrontation in vivo («cue exposure») eingesetzt, um die Patienten möglichst realitätsnah auf potenzielle Risikosituationen vorzubereiten. Das dabei auftretende Verlangen kann sofort und konkret bearbeitet werden. Somit wird die Eigenkontrolle und damit die Selbstwirksamkeitserwartung durch Bewältigen des Glücksspielverlangens ohne Rückfall erhöht. Weiterhin ist die Motivation zur Nachsorge durch Selbsthilfegruppen ein wesentlicher präventiver Behandlungsbestandteil (Meyer & Bachmann, 2000).

In die Behandlung sollten jeweils individuell vorhandene Vulnerabilitätsfaktoren wie spezielle Persönlichkeitsmerkmale und lebensgeschichtlicher Hintergrund einbezogen werden. Nach dem individuellen Vulnerabilitätsmodell von J. Petry (1996, 2001, 2003) ist die Wechselwirkung zwischen der spezifischen Bedürfnisstruktur und einem entsprechenden Aufforderungscharakter des Glücksspiels für eine mögliche Glücksspielproblematik entscheidend. Die Berücksichtigung persönlichkeitsspezifischer Merkmale in der Behandlung wird durch eine Studie unterstrichen, die J. Petry und Jahrreiss (1999) für den Verband deutscher Rentenversicherungsträger durchgeführt haben. Anhand der Untersuchungsergebnisse ließ sich die Gruppe der behandlungsbedürftigen Glücksspieler in 2 Subgruppen unterteilen: Die erste Patienten-Subgruppe zeigte vor allem Merkmale einer narzisstischen Persönlichkeitsstörung, suchttypische Eigendynamik, Straffälligkeit und verminderte Verhaltenskontrolle. Die zweite Patienten-Subgruppe wies vor allem depressiv-neurotische Merkmale bzw. Merkmale der selbstunsicher-vermeidenden Persönlichkeitsstörung sowie Suizidalität, hohen Leidensdruck und eingeengte Wahrnehmungsmuster auf. Daraus leiteten die Autoren ab, dass für Patienten mit narzisstischer Persönlichkeitsstruktur ein Training in der Verbesserung der Gefühlswahrnehmung oder im Umgang mit Aggressionen indiziert ist, während Patienten mit depressiv-neurotischer Struktur an Kursen mit den Schwerpunkten Selbstsicherheitstraining und Überwindung von Aggressionshemmungen oder an Indikationsgruppen (Thema z. B.: «Wege aus der Depression») teilnehmen sollten.

Als wesentlich in der störungsspezifischen Behandlung des pathologischen Glücksspiels hat sich – wie auch in der Suchttherapie (vgl. z. B. Lindenmeyer, 1999) – die reguläre Zusammenarbeit mit Angehörigen erwiesen, da z. B. Partnerschaftskonflikte das bereits in die Therapie einbezogene Stresserleben des Betroffenen beeinflussen. So kann die Familie eines Glücksspielers bei den Ursachen und der Aufrechterhaltung des Krankheitsgeschehens sowie im Therapieprozess in vielfältiger Form eine wichtige Rolle spielen (Meyer & Bachmann, 2000).

Über die störungsspezifische Behandlung hinaus sollten gleichzeitig die Folgestörungen des pathologischen Glücksspiels (z. B. sekundäre Depression) behandelt werden, da sie unter anderem mit dem Stresserleben der Patienten und damit mit dem exzessiven Glücksspielverhalten assoziiert sind (Sharpe, 2002). Nur so kann die vom Patienten erreichte Abstinenz langfristig aufrechterhalten werden.

In Bezug auf pharmakotherapeutische Maßnahmen bei Glücksspielsucht gibt es bislang nur wenige Studien und uneinheitliche Ergebnisse (Hollander, Kaplan, & Pallanti, 2004). So gibt es Studien, bei denen vor allem die mit dem Glücksspiel komorbid auftretenden Erkrankungen behandelt wurden (z. B. Hollander, Begaz, & DeCaria, 1998).

In Studien, in denen Glücksspielsüchtige mit einem Antidepressivum (Fluvoxamin oder Paroxetin) behandelt wurden, zeigte sich eine kurzfristige Verbesserung bei den Symptomen der Glücksspielsucht (Grant, Kim, Potenza, Blanco, et al., 2003; Hollander et al., 1998; Hollander et al., 2000; Kim et al., 2002). Gleiche Ergebnisse wurden auch bei einer pharmakologischen Intervention mit stimmungsstabilisierenden Medikamenten (Lithium und Valproat), die z. B. bei Zyklothymie (d. h. manisch-depressiven Erkrankungen) eingesetzt werden, erzielt (Hollander et al., 2000; Grant, Kim, & Potenza, 2003; Pallanti, Quercioli, Sood, & Hollander, 2002). Jedoch zeigten andere Studien hierzu widersprüchliche Ergebnisse. So konnten Blanco und Kollegen mittels Gabe von Fluvoxamin keine signifikante Verbesserung der Glücksspielsuchtsymptomatik bei der gesamten Stichprobe, jedoch bei jungen und männlichen Probanden zeigen (Blanco, Petkova, Ibáñez, & Saiz-Ruiz, 2002). Grant und Kollegen konnten bei der Gabe von Paroxetin versus Placebo keine signifikanten Unterschiede zwischen den beiden Interventionsformen feststellen, jedoch zeigte sich bei beiden eine (gleichermaßen starke) Verbesserung der Glücksspielsuchtsymptomatik (Grant, Kim, Potenza, Blanco, et al., 2003).

In einer aktuellen Studie beschreiben Dodd und Kollegen bei einem Parkinsonpatienten, dass durch die Gabe eines Dopaminagonisten (Pramipexol) exzessives Glücksspiel als Nebenwirkung auftrat, was mit dem Absetzen der Dosis wieder verschwand (Dodd, Klos, Bower, Geda, Josephs, & Ahlskog, 2005; vgl. auch Seedat, Kesler, Niehaus, & Stein, 2000).

Zusammenfassend lässt sich sagen, dass neben der Festlegung von Glücksspielabstinenz und den Methoden der Schuldenregulierung die einzel- und gruppentherapeutische Bearbeitung typischer glücksspielbezogener Problembereiche wie Motivationsanalyse, funktionale Analyse des Spielverhaltens, Bearbeitung von kognitiven Verzerrungsmustern, Aufarbeitung lebensgeschichtlicher Grundlagen des Glücksspielverhaltens und spielerspezifische Persönlichkeitsmerkmale sowie die Rückfallprävention und die Motivation zur Nachsorge durch Selbsthilfegruppen im Vordergrund stehen (Denzer, J. Petry, Baulig, & Volker, 1996). Als vorteilhaft erweist sich das Gruppenverfahren, in dem sich der «Sonderstatus» pathologischen Spielens auflöst (Bewusstsein: «Ich bin nicht allein») und sich vielfältigste Übertragungs- und Aktualisierungsmöglichkeiten ergeben. Wesentliche Aspekte dabei sind interpersonelles Lernen, Verhaltensfeedback, Erproben neuer Verhaltensmuster, Lernen am Modell, Gruppenkohäsion und Vertrauen (Yalom, 1985).

So haben sich in Deutschland die Möglichkeiten der Inanspruchnahme einer Therapie im Laufe der letzten Jahre verbessert. Aufgrund der Empfehlungen der Spitzenverbände der Krankenkassen und Rentenversicherungsträger für Medizinische Rehabilitation von pathologischen Glücksspielern ist es seit 2001 möglich, Rehabilitanten mit einer zusätzlichen Abhängigkeitserkrankung und/oder Persönlichkeitsstörung (insbesondere vom narzisstischen Typ) in einer Einrichtung für Abhängigkeitserkrankungen mit einem spezifischen Konzept für pathologisches Glücksspiel sowie Rehabilitanten mit einer zusätzlichen psychischen Störung und/oder mit Merkmalen einer depressiv-neurotischen Störung oder einer Persönlichkeitsstörung vom selbstunsicher-vermeidenden Typ einer geeigneten psychosomatisch-psychotherapeutischen Rehabilitationseinrichtung zuzuweisen (BfA, 2005). Eine stationäre Therapie ist vor allem dann indiziert, wenn keine ambulanten Angebote verfügbar bzw. alle ambulanten Versuche gescheitert sind, wenn starke psychische Probleme wie Suizidalität, Angst oder Depression vorherrschend sind, wenn völlige soziale Isolation bzw. ein schwer schädigendes Umfeld vorhanden sind und wenn bereits hohe Delinquenz vorliegt (Meyer & Bachmann, 2000).

### 11.2.4 Arbeitssucht

Bislang gibt es kaum Studien zur Therapie der Arbeitssucht. Wie bei der Behandlung aller exzessiven Verhaltensweisen bzw. Formen der Verhaltenssucht und Abhängigkeitserkrankungen ist es auch bei der Behandlung von Arbeitssucht notwendige Voraussetzung, die Therapie am Individuum auszurichten. Dies ist insbesondere aufgrund der Unschärfe des Konstruktes Arbeitssucht geboten.

Poppelreuter (1997) sieht als notwendige Voraussetzungen für die Therapie einer Arbeitssucht folgende Punkte:

- das eigene Arbeitsverhalten wird als problematisch erlebt, die Kostenfaktoren überwiegen den Nutzen

- die persönliche Beteiligung und Verantwortung am Zustandekommen dieses Verhaltens wird gesehen

- eine Veränderung der Situation wird für erstrebenswert und machbar gehalten

- Verdeckungs-, Verdrängungs- und Bagatellisierungstendenzen sind nicht so stark ausgeprägt, dass die Kontaktaufnahme zum Therapeuten verhindert wird

- Norm- und Wertvorstellungen sowohl individueller Art als auch in der Umgebung des Betroffenen stehen einer Suche nach therapeutischer Unterstützung zur Bewältigung der Problematik nicht massiv entgegen

- Selbstbild und subjektive Krankheits- bzw. Störungskonzepte des Betroffenen bieten Möglichkeiten zur wenigstens ansatzweisen selbstkritischen Analyse.

Als Voraussetzungen auf Therapeutenseite erachtet Poppelreuter (1997) zusätzlich zu den für die Suchttherapie generellen Punkten folgende Aspekte als dringend notwendig:

- der Therapeut muss die prinzipielle Möglichkeit der Existenz einer Arbeitssucht bejahen

- er muss in der Lage sein, eine adäquate Diagnose hinsichtlich des Vorliegens einer Arbeitssuchtproblematik zu stellen

- die Aufarbeitung und Überwindung von Abwehr- und Bagatellisierungstendenzen auf Klientenseite muss ihm möglich sein

- durch individuumsbezogenes und einzelfallbezogenes Vorgehen muss er den Aufbau und die Beibehaltung einer Therapiemotivation auf Klientenseite gewährleisten.

Aufgrund der soziokulturellen Bedeutung von Arbeit ist davon auszugehen, dass der größte Teil der Betroffenen sich nicht aufgrund des exzessiven Arbeitsverhaltens an Hilfesysteme wendet, da die belohnenden Aspekte wie Macht, Anerkennung, materieller Wohlstand und Erfolg einen sehr starken Anreizcharakter haben. Vielmehr sind es die daraus für ihn resultierenden negativen Konsequenzen, aus denen ein Leidensdruck und Veränderungswunsch entsteht, aufgrund derer es zur Aufnahme einer therapeutischen Beziehung kommen kann. Es ist Aufgabe des Therapeuten, mit dem Patienten ein individuelles Störungskonzept zu erarbeiten, dass es ihm ermöglicht, einen Zusammenhang zwischen seinen Beschwerden und seinem dysfunktionalen Arbeitsverhalten herzustellen (Busch, 1991). Dieses ermöglicht dann, die konstituierenden Bedingungen und motivationalen Hintergründe für das exzessive Arbeitsverhalten zu erarbeiten. Aus dieser Bearbeitung ergeben sich für den Patienten geeignete Veränderungsziele. Wanke und Täschner (1985) betonen die generelle Notwendigkeit, bei der Behandlung von Abhängigen das soziale Umfeld des Betroffenen wie Familie, Freunde und Berufswelt bei der Therapieplanung zu berücksichtigen. Dies ist bei der Behandlung von Arbeitssucht umso dringlicher geraten, weil Verhaltensänderungen im Arbeitsverhalten möglicherweise organisatorische wie auch finanzielle Konsequenzen z. B. für den Arbeitgeber, ggf. auch den Arbeitnehmer sowie die Familie des Betroffenen haben können. Auch Orford (1985) sieht die Therapie der Arbeitssucht in ein System verschiedener Einflussfaktoren eingebettet, hierzu gehören das Berufs- und Arbeitsfeld des Betroffenen, Werte und Normen der relevanten Bezugsgruppe sowie finanzielle Bedingungen. Ausgehend von einem Kosten-Nutzen-Modell des Verhaltens ergibt sich die Motivation, sich mit dem eigenen Arbeitsverhalten und der Bedeutung von Arbeit auseinander zu setzen, da der Betroffene ein Ungleichgewicht zwischen erbrachtem Aufwand, also den Kosten, und dem dadurch erzielten Nutzen erkennt (Orford, 1985).

Die «erhöhten Kosten» können z. B. die physischen Aufwendungen und die psychischen Anstrengungen sein, die zum Ausführen des Arbeitens notwendig sind. Ebenso zählen dazu größer werdende Differenzen zwischen Wünschen und tatsächlich Erreichtem und Realisierbarem, zu wenig Zeit, um Erfolge zu genießen oder z. B. das verdiente Geld auszugeben. Weiterhin zählen dazu erhöhte Risiken für künftige Erkrankungen (z. B. «Burn-out-Syndrom») auch durch falsche Ernährung, zu wenig Bewegung oder Haltungsschäden sowie Einschränkungen im sozialen Bereich wie der Rückgang privater sozialer Kontakte (Orford, 1985). John (1991) weist darauf hin, dass diese Kosten im Sinne von psychischen Abwehrprozessen wie der Dissonanzreduktion oft positiv von den Betroffenen umgedeutet werden, um damit ihren Selbstwert zu schützen, da Arbeit für viele eine identitätsstiftende Funktion innehat. Somit wird das Hinterfragen der Arbeit für diese Menschen als selbstwertbedrohlich erlebt und oft nicht zugelassen. Deshalb ist es wichtig, zum Beginn einer Therapie die Veränderungsmotivation zu stärken. Dieses kann z. B. durch positive Zukunftsprojektionen und der Erhöhung des Leidensdrucks im Dissonanzerleben der nicht erfüllten Wünsche erreicht werden; mit dem Patienten soll also erarbeitet werden, dass die Kosten den Nutzen übersteigern. Dabei empfiehlt Orford (1985) den Betroffenen, die Konsequenzen ihres Arbeitsverhaltens wie folgt zu beurteilen: die Kosten und Nutzen für die eigene Person und für andere persönlich bedeutsame Personen erstellen und die Bewertungen der einzelnen Verhaltensweisen durch sich und durch andere erfragen.

Ziel der Therapie sollte ein ausbalancierter Lebensstil sein, bei dem der Patient wieder in der Lage ist, bewusst zwischen verschiedenen Handlungsoptionen zu entscheiden (Cherrington, 1980; Fassel, 1991; Killinger, 1992; Seybold & Salomone, 1994). Mit dem Patienten sollte die Möglichkeit erarbeitet werden, sein persönliches Wert- und Zielsystem zu verändern. Dabei werden mögliche dysfunktionale Ideale, die ihm bisher zur Orientierung gedient haben, hinterfragt und durch «gesündere» Überzeugungen ersetzt (Symonds & Symonds, 1988). In Übereinstimmung mit den bisherigen Ausführungen sieht Schneider (1985) als wichtiges Ziel der Therapie von Arbeitssucht die Wiederherstellung der Fähigkeit zur Selbstregulation. Unter Selbstregulation wird eine schematische Abfolge von Kognitionen und Emotionen im Sinne von Selbstbeobachtung, Selbsteinschätzung und Selbstverstärkung verstanden, die als kognitiver Verarbeitungsprozess im Umgang mit unerwarteten Ereignissen gesehen werden kann (Kanfer & Hagerman, 1981; Schneider, 1985). Dabei kommen häufig sogenannte irrationale Überzeugungen (Ellis, 1982) bzw. dysfunktionale Grundannahmen (Beck et al., 1993/ 1997) zum tragen, die es im Verlauf der Therapie aufzulösen gilt. Elemente der Rational-Emotiven-Therapie (RET) nach Ellis (1995, 1999, 2000) bieten hierbei eine gute Möglichkeit, dem Patienten Einsicht in seine dysfunktionalen Strukturen zu geben und auf der kognitiven, emotionalen und motorischen Ebene Veränderungen herbeizuführen.

Die Rational-Emotive-Therapie arbeitet mit dem sogenannte «ABCD-Modell». Das «A» steht für das auslösende Ereignis, das den Patienten letztendlich motiviert hat, professionelle Hilfe aufzusuchen. Das «C» steht für die negativen emotionalen Konsequenzen («consequences»), die dem auslösenden Ereignis folgen. Die meisten Patienten sind überzeugt, dass «C» direkt durch «A» verursacht wurde. In der Therapie lernen sie, dass es eigentlich ihre Überzeugungen («beliefs») sind, die «C» verursachen. Das «B» steht stellvertretend für diese Überzeugungen im Modell als Vermittler zwischen «A» und «C». Während die kausale Verbindung von auslösendem Ereignis und Emotionen dem Patienten eine passive Rolle zuweist und er sich dem hilflos ausgeliefert sieht, erfährt er durch die Disputation, dem «D» in der Therapie, dass er auf seine Überzeugungen durchaus aktiv einwirken kann (Burwell & Chen, 2002; Waren, DiGiuseppe, & Dryden, 1992). Der Arbeitssüchtige ist fast ausschließlich mit der Bewältigung scheinbar nicht zu bewältigender Arbeitsbelastung beschäftigt, die zum zentralen Lebensinhalt des Betroffenen geworden ist. Er ist der Überzeugung, dass der von ihm empfundene Stress und die Symptome des Burn-out-Syndroms («C») direkte Folgen der Arbeitsbelastung und der Arbeitsanforderungen sind. Er muss die Erfahrung machen, dass es tatsächlich seine Überzeugungen und Einstellungen («B») sind, die zu seinen Symptomen führen. Sie sind Ursache für sein exzessives Arbeitsverhalten und die daraus folgenden negativen Konsequenzen. Erst dann wird er in der Lage sein, aktiv etwas an seiner Situation zu verändern. Typische dysfunktionale Überzeugungen von Arbeitssüchtigen sind z. B.: «Wenn ich nicht all meine Zeit in die Arbeit stecke, werde ich niemals fertig und werde niemals so gut sein, wie die anderen» oder «Wenn ich diese Aufgabe nicht perfekt erledige, werden alle merken, wie schlecht ich eigentlich bin; ich werde meinen Job und somit meine Existenzgrundlage verlieren».

Burwell und Chen (2002) beschreiben die erfolgreiche Behandlung einer Arbeitssucht mit RE(B)T an einem Fallbeispiel. Dabei wird mit der Patientin im sokratischen Dialog die Rigidität der dem Verhalten zugrunde liegenden Einstellungen hinterfragt und ihr negativer Effekt auf die Bewertung der eigenen Person herausgearbeitet. Der Patientin kann dann geholfen werden, rigide Überzeugungen durch flexiblere, selbstwertdienlichere Überzeugungen zu ersetzen. Die Überzeugung «Ich darf keine Angst vor den mir gestellten Aufgaben haben und muss sofort eine Lösungsstrategie parat haben, sonst bin ich der totale Versager» könnte z. B. ersetzt werden durch «Es ist o. k., Respekt vor neuen Anforderungen zu haben, ich weiß ja noch nicht was auf mich zukommt. Aber ich habe alle Anforderungen bisher erfüllt und eine Reihe von Kompetenzen aufgebaut, die ich sicher zum Einsatz bringen kann, wenn ich die Anforderungen genau kenne. Dafür brauche ich möglicherweise etwas Zeit.»

Ein zweiter wichtiger Baustein der Therapie besteht in der Bearbeitung negativer Gefühle. Das von Ellis (2000) postulierte Ziel ist hierbei, bei dem Patienten eine bedingungslose Selbstakzeptanz zu schaffen. Das bedeutet im konkreten Fall der Arbeitssüchtigen, ihren Selbstwert nicht allein über gute Bewertungen im Studium oder Job zu definieren. Die Patientin muss lernen, sich für ihre Anstrengungen zu verstärken und diese auch anzuerkennen, selbst wenn diese mal nicht zu dem gewünschten Erfolg führen. Des Weiteren wurden mit der Patientin sogenannten Scham-Expositionsübungen (Neenan & Dryden, 2000) durchgeführt, in denen sie sich absichtlich unwissend stellen und vermeintlich «dumme» Fragen stellen musste. Die Patientin konnte so erfahren, dass ihre Umwelt sie deshalb nicht für «dumm» und unfähig hielt, sondern dies vielmehr ihren eigenen irrationalen Erwartungen entsprang. Außerdem machte sie die wohltuende Erfahrung, nicht hilflos zu sein, obwohl sie Hilfe von anderen annahm. So konnte die Patientin zu aktiven Verhaltensmodifikationen bewegt werden. Eine Übung bestand darin, bewusst Arbeit zu delegieren. In einem weiteren Schritt verpflichtet sich die Patientin, nicht mehr als acht Stunden am Tag zu arbeiten. Sie musste lernen, Grenzen zu setzen. Dies war jedoch nur durch eine gute Planung möglich, d. h. die Patientin musste lernen einzuschätzen, wie lange sie für die einzelnen Aufgaben brauchen würde und wie viele Aufgaben ein realistisches Pensum für den Tag darstellten. Am Ende des Tages sollte sie sich für die geschaffte Leistung belohnen. Wichtiger Teil der Therapie wurde auch das «aktive» Üben von «Nichtstun», ohne sich dabei nutzlos und faul zu fühlen. Die Patientin lernte, ihre freie Zeit mit Aktivitäten zu füllen, die ihr Spaß machten und erlebte gleichzeitig eine Steigerung ihrer Effektivität im Arbeitsleben.

Zusammenfassend lässt sich feststellen, dass trotz noch unzureichender empirischer Belege kognitiv-behaviorale Ansätze geeignete Strategien zur Behandlung von Arbeitssucht bieten, nicht zuletzt weil die Betroffenen oft sehr rational-logisch orientiert sind und sich somit gut auf die disputativen Techniken einlassen können.

Steinmann und Kollegen weisen darauf hin, dass die Schaffung geeigneter Organisationsstrategien effektive Maßnahmen zur Prävention der Arbeitssucht darstellen (Steinmann, Richter, & Goßmann, 1984). Sie nennen z. B. die genaue Formulierung von Arbeitsanforderungen in Stellenausschreibungen, mehr Sorgfalt bei der Personalauswahl, Förderung eines kollegialen, nicht-kompetetiven Betriebs- und Arbeitsklimas, sichtbare Maßnahmen zur Personalerhaltung z. B. durch erhöhte Partizipation und Transparenz in den einzelnen Arbeitsabläufen und familienfördernde Organisationsstrukturen.

### 11.2.5 Computersucht

Bezüglich der Therapie von Computer-/bzw. Internetsucht gibt es nur sehr wenige Berichte und keine publizierten Studien. Stellvertretend sei hier auf ein Fallbeispiel von Sattar und Ramaswamy (2004) eingegangen. Die Autoren berichten von einem «Online-Rollenspielsüchtigen» Mann, der durch sein Spielverhalten seine Verlobte und seinen Arbeitsplatz verloren hat. Er wurde mit einem Antiepileptikum (Gabapentin) und einem Antidepressivum (Escitalopram) behandelt und bekam eine Psychotherapie. Nach einem Monat brach der Patient die Psychotherapie und die Einnahme des Gabapentin ab, nahm jedoch weiterhin das Escitalopram. Es zeigte sich daraufhin eine Reduktion des Spielverlangens, so dass der Patient seine Arbeit wieder aufnehmen konnte.

Bezüglich der Therapie der Internetsucht weist Young (1999) darauf hin, dass eine Abstinenz von der Internetnutzung in der heutigen Zeit nicht mehr möglich ist. Als therapeutische Interventionsmaßnahmen formuliert sie acht verschiedene Techniken, die sie dem Therapeuten empfiehlt:

- «practice the opposite» – zunächst sollte genau analysiert werden, wie und zu welchen Zeitpunkten der Betroffene das Internet nutzt; anschließend sollten inkompatible Verhaltensweisen zu diesem Nutzverhalten formuliert und in der Folge auch angewandt werden (z. B. sollte jemand, der als erstes morgens seine Emails abruft, statt dessen bewusst als erstes duschen gehen, also genau das Gegenteil von dem machen, was er eigentlich tun wollte)

- «external stoppers» – unter «external stoppers» versteht man den Einsatz bestimmter äußerer Begebenheiten als Unterbrechungssignale für den Internetgebrauch (z. B. der Einsatz eines Weckers zum Begrenzen der Zeit, die man im Internet verbringt)

- «setting goals» – hier geht es um eine einfache (und vor allem für den Betroffenen realisierbare) Einteilung seiner Internetnutzung; eine vernünftige Anzahl von «erlaubten Stunden pro Woche» sollte in einem Terminplaner auf die einzelnen Tage der Woche aufgeteilt werden und so eine vernünftige und angemessene Nutzung des Internets erlauben

- «abstinence» – gemeint ist hier die Abstinenz von «gefährlichen» Anwendungen; wenn jemand vor allem die «Chatrooms» im Internet exzessiv nutzt, sollte er vermeiden, sich in einen «Chatroom» zu begeben, darf aber die restlichen Anwendungen nutzen

- «reminder cards» – kleine Kärtchen, auf denen negative Folgen der Internetsucht stehen und ein paar positive Aspekte, die mit der erfolgreichen Bewältigung der Sucht einhergehen; der Betroffene sollte eine solche Karte immer bei sich tragen und sich in Momenten, in denen er Verlangen nach exzessiver Internetnutzung verspürt, die Karte anschauen, um seine Abstinenzmotivation zu erneuern

- «personal inventory» – hierbei geht es darum, dass der Betroffene sich in Gedanken ruft, welche Aktivitäten und Hobbies er aufgrund seiner exzessiven Internetnutzung vernachlässigt hat; so eröffnen sich wieder neue Möglichkeiten für alternative Verhaltensweisen

- «support groups» – liefern dem Betroffenen soziale Unterstützung, die er vielleicht bis dahin nur über die Kontakte im Internet erhalten hat; dabei bleibt es dem Betroffenen überlassen, ob er sich einer Gruppe anschließt, in der er seinen Interessen nachgehen kann (z. B. eine Sportgruppe), oder ob er sich einer Selbsthilfegruppe für Internetsüchtige anschließt

- «familiy therapy» – in einigen Fällen empfiehlt sich auch eine Familientherapie, um in der Familie Aufklärungsarbeit über die Gefahren des Internets zu leisten; weiterhin sind das Trainieren von kommunikativen Fähigkeiten sowie die Vermeidung von Schuldzuweisungen innerhalb der Familie sinnvoll.

## 11.2.6 Sexsucht

In Bezug auf therapeutische Interventionsmaßnahmen bei sexsüchtigem Verhalten gibt es bislang nur sehr wenig Ausführungen. Alle beschriebenen Therapien von exzessivem sexuellen Verhalten zielen auf ein kontrolliertes Sexualverhalten anstelle einer Abstinenz ab. So formulieren auch Schwartz und Brasted (1985) die monogame Beziehung als Ziel der Therapie bei Sexsucht. Wichtig ist dabei die Abgrenzung von gesunder gegenüber schamhafter/tabuisierter Sexualität. Gesunde Sexualität bedeutet, in Beziehung treten und bleiben zu können sowie die Fähigkeit zu Intimität, Leidenschaft und Hingabe. Bei einer gesunden Sexualität sind sexueller «Belohnungsaufschub» und Vorfreude möglich, und die Person verfügt über ein gesundes Selbstwertgefühl. In einer schamhaften/tabuisierenden Sexualität hingegen ist das «in Beziehung treten» mit dem Partner nicht möglich, und wirkliche Intimität wird vermieden. Es findet eine Fixierung auf schnelle Erfüllung statt, beim «Warten müssen» stellen sich Bedrohungsgefühle ein. Die

Personen fühlen körperliche Blockierungen und zeigen ein geringes Selbstwertgefühl, Scham und Ohnmachtsgefühle.

Mäulen und Irons (1998) betonen, dass es sich bei der Therapie der Sexsucht um eine langwierige mehrjährige Behandlung handelt. Wichtige Bausteine der Therapie sind Psychoedukation, Verhaltensanalysen sowie die Thematisierung und Bearbeitung familiärer Hintergründe. Dem Therapeuten fällt dabei eine wichtige Aufgabe bei der Vorbereitung und Durchführung von Familiengesprächen zu. Zusätzlich ist das Erlernen von Entspannungsverfahren unabdingbar.

Barth und Kinder (1987), Carnes (1991) sowie Quadland (1985) betonen die Wichtigkeit von Gruppentherapien und Selbsthilfegruppenteilnahme. So beklagen sich viele Patienten über ihre soziale Isolation. Gruppentherapien können dazu dienen, die soziale Unterstützung wieder aufzubauen. Zudem ist es für die Betroffenen leichter, mit anderen Betroffenen über die sie bewegenden teilweise sehr schambesetzten und tabuisierten Themen zu sprechen. Gruppen bieten die Möglichkeit der Konfrontation mit abwehrendem und verdrängendem Selbstbetrug, Lügen und erlaubnisgebenden Gedanken in eigener Erfahrung.

Goodman (1993) betont die Elemente des Symptommanagements zur Rückfallprophylaxe. Ihm geht es vor allem um die Identifizierung des symptomatischen Verhaltens, die Risikoidentifikation und das «urge coping», also zu lernen, mit dem drängenden Verlangen umzugehen. Weiterhin betont der Autor die Wichtigkeit, den Umgang mit Rückfällen zu trainieren.

Schwartz und Brasted (1985) formulieren ein Programm zur Therapie der Sexsucht, welches folgende Punkte umfasst:

- Einstellung der ungewollten sexuellen Aktivitäten (Verhaltensmodifikationstechniken und Medikation)

- erkennen des Problems und Akzeptanz der Abhängigkeit («admission»)

- angstreduzierende Techniken (z. B. Entspannungstechniken), Sex ist nicht mehr die einzige Verarbeitungsstrategie

- kognitive Therapie (Korrektur irrationaler Überzeugungen)

- soziales Kompetenztraining und Problemlösetraining

- individuelle Behandlung noch bestehender Probleme, die Patienten in einer Partnerschaft behindern – Etablierung einer neuen Partnerschaft.

Carnes (1991) hingegen orientiert sich an dem 12-Schritte-Programm der Anonymen Alkoholiker. Im Vordergrund steht bei ihm vor allem die Einbeziehung des sozialen Umfeldes und der Familie des Patienten.

Quadland (1985) untersuchte 30 bi- und homosexuelle Männer, die sich selbst als sexsüchtig beschrieben und deswegen Hilfeinstitutionen aufgesucht hatten. Er führte eine Gruppentherapie durch, die zu einer Reduktion der Frequenz der sexuellen Aktivitäten und der Anzahl zufälliger Sexualpartner führte. Bei der Gruppentherapie handelte es sich um eine offene Gruppe, die im Durchschnitt

von den Betroffenen 20 Wochen lang besucht wurde. Elemente der Gruppentherapie waren Problem- und Funktionalitätsanalysen. Es wurde gemeinsam erarbeitet, welche Motive hinter dem sexuellen Verhalten liegen. Des Weiteren wurden
Sexlogbücher geführt. In der individuellen Zielsetzung wurde eine teilweise oder
gänzliche Verhaltensänderung angestrebt.

Bezüglich der Therapie von Sexsucht empfiehlt die Society for the Scientific
Study of Sexuality eine Kombination von Medikamenten (Antidepressiva wie z. B.
Serotoninwiederaufnahmehemmer, SSRI) und Psychotherapie (kognitiv-beha-
vioral), jedoch gibt es hierzu bislang nur sehr wenig publizierte Studien (z. B.
Kafka, 2000). So dokumentieren Azhar und Varma (1995) zwei Fälle sexsüchtiger
Patienten, die über einen Zeitraum von 5 Jahren mit Psychotherapie und einem
Antidepressivum (Clomipramin) behandelt wurden. Bereits nach 6 bis 9 Monaten
zeigte sich in beiden Fällen eine deutliche Symptomverbesserung. Kaufman und
Gerner (1998) berichten über einen Patienten mit hypersexuellem Verhalten während einer manischen Phase sowie einen Patienten, der eine ausgeprägte Beschäf-
tigung mit seinem Geschlechtsteil aufwies, ohne sich jedoch (adäquat) sexuell zu
betätigen. Eine Behandlung mit Psychotherapie und einem Antidepressivum
(SSRI) brachte in beiden Fällen eine Symptomreduktion.

Myers (1995) berichtet von 5 tiefenpsychologisch behandelten Patienten mit
exzessivem sexuellen Verhalten, die zum Teil zusätzlich mit einem Antidepressivum (SSRI) behandelt wurden. Der Autor betont die Rolle der Mutter und den
Mangel an mütterlicher Zuneigung bei der Entstehung einer Sexsucht. Wesentlicher Bestandteil seiner Therapie war jeweils das Erarbeiten zentraler Konflikte
und Verluste, die durch die exzessive, zum Teil fremd- und eigengefährdende
Sexualität ausgeglichen werden sollten. Myers betont die Notwendigkeit einer
aktiveren, direktiveren Therapeutenrolle als in herkömmlichen psychodynami-
schen Verfahren.

In einigen wenigen Studien werden weitere pharmakologische Interventionen bei sexsüchtigen Patienten beschrieben. So behandelten Coleman, Gratzer,
Nesvacil und Raymond (2000) 14 Patienten, die ein exzessives sexuelles Verhalten
zeigten, mit einem Antidepressivum (Nefazodone) und konnten bei 55 % eine
Verbesserung der Kontrolle über die sexuellen Impulse erreichen. Ryback (2004)
behandelte 21 jugendliche Sexualstraftäter, die die Kriterien einer sexuellen Süchtigkeit erfüllten, mit dem Opiatantagonisten Naltrexon. 15 von 21 Probanden
berichteten über verminderte sexuelle Fantasien und ein vermindertes Masturbationsverhalten bei einer Dosis von 100 bis 200 mg/pro Tag. Durch das Senken der
Dosis auf 50 mg/ Tag kam es zu Symptomverschlechterungen ohne signifikante
Veränderungen im Blutspiegel.

Von der Sexsucht sind meist auch die Familien und Angehörigen des Sexsüchtigen in starkem Ausmaß betroffen. Somit stellt die Zusammenarbeit mit Angehörigen einen zunehmend wichtiger werdenden Teil der Behandlung der Sexsucht
dar. Für die Angehörigen wie auch für die Betroffenen gibt es mittlerweile ein
breites Angebot von Selbsthilfegruppen und Internetforen. So gibt es in Deutsch-

land in fast jeder größeren Stadt inzwischen Selbsthilfegruppen für Sexsüchtige. Einige Experten stehen diesen Gruppen eher skeptisch gegenüber. Für die Betroffenen aber kann das Angebot von großem Wert sein:

Die meisten anonymen Selbsthilfegruppen arbeiten nach dem Prinzip der Anonymen Alkoholiker (AA). Die erste Gruppe entstand 1984 und nennt sich «Anonyme Sex- und Liebessüchtige» (SLAA). «AS» sind die «Anonymen Sexaholiker» und bei «S-Anon» haben sich betroffene Angehörige zusammengeschlossen.

### 11.2.6.1 Therapeutische Implikationen am Fallbeispiel der Sexsucht

Im Folgenden werden therapeutische Implikationen bei Sexsucht anhand des Fallbeispiels aus dem vorangegangenen Kapitel 9.5 gegeben. Ein 27-jähriger Mann stellte sich in der Ambulanz vor. Er litt seit vier Monaten unter depressiven Symptomen (Scham, Einsamkeit, Minderwertigkeitsgefühlen, Schlaflosigkeit, Appetitstörungen), die er auf sein exzessives Masturbationsverhalten zurückführte. Der Fall sowie die Diagnosestellung sind in Kapitel 9.5 genauer beschrieben, daher werden im Folgenden nur die therapeutischen Implikationen dargestellt.

Der Patient wurde in psychotherapeutischer Einzeltherapie, bei der das Management der Verhaltenssymptomatik im Vordergrund steht, behandelt. Schwerpunkt bildet dabei eine gründliche Verhaltensanalyse, um dem Patienten symptom- und krankheitsrelevante Zusammenhänge aufzuzeigen. Es wurde mit dem Patienten ein spezifisches Selbstbeobachtungsprogramm erarbeitet. Der Patient führte über zwei Wochen ein genaues Protokoll über äußere Faktoren und innere Zustände vor, während und nach dem süchtigen Verhalten. Sehr positiv und förderlich für diesen Therapieschritt war die gute Selbstbeobachtungsgabe des Patienten. Es wurde dem Patienten möglich, bestimmte Risikosituationen und typische Auslöser für sein exzessives Verhalten zu erkennen. So konnte in einem ersten Schritt ein Programm zur Vermeidung solcher typischen Risikosituationen (z. B. abendliches Fernsehen mit erotischer Werbung) ausgearbeitet werden. Dieser Schritt war eng mit dem nachfolgenden Schritt verknüpft, alternative Umgangsstrategien mit Risiko- bzw. Auslösesituationen zu entwickeln, die oft mit der Wahrnehmung eines geringen Selbstwertgefühls einhergingen.

Ziel war es zunächst, dem Patienten eine unmittelbare Entlastung zu ermöglichen. Im Verlauf der Therapie wurde angestrebt, einen neuen, alternativen Umgang mit den Risikosituationen zu erlernen. Dieser Abschnitt gestaltete sich schwieriger, weil die Problematik eng mit dem gestörten Selbstwert des Patienten zusammenhing. Es wurden insbesondere kognitive Therapieelemente zur Arbeit mit dem Selbstwert eingesetzt. Nachdem die ersten kurzfristigen Therapieziele (Symptomreduktion, alternative Handlungspläne) erreicht wurden, konnte mit dem Patienten an der Bedeutung der Erkrankung in seinem Leben gearbeitet werden. Eine große Rolle spielte hierbei die Beziehung zu seiner Mutter und das Gefühl, nie ihren Ansprüchen genügen zu können sowie der funktionale «Gewinn», sich keiner realen Beziehung stellen zu müssen.

Ein weiterer Aspekt in der Therapie war die Änderung der Einstellung des Patienten zu Frauen, die er «nicht als menschlich» wahrnehmen konnte. Es wurde dem Patienten empfohlen, sich einer Selbsthilfegruppe anzuschließen. Dort fühlte er sich allerdings aufgrund der Gruppenzusammensetzung (zu viel homosexuelle Gruppenmitglieder mit Fetischneigung) nicht zugehörig. Als hilfreich empfand er jedoch den anonymen Erfahrungsaustausch auf einer Selbsthilfeseite für Sexsüchtige im Internet. Als therapiefördernden Umstand im Verlauf der Therapie ergab sich, dass der Patient sich in eine junge Frau verliebte. Mit therapeutischer Unterstützung gelang es ihm, näheren Kontakt zu ihr aufzunehmen. Zunächst führte er mit ihr eine platonische Beziehung, in der der Patient lernte, seine Partnerin nicht nur als sexuelles Objekt wahrzunehmen. Des Weiteren machte er so auch eine für ihn neue Beziehungserfahrung, nämlich von einer Frau nicht nur als «sexuell potenter Mann» akzeptiert zu werden.

## 11.3 Literatur

Adams, J., Miller, T. W., & Kraus, R. F. (2003). Exercise dependence: diagnostic and therapeutic issues for patients in psychotherapy. *Journal of Contemporary Psychotherapy*, 33, 2, 93–107.

Azhar, M. Z., & Varma, S. L. (1995). Response of clomipramine in sexual addiction. *European Psychiatry*, 10, 263–265.

Bachmann, M. (2000). Therapie der Spielsucht. In S. Poppelreuter, & W. Gross (Hrsg.), *Nicht nur Drogen machen süchtig – Entstehung und Behandlung von stoffungebundenen Süchten* (S. 17–41). Weinheim: Beltz.

Bachmann, M. (2004). Therapie der Spielsucht. *Psychomed*, 16, 154–158.

Barth, R. J., & Kinder, B. N. (1987). The mislabeling of sexual impulsivity. *Journal of Sex and Marital Therapy*, 13, 15–23.

Beck, A. T. (1976). *Cognitive therapy and emotional disorder*. New York: International University Press.

Beck, A. T., Rush, A. J., Shaw, B. F., & Emery, G. (1979). *Cognitive therapy of depression*. New York: Guilford.

Beck, A. T., Wright, F. D., Newman, C. F., & Liese, B. S. (1997). *Kognitive Therapie der Sucht* (J. Lindenmeyer, Übers.). Weinheim: Beltz. (Original veröffentlicht 1993)

Bernik, M. A., Akerman, D., Amaral, J., & Braun, R. (1996). Cue exposure in compulsive buying. *Journal of Clinical Psychiatry*, 57, 90.

Black, D. W., Gabel, J., Hansen, J., & Schlosser, S. (2000). A double-blind comparison of fluvoxamine versus placebo in the treatment of compulsive buying disorder. *Annals of Clinical Psychiatry*, 12, 205–211.

Black, D. W., Monahan, P., & Gabel, J. (1997). Fluvoxamine in the treatment of compulsive buying. *Journal of Clinical Psychiatry*, 58, 159–163.

Blanco, C., Petkova, E., Ibáñez, A., & Saiz-Ruiz, J. (2002). A pilot placebo-controlled study of fluvoxamine for pathological gambling. *Annals of Clinical Psychiatry*, 14, 9–15.

Bongers, A. (2000). Fallbeschreibung einer verhaltenstherapeutisch orientierten Behandlung von Kaufsucht. In S. Poppelreuter, & W. Gross (Hrsg.), *Nicht nur Drogen machen süchtig – Entstehung und Behandlung von stoffungebundenen Süchten* (S. 165–180). Weinheim: Beltz.

Bühringer, G. (2004). Wenn Arbeiten, Einkaufen oder Glücksspielen pathologisch eskalieren: Impulskontrollstörung, Sucht, oder Zwangshandlung? *Verhaltenstherapie*, 14, 86–88.

Bullock, K., & Koran, L. (2003). Psychopharmacology of compulsive buying. *Drugs Today*, 39, 695–700.

Bundesversicherungsanstalt für Angestellte. (2005). *Leitlinien für den beratungsärztlichen Dienst. Rehabilitationsbedarf – Psychische Störung* (2. Aufl.). BfA.

Burgard, M., & Mitchell, J. E. (2000). Group cognitive-behavioral therapy for buying disorders. In A. Benson (Ed.), *I shop, therefore I am: compulsive buying and the search for self* (pp. 367–397). New York: Jason Aronson.

Burwell, R., & Chen, C. P. (2002). Applying REBT to workaholic clients. *Counseling Psychology Quarterly*, 15, 3, 219–228.

Busch, H. (1991). Zur Tauglichkeit psychotherapeutischer Diagnostikkonzepte für Abhängige. In K. Wanke, & G. Bühringer (Hrsg.), *Grundstörungen der Sucht* (S. 61–76). Berlin: Springer.

Carnes, P. (1991). *Don't call it love*. New York: Bantam Books.

Cherrington, D. J. (1980). *The work ethic: working values at work*. New York: Amacom.

Coleman, E., Gratzer, T., Nesvacil, L., & Raymond, N. C. (2000). Nefazodone and the treatment of nonparaphilic compulsive sexual behavior: a retrospective study. *Journal of Clinical Psychiatry*, 61, 282–284.

Coulombe, A., Ladouceur, R., Deshairnais, R., & Jobin, J. (1992). Erroneous perceptions and arousal among regular and irregular video poker players. *Journal of Gambling Studies*, 8, 235–244.

Denzer, P., Petry, J., Baulig, T., & Volker, U. (1996). Pathologisches Glücksspiel: Klientel und Beratungs-/Behandlungsangebot (Ergebnisse der multizentrischen deskriptiven Studie des Bundesweiten Arbeitskreises Glücksspielsucht). In Deutsche Hauptstelle gegen die Suchtgefahren (Hrsg.), *Jahrbuch der Sucht '96* (S. 279–295). Geesthacht: Neuland.

Dilling, H., Mombour, W., & Schmidt, M. H. (2000). *Internationale Klassifikation psychischer Störungen: ICD-10, Kapitel V (F), klinisch-diagnostische Leitlinien*. Weltgesundheitsorganisation. Bern: Huber.

Dodd, L. M., Klos, K. J., Bower, J. H., Geda, Y. E., Josephs, K. A., & Ahlskog, E. J. (2005). Pathological gambling caused by drugs used to treat Parkinson disease. *Archives of Neurology*, 62, 1–5.

Dugmore, L. D., Tipson, R. J., Phillips, M. H., Flint, E. J., Stentiford, N. H., Bone, M. F., & Littler, W. A. (1999). Changes in cardiorespiratory fitness, psychological wellbeing, quality of life, and vocational status following a 12 month cardiac exercise rehabilitation programme. *Heart*, 81, 359–66.

Ellis, A. (1982). *Die rational-emotive Therapie* (3. Aufl.). München: Pfeiffer.

Ellis, A. (1995). Changing Rational Emotive Therapy (RET) to Rational Emotive Behavioral Therapy (REBT). *Journal of Rational-Emotive and Cognitive Behavior Therapy*, 13, 85–90.

Ellis, A. (1999). *How to make yourself happy and remarkably less disturbaly*. San Luis Ohispo, CA: Impact.

Ellis, A. (2000). Rational Emotive Behavioral Therapy. In J. R. Corsini, & D. Weddings (Eds.), *Current Psychotherapy*. Itasca: F. E. Peacock Publishers.

Fassel, H. (1991). *Wir arbeiten uns noch zu Tode*. München: Kösel.

Goodman, A. (1993). Diagnosis and treatment of sexual addiction. *Journal of Sex and Marital Therapy*, 19, 225–251.

Grant, J. E., Kim, S. W., & Potenza, M. (2003). Advances in the pharmacological treatment of pathological gambling. *Journal of Gambling Studies*, 19, 85–109.

Grant, J. E., Kim, S. W., Potenza, M., Blanco, C., Ibáñez, A., Stevens, L., et al. (2003). Paroxetine treatment of pathological gambling: a multi-centre randomized controlled trial. *International Clinical Psychopharmacology*, 18, 243–249.

Grant, J. E., & Potenza, M. (Eds.). (2004). *Pathological gambling. A clinical guide to treatment*. Washington: American Psychiatric Publishing Inc.

Grawe, K., Donati, R., & Bernauer, F. (1994). *Psychotherapie im Wandel – Von der Konfession zur Profession*. Göttingen: Hogrefe.

Heim, T. (2002). Psychotherapie bei Alkoholismus: Suchttherapie im Aufbruch. *Deutsches Ärzteblatt*, Februar, 73.

Higdon, H. (2002). *Schneller werden*. Mühlheim: Tibia Press.

Hölzmann, C. (2004). Ist Case Management/Motivational Interviewing (CM/MI) mit den Grundsätzen der akzeptanzorientierten Drogenarbeit vereinbar? *Akzeptanzorientierte Drogenarbeit/Acceptance-Oriented Drug Work*, 1, 12–16.

Hollander, E., Begaz, T., & DeCaria, C. M. (1998). Pharmacologic approaches in the treatment of pathological gambling. *CNS Spectrums*, 3, 72–80.

Hollander, E., Kaplan, A., Allen, A., & Cartwright, C. (2000). Pharmacotherapy for obsessive-compulsive disorder. *Psychiatric Clinics of North America*, 23, 643–656.

Hollander, E., Kaplan, A., & Pallanti, S. (2004). Pharmacological treatments. In J. E. Grant, & M. N. Potenza (Eds.), *Pathological gambling. A clinical guide to treatment* (pp. 189–206). Washington: American Psychiatric Publishing, Inc.

Hoyer, J. (2003). Stadien der Veränderung: Modell, Anwendungsbewährung und Perspektiven im Suchtbereich. *Suchttherapie*, 4, 140–145.

Huber, T. J. (2005). Inpatient treatment of depression. Should one combine psychotherapy and drugs? *Der Nervenarzt*, 76, 270–277.

John, U. (1991). Psychische Abwehr als Grundmerkmal der Abhängigkeit. In K. Wanke, & G. Bühringer (Hrsg.), *Grundstörungen der Sucht* (S. 142–155). Berlin: Springer.

Kaufman, K. R., & Gerner, R. H. (1998). SSRIs and sexual obsession. *European Psychiatry*, 13, Suppl. 4, 263.

Kafka, M. (2000). Psychopharmacological treatments for nonparaphilic compulsive sexual behaviors. *CNS Spectrums*, 5, 49–59.

Kanfer, F. H., & Hagerman S. (1981). The role of self-regulation. In L. P. Rehm (Ed.), *Behavior therapy for depression* (pp. 659–686). New York: Academic Press.

Killinger, B. (1992). *Workaholics – the respectable addicts*. London: Simon & Schuster.

Kim, S.W. (1998). Opioid antagonists in the treatment of impulse-control disorders. *Journal of Clinical Psychiatry*, 59, 159–164.

Kim, S. W., & Grant, J. E. (2001). An open naltrexone treatment study in pathological gambling disorder. *International Journal of Clinical Psychopharmacology*, 16, 285–289.

Kim, S. W., Grant, J. E., Adson, D. E., Shin, Y. C., & Zaninelli, R. (2002). A double-bind placebo-controlled study of the efficacy and safety of paroxetine in the treatment of pathological gambling. *Journal of Clinical Psychiatry*, 63, 501–507.

Koob, G. F., & Le Moal, M. (1997). Drug abuse: hedonic homeostatic dysregulation. *Science*, 278, 52–58.

Koran, L. M., Bullock, K. D., Hartston, H. J., Elliott, M. A., & D'Andrea, V. (2001). Citalopram treatment of compulsive shopping: an open-label pilot study. *European Neuropsychopharmacology*, 11, 340.

Koran, L. M., Chuong, H. W., Bullock, K. D., & Smith, S. C. (2002). Citalopram for compulsive shopping disorder: a double-blind study. *European Neuropsychopharmacology*, 12, 411–412.

Körkel, J., & Kruse, G. (1994). Ergebnisse der Rückfallforschung – Folgerung für die Entzugsbehandlung. In F. Tretter, S. Bussello-Spieth, & W. Bender (Hrsg.), *Therapie von Entzugssyndromen* (S 63–83). Berlin: Springer.

Körkerl, J., & Kruse, G. (2000). *Mit dem Rückfall leben. Abstinenz als Allheilmittel* (4. Aufl.)? Bonn: Psychiatrieverlag.

Körkel, J., & Schindler, C. (1999). Ziel und Zielvereinbarungen in der Suchtarbeit. In Fachverband Sucht (Hrsg.), *Suchtbehandlung. Entscheidungen und Notwendigkeiten* (S. 174–196). Geesthacht: Neuland.

Küfner, H. (1997). Behandlungsfaktoren bei Alkohol- und Drogenabhängigkeit. In H. Watzl, & B. Rockstroh (Hrsg.), *Abhängigkeit und Missbrauch von Drogen*. Göttingen, Bern, Toronto: Hogrefe.

Ladouceur, R., Boisvert, J.-M., & Dumont, J. (1994). Cognitive-behavioral treatment for adolescent pathological gamblers. *Behavior Modification*, 18, 230–242.

Ladouceur, R., Sylvain, C., Letarte, H., & Giroux, I. (1998). Cognitive treatment of pathological gamblers. *Behavior Research and Therapy*, 36, 1111–1119.

Lejoyeux, M., Hourtane, M., & Adès, J. (1995). Compulsive buying and depression. *Journal of Clinical Psychiatry*, 56, 38.

Lejoyeux, M., Tassain, V., & Adès, J. (1995). Compulsive buying, depression and antidepressants. *European Neuropsychopharmacology*, 5, 369–370.

Lindenmeyer, J. (1996). *Lieber schlau als blau. Informationen zur Entstehung und Behandlung von Alkohol- und Medikamentenabhängigkeit* (4. Aufl.). Weinheim: Beltz.

Lindenmeyer, J. (1999). Alkoholabhängigkeit. In D. Schulte, K. Grawe, K. Hahlweg, & D. Vaitl, (Hrsg.), *Fortschritte der Psychotherapie* (Band 6, S. 1–107). Bern: Hogrefe.

Lindenmeyer, J. (2002). Kontrolliertes Trinken und Punktabstinenz – Neue Therapieziele in der Behandlung von Alkoholproblemen? In K. Mann (Hrsg.), *Neue Therapieansätze bei Alkoholproblemen*. Lengerich: Pabst Publishers.

Mäulen, B., & Irons, R. (1998). Süchtige Verhaltensweisen im Bereich der Sexualität. In J. Gölz (Hrsg.), *Moderne Suchtmedizin*. B 6.4-1-B6.4–15. Stuttgart: Thieme.

Marlatt, G. A. (1985). Cognitive factors in the relapse process. In G. A. Marlatt, & J. R. Gordon (Eds.), *Relapse prevention: maintenance strategies in the treatment of addictive behaviors* (pp. 128–200). New York: Guilford Press.

Marlatt, G. A., & Gordon, J. R. (1985). *Relapse prevention*. New York: Guilford Press.

McCormick, R. A. (1994). The importance of coping skill enhancement in the treatment of the pathological gambler. *Journal of Gambling Studies*, 10, 77–86.

McElroy, S., Keck, P., Pope, H., Smith, J., & Strakowski, S. (1994). Compulsive buying: a report of 20 cases. *Journal of Clinical Psychiatry*, 55, 242–248.

McElroy, S., Satlin, A. Pope, H. G., Keck, P. E., & Hudson, J. I. (1991). Treatment of compulsive shopping with antidepressants: a report with three cases. *Annals of Clinical Psychiatry*, 3, 199–204.

McLellan, A. T. (2002). Have we evaluated addiction treatment correctly? Implications from a chronic case perspective. *Addiction*, 97, 3, 249–252.

McLellan, A. T., Lewis, D. C., O' Brien, C. P., & Kleber, H. D. (2000). Drug dependency, a chronic medical illness: implications for treatment, insurance, and outcomes evaluation. *Journal of the American Medical Association*, 284, 13, 1689–1695.

Meili, D., Dober, S., & Eyal, E. (2004). Jenseits des Abstinenzparadigmas – Ziele in der Suchttherapie. *Suchtherapie*, 5, 2–9.

Meyer, G., & Bachmann, M. (2000). *Spielsucht – Ursachen und Therapie*. Heidelberg: Springer.

Michalak, E. E., & Lam, R. W. (2002). Breaking the myths. New treatment for chronic depression. *Canadian Journal of Psychiatry*, 47, 635–643.

Miller, W. R., & Rollnick, S. (1991). *Motivierende Gesprächsführung. Ein Konzept zur Beratung von Menschen mit Suchtproblemen*. Freiburg: Lambertus.

Müller, A., & de Zwaan, M. (2004). Aktueller Stand der Therapieforschung bei pathologischem Kaufen. *Verhaltenstherapie*, 14, 112–119.

Myers, W. A. (1995). Addictive sexual behavior. *American Journal of Psychotherapy*, 49, 473–483.

Neenan, M., & Dryden, W. (2000). *Essential Rational Emotive Behavior Therapy*. London: Whurr Publishers.

Ninan, P. T., McElroy, S., Kane, C. P., Knight, B. T., Casuto, L. S., Rose, S. E., et al. (2000). Placebo-controlled study of fluvoxamine in the treatment of patients with compulsive buying. *Journal of Clinical Psychopharmacology*, 20, 362–366.

Nunes, E. V., & Levin, F. R. (2004). Treatment of depression in patients with alcohol or other drug dependence: a meta-analysis. *Journal of the American Medical Association*, 291, 1887–1896.

Orford, J. (1985). *Excessive appetites: a psychological view of addictions*. Chichester: Wiley.

Pallanti, S., Quercioli, L., Sood, E., & Hollander, E. (2002). Lithium and valproate treatment of pathological gambling: a randomized single-blind study. *Journal of Clinical Psychiatry*, 63, 559–564.

Peluso, M. A., & Andrade, L. H. (2005). Physical activity and mental health: the association between exercise and mood. *Clinics*, 60, 61–70.

Petry, J. (1996). *Psychotherapie der Glücksspielsucht.* Weinheim: Beltz.

Petry, J. (2001). Vergleichende Psychopathologie von stationär behandelten «Pathologischen Glücksspielern». *Zeitschrift für Klinische Psychologie*, 30, 123–135.

Petry, J. (2003). *Glücksspielsucht: Entstehung, Diagnostik und Behandlung.* Göttingen: Hogrefe.

Petry, J., & Jahrreiss, R. (1999). Stationäre medizinische Rehabilitation von «Pathologischen Glücksspielern»: Differentialdiagnostik und Behandlungsindikation. *Deutsche Rentenversicherung*, 4, 196–218.

Petry, N.M. (2002). How treatments for pathological gambling can be informed by treatments for substance use disorders. *Experimental and Clinical Psychopharmacology*, 10, 184–192.

Poppelreuter, S. (1997). *Arbeitssucht.* Weinheim: Beltz.

Prochaska, J.O., & DiClemente, C.C. (1982). Transtheoretical therapy: Toward a more integrative model of change. *Psychotherapy: Theory, Research and Practice*, 19, 276–288.

Prochaska, J.O., DiClemente, C.C., & Norcross, J.C. (1992). In search of how people change: applications to addictive behaviors. *American Journal of Psychology*, 47, 1102–1114.

Quadland, M.C. (1985). Compulsive sexual behavior: definition of a problem and an approach to treatment. *Journal of Sex and Marital Therapy*, 11, 121–132.

Raylu, N., & Oei, T.P.S. (2002). Pathological gambling: a comprehensive review. *Clinical Psychology Review*, 22, 1009–1061.

Reisch, L.A., Neuner, M., & Raab, G. (2004a). Zur Entstehung und Verbreitung der «Kaufsucht» in Deutschland. *Parlament – Aus Politik und Zeitgeschichte*, B 1-2, 16–22.

Reisch, L.A., Neuner, M., & Raab, G. (2004b). Ein Jahrzehnt verhaltenswissenschaftlicher Kaufsuchtforschung in Deutschland. *Verhaltenstherapie*, 14, 120–125.

Ryback, R.S. (2004). Naltrexone in the treatment of adolescent sexual offenders. *Journal of Clinical Psychiatry*, 65, 982–986.

Sattar, P., & Ramaswamy, S. (2004). Internet gaming addiction. *The Canadian Journal of Psychiatry*, 49, 869–70.

Saß, H., Wittchen, H.-U. Zaudig, M., & Houben, I. (2003). *Diagnostisches und Statistisches Manual psychischer Störungen* (DSM-IV-TR). Göttingen: Hogrefe.

Schippers, G.M., & Cramer, E. (2002). Kontrollierter Gebrauch von Heroin und Kokain. *Suchttherapie*, 3, 71–80.

Schneider B. (1995) *Abstinenz als Ziel aller Hilfen?* Vortrag auf der DHS-Fachkonferenz in Aachen. Elekronische Quelle: http://www.psychologie.uni-heidelberg.de/ae/allg/forschun/alkohol/dhs95neu.pdf.

Schneider, R. (1985). Suchtverhalten aus lerntheoretischer und verhaltenspsychologischer Sicht. In Deutsche Hauptstelle gegen die Suchtgefahren (Hrsg.), *Süchtiges Verhalten. Grenzen und Grauzonen im Alltag* (S. 48–65). Hamm: Hoheneck.

Schwartz, M.F., & Brasted, W.S. (1985). Sexual addiction. *Medical Aspects of Human Sexuality*, 10, 32–39.

Seedat, S., Kesler, S., Niehaus, D.J., & Stein, D.J. (2000). Pathologic gambling behaviour: emergence secondary to treatment of Parkinson's disease with dopaminergic agents. *Depression and Anxiety*, 11, 185–186.

Seybold, K.C., & Salomone, P.R. (1994). Understanding workaholism: a review of causes and counselling approaches. *Journal of Counseling and Development*, 73, 4–9.

Sharpe, L. (2002). A reformulated cognitive-behavioral model of problem gambling: a biopsychosocial perspective. *Clinical Psychology Review*, 22, 1–25.

Sonntag, G., & Tretter, F. (2001). Grundaspekte der Suchtkrankentherapie. In F. Tretter, & A. Müller (Hrsg.), *Psychologische Therapie der Sucht* (S. 329–362). Bern: Hogrefe.

Steinmann, H., Richter, B., & Goßmann, S. (1984). *Arbeitssucht im Unternehmen.* Diskussionsbeiträge des Lehrstuhls für Allgemeine BWL und Unternehmensführung an der Universität Erlangen-Nürnberg. Erlangen-Nürnberg: Universität Erlangen-Nürnberg.

Stromberg, M. F., Mackler, S. A., Volpicelli, J. R., O'Brien, C. P., & Dewey, S. L. (2001).The effect of gamma-vinyl-GABA on the consumption of concurrently available oral cocaine and ethanol in the rat. *Pharmacology Biochemistry and Behavior*, 68, 291–299.

Sutherland, J. E., Sutherland, S. J., & Hoehns, J. D. (2003). Achieving the best outcome in treatment of depression. *Journal of Family Practice*, 52, 201–209.

Sutton, S. (2001) Back to the drawing board? A review of application of the transtheoretical model to substance use. *Addiction*, 69, 175–186.

Sylvain, C, Ladouceur, R., & Boisvert, J. M. (1997). Cognitive and behavioral treatment of pathological gambling: a controlled study. *Journal of Consulting and Clinical Psychology*, 65, 727–732.

Symonds, A., & Symonds, M. (1988). Karen Horney. In A. M. Freedman, H. I. Kaplan, B. J. Sadock, & U. H. Peters (Hrsg.), *Psychiatrie in Praxis und Klinik* (Band 3, S. 182–194). Stuttgart: Thieme.

Szerman, N., Peris, l., Mesias, B., Colis, P., Rosa, J., & Prieto, A. (2005). Reboxetine for the treatment of patients with cocaine dependence disorder. *Human Psychopharmacology: Clinical and Experimental*, 20, 189–192.

Tretter, F. (1994). Psychosoziale Aspekte der Entzugstherapie. In F. Tretter, S. Busello-Spieth, & W. Bender (Hrsg.), *Therapie von Entzugssyndromen* (S. 47–62). Berlin: Springer.

Veltrup, C. (2002). *Motivationale Intervention bei Suchtproblemen*. Vortrag auf dem Kölner Kolloquium zu Suchtfragen Elektronische Quelle: http://www.addiction.de/kks/Veltrup C2002.pdf.

Wanke, K., & Täschner, K. L. (1985). *Rauschmittel: Drogen – Medikamente – Alkohol* (5. Aufl.). Berlin: Springer.

Waren, S. R., DiGiuseppe, R., & Dryden, W. (1992). *A practitioner's guide to Rational-Emotive Therapy* (2nd ed.). New York: Oxford University Press.

Yalom, I. D. (1985). *The theory and practice of group psychotherapy* (3rd ed.). New York: Basic Books.

Young, K. S. (1999). Internet addiction: symptoms, evaluation, and treatment. In L. VandeCreek, & T. Jackson (Eds.), *Innovations in clinical practice: a source book* (Vol. 17, pp. 19–31). Sarasota, FL: Professional Resource Press.

# 12. Ausblick

Bislang gibt es nur verhältnismäßig wenige Kenntnisse über Störungsbilder mit exzessiven belohnenden Verhaltensweisen, die die Kriterien einer Abhängigkeit erfüllen. So existieren derzeit im Gegensatz zur stoffgebundenen Abhängigkeit zu den verschiedenen Formen der nichtstoffgebundenen Sucht bzw. Verhaltenssucht – mit Ausnahme des pathologischen Glücksspiels (vgl. Kap. 6) – auch nur wenige genaue Angaben in Bezug auf Prävalenz, Inzidenz und klinisches Erscheinungsbild. Von diesen Störungsbildern sind jedoch ebenfalls weltweit Millionen Personen betroffen. Auch die hohe Anzahl von Betroffenen, die Beratung und Hilfe suchen, weist deutlich auf die Notwendigkeit einer genauen Charakterisierung dieser Störungsbilder, unter denen sie seit Jahren leiden, sowie eines entsprechenden Angebots im Hilfesystem hin. Die fehlende Bezeichnung für die eigene Krankheit hat bislang vielen Patienten den Weg zu therapeutischer Hilfe versperrt und die Scheu erhöht, sich um Hilfe zu bemühen. Diese Tatsache erhöht den Leidensdruck der Patienten. Um so wichtiger ist auch eine adäquate Diagnostik.

Parallelen im klinischen Erscheinungsbild, bei den diagnostischen Kriterien, der Funktion des Verhaltens (z. B. als dysfunktionale aber effektive Stressverarbeitungsstrategie), dem Phasenverlauf in der Pathologieentwicklung sowie der involvierten neurobiologischen Botenstoffe und der gelernten suchtmittel-assoziierten psychophysiologischen Reaktionen weisen auf gemeinsame zugrundeliegende Mechanismen der Entstehung und Aufrechterhaltung bei Substanzabhängigkeit und Verhaltenssucht hin. Des Weiteren zeigen neuere Untersuchungsergebnisse, dass bereits bei Kindern Verhaltensweisen, die stressreduzierend und euphorisierend und somit belohnend wirken (z. B. entweder Kickerleben oder Verdrängung negativer Gefühle durch Computerspielen), exzessiv und dysfunktional eingesetzt werden.

Aufgrund dieser Erkenntnisse erscheint es unbedingt notwendig, gerade auch um einer «Versüchtelung der Gesellschaft» Einhalt zu gebieten, dass klare Richtlinien bzw. Kriterien für eine Diagnose solcher exzessiver Verhaltensweisen festgelegt werden. Dieses ist insbesondere vor dem Hintergrund eines besseren Verständnisses für diese Störungsbilder und der Anwendung von effektiven Therapiemaßnahmen wichtig. So können diese Störungen früher erkannt werden und die Betroffenen entsprechend früher therapeutische Maßnahmen in Anspruch nehmen, was sich in langfristiger Konsequenz kostenreduzierend auf das Gesundheitssystem auswirkt.

Wegen der Übereinstimmungen zwischen Substanzabhängigkeit und Verhaltenssucht können entsprechende erfolgversprechende Elemente aus der Behandlung von Abhängigkeit auch für Verhaltenssucht angewendet werden.

Neben der Entwicklung von validen Instrumenten für die Diagnostik der verschiedenen Formen der Verhaltenssucht für den deutschen Sprachraum sollten auch epidemiologische und klinische Studien dazu führen, diese Störungsbilder besser zu charakterisieren und somit optimale Behandlungsmöglichkeiten erkennen und anwenden zu können.

Aufgrund des bislang geringen Umfangs an publizierter Fachliteratur ist die Bekanntmachung der Störungen vor allem konsequenten Medienberichterstattungen zu verdanken. Information und Aufklärung sind jedoch wesentliche Voraussetzungen, um Störungen zu erkennen und zu behandeln. So muss vor allem Angehörigen und ihren Familien als auch Experten aus dem Hilfesystem entsprechendes Wissen zugänglich gemacht werden.

Mit diesem Buch wollen die Autoren einen Schritt in diese Richtung gehen.

# Autorenregister

**Christopher G. Fairburn**

# Ess-Attacken stoppen
### Ein Selbsthilfeprogramm

Aus dem Englischen übersetzt von Irmela Erckenbrecht.
2004. 251 S., 19 Abb., 9 Tab., Kt
€ 19.95 / CHF 34.90
(ISBN 3-456-84125-6)

Erfolgreich in klinischer Praxis getestet, ist dieses Buch ein wirksamer Ratgeber
für alle, die praktische Hilfestellung bei krankhaften Essattacken suchen.

**Walter Vandereycken / Rolf Meermann**

# Magersucht und Bulimie
### Ein Ratgeber für Betroffene und Ihre Angehörigen

Übersetzt von Matthias Wengenroth.
2., korr. u. erg. Aufl. 2003. 95 S., Abb., Tab., Kt
€ 13.95 / CHF 23.80
(ISBN 3-456-83945-6)

«Eine äußerst gelungene und kompakte Darstellung der Essstörungen», «ein
sehr umfassender Überblick über Entstehung, Klinik und Behandlung».
*Zeitschrift für Kinder- und Jugendpsychiatrie*

**www.verlag-hanshuber.com**

**Ralph Hannes**

# Wenn Trinken zum Problem wird
### Alkoholprobleme lösen

2., vollst. überarb. Aufl. 2004. 181 S., Kt
€ 17.95 / CHF 31.90
(ISBN 3-456-84119-1)

Der Leser wird mit Fallbeispielen und Übungen in überschaubaren Schritten durch Veränderungsprozesse geführt, die sich in jahrelanger Praxis als wirksam erwiesen haben. Die zweite, überarbeitete Auflage wurde inhaltlich auf den neuesten Stand gebracht, das Literaturverzeichnis aktualisiert.

**Sven Barnow et al. (Hrsg.)**

# Von Angst bis Zwang
### Ein ABC der psychischen Störungen: Formen, Ursachen und Behandlung

2., korr. u. erw. Aufl. 2003. 304 S., 8 Abb., 25 Tab., Kt
€ 22.95 / CHF 39.80
(ISBN 3-456-83985-5)

Das Buch gibt «einen komprimierten Überblick über die einzelnen Symptome». Es eignet sich für alle, «die sich gezielt fundierte Informationen über einzelne Störungsbilder aneignen möchten».                          *Psychologie Heute*

**www.verlag-hanshuber.com**